Hier wird ein Versuch verstehender Rekonstruktion vorgelegt. Die Metaphysik und Logik Gotthard Günthers (1900-1984) soll als theoretische Reaktion auf eine Problemlage begreifbar werden, die uns um so vertrauter ist, je intensiver wir mit der Erfahrung einer Welt voll unvereinbarer Anforderungen leben. Verzichten wir hier auf die Fixierung einer einzigen, allgemein tauglichen Einstellung, müssen wir über die Fertigkeit verfügen, dem Gegenstand oder Partner situativ angemessen zu begegnen: Wir müssen lernen, über unsere Einstellungen bewußt zu disponieren. Günthers Theorie wird darum als Entwurf rekonstruiert und diskutiert, einem derart beweglichen Bewußtsein ein symbolisches Instrumentarium zu verschaffen.

Kai Lorenz

Tertium Datur

Gotthard Günthers Entwurf einer logica disponens

Diese Arbeit wurde an der Humboldt-Universität zu Berlin 2001 als Dissertation angenommen.

Die Vignette auf dem Vorsatzblatt wurde entnommen aus
Philip J. Davis, Reuben Hersh: „Erfahrung Mathematik", Basel et al.: Birkhäuser, 1994.

Bibliografische Information Der Deutschen Bibliothek

Die Deutsche Bibliothek verzeichnet diese Publikation in der Deutschen Nationalbibliografie; detaillierte bibliografische Daten sind im Internet über http://dnb.ddb.de abrufbar.

©Copyright Logos Verlag Berlin 2004

Alle Rechte vorbehalten.

ISBN 3-89722-919-6

Logos Verlag Berlin
Comeniushof, Gubener Str. 47,
10243 Berlin
Tel.: +49 030 42 85 10 90
Fax: +49 030 42 85 10 92
INTERNET: http://www.logos-verlag.de

Autor und Verlag danken der Hans-Böckler-Stiftung, Düsseldorf, für die freundliche Unterstützung.

Inhalt

Vorwort 9
1. Horizonte. Ein Überblick 13
2. Wege. Biographisches 39
    Frühe Bildung 39
    Studium 46
    Eucken-Kreis, Arbeit bei Gehlen, Emigration 49
    Ankunft in den USA 52
    Die erste Professur 55
    Rückkehr nach Europa 56
3. Probleme. Genese der Fragestellungen 59
    Weltgeschichte in Welten 60
        Spengler. Eine Erbschaft 60
        Kritische Nachfolge 64
        Entdeckungen 68
        Kontexte und Regionen. Verborgene Einheit 73
    Rationalität im Plural 76
        Typologische Systematik 76
        Axiomatisch-deduktive Systematik 79
        Geltungsansprüche 83
        Sinnanalyse statt Formaler Logik 88
        Aufgabenbegriffe statt Idealtypen 95
        Exkurs: Kant – Hegel – Genetische Semantik 100
        a. Transzendentale Untersuchung 100
        b. Dialektische Reflexion 102
        c. Vermittlung durch Erzeugung 106
        Institutionen der Reflexion 113
        Unterscheidung als Schichtung 118
    Handeln, ohne zu verstehen 123
        Verständigung als Funktion 123
        Handlungstheorie 126
        Prozeß der Geschichte 128
4. Programm und Theoriekern 135
    Grenzüberschreitungen 136
        'The Frontier' 136
        Science fiction 138
        Explorative Rationalität 146
    A ist nicht A 153
        Logische Identität und Korrespondenztheorie 153

    Kritik des Zweiwertigkeitsprinzips...156
    Identität und Nicht-Identität..158
  A wird A. Einige Unterscheidungen..161
    Einlösen einer Prolepsis..161
    Dialektische Bewegung...163
    Entelechie, Teleologie oder Tendenz...166
    Reflexion oder geisteswissenschaftliche Forschung.............172
    Theorieevolution oder Anabasis..174
    Wissenschaftsevolution oder Kulturgeschichte.....................176
  Tertium datur..178
    Überschreitung von Kontexten...178
    Transformieren, Transponieren – Transzendieren..................186
  Weder Ich noch Sache: der Andere. Ein Exempel....................192
    Überwindung der symmetrischen Welt......................................192
    Ein Gegenstand, viele Bezüge 194
    Transformation durch Spiegelung..198
    Gebrochene Spiegelung: Horizontöffnung................................200
  Evolutionsmodell der Bedeutung..204
5. Resultate. Operatoren der Transgression.....................................207
  Stellenwertlogik..211
  Kontextwertlogik..219
  Morphogrammatik...227
  Proömialrelation...241
6. Ausblick. Organisch-technische Metaphysik................................255
  Ziel..255
    Symbolische Formen als Medium, nicht Repräsentation......255
    Organismisches Funktionsmodell 258
    Kultur als System von Aufgaben..264
    Person im Spannungsfeld...268
  Mittel...272
    Kybernetisches Feldmodell..272
    Handlung als 'Wiederholung'..275
    Handlungsfolgen als Algorithmen...278
    Automatische Kultur...283
    Geschichte als lebendiger Automatismus................................287
  Vorläufiges Resümee..288
Interview mit Heinz von Foerster...299
Literaturverzeichnis..325
Namenverzeichnis...347

Diese Arbeit hätte nicht gedeihen können ohne die anregenden und ermutigenden Gespräche mit Rainer Schnuppe, Willi Schroll, David Köpf, Christian Hufen und Gernot Grube, die Unterstützung durch PD Uwe Scheffler und Prof. Sybille Krämer, die finanzielle Förderung durch die Hans-Böckler-Stiftung, und nicht ohne die verständnisvolle Hilfe von Kerstin Karge.

Sie wäre überhaupt nie entschlossen begonnen und glücklich vollendet worden ohne die unaufhörliche, nachdrückliche und taktvolle Ermutigung und Förderung durch Prof. Gerd Irrlitz, meinen verehrten Lehrer an der Humboldt-Universität zu Berlin.

Ihnen allen möchte ich danken.

Vorwort

Günthers Werk bietet sich als eine Sammlung von Beiträgen zu verschiedenen Themen dar, die nur äußerlich verknüpft erscheinen. Auch die Texte selbst lassen oft Geschlossenheit vermissen und sind häufig eher Sammlungen von Thesen oder Bruchstücken systematischer Theoreme als durchgehende Argumentationen. Die umfangreicheren Schriften bekräftigen diesen Eindruck mit ihren Titeln: es werden 'Grundzüge' skizziert oder 'Beiträge' geboten und das Hauptwerk von 1959 kündigt nur mehr 'Idee und Grundriß' einer nicht-Aristotelischen Logik an. Günthers Werk ist als *work in progress* bezeichnet worden[1], doch erscheint das als Ausdruck einer Verlegenheit angesichts dessen fragmentarischen Charakters. Man wird Günther nicht unrecht tun, versteht man ihn als einen Denker, der auch deshalb in näherer Zukunft manche Aufmerksamkeit auf sich ziehen wird, weil er von fruchtbarer Verschwommenheit ist.

Der Versuch, das Werk nach Aspekten philosophischer Theoriebildung zu rekonstruieren, sieht sich so einigen Schwierigkeiten gegenüber. Zum weit Ausgreifenden der in wiederholten Versuchen umkreisten Themen kommen Eigenheiten des Stils hinzu. Günthers Argumentationen haben etwas Kaleidoskopisches und Assoziatives an sich, das jähe Salti in Darlegungen und Begründungen mit sich bringt. Im letzten scheint Ursache dafür die Fixierung auf eine kalkulatorische Rationalität, die ihn mit Begriffen und Konzeptfragmenten aus anderen Theorien und Wissenschaften wie mit Bausteinen arbeiten läßt, ohne sie sorgfältig innerhalb des eigenen Gedankengangs einzuführen, dem Kontext anzupassen und argumentative Kohärenz anzustreben, so daß sein Denken wie in Abbreviaturen und Anmerkungen erscheint, die sich oftmals zu schillernden Collagen sammeln. Der Leser seiner Texte muß daher leider auch vieles vermissen, was diese als solche zu einem Genuß werden ließe und sein Stil ist wenig geeignet, den Zugang zu seinen Darlegungen zu erleichtern. Weder

---

[1] Willi Hochkeppel: *Grenzgänger des Denkens - Radioessay zum 80. Geburtstag von Gotthard Günther*, gesendet im zweiten Programm des Bayerischen Rundfunks am 1. Juli 1980; Kopie des Typoskripts im *Nachlaß 196 (Gotthard Günther)*, Staatsbibliothek Berlin der Stiftung Preußischer Kulturbesitz: Handschriften-Lesesaal. - p. 12.

ist ihnen die gelehrte Gründlichkeit Cassirers eigen noch die suggestiven Onomatopoiesien Heideggers, noch cartesianische *clarté*, auch assoziationsstark bildhafte Sprache, etwa nach dem Vorbild Ernst Blochs, hat Günther nicht zur Verfügung.[2]

In allem bleibt am beeindruckendsten die Hartnäckigkeit des Philosophen, mit der er sein *ceterum censeo* als Gravitationszentrum einer geistigen Existenz behauptet. Daß wir den Anforderungen der nächsten Phase kultureller Entwicklung nur gewachsen seien, wenn wir von Grund auf neu zu denken lernten, ist die den Antrieb zur Theorie prägende, immer unwandelbare Überzeugung Günthers. Das, was er sich beizutragen vornimmt, ist, diesem neuen Denken seine Form vorherzusagen und in einem Kalkül zu fixieren. Die Insistenz und Beharrlichkeit, mit der er von der ersten Bestimmung seines systematischen theoretischen Interesses bis ans Ende seines Lebens trotz mehrfacher Wandlungen in Konzeption und Durchführung einem Problemstrang zu folgen sucht, läßt es letztlich trotz aller Einwände sinnvoll erscheinen, einen solchen Strang in gebotener Allgemeinheit aus der Reihe seiner Texte herauszupräparieren und die Wandlungen als Umschichtungen und Verschiebungen von Problemakzenten entlang immer derselben thematischen Linie darzustellen. Dabei soll versucht werden, sowohl die sich in eine Rhapsodie von Einzeluntersuchungen auflösende Paraphrase zu vermeiden wie die täuschende Harmonisierung. Manche reichhaltigen Themen müssen dabei berührt werden, ohne sie zufriedenstellend exponieren oder gar in überlieferten oder aktuellen Disputen verorten zu können, da ihre Aufnahme Resultat der Aufgabe ist, ein hoch fragmentiertes geistiges Werk einer systematischen Interpretation als *Philosophie* zugänglich zu machen. Kann die vorliegende Arbeit dazu ein orientierendes und anregendes Präludium sein, ist alles erreicht, was zu erhoffen war. Ihre Unfertigkeiten beruhen vielleicht nicht weniger als die der Gün-

---

[2] Nietzsche der durchaus sein Publikum hat, bietet gleichfalls kaum ein Muster an Präzision und Widerspruchsfreiheit, zwar immerhin Stil, doch meist statt klarer Argumente; cf. dazu das solide Urteil Johannes Hirschbergers in seiner *Geschichte der Philosophie*, Freiburg et al.: Herder, [13]1991; t. 2, pp. 519-521. - Daß und wie dies nicht zum Anlaß genommen werden muß, den Schriftsteller zu ignorieren, zeigt das lebenskluge Urteil Karl Jaspers' über Nietzsche; cf. seinen Aufsatz *Zu Nietzsches Bedeutung in der Philosophie*, in: Hans Saner ed., *Aneignung und Polemik*, München: Piper, 1968, pp. 389-401.

therschen darauf, daß mehr als die 'Dreiviertelkraft' auf sie verwendet wurde, von der Nietzsche sprach.[3]

Der Titel wurde gewählt, lange bevor der Autor die unter gleichem Titel veröffentlichte Vorlesung Klaus Heinrichs kennenlernte[4] und dann beibehalten, da kein anderer Ausdruck ebensogut geeignet scheint, die Pointe des Güntherschen Denkens prägnant zu markieren. Eine Erörterung des Verhältnisses beider steht noch aus – nicht zuletzt wegen des Werkstattcharakters auch der Darlegungen Heinrichs.

Das erste Kapitel zeichnet die Umrisse der Problemsicht Günthers und die Grundgedanken seiner Theorie vor dem Hintergrund ihrer Entstehungszeit und soll dazu dienen, die Konturen des facettenreichen Themas zu akzentuieren, wie das Verständnis für die detaillierten Erörterungen vorzubereiten. Das zweite führt Biographisches aus, um die Grunderfahrung zu erschließen, von der die Problemsensibilität dieses Theoretikers geprägt ist. Der Leser, der sofort *in medias res* zu gehen entschlossen ist, hätte mit dem dritten Kapitel zu beginnen, in dem dargestellt und diskutiert wird, welche theoretischen Einflüsse in der ersten Etappe der Theoriebildung Günthers bedeutungsvoll waren; das vierte erläutert und kritisiert den Theoriekern. Dessen Entfaltung in einen Satz von Operationen und elementaren Alphabeten eines Kalküls wird im fünften Kapitel rekonstruiert und das sechste schließlich widmet sich dem merkwürdigen Prozeß, in dem sich die Resultate der Theorie aus Mitteln intendierter Anwendung in Formeln für Wesensgesetze verwandeln.

---

[3] *Menschliches, Allzumenschliches*, Aph. 107.
[4] Klaus Heinrich: *Tertium Datur. Religionsphilosophische Einführung in die Logik*, Basel: Stroemfeld u. Frf./M.: Roter Stern, 1981.

1. Horizonte. Ein Überblick

Für die erste Formulierung der selbstgewählten Aufgabenstellung bedient sich der junge Gotthard Günther des Titels einer *Logik der Vermittlung*[5]. Zwanzig Jahre später verwendet er als Leitterminus den einer *nicht-Aristotelischen Logik*, zugleich mit dem alternativen einer *transklassischen Logik*.[6] Weitere dreiundzwanzig Jahre später legt er eine, die Gesamtheit seiner Lebensarbeit repräsentierende Aufsatzsammlung unter dem Titelwort *operationsfähige Dialektik* vor[7]. Die Wandlungen in den Namen zeugen von wiederholten Umkreisungen eines theoretischen Grundgedankens, der kontinuierlich durchhält, denn bereits die Vermittlungslogik soll Resultat einer modernen Interpretation der dialektischen Logik Hegels sein und eine Überschreitung der klassischen Formalen Logik, die Günther die *Aristotelische* nennt, einschließen. Der Terminus *transklassische Logik* wird, als originär Günthersche Prägung[8], wie von den meisten der Interpreten, auch von uns in der Erörterung bevorzugt werden. Bei der Verständigung über die Ziele und Leistungen Günthers ist vorauszuschicken, daß hier, trotz aller unmittelbaren Auseinandersetzungen mit der symbolischen Formalen Logik, ein weit verallgemeinerter Begriff von Logik in Gebrauch ist. Was von Günther so genannt wird, hat weniger Verwandtschaft mit einer Logik der Termini und Schlußverfahren als mit den andeutenden Titeln einiger Zeitgenossen Günthers, die von *Logik der Forschung, Logik der Kulturwissenschaften* oder gar einer *Logik des (technischen) Fortschritts* redeten und schrieben. Eine der Schwierigkeiten der Interpretation wird sich daraus ergeben, daß alle drei dieser stellvertretend genannten Stichworte,

---

[5] *Grundzüge einer neuen Theorie des Denkens in Hegels Logik.* Leipzig: Meiner, ¹1933, ²1978.

[6] *Idee und Grundriß einer nicht-Aristotelischen Logik.* Hamburg: Meiner, ¹1959, ²1978, ³1991. - Der Name taucht zuerst 1953 auf, im Vortrag *Die philosophische Idee einer nicht-Aristotelischen Logik*; cf. *Beiträge zur Grundlegung einer operationsfähigen Dialektik*, 3 Bde., Hamburg: Meiner, 1976, 1978, 1980. - t. I, pp. 24-30.

[7] Diese *Beiträge*, l. c., enthalten veröffentlichte und unveröffentlichte Aufsätze aus der Zeit von 1937 bis 1980.

[8] *Die philosophische Idee einer nicht-Aristotelischen Logik* (1953), in: *Beiträge I*, l. c., pp. 24-30. - cit. p. 28.

wie sehr die ihnen zuzuordnenden Themengebiete auch differieren, dennoch gleichermaßen den Theorieinteressen Günthers kongruieren. Da noch der bevorzugte seiner Termini von schwacher Distinktionskraft im Blick auf diese Besonderheit ist, wurde gewagt, in der Fülle der *termini technici* eines als wenig bekannt geltenden Autors dennoch einen eigenen einzuführen. Der Terminus *logica disponens* spielt nicht zufällig auf ähnliche, ältere Bildungen an, denn er soll anzeigen, daß hier der Versuch einer Erweiterung des Logischen auf ein durchaus bekanntes Erfahrungsfeld benannt wird. Das Attribut bezeichnet daher als Besonderes die Veränderlichkeit von *Einstellungen* zu Gegenständen, die uns nun wohl mehr und mehr zu einer bewußt einzuübenden Haltung wird. Es soll, wie zu erwarten, den in dieser Interpretation unterstellten theoretischen Kern des Güntherschen Philosophierens akzentuieren.

Der erste seiner eigenen Termini wird in einem Text geprägt, der einen Beitrag zu Ernst Sprangers Unternehmen einer *Logik der Geisteswissenschaften* leisten soll. Gestützt auf eine Interpretation der Dialektik Hegels will Günther Vorarbeiten für eine Theorie der Verfahren bieten, nach denen in den Geisteswissenschaften Gegenstände konstituiert und Urteile gebildet werden. Der besondere Akzent der Anwendung der angestrebten Logik liegt in dem von Günther mit produktiver Intuition aufgespürten Umstand, daß die sich als spezifische Wirklichkeitszugänge des Menschen aufbauenden stabilisierten Handlungs- und Verständigungsformen Gegenstandstypen ausbilden, die ihren in reflektierender Rückwendung erzeugten Rekonstruktionen inkommensurabel sind. Paradigmatisch für solche Intuition ist die Einsicht in die Diskrepanz zwischen einer in naturwissenschaftlichen Verfahren *intentione recta* erfolgenden Gegenstandsbildung und der in wissenschaftstheoretischer Reflexion sichtbar werdenden Abhängigkeit dieses vermeintlich auf absolut seiende Gegenstände gerichteten Wissens von einer spezifischen, naturwissenschaftlichen 'Einstellung'. Konsequenz dieses Umstandes ist die Differenz der Methodenkulturen und Argumentationsstandards von Natur- und Geisteswissenschaften, im besonderen Fall etwa von mathematischer Physik gegenüber einer Wissenschaftstheorie der Physik. Die Aktualität dieser Fragestellung wird nicht nur von einer Position aus erkennbar sein, die Fachwissenschaftlern geläufige allgemeine Differenzen von Innen- und Außenansichten wissenschaftlicher Forschungsverfahren berücksichtigt, wie sie beispielhaft die plastischen Sätze eines modernen Mathematikers über sein Fach bezeugen: *Die meisten, die sich zu diesem Thema äußern, scheinen darin übereinzustimmen, daß der typische Mathematiker an Werktagen Platonist und an Sonntagen Formalist ist. Das heißt, daß er, wenn er aktiv Mathematik betreibt, überzeugt ist, daß er es mit einer objektiven Realität zu tun hat, deren Eigenschaften er zu ergründen sucht. Wird er jedoch mit der Forderung konfrontiert, eine philosophische Darlegung dieser Realität zu geben, findet er es doch einfacher vorzugeben, daß er letztlich nicht an sie glaubt.*[9] Die als *Formalismus* bekannt gewordene Position in der Mathematik hatte versucht, die gesamte Mathematik als eine Menge von Regeln zur Erzeugung von Formeln aus Formeln, ohne Rekurs auf Objekte, zu verstehen, was für das Fach selbst zwar ohne weitere Folgen blieb, aber ein Beispiel für die äußerste Konsequenz ist, zu der eine auf Binnenverfahren eines Faches reflektierende Blickwendung führen kann, verzichtet sie darauf, die in unmittelbarer Bezugnahme 'gegeben' erscheinenden Gegenstände als tatsächlich dingartig anzunehmen. Aus dieser, der reflektierenden Perspektive, konnte Wittgenstein formulieren, der Mathematiker *erzeuge Wesen.*[10] Soweit die philosophische Reflexion mit der geisteswissenschaftlichen gemein hat, dies zu sein, Reflexion, nimmt sie dieselbe Unterstellung vor und macht statt gegebener Objekte nur den Vorgang der Objektivierung zum Thema. Es ist die Konsequenz aus dem Entschluß, *das Wesen der Dinge* nicht *als ein von Anfang an Feststehendes zu behandeln*, sondern in ihm nur *den unendlich fernen Punkt* zu sehen, *auf den alles Erkennen und Verstehen abzielt.*[11] Mit ihr ist die Voraussetzung für eine philosophische Theorie der Kultur als einer Mannigfaltigkeit verschiedener, gleichberechtigter Objektbildungsmodi gegeben und die Frage nach der wahren Natur der Objekte von realistischen zu gewissermaßen funktionalen und kontextualistischen Antworten charakteristisch ver-

---

[9] Davis, Philip J./Hersh, Reuben: *Erfahrung Mathematik*, Basel et al.: Birkhäuser, 1994. - p. 337.

[10] Ludwig Wittgenstein: *Bemerkungen über die Grundlagen der Mathematik*, in: id., *Werkausgabe*, G. Anscombe et al. ed., Frf./M.: Suhrkamp, ³1989. - t. 6, p. 50 (I, 32).

[11] Ernst Cassirer: *Zur Logik der Kulturwissenschaften.* Darmstadt: Wiss. Buchges., ⁶1994. - p. 30.

schoben – so, daß noch die Unterstellung absolut gegebener Gegenständlichkeit nur als Charakteristikum *eines*, spezifischer Einstellung zugehörigen Erkenntnisstils begriffen wird, nicht als unverstellter Zugang zu absoluter, an sich seiender Dinglichkeit. Gotthard Günthers Theoriebildung geschieht entlang dieser Verschiebung, wenn auch häufig deutlicher der Absicht nach als in der einlösenden Durchführung. Die ihn in seinen Bemühungen um die Grundlegung seiner neuen 'Logik' leitende Frage kann, vorläufig, als die nach den *Regeln der Koexistenz* inkommensurabler Ordnungen, sowohl auf symbolischer wie sachlicher Ebene, bestimmt werden.

Die Parallelexistenz unvereinbar erscheinender Gegenstandsauffassungen als denkbar erklären zu müssen, hatte sich Günther aus einem historistisch geprägten Verständnis des Eigenwerts aller Regionalkulturen, vergangener wie gegenwärtiger, entwickelt. Im kulturellen Austausch wirkten Vorstellungen und Bilder, welche die eigene Kultur von der fremden hegte, zugleich mit deren, womöglich unvergleichbar fremden Selbstverständnis, erst recht verschieden von den tatsächlich gelebten Praxisformen. Günther nähert sich mit dieser Aufmerksamkeit der Aufgabenstellung einer *Hermeneutik der Fremdheit*[12], wenn nicht dem Begriff, so doch der Sache nach. Hier würde in Rechnung gestellt werden, daß die Symbolbedeutungen, die das Vorwissen des Interpreten bestimmen, dem untersuchten Kulturobjekt nicht selbstverständlich adäquat sind und daß das Verstehen der Züge des Objekts nicht dazu führt, anfangs unerkannte Sachverhalte und Bedeutungen als in der eigenen Kultur vertraute zu identifizieren, ja daß es noch nicht einmal möglich sein muß, eine *Horizontverschmelzung* als Resultat des Verstehens zu gewinnen, d. h. eine Integration eines neuen Symbols mit einer im eigenen Kontext bisher unbekannten Bedeutung in diesen Kontext – ein lernendes Aneignen im einfachen Sinne –, sondern daß das Resultat der Interpretation eine *Horizontabgrenzung* sein könnte, wie etwa Hans-Robert Jauß annimmt[13]. Die in jedem verstehenden Wissen gegebene Aneignung

---

[12] Hans-Robert Jauß: *Die Paradigmatik der Geisteswissenschaften im Dialog der Disziplinen*; in: *Wege des Verstehens*. München: Fink, 1994; pp. 402-428. - praec. Abschn. 3, *Die grenzüberschreitende Funktion der Geisteswissenschaften*, pp. 424 sqq.

[13] Auf der Möglichkeit dieser Differenzierung gründet seine Abgrenzung von 'Verstehen' und 'Verzeihen'; cf. seinen Aufsatz: *Tout comprendre, c'est tout pardonner*, in: l. c., pp. 24-84.

behielte hier eine eigentümlich gebrochene Struktur, da Bedeutungen und Intentionen wohl verstanden, aber nicht als dem eigenen Horizont von Verständigungsmodi, Handlungsorientierungen und Wertüberzeugungen *in actu* zugehörige identifiziert würden. Damit bezeichnete aber die Frage, was es dann heißen könnte, das Fremde verstanden zu haben, ein neues Problem: wie könnte, wenn sowohl die Zeichen als auch das, worauf sie verwiesen, von solcher Fremdartigkeit war, der Zeichendeutung Adäquatheit zugesprochen werden? Worin bestand überhaupt das Verfahren, sie zu deuten? Hier liegt der zweite Themenkreis, der Günthers Problemstellung bestimmt.

In weit verallgemeinerndem Zugriff auf die Probleme setzt er dabei die Differenz der *intentione recta* vorgehenden Naturwissenschaften und gleichrangiger kultureller Praktiken (Religions-, Kunst- und Rechtspraxis etc.) gegenüber einer reflektierenden Rekonstruktion ihres Vorgehens (Beschreibung, Deutung, systematische Verallgemeinerung durch Wissenschaftstheorie, Religions-, Kunst- und Rechtswissenschaften etc.) in Eines mit der Differenz zwischen der Ordnung alltäglicher kultureller Praktiken fremder Kulturen sowie deren Deutung und intellektueller Rekonstruktion. Auf dieser Ebene der Verallgemeinerung ist dann der Weg nicht weit, auch das Verstehen eines personalen Gegenüber als Fall des gleichen Problemtypus zu erkennen, und in dem grundlegenden Werk von 1959, „Idee und Grundriß einer nicht-Aristotelischen Logik", entwickelt Günther die Koexistenz der Innenseite der Person mit ihrer Außenseite exemplarisch für den Brennpunkt seiner theoretischen Aufmerksamkeit. Subjektivität sei nicht einfach identisch mit dem 'Ich', sondern bestünde aus dieser privaten und besonderen Seite zugleich mit einer öffentlichen und allgemeinen: als 'Du' für andere.[14] 1936 veröffentlichte Günther einen kurzen Text, „Philosophieren als Lebensnotwendigkeit", der eine Replik auf den gleichnamigen seines jungen Jenenser Kollegen Jürgen Rausch darstellt[15]. Rausch hatte die Unfähigkeit der Philosophie behauptet, die Allgemeingültigkeit persönlicher Entscheidungsgründe zu *beweisen* und als einziges Mittel der Verallgemeinerung von Normen die Demonstration persönlicher

---

[14] *Idee und Grundriß*, l. c., p. 10.

[15] In: *Die Tatwelt*, Berlin: Junker u. Dünnhaupt, H. 4, 1936. - pp. 205-220.

Haltungen verteidigt. In seiner Widerrede erklärt Günther, daß jenseits des praktischen ein argumentativer 'Beweis' zu billigender und verallgemeinerbarer Gründe für Haltungen möglich sein müsse – weil er nötig sei. Andernfalls werde *die Philosophie unfähig gegenüber den Aufgaben, die ihr die Gegenwart stellt ... Denn in Staat und Religion tritt an den einzelnen die unbedingte Forderung heran, den wesentlichen Gehalt der Innerlichkeit in objektiven, allgemeinen und in ihrer Allgemeinheit mitteilbaren Lebenszusammenhängen zu realisieren.*[16] Die Zielstellung, damit persönliche Entscheidung als *durch Beweis zwingend, d. h. mitteilbar* verstehen zu können, enthält zwar eine *petitio principii*, denn Entscheidungsgründe, die mitteilbar sind, d. h. Verstehen ermöglichen, müssen noch nicht Einverständnis erwirken können. Jenseits dessen wird dennoch die argumentative Stoßrichtung gegen dezisionistische Konzeptionen erkennbar: die Unterstellung separierter Parallelexistenz privater Entscheidung und öffentlich geteilter Maßstäbe wird für gedankenlos erklärt. In der anschließenden Formel, die wissenschaftliche Philosophie müsse 'Innerlichkeit' als begreifbar unterstellen, ist derselbe Problemgrundriß zu erkennen, der die Deutung einer unbekannten, weil nicht *in actu* gelebten kulturellen Welt und die Interpretation naturwissenschaftlicher Praxis aus distanzierter Reflexion einander näherte: das Erschließen des nicht unmittelbar erlebnishaft oder gar anschaulich Zugänglichen. Der tatsächlich mit den drei Themen gegebene gemeinsame Nenner läßt sich am bestimmtesten unter dem älteren Titel des Verhältnisses von *Erscheinung* und *Wesen* fassen, nur bezieht er sich hier nicht auf Gegenstände nach dem Maßstab mathematischer Naturwissenschaften, sondern solche, die *agens*, mithin selbst *Subjekt* sind[17] und denen gegenüber zudem jeder Deutungsversuch nach analogisierenden Verfahren radikal falsch erscheint.

Es sind nicht allein politische Konstellationen im Deutschen Reich des Jahres 1936, die Günther dazu führen, akademischen Themen allgemeine Aktualität zuzusprechen. Daß wir in mehr als einer Welt leben, ist die Formel für Entdeckungen, die die philosophische Erre-

---

[16] l. c., p. 220.

[17] Was nicht zugleich: 'Seele' impliziert. – Eine plastische Darstellung der 'Eigenaktivität' des Gegenstandes im hermeneutischen Verstehensprozeß ist etwa in der Einleitung von L. M. Batkins *Die historische Gesamtheit der italienischen Renaissance* gegeben; Dresden: Kunst, 1979; pp. 6 sqq.

1. Horizonte. Ein Überblick

gung dieses Jahrhunderts ausmachen, konstatierte Hans Blumenberg einmal knapp[18]. Mit der Formel ist von etwas gesprochen, das latente Erregung des Alltags schon geworden sein mußte, um es philosophisch werden zu können. Es hatte nicht alle gleichermaßen betroffen, aber zumindest die gebildeten Schichten hatten Anteil an der Erfahrung gehabt, daß die Ablösung der religiösen Weltdeutungen durch Wissenschaften und positivistische Philosophie ihren im technischen Erfolg gesicherten Nimbus verlieren mußte, wenn sie sich als unzureichend erwies, die in Vielfalt zersplitterte Erfahrung auf eine ordnende Einheit zu beziehen. Die monotheistische Hypostasierung dieser Einheit hatte in der Vorstellung eines personalen Gegenüber zu handeln erlaubt, aus dessen Angesicht Sinn und Maß für *jede* Handlung sprachen und das gewährleistete, in jedem Fall einen Adressaten der Rechtfertigung zu haben. Noch der Übergang zu einer Perspektive des Fortschreitens auf Verbesserung der Bedingungen für ein gelingendes Leben konnte den Blick voraus zur Zuversicht machen[19], aber die Wissenschaften, die nun statt religiöser Formeln mögliche Horizonte vorzeichneten, erwiesen sich mehr und mehr als ungeeignet, zu tragen, was ihnen anvertraut werden sollte. Folgt man Helmut Plessners Diagnose von der besonderen, Religion im Bewußtsein weithin ersetzenden Rolle der Philosophie in Deutschland, war hier eine 'philosophische Erregung' weitaus brisanter für das Selbstverständnis der Kultur als für andere Nationen und Erschütterungen des Alltags weit bestimmender für philosophische Selbstverständigung als anderswo[20]. Hier waren besondere Bedingungen gegeben, die Diagnose eines Pluralismus in der Kultur akademischen Themenkreisen zu entwenden und in den Symptomen des Zeitgeschehens als den eigentlichen Sinn aller untergründigen Verschiebungen der Dominanten von Welt- und Handlungsorientierung zu erahnen. 1929, als Günther im vierten Jahr an der Berliner Universität studierte, hat Fritz Heinemann beschrieben, was

---

[18] Cf. *Einleitung* in: *Wirklichkeiten, in denen wir leben.* Stuttgart: Reclam, 1996. - p. 3.

[19] Wenn Lessing schrieb, daß eine „Zeit der Vollendung" der Kultur den Handelnden der Notwendigkeit entheben werde, von der Zukunft „Beweggründe zu seinen Handlungen zu erborgen", war vorausgesetzt, daß diese Haltung für die Gegenwart die selbstverständliche war; cf. *Die Erziehung des Menschengeschlechts*, in: *Sämtliche Schriften*, Leipzig 1897. - t. XIII, p. 433.

[20] Helmut Plessner: *Die verspätete Nation.* Frf./M.: Suhrkamp, ⁴1992; cf. pp. 146-150.

für ihn und die Mitlebenden die Situation kennzeichnete[21]: *Krisis bedeutet allgemein Zustand der Stauung des Lebensstromes, Wirbel, Formzertrümmerung, Aufeinanderstoßen der Kräfte, labiles Gleichgewicht, Schweben zwischen Himmel und Erde. Der Lebensstrom ändert seine Richtung, die alte muß verlassen werden, eine neue ist noch nicht gefunden. Die alten Lebensformen als Ausdruck einer stabilen Kräfteverteilung reichen nicht mehr aus, neue sind noch nicht erstanden. Es drängt von Stunde zu Stunde zur Entscheidung, Versinken im Chaos, Untergang der Kultur ist die tödliche Gefahr, der Mensch im Zustand der Verzweiflung. Teilkrisen auf finanziellem, wirtschaftlichem oder wissenschaftlichen Gebiet haben alle Jahrhunderte erlebt, der heutigen aber als Krisis der Zeitwende ist in ihrem Charakter nur der Übergang von der Antike zum Frühmittelalter und vom Spätmittelalter zur Renaissance zu vergleichen: sie geht durch alle Gebiete hindurch, weil sie eine Krisis nicht nur der bürgerlichen Kultur, sondern des Menschen ist. Diese Erkenntnis, dem oberflächlichen Blick eine Selbstverständlichkeit, ist für uns von fundamentaler Bedeutung .. Die Krisis der Kultur beruht .. auf einer Störung im Beziehungssystem der Menschen zueinander, zum Kosmos und zu Gott. - Diese Störungen in ihrem besonderen Charakter zu erkennen, um die menschliche Existenz von ihnen zu befreien, ist die dringlichste Aufgabe der Gegenwart.*[22] Heinemann drückt in solchen, von Bedrängnis zeugenden Wendungen eine Zeitstimmung aus, die Günther teilt. 1937 stellt er unter dem Titel „Religion, Metaphysik und transzendentaler Idealismus"[23] die Folgen der Erosion religiös gestützter Orientierungen in der europäischen Kultur dar und schreibt: *Das Bewußtsein macht die Erfahrung, daß es in die Freiheit des Menschen gelegt ist, Religion als metaphysischen Existenzgrund seines Daseins anzuerkennen oder abzulehnen ... 'Nos transformamur totaliter in deum et convertimur in eum', lautet einer der von der Kirche verworfenen Eckehartschen Sätze ... Ein allem klassischchristlichen Bewußtsein unsagbar fremdes Lebensgefühl steht hinter diesen Worten auf. Die flammenden Leidenschaften mittelalterlicher*

---

[21] *Neue Wege der Philosophie.* Leipzig: Quelle u. Meyer, 1929.

[22] l. c., pp.4 sqq. (Herv. dort).

[23] Gotthard Günther/Helmut Schelsky: *Christliche Metaphysik und das Schicksal des modernen Bewußtseins*, Leipzig: Hirzel, 1937.

1. Horizonte. Ein Überblick

Frömmigkeit verglühen in der Abendstimmung einer resignierenden Seele. Einst sprach aus der Stille des Alls die gütige Stimme des einen Vaters zu seinen Kindern und füllte ihre Herzen mit andächtigem Vertrauen; aber schon in der Renaissance ist der magische Zauberkreis endgültig zerbrochen; und aus der gemütskalten Atmosphäre bei Descartes und seinen Nachfolgern klingt nirgends mehr der warme und starke Ton einer Kirchenglocke. Im konfessionellen Indifferentismus von Machiavelli, Thomas Morus, Jean Bodin und in dem Katechismus der Toleranzbewegung, dem theologisch-politischen Traktat des Spinoza ruht eine bis in den Tod erschöpfte Seele nach überstandenen Glaubensstürmen aus, ohne freilich noch zu ahnen, zu welcher trostlosen Winterlandschaft sie auf Jahrhunderte hinaus verflucht sei.[24] *Der Mensch der industriellen Moderne finde sich in Unruhe, da er sich ohne die Möglichkeit einer Berufung auf extramundane Instanzen selbstverantworteten Entscheidungen anvertrauen müsse. 'Ewiges Leben': das ist nur Metaphysik der Geschichte. In der Religion aber geht es in erster Linie um jene radikale Transzendenz jenseits des historischen Daseins, in der die in ethische Entscheidungen eines leidenschaftlichen und heißen Lebens hineingespannte Existenz des verantwortungsvoll tätigen Menschen ihre schwärzlichen Schatten auf den kalten und bleichen Hintergrund des Todes wirft. Die europäischen Menschen der Gegenwart suchten nach dem metaphysischen Ursprung der Entscheidung, die jedes konkrete Leben im Guten wie im Bösen realisiert.*[25] Welchen Umständen sich die 'existentialistische' Zuspitzung dieser Frage verdankte, formuliert er noch 1959 mit der Frage: *Was ist die tiefere Bedeutung des allgemeinen Zusammenbruchs auf geistigem Gebiet, eines Zusammenbruchs, der auf politisch-sozialem durch die radikale Umwandlung der Kriegstechnik (die immer nihilistischer wird), die Atomisierung der Gesellschaft, den Niedergang des Nationalstaatsprinzips und die Auflösung der christlichen Moralprinzipien aufs grellste beleuchtet wird?*[26]

Wem diese Wendungen übertrieben dramatisch erscheinen, könnte sich des Urteils Plessners erinnern, daß die nach dem ersten Welt-

---

[24] l. c., pp. 15 sq.
[25] l. c., pp. 44 sq.
[26] *Idee und Grundriß,* 1. sub 6) c., p. 61.

krieg in die bewußte Teilnahme an der Kultur eingetretene Generation, der Gotthard Günther zugehört, *in die Entscheidung für oder gegen die Tradition im Ganzen gestoßen worden ist. Sie machte Erschütterungen durch, wie vielleicht keine deutsche Generation seit den Zeiten der Französischen Revolution.*[27] Mehr noch, sei ihr *das Problem der eigenen Lebensentscheidung für die eigene Generation in einer Schwere aufgebürdet wie noch keiner Generation vorher*, da ihr das Erbe des 19. Jahrhunderts als einer *Epoche des Illusionsverlusts* zugefallen sei.[28] *Herausgehoben durch die Macht des Schicksals, durch die Größe des Unglücks*, schließt Plessner, *hat sie Anspruch darauf, für sich gesehen zu werden.*[29] Daß diese besondere Erfahrung von Ereignissen geprägt ist, die noch den Nachkommen Aufgaben diktieren, kann wohl erst nach dem Gewinn größeren zeitlichen Abstands deutlicher ins Bewußtsein treten, aber daß hier eine *condition postmoderne* zu Antworten führte, die eine praktisch wirksame Steigerung der Souveränität von sozialen Umbrüchen Betroffener ermöglichen, wird auch vorher kaum von selbstverständlicher Geltung sein. Da, wo Phänomene der *Desintegration* ubiquitär zu werden scheinen, mehr als schlicht befreiende Auflösung zu verzeichnen sein wird, hat Axel Honneth so nicht zufällig den Titel einer Sammlung zeitdiagnostischer Aufsätze bestimmt, die er zu Beginn der 90er Jahre veröffentlichte[30]. Geläufige Zeitdiagnosen von der 'postmodernen', einer 'Erlebnis'- oder einer 'Risiko'-Gesellschaft werden hier auf empirische Stichhaltigkeit und theoretische Konsistenz befragt, nicht, weil sie Deutungen für Zustände anböten, die keiner bedürftig wären, sondern weil sie aus bedeutsamen Einzelzügen vorschnell verallgemeinerte Behauptungen gewönnen. Daß sich *das Objekt dieser Zeitdiagnosen, also die hochentwickelten Gesellschaften der Gegenwart, in einer Situation* befinde, *für die sich am ehesten der Begriff der 'Desintegration' anbiete, wenn wir nur den aktuellen Grad der Privatisierung, den Auflösungsprozeß der Familie und die ökonomische Verelendung ernst genug* nähmen, be-

---

[27] l. sub 20) c., p. 159.

[28] ibid., p. 101.

[29] p. 159.

[30] Axel Honneth: *Desintegration - Bruchstücke einer soziologischen Zeitdiagnose*. Frf./M.: Fischer, 1994.

stimmt darum auch hier die Aufgabenstellung.[31]

Unmittelbar Betroffenen könnte stoische Haltung geraten sein, zu ertragen, was anders nicht ertragbar scheint. Max Weber hatte der Notwendigkeit, sich auch in einer kaleidoskopischen, zentrumslosen Welt noch zu orientieren, einen Heroismus der Wahl angemessen gesehen, der fähig sein müsse, *dem Schicksal der Zeit .. in sein ernstes Antlitz zu blicken* und sich in seinen *letzten Stellungnahmen* einer einsamen Entscheidung zu überantworten[32]. Auch die an anderer Stelle gefundene Formulierung, jeder müsse den *Dämon* finden, *der seines Lebens Fäden hält*, verdankte sich der Einsicht, daß nun eine private Lebensform im Horizont einer Wertorientierung unter vielen möglichen *gewählt* werden müsse, wo die eben erodierte Kultur die Erwartung befördert und nicht zu enttäuschen versprochen hatte, man könne jede dieser Orientierungen in einem übergreifenden Horizont gleichermaßen bewerten und gegebenenfalls integrieren. Was hier ins Alltagsbewußtsein durchschlug, war die Einsicht, nur noch poietisch eine Haltung in der Welt gewinnen zu können, nicht mehr mimetisch, was die Vorgabe dominanter Lebensstile durch religiöse und ideologische Überlieferung lange Zeit erlaubt hatte. Zudem hatte der konservierend wirkende Vorzug des nun verschwindenden Horizontes darin bestanden, daß seine gleiche Verbindlichkeit für alle die Möglichkeit begründeter wechselseitiger Anerkennung garantierte. Wie aber, wenn nur private Entscheidungen übrig blieben, und damit die Inkompetenz eines jeden für die Beurteilung der Entschlüsse und Handlungen anderer? Wenn die Inkommensurabilität disparater Werte zu nichts anderem führte, als dazu, jede Entscheidung als gleichermaßen gültig, das hieß tendenziell: als gleich-gültig, zu erkennen? Dann war die Erfahrung gemacht, daß sich auf Verbindlichkeiten, die den privaten Horizont transzendierten, nicht verzichten ließ, ohne zugleich die Emanzipation der sich an ihnen aufrichtenden Person aufzugeben.

---

[31] l. c., p. 10. – Einen anderen Ton zeigt die Formulierung von Jürgen Habermas, in der modernen Welt seien „die historischen Formationen des Geistes um so individueller ausgeprägt, je höher sie organisiert sind". Der Gegenstand ist derselbe. Cf. id., *Nachmetaphysisches Denken*, Frf./M.: Suhrkamp, ²1988, p. 189.

[32] Max Weber: *Wissenschaft als Beruf*, in: *Geistige Arbeit als Beruf*, München u. Leipzig: Duncker und Humblot, 1919. – p. 28.

Zugleich war die Philosophie, nach den Worten Plessners, mit der Notwendigkeit konfrontiert, auf den unmittelbaren Zugriff auf *Sein* zu verzichten und statt dessen im Nach-Denken alles theoretisch und praktisch im Leben schon Geleisteten einen vermittelten Zugang zu akzeptieren, was hieß, durch Wissenschaften und gelebte Praxis hindurch zu denken, anstatt ihnen voranzugehen – weshalb sie, unter anderem, *die Lebensführung aus der Hand geben* müsse.[33] Manche der sich existentialistisch gebenden Strömungen hatte dagegen postuliert, daß persönliche Redlichkeit und Wahrhaftigkeit, die keine Erschütterung im Ergriffensein scheute, zur richtigen Entscheidung führe. Nur blieb die Unerschrockenheit leer, so lange sie bei Entschlossenheit und Bereitsein stehenblieb und Gefäß für beliebige Inhalte werden konnte. Es hätte nicht der historisch verwirklichten Trennung von Mut und Wahrheit bedurft, um einzusehen, daß das Kriterium eher etwas über die psychische Verfassung eines Betroffenen als über Sinn und Ziel seiner Selbstüberwindung aussagte[34]. Die Steigerung dieser Haltung zu einem Dezisionismus jenseits rationaler und argumentationsfähiger Kommunikation war nur die Umdeutung eines konstitutiven Mangels in ein positives Prinzip. Wenn Plessner Nietzsche konzedierte, daß *der politische Dezisionismus im Grunde kein Recht* hatte, *sich auf ihn zu berufen*, galt das ebenso für existentialistische Positionen, doch war für diese genauso wie für jenen in An-

---

[33] *Die verspätete Nation*, l. sub 20) c., p. 184.

[34] In der Ungenauigkeit konnte sich dann manches verstecken, das in der Lobpreisung der Bereitschaft zum äußersten Erschrecken 'eigentlich' doch nicht gemeint gewesen sein sollte. - Hannah Arendt hat darauf hingewiesen, wie der Nazi-Härtekult mit einer ängstlichen Kleinbürgermentalität einhergehen konnte, geradezu in ihr begründet war; cf. *Eichmann in Jerusalem*, Leipzig: Reclam, 1990, p. 294. - Heinz Höhne beschreibt ebenso die Angehörigen der sog. Einsatzgruppen im Ostkrieg; cf. *Der Orden unter dem Totenkopf*, München: Botzum KG, o. J., pp. 334 sq. - Joachim Fest nennt als Grund für die ungeheure Radikalität der aktivsten Täter im Hitler-Deutschland, insbesondere der jungen SS-Männer, „pervertierte moralische Energie". Der Terminus ist nicht genau genug, denn Tapferkeit, Treue und Selbstlosigkeit sind wohl Bedingungen moralischen Verhaltens, jedoch selbst nicht schon identisch mit moralischer Haltung, was Fest auch so erläutert; cf. *Hitler. Eine Biographie*, Berlin: Ullstein, [4]1993, p. 518. - Die Leere des Postulats konnte aber auch bei denen, die emphatisch vom Denken sprachen, eine Beliebigkeit der Folgerungen ermöglichen, die von Unentschlossenheit schwer zu unterscheiden war; nicht nur Habermas hatte es an Heidegger diagnostiziert, sondern schon einige Zeitgenossen. Cf. etwa Fedor Stepuns Brief an Heinrich Rickert vom 8. Juni 1932, cit. bei Christian Hufen, *Fedor Stepun*, Berlin: Lukas, 2001, pp. 305 sq.; Jürgen Habermas, *Martin Heidegger*, in: *Philosophisch-politische Profile*, Frf./M.: Suhrkamp, 1981, p. 70.

schlag zu bringen, daß sie *dem Daseinswillen zur Entschlossenheit ein gutes Gewissen gegeben* hatten.[35]

Daß fachwissenschaftliche Rationalität keine 'Ableitung' angemessener Entscheidungen erlaubte, war aber auch bei Max Weber Voraussetzung der Überlegung gewesen. Es war zugleich das Eingeständnis, daß die am Rationalitätstypus von Fachwissenschaften orientierten Reflexionsflächen philosophischer Theoriebildung an Kraft verbindlicher Orientierung verloren hatten. Weber unterstellte allerdings, daß es immerhin möglich bleiben müsse, die 'frei gewählten' Standpunkte methodisch zu entwickeln und in ihren Konsequenzen durchsichtig zu machen. Daß die Philosophie, deren Aufgabe dies sei, eine wissenschaftliche zu sein habe, folgte aus der Überzeugung, das *experimentum*, die Welt der Erfahrung nach Prinzipien ideell zu rekonstruieren, sinnvoll nur unter den Auspizien der historisch entstandenen rationalen Methodenkultur durchführen zu können. Damit war zugleich angenommen, daß es ein Urteil über die Tauglichkeit einer Entscheidung nur geben konnte, wenn der abstrakt isolierte Standpunkt des sich vereinzelt *erlebenden* Individuums verlassen wurde und intellektuelle Fähigkeiten in Anspruch genommen wurden, die diesen Horizont überstiegen. Die in Gestalt von Existentialismus und Vitalismus auftretenden Gegenbewegungen hin zum 'konkreten Menschen' hatten allerdings nicht nur deshalb einen starken Einfluß gewinnen können, weil sich manches zeitgebundene Ressentiment mit Versatzstücken bedienen konnten, sondern, weil in ihnen reale Probleme gefaßt wurden, wenngleich immer wieder auch falsifizierende Schlußfolgerungen befördernd. Die Virulenz der im weltlichen Gewand einer Daseinsanalytik auftretenden religiösen Philosophie Heideggers entsprang auch dem Versprechen, die volle Ursprungskonkretion zu fassen, die den 'blutleeren' Abstraktionen der Wissenschaft nicht zugänglich wäre. Es konnte nicht darum gehen, auszustreichen, was solche Theoriebewegungen gesehen und formuliert hatten, sondern nur darum, ihren Hegemonialanspruch, die Totalität menschlichen Daseins durch Zugriff auf die 'eigentlich' bedeutsamen seiner Bedingungen endlich zu fassen, mittels klarer Begriffe und entfalteter Theorien zu überbieten, und dies so, daß eine produk-

---

[35] *Die verspätete Nation,* l. sub 20) c., p. 175.

tive Öffnung des Horizonts auf zukünftig wirksame Orientierungen hin gegeben werden konnte.

Daß hier Folgen für den Rationalitätstypus zu vermuten waren, dem sich Philosophie verpflichtete, bestimmt Günthers Theorieanstrengungen. Er bemerkt drei Hauptströmungen in der philosophischen Diskussion des ausgehenden 19. und der ersten Hälfte des 20. Jahrhunderts, deren jeder er Unzulänglichkeit attestiert. Der Historismus nach Dilthey, dem man wohl zugute zu halten habe, daß er Wesentliches zur Einsicht in die differenzierte Selbständigkeit von Kulturepochen und geographischen-kulturellen Lebenseinheiten beigetragen habe, gelange doch allenfalls dazu, eine logisch-methodische Ordnung der 'philosophischen Kulturwissenschaften' zu schaffen.[36] Die Verhältnisse im Gegenstandsbereich systematisch zu ordnen, sei aufgrund des betonten Relativismus für unmöglich erklärt, so daß die Geisteswissenschaften in eine erstaunliche Nachbarschaft gerieten. *Der flüchtige Betrachter mag finden, daß zwischen den logischen Ideen von Dilthey und der geisteswissenschaftlichen Schule auf der einen Seite und denen des logischen Positivismus auf der anderen eine schlechthin unüberbrückbare Kluft existiert. Eine nähere Bekanntschaft mit beiden Theorien bringt aber ganz überraschende Ähnlichkeiten zutage. Den voneinander unableitbaren Weltanschauungen, die eine Logik der Geisteswissenschaft zu einer losen Systematik miteinander vertauschbarer Systeme verdammen, steht auf der Seite der mathematischen Kalküle das Problem des Konventionalismus gegenüber. Die Regeln eines uninterpretierten Logikkalküls dürfen willkürlich gewählt werden.*[37] Von Wesensaussagen kann, wo dies zutrifft, nicht mehr gesprochen werden, es sei denn, daß 'Wesen' selbst als bloße Konvention eines Sprachgebrauchs verstanden würde. Der Deutsche Idealismus habe noch ein Bewußtsein davon gehabt, daß dem Aufweis ordnender Schemata eine Ordnung begründende Leistung des Intellekts zugrunde liege, deren Funktionsgesetze zum Thema einer Philosophie zu machen seien, die den Anspruch auf systematische Erkenntnis aus Prinzipien bewahrte. Daß jenseits der Produkte intellektueller Tätigkeiten ein Produzierendes zu orten sei, habe aber nun, nach der Auflösung des transzendentalen

---

[36] *Idee und Grundriß*, l. c., p. 35.
[37] ibid,. p. 36.

1. Horizonte. Ein Überblick

Idealismus wie des neu-idealistischen Denkens, allein der Existentialismus im Blick. *Der Existentialismus, das sei zu seiner Ehre gesagt, gibt die Philosophie in ihrer originalen Gestalt als Metaphysik nicht auf. Aber um sich die Metaphysik zu erhalten, zahlt er einen enormen Preis. Er verzichtet auf die Rechtfertigung seiner Philosophie durch die formale Logik.*[38] Gemeint ist damit, ob den Mangel einer 'formallogischen' oder anderen Rechtfertigung verursachend, das Spezifikum existentialistischen Philosophierens, wie es mit einem Zitat Emmanuel Mouniers[39] erläutert wird: *Die Existenz als solche kann aber aus anderem nicht abgeleitet werden, sondern ist aufspringend und unaussprechbar. Der Gedanke hat ihr gegenüber keine Handhabe, auch nicht das Gesetz und die Beziehung. Die menschlichen Einheiten können nicht die Glieder einer der Totalität zustrebenden Einheit sein.*[40] Das ist Günher die Hypothek des Entschlusses, menschliches Dasein nur vom empirisch privaten Horizont her zu denken: *Wer die vollkommene Auflösung einer mehrtausendjährigen spirituellen Tradition nicht in diesen Worten spüren kann, dem ist nicht zu helfen. Wenn die menschlichen Einheiten nicht mehr Glieder einer der Totalität zustrebenden transsubjektiven Einheit sein können, dann geht alle geistige Kommunikation, die den Anspruch auf objektive, d. h. nachprüfbare, Verbindlichkeit macht, auf dem gegenwärtigen historischen Niveau verloren.*[41]

In einer 'Welt von Welten' zu leben, die jede für sich nach eigensinnigen Regeln funktionieren, deren keine für alle zugleich zu gelten vermag, konnte noch erträglich sein, und der Konventionalismus wie der Relativismus der oben genannten Positionen angemessen, doch die Steigerung der Problemspannung bei Erkenntnis der Wirklichkeit als Agglomeration von Existenzweisen, die füreinander wechselseitig blind erscheinen, mußte stärkere Reaktionen provozieren. Die Erregung in den Worten Fritz Heinemanns zeugt auch da-

---

[38] p. 40.

[39] Mounier (1905-1950), einer der Begründer des katholisch inspirierten 'Personalismus'; cf. *Biographisch-Bibliographisches Kirchenlexikon*, www.bautz.de/bbkl; Eintrag *Mounier, Emmanuel*. - Günther zitiert aus der deutschen Ausgabe der *Introduction aux Existentialismes* (Paris 1946), die als *Einführung in die Existenzphilosophie* 1949 in Düsseldorf erschien.

[40] p. 43.

[41] ibid.

von. In dem zeitlich frühesten Thema Günthers, dem Begreifen des geographisch Exotischen, lebte denn doch schon die Ahnung, das so akademische Problem könne die Figur eines unmittelbar bedeutsamen haben. Schien Alltäglichkeit nicht mehr die Gesamtheit unbefragter Selbstverständlichkeiten sein zu können, als die sie bisher ausgezeichnet war, wurde, was für das räumlich oder zeitlich Fernste galt, zur Aufgabe für das Nächste. Diagnosen, in denen die nur-biotische, rein vitalistische Funktionsweise menschlichen Lebens zur Ursache der Unallgemeinheit partieller Erfahrungen ernannt wird, verkehrten Grund und Folge. Die Vermutung, der zu Aussagen, Bildern und Symbolen geronnene Erfahrungsschatz fremder Kulturarbeit sei unbedeutsam, muß immer vorausgehen, bevor mit relativistischen Theoremen eine Begründung für sie gesucht wird. Für die Epochen der Geschichte des eigenen Kulturkreises gilt dasselbe und es gilt auch für die Phasen der Geschichte einer Person. Wird der Ausdruck der Erfahrungen, die in der Auseinandersetzung von Ich und Welt gemacht wurden, als für *Hier* und *Jetzt* bedeutungslos behandelt, dann wird die Erinnerung nicht kultiviert und die fortdauernden Wirkungen der gemachten Erfahrungen werden das Handeln der Gegenwart wie schicksalhaft bestimmen. Schicksal dann als 'Instinkte' oder biologischen Determinismus überhaupt zu bestimmen, präsentierte eine Scheinerklärung der gefühlten Konsequenz, die im Verlust des Bewußtseins möglicher Freiheit liegt.[42] Günther findet sich mit geläufigen Diagnosen des Zerfalls der Kulturwelt in eigensinnige Sphären so wenig ab wie mit Behauptungen der Auflösung der Person, denn er ahnt den Preis. Deshalb bezieht er neben der Diskrepanz der Wissensformen, der Differenz von Kulturkreisen und der zwischen Erlebniswelt und Ausdrucksmitteln ein viertes Motiv in seine Problemsicht ein, sensibilisiert durch die Erfahrungen, die ein Selbstbewußtsein in Verhältnissen macht, die Inhomogeneitäten im Lebenslauf erzwingen. Die *Zeitlichkeit personaler Existenz* wird unter Bedingungen beschleunigten Wandels von Orientierung und Wertung zum Problem, wenn sie einem an analogische Extrapolation gewonnener Orientierungen gebundenen Bewußtsein 'zustößt', da sie

---

[42] Cf. die Erörterung Cassirers über die Freiheitspotenz der symbolisierenden Reflexion im Gegensatz zur Fesselung der tierischen Reaktionsauslösung an die unmittelbare Realpräsenz von Reizwirkungen; in: O. Schwemmer/J. M. Krois ed., *Nachgelassene Manuskripte und Texte I*, Hamburg: Meiner, t. 1, 1995. - pp. 98 sq.

1. Horizonte. Ein Überblick

es zur Fragmentierung führt und den Schein der Auflösung der Persönlichkeit mit sich führt. Das Selbstverständnis der Person in jeweils gelebter Aktualität zumindest in Korrespondenz mit dem Horizont entschwundener oder unabgegoltener, erinnerter Vergangenheit einerseits, mit den vagen Ahnungen möglicher Horizonte der Zukunft andererseits zu bringen, wenn ihre Kongruenz unmöglich geworden ist, zählt Günther gleichfalls zu dem Problembestand, auf den er mittels Theorie zu reagieren entschlossen ist.

Es sind aber nicht nur kulturpsychologische, sondern auch systematische Ähnlichkeiten, die diese Zuordnung möglich machen. Den Einsatz seiner Theorie findet Günther am Problem der Vermittlung von Innen- und Außensichten wie dem von Geschehen und spurenlesender Rekonstruktion. Der Umstand, daß dort, wohin man sich mit wie immer modifizierender Aufmerksamkeit bezieht, schon etwas 'da' sein muß, öffnete ihm den Blick für das Problem des Entstehens, des erst zu Gewinnenden in den über Außenansichten geleisteten Rekonstruktionen. Am Beispiel der exotischen Kultur trat ein Aspekt dringlich in den Horizont der Aufmerksamkeit, der am Beispiel des rekonstruierenden Verstehens naturwissenschaftlicher Praktiken oder des Verstehens eines mitmenschlichen Gegenüber ebenfalls, wenngleich weniger offenkundig zu bemerken war: Verstehen enthielt eine Genese, eine 'Geschichte' der Entstehung begrifflicher Mittel im Kleinen. Ist eine Stufe von Verstehen erreicht, ist etwas gewonnen, das vorher 'nicht da' war – Namen, Begriffe, Akzentuierungen von Verhältnissen. Nicht in jedem Fall, doch zweifelsohne in dem in Rede stehenden, in dem ein Gegenstand als derart fremd erkannt wurde, daß keine verfügbaren explikativen und deskriptiven Mittel aus vorhandenem Bestand nur appliziert werden mußten, sondern geistige Schritte über die Front hinaus gemacht, hinter der noch Unbestimmtheit und Begriffslosigkeit herrschten.

Ernst Cassirer hatte in einem seiner späteren Aufsätze für die geisteswissenschaftliche Methodentheorie vorgeschlagen, Husserls Begriff der *ideierenden Abstraktion* aufzunehmen.[43] Er sah hier eine in den Geisteswissenschaften gegebene Besonderheit der Begriffsbildung erfaßt, die den Unterschied zur naturwissenschaftlichen mar-

---

[43] *Zur Logik der Kulturwissenschaften.* 1 sub 15) c. - *Dritte Studie: Naturbegriffe und Kulturbegriffe*, pp. 56-86.

kiert, gesetzt, man verstand den Terminus nach Maßgabe des Attributs als einen Bildungsprozeß. Herrschten in den Naturwissenschaften *analytische Allgemeinbegriffe* vor, für die gelte, daß alle in ihnen zusammengefaßten Merkmale in jedem ihrer Artbegriffe wieder ausgesagt werden, sei es unmöglich, alle in einem *Stilbegriff* zusammengefaßten wesentlichen Momente als Merkmale an *jedem* der untergeordneten Arten und Individuen aufzuweisen.[44] Denn die Typus- oder Stilbegriffe der Geisteswissenschaften seien Resultat einer synthetisierenden Überbietung der von ihnen erfaßten individuellen Phänomene und Sachverhalte. In Günthers Zusammenfassung von vier so disparaten Themenfeldern regiert die Aufmerksamkeit für dasselbe – und sie erklärt, warum er schließlich auch im *geschichtlichen Prozeß* der Kultur den gleichen Problemgrundriß wiedererkennen zu können glaubt. Da der kreative Akt einer verstehenden Auslegung den interpretierten Sachverhalt nicht einfach identisch verdoppelt, sondern gewissermaßen in einem anderen Existenzmodus *nacherzeugt*, vermutet er dasselbe Muster, das der zugleich fortsetzende und erneuernde Realprozeß kultureller Phänomene und Institutionen zeigt, auch am Prozeß der Symbolgenese. Hier liegen zentrale Schwierigkeiten seines Theoriekonzepts, Realgenese sozialer Formenwelten und Akte semantischer Genese klar zu scheiden. Die Verquickung der individuell-geistigen Prozesse der Begriffsfindung und Urteilsbildung mit der realgeschichtlichen Entstehung von Bedeutung tragenden Sachverhalten und Institutionen, die hier zutage tritt, war schon in den ersten drei Themenkreisen unerkannt mitgeführt worden, da an ihnen nicht unterschieden war, ob es um Genese kultureller Formenwelten und Institutionen sozial geteilter Bedeutung oder aber um den Verlauf individueller Objektivationsakte zu tun war. Daß jene ohne diese nicht geschieht, gäbe noch kein Recht, beide zu identifizieren. Die Differenz zwischen den in einer Gesellschaft entstehenden Stereotypen und *locis communis* über einen fremden Kulturkreis einerseits und die individuellen Prozesse beim Gewinn eines – etwa wissenschaftlichen, intendiert 'objektiven' – Verständnisses von ihm andererseits; wie auch der Unterschied zwischen der Entstehung sozial anerkannter Persönlichkeitstypologien und Beurteilungsschemata einerseits und die Prozesse intim-

---

[44] ibid., p. 72.

verstehenden Aneignens persönlicher Erfahrungen und Intentionen andererseits sind nicht kurzschlüssig zu überspielen. Es hätte andernfalls die etwa von Husserl als *signum* vermeintlich pathologischen Sinnverlusts beklagte Eigentümlichkeit kultureller Überlieferung, statt der Einsichten in den Sinn eines Verfahrens nur noch das rein technische *Wie* des Vollzuges zu tradieren, kein Gegenstand des Bedauerns oder Antrieb einer Sehnsucht zu ihrer Aufhebung sein können, läge keine Differenz zwischen erlebbarer Erzeugung von *Formeln* des Beurteilens, Kommunizierens oder Handelns und deren nur nachahmender Anwendung, die jene als sedimentierte Resultate vorangegangener Kulturarbeit unwiderruflich Abwesender sich erst bewußt machen müßte.

Rezeption und Interpretation der Güntherschen Theorie werden noch durch andere Konfundierungen erschwert. Die genannte Identifikation von realgeschichtlicher Entstehung und semantisch genetischen Akten wird ergänzt durch die Verquickung von Entstehungs- und Wechselwirkungszusammenhang. Diese Vermengungen führen dazu, daß aus konkreten Thematisierungen und illustrierenden Beispielen vier voneinander unterscheidbare Problemklassen abzuheben sind, die allein dadurch zusammenfaßbar erscheinen, daß sie alle in mehr oder minder deutlichem Maße das Problem der *Disparatheit* und, als Folgeproblem, die Dringlichkeit einer *Vermittlung* oder mindestens den Sinn von deren theoretischer Rekonstruktion zeigen:

1. Die erste, der eine 'aktanalytische' Fragestellung[45] angemessen wäre, umfaßt die psychischen Prozesse, in denen erscheinender Mannigfaltigkeit durch einen kreativen Akt der synthetischen Überbietung begegnet und 'Wesen erzeugt' wird. Der Terminus *Denken*, den Günther wiederholt verwendet, zeigt den Sinn dieser Problemstellung an. In Verständigungsakten von *Ich* und *Du* läßt sich ein solcher Fall ausmachen, sofern einzelne Eindrücke eines 'fremden' Gegenüber oder 'unmittelbar' verständliche Teile seines Redens etc. zu einem Erkennen der singulären Person synthetisiert werden. Ein anderer dieses Typus wäre die

---

[45] Hier beziehen wir uns auf die Unterscheidung Ernst Cassirers aus *Formproblem und Kausalproblem*, in: l. sub 29) c., *Vierte Studie*, pp. 87-102; praec. pp. 96-98.

biographische Selbstverständigung einer Person über abgesunkene Phasen ihrer Entwicklung.[46]

2. Der zweite Problemtyp, dem etwa Cassirer eine *formanalytische* Untersuchung zuordnet, ist in der Frage präsent, wie nach je spezifischem Funktionssinn *ausdifferenzierte Institutionen* – d. h. Komplexe von Verweisungen, welche die Kohärenz sozialer Handlungsnetze organisieren – miteinander wechselwirken, welche neue, integrierende Institution daraus hervorgehen kann und auf welche Weise diese Genese rekonstruierbar wäre. Der Unterschied dieses vom ersten Aspekt ist erkennbar kein Fall kontradiktorischer Opposition Geltung beanspruchender Fassungen ein und derselben Aufgabe, sondern ein Dualismus analytischer Perspektive, der in der Akzentuierung zweier Facetten eines Problems dieses transformierend verdoppelt. Die Institutionen kommunizieren nicht als personale Individuen, nur durch solche. Die in den Sozialwissenschaften selbstverständliche Unterscheidung von handlungs- vs. systemtheoretischer Perspektive erlangt ihre forschungsleitende Kraft nicht aus dem Streit über die allein richtige beider, als vielmehr in der Bestimmung ihrer Angemessenheit an Fragestellung und gesuchtes Resultat.

3. Ein dritter Problemtyp ist die Frage nach *Differenzierungs- und Integrationsprozessen in der Natur*, d. h., unter Kausalbeziehungen.[47]

4. Indem Günther nun versucht, die allgemeine Problemstruktur dieser drei als die 'Schichtung' semantischer Ebenen an der Unterscheidung von Objekt- und Metasprache wiederzufinden, die in der Formalen Logik lange Zeit diskutiert wurde[48], bezieht er

---

[46] Wir unterstellen nicht, daß diese Arbeit jenseits der Verwendung sozial geteilter Symbole, Bilder und Interpretationen geschieht, nur daß sie von dem folgend genannten Phänomenfeld unterschieden werden muß.

[47] Die organologische Metaphysik, die über die biologische Erbschaft in der modernen Theorie sozialer Systeme fortzuwirken scheint, identifiziert dies natürlich mit den unter (2) genannten Phänomenen und behandelt auch kommunikative oder *Sinnbeziehungen* als *Wirkbeziehungen*.

[48] Maßgeblich ausgelöst durch Alfred Tarskis Nachweis, daß der Begriff der Wahrheit nie innerhalb des formalen Systems definiert werden kann, für den er bestimmt wurde und durch Kurt Gödels Beweis, daß Widerspruchsfreiheit eines formalen Systems nie in Sätzen dieses Systems bewiesen werden kann. - A. Tarski: *Der Wahrheitsbegriff in den formalisierten Sprachen*, in: K. Berka/L. Kreiser ed. *Logik-Texte*, Darmstadt: Wiss.

eine vierte Problemklasse ein, und bekräftigt dies auch durch Verknüpfung mit dem logischen Problem der Russellschen Typentheorie. Dabei überlagert sich zudem die Untersuchung der semantischen Schichtenbeziehung mit Fragen nach der Genese aufruhender Schichten.

Die Vermengung von Fragen nach der Genese (*diachrone*) mit denen nach der Funktion (*synchrone*) zieht sich durch das gesamte Werk. Auch das funktionale Verhältnis von Objekt- zu Metasprache aber ist ein anderes als die Genese dieses Verhältnisses; die Frage nach der Beziehung elementarer Institutionen auf solche, die deren Kommunikation mit Nachbarinstitutionen vermitteln, ist eine andere als die nach deren Entstehung.

Es ließe sich gegen die hier vorgelegte Differenzierung mit guten Gründen einwenden, daß Aspekte auseinandergelegt werden, die doch eben integral gefaßt werden sollten, da es Günther offenbar um den allgemeinsten 'Rhythmus' von Geneseprozessen und zugleich das allgemeinste Muster von Kommunikationsakten und Wechselwirkungen zu tun sei. Es wäre die Annahme, daß es Günther zuletzt doch um die eminent philosophische Aufgabe zu tun sei, eine ideelle Struktur, die alle spezielleren synthetisch überbietet, zu entwickeln, um nicht nur innere Disparatheiten in diesen Gebieten, sondern gerade sie alle wieder in Einem *denkbar* zu machen, die *modi* verstehender Kommunikation wie die Bewegung der Verweisungskomplexe der Institutionen, das Schichtungsgefüge logischer Differenzierungen wie Geneseprozesse in der Natur. Jedoch bleiben die eigentümlichen Durchführungen in Günthers Arbeiten mit dem Mangel unfertiger Konfundierungen behaftet, wo überschreitende, konstruktive Abstraktionen gefordert wären, was sich nicht zuletzt darin zeigt, daß unvereinbare Ergebnisse antizipiert werden und daß sich zudem im Verlauf der Theorieentwicklung der Grundakzent der intendierten Anwendungen beständig verschiebt. Geht es zuerst um

1. die Begründung einer nicht-narrativen Darstellungsform für Handlungen (die *Logik der Geisteswissenschaften)*, ist damit zugleich

---

Buchges., 1983, pp. 443-546; K. Gödel: *Über formal unentscheidbare Sätze der Principia mathematica und verwandter Systeme I*, in: *Monatshefte für Mathematik und Physik*, H. 38, 1931, Leipzig, Wiesbaden: Akad. Verlagsges., pp. 173-198.

2. der Versuch begonnen, der Philosophie ein Organ systematischer Exploration zu verschaffen (*Formalisierung der Dialektik*), aus dem sich aber später die Intention bildet,
3. als technisches Mittel für Verständigungshandlungen eine '*Denkprothese*' zu schaffen, das dann
4. als ein Instrument für die planmäßige Konstruktion von Institutionen (*social engineering*) gedacht ist; das schließlich, verallgemeinert und zurückgebogen in Theorie, zu dem Ziel führt,
5. allgemeinste Wesensgesetze zu formulieren (*Rationalität des Universums*).

Theorieanstrengungen, für die *Semantik partialer Welten* der allgemeinste Titel wäre[49], lassen sich daher mit seinen Ansätzen ebenso verknüpfen wie Versuche, eine ästhetische Metaphysik der Partikularität zu entfalten[50], oder systemtheoretische Modellierungen[51]. Was ihn von all diesen Positionen wiederum abhebt, ist die pointierte Frage nach der Möglichkeit, über das Konstatieren der Welt-Partikel hinaus, ihre Binnenuntersuchung und die bestenfalls gewährte Konzession, Zusammenhang im ästhetisch spielerischen Umgang zu realisieren, ihre Ordnung systematisch denkbar zu machen. Wo die Erfahrung durchdringender und alle Handlungen folgenschwer bestimmender Verwaltungs- oder Marktrationalitäten manifest geworden ist, kann es als längst fällige Rettung erscheinen, in der Zersplitterung von Handlungs- und Verständigungsräumen Befreiung zu entdecken. Die Einsicht aber, daß die unrelativierte Bekräftigung

---

[49] Der Terminus hier so allgemein verwendet, daß neben eigentlichen *Partial World Semantics* auch *Topological Logic*, *Situation Semantics* und *Possible Worlds Semantics* gemeint sind. - Für die erste cf. Elke Brendel, *Die Wahrheit über den Lügner*, Berlin, New York: de Gruyter, 1992; für die zweite Nicolas Rescher, *Topics in Philosophical Logic*, Dordrecht: Reidel, 1968; für die dritte Jon Barwise, *The Situation in Logic*, Stanford: CSLI Publ., 1989; für die letzte Jon Elster, *Logik und Gesellschaft*, Frf./M.: Suhrkamp, 1981.

[50] Cf. dazu die Diagnose von Gerd Irrlitz, *Postmoderne-Philosophie, ein ästhetisches Konzept*, in: Weimann R., Gumbrecht, H.-U.: *Postmoderne - globale Differenz*. Frf./M: Suhrkamp, 1991; pp. 133-165.

[51] So gibt es das inzwischen berühmte 'Fußnotenphänomen Günther' in den Arbeiten Niklas Luhmanns, der sich jedoch in einer u. g. Nuance entscheidend unterschied. Cf. *Soziale Systeme*, Frf./M.: Suhrkamp, ⁴1991, pp. 144, 285, oder *Die Wissenschaft der Gesellschaft*, l. c., 1992, pp. 94, 301, 666. Hier erfolgen jedesmal Verweise ohne Interpretation, als handelte es sich um einen weithin bekannten Autor mit einer respektablen Rezeptionsgeschichte.

solcher Tendenzen die Verstiegenheit voraussetzte, Pathologien der Kommunikation zum eigentlichen Maßstab zu erheben[52], muß den Blick auf die Notwendigkeit einer Ergänzung lenken. Konsequenz aus der Diagnose der Fragmentierung der kulturellen Welt ist darum bei Günther nicht der Abschied von der Systematik, sondern das Programm einer *neuen Systematisierungsform*, die sichtbar zu machen erlaubte, welche dominanten Tendenzen in einem Prozeß der erlebten Fragmentierung und über Inhomogeneitäten und Grenzen erfolgenden Rekompositionen verborgen sind[53]. Die bedeutsame Pointe besteht hier darin, diese Rekompositionen durch Entstehung oder Erfindung von Neuem geleistet zu sehen und daher der Frage nach der Verlaufsstruktur von Geneseprozessen symbolischer Welten und der erzeugenden Denkens Raum zu geben. Die Scheidung beider bleibt immer problematisch. Wollte er der Hegelschen Konfundierung entgehen, die intellektuelle genetische Rekonstruktion durch erkundendes Denken mit der Realgenese der rekonstruierten Phänomene gleichzusetzen, hätte eine Differenzierung nach Perspektiven vorgelegt werden müssen. Das Verhältnis des ideellen Prozesses einer Kultur – mit seinen proleptischen Elementen – zum Realprozeß läßt sich als das *novum* erzeugende denken und theoretisch entfalten. Die Gleichsetzung von explorativem Denken in der Entfaltung einer philosophischen *Erörterung* mit der Genese von *Realphänomenen*

---

[52] Cf. Hans Robert Jauß: *Anmerkungen zum idealen Gespräch*, in: *Das Gespräch* (PH XI), Freiburg: Fink, 1984, pp. 467-472.

[53] Interpretation in Hinsicht einer *Partial Worlds Semantics* legt insbesondere Rudolf Kaehr vor, unmittelbarer Schüler Günthers, der bereits für die 2. Auflage von *Idee und Grundriß* einen Anhang mit ersten Kalkülkonstruktionen vorlegte, cf. ibid.: *Materialien zur Formalisierung der dialektischen Logik und der Morphogrammatik 1973-1975*; oder Rudolf Kaehr, Thomas Mahler: *Morphogrammatik*, Klagenfurt: IFF, 1993. - Zugleich ist es auch Kaehr, der als erster versuchte, das Derridasche Konzept des Dekonstruktivismus auf Günther zu beziehen; inzwischen kontinuierlich dazu Joachim Castella, Eva Meyer u. a.; cf. R. Kaehr, *Spaltungen in der Wiederholung*, in: *Spuren in Kunst und Gesellschaft*, H. 40, 1992, Hamburg, pp. 44-47, E. Meyer, *Die Ähnlichkeit der Maschine*, in: l. c., H. 39, 1992, l. c., pp. 27-30; J. Castella, *Konstruktion oder Modell des Geistes*, ibid., pp. 31-33. - Um techniksoziologisch fruchtbare Fortsetzung Günthers bemühen sich Arno Bammé u. a., für die Methodologie der Soziologie versuchen Lars Clausen, Elena Esposito u. a. an Günther anzuknüpfen. - Zudem versuchen R. Kaehr, J. Castella u. a., einen Kalkül zur Beschreibung von Symbolgenese zu schaffen, für den Ansätze der *Laws of Form* von G. Spencer-Brown mit denen Günthers verknüpft werden; cf. J. Castella, *Kreise, Unterschiede, Negativität*, in: *Spuren*, H. 41, 1993, l. c., pp. 57-60. - Erste Einführung in Diskussionen um Günther: Kurt Klagenfurt, *Technologische Zivilisation und*

aber überspränge dann erkennbar den Vermittlungsschritt vom individuell Gedachten der Methode zum allgemeinen Bewußtsein einer konkreten historischen Handlungsgemeinschaft und dessen Einfluß auf die Wirklichkeit zeugender Aktionen dieser Gemeinschaft. Dies würde auch dann nicht aufgehoben, sondern bekräftigt, verstünde man den *explorative Rationalität* Realisierenden als Avantgarde an der kulturellen Prozeßfront. Der Versuch, intellektuellen Gewinn an Ausblick, institutionelle Neubildungen in der Kulturgeschichte und die Entstehung neuer Prozeßformen in der Natur in Einem zu denken, führt Günther im Rückblick nicht von ungefähr zu der andeutenden Formel, er verstünde nun sein Bemühen als auf eine *Qualitätentheorie der Materie* gerichtet, also wohl auf eine Theorie eines unendlichen Relationengefüges dynamischer Spannungen, aus denen genetische Prozesse hervorgetrieben werden. Die Kollision inkommensurabler Geltungsansprüche demselben Muster folgen zu sehen wie Konflikte von institutionell formierten Handlungsorientierungen und dynamische Spannungszustände in Naturkreisläufen erforderte aber weniger eine Reform der Formalen Logik als eine des Bewußtseins ihrer kulturellen Funktion – um es zu überschreiten.[54]

Die vorliegende Arbeit geht davon aus, daß zwei der Intentionen Günthers, dem vernunftkritischen Philosophieren einen symbolischen Kalkül als ὄργανον zu schaffen oder die Verlaufsgesetzlichkeit in der Entwicklung des ideellen *totums* der menschlichen Kultur zu bestimmen, die philosophisch eigentlich problemhaltigen sind. Der genetische Aspekt im philosophischen Rekonstruieren ist dabei deutlich von der realen Genese im Gegenstandsbereich zu unterscheiden. Die genannten Themenfelder des Güntherschen Theorieinteresses sind in dieser Perspektive wohl Gegenstände für analytische Untersuchungen und Resynthetisierungen nach *topoi* wie Inhalt-Form, Wesen-Erscheinung, Realität-Idealität usf., jedoch keinesfalls Ziel

---

transklassische Logik, Frf./M.: Suhrkamp, 1995; Ernst Kotzmann ed., *Gotthard Günther - Technik, Logik, Technologie*, München, Wien: Profil, 1994; Lars Clausen et al. ed., *Transklassische Logik und neue disziplinäre wie interdisziplinäre Ansätze*, l. c., 1997. - Die Aufzählung ist nicht vollständig.

[54] Welchen Anteil die systematische Rekonstruktion der 'Realrepugnanz' als kontardiktorisches Aussagenpaar an dieser Verwechslung hat, ist eine über Günthers Theorie weit hinausreichende Frage, die hier nicht in vollem Umfang aufgenommen werden kann. Ältere Debatten haben dazu bereits Argumente beigetragen; beispielhaft etwa Lucio Colletti, *Marxismus und Dialektik*, Frf./M. et al.: Ullstein, 1977; pp. 5-41.

1. Horizonte. Ein Überblick

der physische Resultate konstruierenden Arbeit gemäß den entschlüsselten Methodenprinzipien dieser Untersuchungen. Die ideelle Nacherzeugung ist keine Konstruktion realer Institutionen oder dinglich-gegenständlich verfügbarer Mittel, auch nicht, wenn sie eine 'Vorerzeugung' ist. Die *per se* auf technische Reproduktion orientierte Rationalitätsform der mathematischen Naturwissenschaften[55], die als die eigentlich *operative* Rationalität identifiziert werden kann, steht der 'stofflichen' Realisierung noch am nächsten, doch zeigte noch eine vergleichende Formanalyse der naturwissenschaftlichen und ingenieurtechnischen Rationalität, daß berechtigte Gründe für eine systematische Unterscheidung vorliegen.[56] Der in diesen Feldern bis zur metaphorisch tauglichen Anschaulichkeit ausgeprägte Typus von Konstruktionsarbeit müßte zudem von dem der erzeugenden Leistungen unterschieden werden, die Resultate einer Interpretation hervorbringen, da kaum als selbstverständlich gelten kann, daß der zweckdefinierte Entwurf eines technischen Mittels nach Intention und Verlauf identisch ist mit der auf Beobachtung und Deutung beruhenden *diagnostischen* Arbeit, die von geisteswissenschaftlicher Reflexion geleistet wird. Weit mehr als interessante Nuance wäre schließlich die ergänzende Bestimmung des der Philosophie eigentümlichen Rationalitätstypus, die Günther umkreist, denn er zeigt Spuren von Einsicht in deren besonderen Charakter als *explorativer*,

---

[55] Daß diese primär, also bereits in ihrem Kern *techné* sei, war die fruchtbare und in ihren Folgen noch kaum abgearbeitete Einsicht, die Husserl zu seiner Krisendiagnose angesichts der Funktion naturwissenschaftlichen Wissens führte. - Die Naturwissenschaft unter der generellen Intention des *operari* zu betreiben, war allerdings nicht Entdeckung, sondern gewähltes Programm schon seit Bacon und das Bewußtsein der Implikationen dieser Haltung fand in der neuzeitlichen Philosophie immer wieder theoretischen Niederschlag. Kants Verwandlung des auf das *summum bonum* hin geordneten Kosmos in die nach dem Prinzip der *formalen Zweckmäßigkeit* im Ganzen geordnete 'Erkenntnis' als Teil des Syntheseversuchs rationalistischer und empiristischer Theoreme, vermeidet die unmittelbare Identifikation von Theorie und Technologie, führt aber auf ihre Verwandtschaft als nach subjektiv - das ist nicht: privat - gesetzten Zwecken organisiert. - Cf. dazu Ernst Cassirer, *Das Erkenntnisproblem in der Philosophie und Wissenschaft der neueren Zeit*, l. c., pp. 13-15.

[56] So ist etwa im Titel der Formelsammlung von Bernhard Baule, *Die Mathematik des Naturforschers und Ingenieurs* (Leipzig: Hirzel, 1954) ausgesprochen, daß bereits ein Unterschied zwischen der 'Mathematik des Mathematikers' und der angewandten besteht. Über die Differenzen innerhalb der letzteren wäre noch mehr zu ermitteln, doch daß die ingenieurtechnischen Verfahren, auch da, wo sie an Resultate der Naturwissenschaften oder der Mathematik unmittelbar anzuknüpfen suchen, noch weit mehr von einer

versucht aber hartnäckig, sie der naturwissenschaftlich-technischen Rationalitätsform anzuverwandeln.[57]

Es wird gezeigt werden, daß die Deutung der philosophischen Kategorienebenen als *Zustände*, daher ihrer Syntheseleistung als Modellierung von *Zustandsübergängen*, zur realistischen Umdeutung der intendierten Anwendungen führte. Daß auf unterschwellige Weise die erste der oben angeführten Problemgruppen, die individuelle Genese von Erkenntnissen, als unterstelltes Paradigma aller drei anderen behandelt wird und die als zeugender Quell in allen Feldern zu thematisierende *Subjektivität* daher nach dem Vorbild der empirischen Person konzipiert bleibt, soll als der verborgene Grund dafür gezeigt werden.

Jenseits aller Einwände aber bleibt ein weiterer, tieferer Grund, sich mit Gotthard Günthers Philosophie auseinanderzusetzen. Er ist auch darin ein Zukünftiger, daß er wie wenige heute im Bewußtsein philosophiert, die offene menschliche Geschichte könne die gesteigerte Möglichkeit der Selbstbestimmung enthalten und nur deren voreiliger Ausschluß vernichte etwas, das allein zugleich mit dem auf es gerichteten Blick existieren kann.

Das Kapitel diente der Schärfung der Aufmerksamkeit für die Problemsicht Gotthard Günthers. Nur der Umstand, daß es ihm selbst nicht gelungen ist, das Kernproblem seines Philosophierens im distanzierten Überblick prägnant zu umreißen, soll die Umwege über andere, leichter zugängliche Theoretiker und Skizzen ihrer Aufgabenstellungen und Lösungsvorschläge zum Zwecke der Illustration entschuldigen. Die weit ausholenden Darlegungen dienten dazu, die in Günthers skizzenhaften, manches Mal bis zum Schema verdünnenden Formulierungen nicht leicht deutlich werdenden Problemhorizonte und ihre Überlagerungen durch eine allgemeine Übersicht kenntlich zu machen. Die nach dem zweiten Kapitel folgenden Ausführungen haben die Lücken auszufüllen, die in der Überblicksdarstellung bleiben mußten.

'Kunstlehre' an sich haben als jene, dürfte bereits von fern festgestellt werden.

[57] Die Unterscheidung *operativ*, *diagnostisch* und *explorativ* bestimmt nicht schon die Identifikation von Verfahren, sondern erst die des jeweils dominanten Funktionssinns innerhalb der Kultur.

2. Wege. Biographisches

Der ursprünglichen Disposition, die zu einer sein Philosophieren prägenden Erfahrung führte, ist Günther selbst im vorangeschrittenen Alter bewußt geworden. In seiner intellektuellen Autobiographie[58] von 1974 bekennt er, *lebhafteste Kindheitserinnerungen* zu haben, wie *er bittere Enttäuschungen erlebte, weil ihm keiner der Erwachsenen sagen wollte, was eigentlich 'besser' sei: ein Veilchen, ein Krokodil oder eine Wolke. Noch heute* sei ihm *das intensive emotionale Bedürfnis nach einer universalen Rangordnung der Dinge in der Welt in der Erinnerung geblieben.*[59] Daß die Universalität solcher Ordnung ein spezifisches Problem beinhalte, sei ihm dabei zugleich bewußt gewesen, habe er doch damals schon die Frage gestellt: *Wenn das Zusammensein von Bergen ein Gebirge ergab, was ergäbe dann zahlenmäßig das Zusammensein, wenn man eine Kirche zu einem Krokodil addierte und dazu noch seine Mutter und obendrein ein Zahnweh?* Unzufrieden mit der Antwort eines so befragten Lehrers, hier ließe sich keine Addition ausführen, ohne die Elemente als bloße Zählobjekte, reines 'Etwas' und aller spezifischen Bestimmung entkleidet, zu behandeln, habe er darauf beharrt, es müsse eine rational ausweisbare Form der Beiordnung dieser so verschiedenen Objekte geben, bei der sie in ihrer qualitativen Besonderheit erkennbar blieben. Dem Schüler erscheint dies, noch ungeschieden in Fragen nach 'Rangordnung' oder 'Addition', *als eine der Arithmetik würdige und hochinteressante Aufgabe*[60].

Frühe Bildung

Es ist nicht sehr wahrscheinlich, daß der Heranwachsende in seinen intellektuellen Interessen von Gleichaltrigen begleitet wird, denn außer in zwei Bezügen auf die Eltern und den anonym bleibenden Lehrer erscheint in seinem Rückblick auf seine geistige Entwicklung

---

[58] Gotthard Günther: *Selbstdarstellung im Spiegel Amerikas*, in: L. J. Pongratz ed., *Philosophie in Selbstdarstellungen*, Hamburg: Meiner, 1975 sqq., t. 2., pp. 1-76.
[59] ibid., p. 64.
[60] p. 71.

die Welt menschenleer. Aufgewachsen *in einem ländlichen Pastorenhaus im Riesengebirge*, wird er wenig mehr Anregungen bekommen haben, als es die, immerhin *reichhaltige*, Bibliothek des Vaters geben konnte. Schlesien ist zwar der Bevölkerungszahl nach die zweitgrößte Provinz des Landes Preußen, weist aber nur die für das deutsche Reich durchschnittliche Besiedlungsdichte auf; die bedeutende Montan- und Textilindustrie ist zudem in Oberschlesien konzentriert. Niederschlesien hat im Allgemeinen seinen ländlichen Charakter noch behalten. Hier, in Arnsdorf (heute Miłków), wird Gotthard Günther im Jahr 1900 geboren. Der Ort wird für 1934 als *Dorf und Rittergut* mit 1866 Einwohnern gemeldet, verfügt da seit einigen Jahren auch über einen Kleinbahnanschluß, aber die Hauptlinie der Eisenbahn führt sechs Kilometer am Ort entfernt vorbei.[61] Gerhart Hauptmann lebt im Geburtsjahr Günthers kurze Zeit hier, bis er sein neues Haus im zwanzig Kilometer entfernten Agnetendorf bezieht, sein Bruder Carl lebt in Arnsdorf etwa von der gleichen Zeit an dauerhaft. Großstädtisches Leben suchen beide nicht hier.[62] Die nächste Stadt, das vierzehn Kilometer entfernte Hirschberg (Jelenia Gora), hat zu dieser Zeit etwa zwanzigtausend Einwohner, weniger als ein Viertel der Einwohnerzahl Bonns zur selben Zeit.[63] So sind es kaum Erfahrungen mit modernem Kapitalismus und kultureller Urbanität, die den Heranwachsenden prägen, dafür zwei Faktoren, an deren Bedeutung Günther gleich im ersten Absatz der „Selbstdarstellung" erinnert: *Daß die Pastorenhäuser mit Recht als Horte der klassischen deutschen Bildung gelten durften, ist ja nicht ganz unbekannt. Und daß ein in Ostdeutschland in diesen Zeitläuften Geborener genügend Gelegenheit hatte, den Geist des Preußentums einzuatmen, ist selbstverständlich. Diese konservativ-preußische Atmosphäre begann das Kind schon zu formen, bevor es als knapp sechsjähriges in die dörfliche Volksschule eintrat. Was das Stichwort Patriotismus dann betraf, so bezeichnete das Wort Deutschland in den Jugendjahren nur ein vages Nebelgebilde, aber Preußen, das war eine physische sowohl*

---

[61] *Schlesisches Ortschafts-Verzeichnis*, Breslau: Wilhelm Korn, Ausgaben 1893 und 1934. - Eintrag *Arnsdorf (Riesengebirge)*.

[62] Peter Sprengel: *Gerhart Hauptmann, Epoche - Werk - Wirkung*, München: Beck, 1984.

[63] *Statistisches Jahrbuch für das Deutsche Reich 1911*, Berlin: Puttkammer u. Mühlbrecht, 1911, p. 4.

Frühe Bildung 41

wie spirituelle Realität, die man verehren oder hassen konnte. Der Autor hat ihre Idee zeitlebens verehrt. Daß damit der in der preußischen Tradition zum Staatsbürgerethos sublimierte Habitus der mönchischen Ritterorden gemeint ist, erhellt der unvermittelt angefügte Satz, diese Verehrung sei *eine wohl notwendige Voraussetzung, wenn man später die Tiefen und Schwächen der Kantischen Ethik verstehen will.*[64] In vorangeschrittenem Alter formuliert er in einem Brief an Hans-Peter Duerr anläßlich der Zusendung eines von dessen Büchern, er sähe schon aus der Zusammenfassung, daß sie *einander wohl jetzt nicht sehr gut verstehen* würden und erläutert dem Adressaten, dem es an vitalistischen Nuancen nicht mangelt: *Ich liebe das Leben nicht und in der Furcht vor der Ordnung scheint sich mir doch nur Ordnungsschwäche auszudrücken*[65].

Kaum mehr als Vermutungen sind über die prägende Bedeutung des Umstandes möglich, daß sich der Heranwachsende in zwei Welten bewegt. Er berichtet davon, daß es *seine Mutter kaum fertig* brachte, *ihn von den Büchern aller Art wegzutreiben und dazu zu bringen, in den Garten zu gehen und zu spielen. Das erschien ihm, gebürtiger Rationalist, der er war, eine sinnlos vergeudete Zeit, und diese Abneigung gegen das Spiel jeglicher Sorte bis hin zum Schachspiel ist ihm auch .. geblieben.* Aber es gab neben den Büchern, an denen ein 'Rationalist' etwas finden mochte, eine andere Leidenschaft *von Kind auf,* denn *wenn man ihn auch im Sommer mit keinen Mitteln hinter den Büchern hervor*locken *konnte – in den wenigen Skimonaten des Winters war das anders.*[66] Bis ins hohe Alter ist Günther ein passionierter Skiläufer, der, wenn es ihm nur finanziell und zeitlich möglich ist, jedes Jahr mehrere Wochen in Skigebiete reist, wie Briefe aus den späteren Jahren zeigen. Er verbindet den Sport zugleich mit intellektuellen Interessen, denn *auch hier kam das Buch wieder ins Spiel. Sein Interesse an Ski-Konstruktion und an Skilauf-*

---

[64] *Selbstdarstellung,* l. c., p. 1.
[65] *Brief an H.-P. Duerr vom 17.9.1975,* in: *Nachlaß 196 (Gotthard Günther),* l. c., Kasten 51, Mappe 945. – Auch im Interview mit Claus Baldus wird eine Affinität zur Weltverachtung deutlich, die dem herben Zug kriegerischer Ordensmänner nahekommt; cf. *Phaidros und das Segelflugzeug,* in: *Das Abenteuer der Ideen. Architektur und Philosophie seit der industriellen Revolution,* Berlin: Frölich u. Kaufmann, 1984, pp. 69-83; cf. p. 73.
[66] *Selbstdarstellung,* l. c., p. 2. (Günther schreibt von sich selbst in der dritten Person.)

Technik war unstillbar, und er darf wohl ohne Übertreibung sagen, daß er so ziemlich alles, was über die Welt des Skis von etwa 1910 ab bis in die letzten Jahre erschienen ist, gelesen hat, soweit es in englischer oder deutscher Sprache zugänglich war.[67] Es dürfte ebenso Faszination durch Technik in doppeltem Sinne gewesen sein, die ihn als jungen Doktor der Philosophie mehrere Segelflugscheine und im vorangeschrittenen Alter noch Motorflugberechtigungen erwerben läßt. Für einen Mann, der von frühester Kindheit, wahrscheinlich von Geburt an, auf dem linken Auge blind ist, eine erstaunliche Leistung.[68] Daß er hierbei die besonders prägende Erfahrung macht, die Beherrschung von 'Techniken' wie technischen Geräten erlaube, naturwüchsige Beschränkungen zu überwinden, muß ebenfalls Vermutung bleiben. Günther selbst äußert darüber nichts und auch durch Kollegen, Freunde und Briefpartner Günthers wird nichts derartiges überliefert.

Trotz der innigen Beziehung zu Technik gibt die unentwegte Beschäftigung mit *Büchern aller Art* den Ausschlag für die Berufswahl. *Einmal Gelehrter und nichts anderes zu werden* steht für ihn seit der Obertertia fest. Die Vorstellung, der er dabei folgt, verlangt von ihm, die *fundamentale geistige Bedeutung der Antike für die Gegenwart und besonders als unabdingliche Voraussetzung für ein Gelehrtendasein* anzuerkennen.[69] Es ist wahrscheinlich, daß dieses Bild des humanistischen Gelehrten wesentlich vom Vater geprägt wird, denn er*, der auch vom akademischen Standpunkte aus mehr als gewöhnliche Bildung besaß, hatte ihm in den Jahren seiner Schulzeit ein Bild der Universität und des Gelehrtendaseins entworfen .. und ihn in den letzten Jahren etwas mit der Humboldtschen Universitätsidee vertraut gemacht.*[70] Da das Bild *mehr ideal als realistisch war*, erscheint dem Sohn bei Antritt des Studiums *die Universität als eine*

---

[67] ibid.

[68] Dies erschließen wir aus dem Signalement zum Einbürgerungsantrag in den USA, in dem als besonderes Kennzeichen „blind left eye" vermerkt ist. Zugleich ist bisher weder aus Briefen, noch aus biographischen Angaben für Ämter noch aus der *Selbstdarstellung* eine Bemerkung bekannt, die auf einen Verlust des Sehvermögens am linken Auge im bewußten Alter hindeutete; cf. *Nachlaß*, l. c. - Im Interview mit Claus Baldus spricht Günther ganz in diesem Sinne von seiner Behinderung, l. c., p. 69.

[69] ibid., p. 3.

[70] pp. 6 sq.

Frühe Bildung 43

Einrichtung, in der man nach der Wahrheit frei von allen und jeden Nützlichkeitsrücksichten zu suchen hatte und er ist überzeugt, *daß die Erziehung eines Studenten nur darin zu bestehen hatte, abgesehen von der Vermittlung des bis dato erreichten Wissenschaftsbestandes, ihn am Gottesdienst der reinen Wahrheit teilnehmen zu lassen.* Der Zungenschlag ist kein zufälliger: daß er *nicht ganz allein mit solchen Ideen stand,* bezeugt ihm *ein fast gleichaltriger Kollege, der ihn fragte, ob er auch damals, als er ins Kolleg ging, dasselbe Gefühl hatte, wie wenn man sonntags sich auf den Kirchgang begab. Er konnte das nur bestätigen.*[71] Das Bekenntnis mutet wie eine unmittelbare Illustration zu Plessners Diktum von der religiösen Funktion der Bildung in der protestantischen deutschen Kultur an.[72]

Plessner hatte in seinem Buch von 1936 noch eine andere Erbschaft des Protestantismus in der deutschen Bildung und Wissenschaft ausgemacht. Nicht allein die Bewegung der Theorie, sondern eine spezifische Sensibilität, die eine protestantische Mentalität charakterisiere, habe einen Mann wie Leopold von Ranke zu dem prägnanten Satz des Historismus begabt, jede Epoche sei 'unmittelbar zu Gott'. Was in dieser Perspektive fortlebe, sei das protestantische Toleranzgebot. Es hatte schon früher, noch weit eindrucksvoller in seiner Wirkung über Kreise von Fachgelehrten hinaus, eine protestantischer Liberalität zu verdankende philosophische These gegeben, als Kant zum Postulat seiner Ethik den Satz machte, kein Mensch dürfe als Mittel gebraucht werden, wenn er nicht zugleich als Selbstzweck genommen sei. In ähnlicher Weise wie Plessner an Ranke, hatte Hans Blumenberg in Cassirers Theorie der Pluralität symbolischer Formen eine Fortwirkung dieses über Kant erbten *topos* vermutet[73]. Solche Konjekturen lassen es nicht abwegig erscheinen, auch den schlesischen Pastorensohn Gotthard Günther von derselben Mitgift geprägt zu sehen. Das erhellte die Unzufälligkeit, die in dessen Entzündung an einem Schriftsteller lag, der die Irreduzibilität individueller Standpunkte in anschaulich unmittelbarer Weise für die Autonomie von *Kulturkreisen* paradigmatisch nahm und geradezu aussprach, daß er

---

[71] p. 7.
[72] Helmut Plessner: *Die verspätete Nation,* Frf./M.: Suhrkamp, ⁴1992, pp. 41, 73-80.
[73] Hans Blumenberg: *Ernst Cassirers gedenkend,* in: *Wirklichkeiten in denen wir leben*, l. c., pp. 163-172. - praec. p. 168.

diese als Individuen zu behandeln entschlossen war – Oswald Spengler. In der väterlichen Bibliothek fand der Sohn schon 1917, im Erscheinungsjahr, den ersten Band von „Untergang des Abendlandes" und berichtet, daß er *mit Ungeduld* den zweiten erwartete[74]. Der Eindruck dieses Textes ist dauerhaft. Mehr als 60 Jahre später beschreibt er das ihm noch immer Bedeutsame damit, daß das *Revolutionäre und Provozierende der Spenglerschen Geschichtsphilosophie* darin bestünde, *hier mit erstaunlicher Konsequenz und harten Formulierungen die Idee der Einheit der menschlichen Geschichte geleugnet* zu sehen. Das Postulat wurde dem an Brechungen in der Ordnung der Orientierungen Interessierten zum Anfang philosophischer Besinnung. Die Neigung, qualitativ Verschiedenes integriert durch wechselseitige Beziehung zu denken, die eine geistige Einheit bei Unterstellung der Eigenständigkeit der Partikel ermöglichte, hält als wesentliches Charakteristikum seines Denkens ein ganzes Leben lang durch und dabei verdanken sich die Versuche zur systematischen Konstruktion weniger einer Anhänglichkeit an 'Zucht und Ordnung' als einer Sensibilität für die humane Kultur ausweisende Leistung symbolischer Ordnungsbildung: *Von dem Moment an, in dem er zum ersten Mal in Kontakt mit Buchstaben und Zahlen kam, empfand er eine ans Religiöse grenzende Ehrfurcht vor solchen Schöpfungen des menschlichen Geistes*[75].

So geht auch zugleich mit ideellem Preußentum ein experimentierfreudiger, bisweilen seiltänzerisch anmutender Zug durch seine intellektuelle Physiognomie, der ihn Fragestellungen aufnehmen läßt, die im Laufe seiner intellektuellen Reifung über traditierte Fachgrenzen hinwegführen. Oft kann man in seinen Arbeiten das *Bewußtsein ungemessener Weite* zu spüren, daß Ernst Bloch einmal als Zeichen der aufgehenden Renaissancementalität gekennzeichnet hatte[76]. Bloch fühlt er sich in der Orientierung auf die *nova*

---

[74] *Selbstdarstellung*, l. c., p. 4.

[75] ibid., p.71.

[76] Ernst Bloch: *Leipziger Vorlesungen zur Geschichte der Philosophie*, Frf./M.: Suhrkamp, 1985, t. II. – Wen diese Diagnose an die Affinität des Diagnostikers zu solchem Charakteristikum erinnert, ist nicht von Günthers Bekenntnis überrascht, Bloch gegenüber ein „Gefühl des Respekts, .. [das] sich bei näherer Bekanntschaft zu dem der Bewunderung mit einem Pris'chen von Verehrung wandelte", empfunden zu haben. Dies, obwohl er von den aktuellen Aufgaben der Philosophie eine gänzlich andere Auffassung als Bloch ge-

in der Geschichte der menschlichen Kultur sehr nahe und auch „Geist der Utopie" gehört im Jahr des ersten Erscheinens zu seiner Lektüre. 1970, nach dreißig Jahren persönlicher Bekanntschaft, wird er an Bloch schreiben, es gäbe zwischen ihnen *einen consensus sub specie aeternitatis, in den die Person des anderen als etwas zu Bejahendes eingeht und in dem das Zusammengehörigkeitsgefühl durch Übereinstimmung der Meinungen weder erhöht noch durch Nicht-Übereinstimmung vermindert werden kann. Von dieser Dimension des Verstehens, in der jede, aber auch jede, persönliche Position irrelevant wird, ist reichlich in Deinen Büchern und in dem persönlichen Umgang mit Dir zu spüren.*[77]

Ein anderer Text, *dessen Einfluß ihn nachhaltig durch sein ganzes Leben begleitet*[78], ist „Das Weltbild der Zukunft", von dem evangelische Theologen Karl Heim 1904 veröffentlicht[79]. Der Untertitel – „Eine Auseinandersetzung zwischen Philosophie, Naturwissenschaft und Theologie" – zeigt eine Erörterung derjenigen Formen geistiger Kultur an, die zu Beginn des 20. Jahrhunderts noch gemeinsam als Felder intellektueller Orientierung genannt werden konnten. Die erste der hier dargelegten Thesen, daß nach Kant alle begriffliche Strukturierung nicht als Beziehung auf substantiale Dinge verstanden werden könne, sondern als ein Gefüge von *Verhältnisbegriffen*, die vor allem als Paare von Komplementärbegriffen zu fassen seien, beeindruckt Günther so, daß manche der von Heim geprägten Termini noch in seinen späten Schriften wiederkehren[80]. Daß Heim aber behauptet, die europäische Philosophie sei am Ende ihrer Entwicklungsmöglichkeiten angekommen und eine Rückkehr zur Religion der nächste notwendige Schritt der europäischen Kultur, weckt seinen Widerspruch. *Der Eindruck .., daß in dem Grundsätzlichen des Buches etwas goldrichtig und etwas anderes ebenso radikal falsch sei, hat ihn .. bis zu dem letzten Satz dieses bemerkenswerten Werkes begleitet. Freilich ahnte er damals noch nicht, daß er mit diesem Ein-*

---

habt habe. – *Selbstdarstellung*, p. 14.
[77] *Brief an Ernst Bloch vom 7.7.1970*, in: *Nachlaß*, l. c., Mappe 906.
[78] *Selbstdarstellung*, p. 3.
[79] Berlin, 1904.
[80] So z. B. *Umtauschverhältnis* und *Ordnungsverhältnis*.

druck den Leitstern seiner späteren Lebensarbeit entdeckt hatte[81]. Weder das Ende der Rationalitätsform Philosophie noch das Ende der Hochkultur, wie es Spengler prophezeit hatte, sind Aussichten, die Günther still konstatieren wird. Mußte Heim widersprochen werden, weil er *das Verschwinden einer philosophischen Epoche mit dem Tode der Philosophie überhaupt* gleichsetzte, so Spengler, weil dieser nicht sah, daß *die Hochkulturen in einem bestimmten Sinne eine Fortsetzung und einen Übergang zu einer historischen Dimension dritter und noch höherer Ordnung bilden können*[82]. Günthers Überzeugung, daß der historische Prozeß in Europa noch lange nicht an ein Ende gekommen sei und ihm mehr als nur noch *ein matter Nachzügler*[83] folgen würde, zeugt von einem ausgeprägten Gespür für die Produktivität von Endsituationen kultureller Prozesse, da er erkennt, daß, wo ein Ende ist, es zugleich mit einem neuen Anfang schwanger gehen kann.

Studium

Nach dem Abitur beginnt Günther 1920 ein Studium an der Universität Heidelberg, das er 1921 aus wirtschaftlichen Gründen abbricht[84]. Die ökonomische Lage eines von kleinem Bankguthaben oder dem Einkommen des Vaters Lebenden mußte unter Verhältnissen empfindlich beeinträchtigt werden, in denen der durchschnittliche Wert des Massenzahlungsmittels Papiermark von einem Viertel des Wertes der Goldmark im Jahr 1919 bis 1921 auf ein Zweiundzwanzigstel, zu Beginn des Jahres 1923 dann auf vier Zehntausendstel fiel.[85] Nach

---

[81] *Selbstdarstellung*, pp. 4 sq.

[82] ibid., p. 6.

[83] Oswald Spengler: *Der Mensch und die Technik*. München: C. H. Beck, 1931; p. 63. – Cf. Günther, *Selbstdarstellung*, p. 5.

[84] Cf. *Antrag von Gotthard Günther auf Wiedergutmachung vom 20.4.1959*, p. 4, in: *Nachlaß*, l. c., Kasten 54, Mappe 1229. - Cf. ebenfalls Arno Bammé: *Entfesselte Logik*, in: Ernst Kotzmann ed., *Gotthard Günther - Technik, Logik, Technologie*, l. c., pp. 15 sq. - Wir halten uns bei den Zeitangaben, wo sie sich von Bammés unterscheiden, an die von Günther selbst in seinem *Antrag* gemachten. Bammé stellt l. c. die akademischen Lehrer Günthers knapp, prägnant und übersichtlich vor.

[85] Arthur Rosenberg: *Geschichte der Weimarer Republik*. Frf./M.: EVA, [16]1974; p. 105. - Über die psychischen Auswirkungen auf die Mehrheit der Deutschen cf. die plastische und erhellende Darstellung Sebastian Haffners in den posthum veröffentlichten

einer beruflichen Tätigkeit als Bankangestellter, die sein später so auffälliges Interesse an Rechenvorschriften, Zahlenverhältnissen und Ordnungsschemata kaum beeinträchtigt haben wird, nimmt er 1925 an einer Begabtenprüfung des Preußischen Kultusministerium teil, erhält ein Stipendium und setzt sein Studium an der Friedrich-Wilhelms-Universität zu Berlin fort.[86]

Die 'Gelehrtenlaufbahn' wird nun konsequent in Angriff genommen, er arbeitet intensiv und sieht auf Kommilitonen herab, die in Burschenschaften aktiv sind: nichts als Zeitverschwendung[87]. Allerdings muß er sehen, daß auch an dieser Universität der *Gottesdienst der reinen Wahrheit*, den er erwartet hatte, nicht gepflegt wird. Die unerwartete Intelligenzfremdheit des Hochschulbetriebs bestärkt die Vermutung, an der Reform der Intellektualkultur zu arbeiten, sei überfällig. *Es erfüllte ihn mit Erbitterung, daß die Wirklichkeit diesem Ideal nicht im entferntesten entsprach; geistiges Unbehagen und ein sich immer mehr verstärkender Zweifel an den Denkgewohnheiten seiner Umwelt* stellten sich ein.[88] Der Gedanke Heims, daß man systematische Konsequenzen aus der mit Kant einsetzenden Wende zu ziehen habe und dem Denken in Verhältnisbegriffen methodologisch zuarbeiten müsse, wird die gesuchte Einsatzstelle. So wird dann der Wunsch, sichere Gründung der Kultur in historischen Anfängen zu finden, bald durch die evidente Erfahrung der Leistungskraft rationaler Begründung verwandelt in die Intention, Methoden zu kultivieren, um der Gewißheit versichert sein zu können. *Da .. er die Geschichte der Philosophie chronologisch beginnen wollte, war es für ihn ganz selbstverständlich, sich vorerst mit den Anfängen der indischen Philosophie zu beschäftigen*[89] und dazu gehörten Studien in Sanskrit, Chinesisch, in indischer und chinesischer Philosophie. Aber beim *Studium der abendländischen Philosophie .. entdeckte er dann, was für ihn die asiatische Philoso-*

'Erinnerungen 1914-1933', *Geschichte eines Deutschen*, Stuttgart, München: DVA, ²2002; praec. pp. 54-61.

[86] Cf. Gotthard Günther: *Lebenslauf*, in: *Promotionsakte Gotthard Günther der Philosophischen Fakultät der Friedrich-Wilhelms-Universität vom 31. Mai 1933*, Universitätsarchiv der Humboldt-Universität zu Berlin.

[87] *Selbstdarstellung*, l. c., p. 7.

[88] l. c., pp. 6 sq.

[89] ibid.

phie langsam in den Hintergrund treten ließ: das Streben nach einer Exaktheit, die er .. in der indischen und chinesischen Philosophie vermißt hatte.[90] Nun weiß er bestimmter, was er sucht, nämlich Formen exakter Rationalität, und er wendet sich in seinen Studien *der Logik und der an sie gebundenen Metaphysik* zu. Eduard Spranger, der zu dieser Zeit an der Berliner Universität geisteswissenschaftliche Vorlesungen und Seminare zu Hegel abhält, wird derjenige, der *die entscheidende geistige Wende* bewirkt. *Bisher war er in den Bannkreis von Kant gekommen, dessen relativ strenge Methodik er bewunderte, und die Kritik der reinen Vernunft hielt er für den Gipfelpunkt aller Philosophie überhaupt*, aber Spranger *wußte wie kein anderer den Problemkern der Hegelschen Philosophie und ihre geistesgeschichtliche Bedeutung darzulegen,* so daß er begriff, *daß der Weg der Philosophie unweigerlich über Kant hinausführt*. Bei Spranger sinkt ihm *der magische Ausdruck von einer Logik der Geisteswissenschaften ins Herz.*[91] Frucht dieser Erweckung sind zwei Aufsätze[92] und schließlich die Dissertation über „Die logisch-methodischen Voraussetzungen von Hegels Theorie des Denkens"[93], ein Auszug aus der bald darauf erscheinenden ersten größeren Arbeit, „Grundzüge einer neuen Theorie des Denkens in Hegels Logik"[94]. Auf Nicolai Hartmanns Frage, *ob die Zweideutigkeit im Titel bewußt gesucht worden sei,* da *nämlich nicht klar* sei, *ob der Verfasser seine eigene neue Theorie oder die logische Theorie Hegels gegenüber der bisherigen Tradition bezeichne,* habe er, erfreut über so viel subtile Aufmerksamkeit, geantwortet, daß *diese Zweideutigkeit eine beabsichtigte sei.* Noch über vierzig Jahre später ist es ihm unmöglich, *den Anteil Hegels an der Theorie von seinem eigenen sauber zu trennen.*[95]

---

[90] ibid., p. 8.

[91] pp. 8 sq.

[92] *Bemerkungen zu einer Strukturdifferenz der orientalischen und abendländischen Psyche*, in: *Zeitschrift für Missionskunde und Religionswissenschaft*, Berlin, H. 41, 1926, pp. 264 sqq. - *Individualität und Religionsgeschichte,* l. c., H. 42, 1927, pp. 340 sqq. und *Schlußwort* (zur Debatte um letzteren), l. c., H. 43, 1928, pp. 232 sqq.

[93] Als *Phil. Diss. Potsdam 1933* gezeichnet.

[94] Leipzig: Meiner, 1933.

[95] *Selbstdarstellung*, p. 10.

Eucken-Kreis, Arbeit bei Gehlen, Emigration

Nach der Promotion am 31. Mai 1933 lebt Günther noch einige Zeit vom Stipendium des Preußischen Kultusministeriums und nutzt die nun freie Zeit auch für den Erwerb eines Segelflugscheins.[96] Ab 1934 nimmt er häufig an den „Arbeitstagungen" von Philosophen und Naturwissenschaftlern im Jenaer Rudolf-Eucken-Haus teil, wo er Arnold Gehlen, Helmut Schelsky, Pascual Jordan und Carl-Friedrich von Weizsäcker kennenlernt[97]. Ab dem 1. Mai 1935 hat er die planmäßige Assistenstelle am Philosophischen Institut der Universität Leipzig inne, dessen geschäftsführender Direktor Arnold Gehlen ist. Mit Schelsky, der zuerst eine außerplanmäßige Assistenz am selben Institut ausfüllt und später auf Günthers Stelle rücken wird, kommt es zu einer intensiven Zusammenarbeit, deren Frucht 1937 ein Aufsatzband „Christliche Metaphysik und das Schicksal des modernen Bewußtseins"[98] ist. Zentrale Motive des darin enthaltenen Aufsatzes Günthers kehren kurz darauf in der Auseinandersetzung mit Rausch wieder. Außerdem erscheinen einige Aufsätze und Rezensionen in der von Eucken begründeten Zeitschrift „Die Tatwelt"[99].

Die sich abzeichnende Möglichkeit, Physik und Chemie durch die theoretischen Prinzipien der Quantenmechanik zu vereinigen, die wenig später durch Werner Heisenberg auch vor dem allgemein gebildeten Publikum erläutert wird[100], fasziniert Günther als eine Verwirklichung der von ihm antizipierten Tendenz der wissenschaftlichen Erkenntnis und er nutzt die Gelegenheit, mit C.-F. von Weizsäcker über die sich aus der Quantentheorie ergebenden Folgerungen

---

[96] Cf. *Antrag auf Wiedergutmachung*, p. 5., in: *Nachlaß*, l. c., Kasten 54, Mappe 1229. Im Nachlaß findet sich auch ein Protokollheft, in dem auf einem sächsischen Flugplatz abgeleistete Segelflugstunden nachgewiesen sind. - Details im Interview *Phaidros und das Segelflugzeug*, l. sub 65) c.

[97] Cf. die Kopie des *Briefes von Helmut Schelsky an Rechtsanwalt Dr. Seidel, Hamburg, vom 28.8. 1959*, in: *Nachlaß*, l. c., Mappe 1230.

[98] Leipzig, 1937.

[99] *Die Tatwelt*, Berlin: Junker u. Dünnhaupt, 1925 sqq. In den Heften der bis 1942 erscheinenden Zeitschrift finden sich häufig Arbeitsberichte der Tagungen und Gespräche im Eucken-Haus Jena.

[100] *Über die Einheit des naturwissenschaftlichen Weltbildes*, Leipzig: Barth, 1942.

für die Logik der Naturwissenschaften zu diskutieren[101]. Hier scheint ihm der Keim einer 'Logik', die eines Tages alle Wissenschaftsgebiete unter sich befassen könnte, zutage zu treten. In einem Aufsatz stellt er fest, die systematische Einheit der Wissenschaften sei *ein eminent philosophisches Anliegen, denn in ihr wird das viel breiter und tiefer wurzelnde Problem .. der synthetischen Einheit des menschlichen Selbstbewußtseins* berührt[102].

1937 entsteht außerdem ein Beitrag zum 9. Internationalen Kongreß für Philosophie in Paris, in dem Günther, als einem weiteren Schritt zu einer Theorie nicht-traditioneller Rationalitätsform, die logischen Grundlagen einer modernen Geschichtsphilosophie zu bestimmen versucht[103]. In den „Grundzügen" hatte Günther angekündigt, die Hegelsche Dialektik nach einer erfolgreichen Analyse des ihr zugrunde liegenden *Form*-Begriffs in einem symbolischen Kalkül darzustellen[104] und die fortgesetzten Versuche, diesem Vorhaben den Boden zu bereiten, führen 1940 zu einem Aufsatz, in dem eine Auseinandersetzung mit Alfred Tarski, Kurt Gödel und Rudolf Carnap dazu dient, das Problem einer erhofften symbolischen Darstellung der Transzendentallogik schärfer zu fassen, da er überzeugt ist, in Hegels Dialektik eine Intuition entfaltet zu finden, die bereits Kants Methode bestimme.[105] Einen nicht eindeutig datierbaren Text, mit dem die Arbeit an der Formalisierung der 'philosophischen Logik' des deutschen Idealismus vorangetrieben wird, ordnen wir gleichfalls in diese Zeit ein: „Metaphysik, Logik und Theorie der Reflexion"[106]. Hier ver-

---

[101] *Schlußwort*, in: *Die Tatwelt*, l. c., H. 2, 1937, p. 149.

[102] *Die philosophische Einheit der Wissenschaften*, ibid., p. 79.

[103] *Wahrheit, Wirklichkeit und Zeit, die transzendentalen Bedingungen einer Metaphysik der Geschichte*, in: *Beiträge I*, l. c., pp. 1-10.

[104] *Grundzüge*, l. c., p. 22, Fußnote.

[105] *Logistik und Transzendentallogik*, in: *Beiträge I*, l. c., pp. 11-23.

[106] *Beiträge I*, l. c., pp. 31-74. Zur Entstehungszeit wird in t. III der *Beiträge*, Fußnote p. 305, behauptet, der Aufsatz stamme von 1935. Das scheint ein Irrtum zu sein, da zwei der Fußnoten im Text, l. c., p. 36 und p. 47, sich auf 1937 erschienene Arbeiten anderer Autoren beziehen. Die Möglichkeit, daß eine unkommentierte spätere Ergänzung dieser Fußnoten stattgefunden hat, schließen wir zumindest für die zweite aus, da erkennbar ist, daß ein für die Argumentation wesentlicher Begriff ('Introszendenz') aus der zitierten Arbeit (Paul Hofmann: *Sinn und Geschichte*, München, 1937) übernommen wurde. Wahrscheinlich ist, daß die Arbeit nicht vor 1937 und nicht nach der Abreise nach Südafrika (1938) entstand.

sucht Günther, eine im Hegelschen Konzept von *Reflexion* enthaltene zirkuläre Struktur zur adäquaten Formulierung einer Subjektkonzeption im Entwurf eines Schematismus zu erfassen, für den, seiner Auffassung nach, die Grundlagen der symbolischen Logik erweitert werden müßten. In dieser Zeit taucht zum ersten Mal die Überlegung auf, daß die 'Kalkülisierung' dialektischer oder transzendentallogischer Operationen eine Ergänzung der zweiwertigen Aristotelischen Logik erforderte.

Inzwischen hatten sich die Arbeitsbedingungen gründlich verschlechtert. Als am 1. Mai 1937 die Assistentenzeit bei Gehlen beendet ist, steht er in Verhandlungen mit der Universität Jena um eine Dozentur, die nach dem Tode Bruno Bauchs, der einen Lehrstuhl für Deutsche Idealistische Philosophie in Jena innegehabt hatte, als Ersatz eingerichtet werden soll. Die Universität erkennt „Grundzüge einer neuen Theorie des Denkens" als Habilitationsschrift an und es scheint einer Anstellung nichts mehr im Wege zu stehen. Doch Günther weigert sich, *den unerläßlichen Passus des Beamteneides, die Verpflichtung auf den Führer, zu unterschreiben*[107]. Gehlen und wohl vor allen Schelsky reden ihm zu, den Eid als einen unbedeutenden bürokratischen Akt anzusehen, um sich Arbeitsmöglichkeiten zu erhalten. Doch Günther lehnt ab. Nicht allein das Pflichtbewußtsein und Rechtsgesinnung fordernde preußische Ethos macht es ihm unmöglich, die vermeintliche Formalie zu beglaubigen; er ist auch seit 1929 mit Marie Hendel verheiratet, die als Jüdin seit Anfang 1933 zuerst aus der akademischen Arbeit und schließlich ins Exil nach Italien gedrängt wurde[108]. Seine antinazistische Haltung[109] läßt ihm

---

[107] Cf. *Eingabe Gotthard Günthers an das Deutsche Generalkonsulat in Atlanta, GA, vom 21. 3. 1959*, in: *Nachlaß*, l. c., Kasten 54, Mappe 1229.

[108] Cf. Kurt Klagenfurt: *Technologische Zivilisation und transklassische Logik*, Frf./M.: Suhrkamp, 1995, p. 8. - Nach einer mündlichen Mitteilung von Dr. Lothar Busch, Berlin, dem ersten Bearbeiter des Güntherschen Nachlasses an der *Staatsbibliothek Berlin*, sei sie die erste Frau gewesen, die in Deutschland in Psychologie promoviert wurde.

[109] Arnold Gehlen erklärte, daß Günthers „politisch oppositionelle Einstellung .. allen, die ihn kannten, auch den Studenten", bekannt gewesen sei, cf. *Brief an das Bundesministerium des Innern vom 9.1.1960*, in: *Nachlaß*, l. c., Mappe 1230. - Helmut Schelsky erklärte, daß Günthers „antinationalsozialistische Haltung dem engeren Mitarbeiterkreis des Instituts völlig bekannt war und [daß er] .. seiner Natur nach auch vor keinem seiner Hörer und Schüler ein Geheimnis daraus machte". Die Beziehungen zu seiner Frau, die „als Jüdin schon vor Jahren nach Italien emigriert war", habe er „geradezu demonstrativ" unterhalten; *Brief an Rechtsanwalt Dr. Seidel, Hamburg, vom 21.12.1959*, in: *Nachlaß*, l.

keine Wahl, als ins Ausland zu gehen, da er für eine akademische Karriere unter den herrschenden politischen und sittlichen Verhältnissen Deutschlands keine Chance sieht[110] und er emigriert ebenfalls nach Italien, um dort mit seiner Frau zu leben[111].

1938 erhält er das Angebot einer *Carnegie*-Dozentur an der Universität Stellenbosch in Kapstadt, die er annimmt, da seine Frau Verwandte in Südafrika hat. Nach zwei Jahren wird hier eine Professur frei und Günther steht wieder vor dem Angebot, eine gesicherte Stellung zu erhalten. Diesmal aber lehnt er aus wissenschaftlichen Gründen ab. Er habe damals, schreibt er später, in seinen Forschungen einen Punkt erreicht, wo er die grundlegenden Umrisse seiner 'neuen Logik' fixieren konnte und wußte, daß er *nicht in Afrika bleiben* könne, sondern dorthin gehöre, wo die avancierteste Forschung auf dem Gebiet der mathematischen Logik betrieben werde[112]. So verläßt er 1940 Kapstadt und reist, ohne Aussichten auf eine Anstellung oder auch nur auf vorübergehende Unterstützung durch wohlhabende Verwandte oder Bekannte zu haben, mit seiner Frau in den Vereinigten Staaten ein.[113]

Ankunft in den USA

Nach einigen Jahren, in denen er sich an verschiedenen Bibliotheken in den USA mit der *Sammlung von logischem Material* befaßt[114] – sc. mit dem Studium neuerer Literatur zur Logik –, erhält er 1943 eine Professur am Colby College in Maine, findet aber höchst einschränkende Bedingungen vor. *Die Belastung durch Lehrtätigkeit,* berichtet er später, *war dort .. so enorm, daß ich .. keine Zeit für Forschungs-*

---

c. - Und schließlich: „Herr Günther hat damals konsequent erklärt, er werde niemals ein Bekenntnis zum Nationalsozialismus oder zu Hitler ablegen und hat die Unterschrift verweigert"; *Brief an Rechtsanwalt Dr. Seidel, Hamburg, vom 28.8.1959,* l. c.

[110] *Antrag auf Wiedergutmachung,* in *Nachlaß,* l. c.

[111] Wahrscheinlich in Monte San Vigilio, wie aus der Ortsangabe unter einigen Rezensionen in der *Tatwelt* hervorgeht; cf. etwa H. 2, 1937, p. 79. - Cf. auch *Phaidros und das Segelflugzeug,* l. sub 65) c., p. 76.

[112] *Antrag auf Wiedergutmachung,* l. c.

[113] *Selbstdarstellung,* l. c., p. 13. - Wer das *affidavit* verbürgte, ist uns nicht bekannt.

[114] *Brief Gotthard Günthers an das Bundesministerium des Innern vom 10.6.1963,* p. 1, in: *Nachlaß,* l. c., Kasten 54, Mappe 1229.

tätigkeit, ja nicht einmal für sorgfältige Ausarbeitung meiner Vorlesungen fand. Ich verließ deshalb Colby und ging wieder nach Cambridge zurück (1945), um an der Widener Library der Harvard-Universität meine Arbeit an der nicht-Aristotelischen Logik wieder aufzunehmen[115]. In Cambridge lernt er Ernst Bloch kennen und es entsteht die dauerhafte Freundschaft, die *auch dadurch nicht beeinträchtigt* wird, *daß Bloch und er auf philosophischem Gebiet fast auf entgegengesetztem Boden standen*[116] – im Unterschied zu jenem ist er nun *endgültig zu der Überzeugung gekommen, daß eine philosophische Erneuerung der Logik .. auf das Tagesprogramm zu setzen sei*[117]. Etwa ab 1945 beginnt er, sich um die philosophische Interpretation der mehrwertigen Kalküle von Jan Łukasiewicz und Emil Post zu bemühen, zuerst unter noch schlechten materiellen Bedingungen, von 1952 bis 1961 gefördert von der *Bollingen Foundation*.[118]

1948 begegnet er John W. Campbell, der ihn mit der amerikanischen *science-fiction*-Literatur bekannt macht. Diese Bekanntschaft und das Einwachsen in die Kultur der USA, das sich in der im gleichen Jahr erfolgten Einbürgerung zeigt, haben eine entscheidende Wendung im Denken Günthers zur Folge, *von der Spekulation zu einer theoretischen Technologie*, nennt er es selbst, und läßt ihn schließlich zur Kybernetik finden. Es entstehen mehrere Essays zum Ideengehalt in der *science fiction* entwickelter Motive und ab 1952 gibt er im Karl-Rauch-Verlag in Düsseldorf „Rauchs Weltraum-Bücher" heraus und schreibt Nachworte dazu.[119] Es erscheint ihm *höchst bezeichnend für die philosophische Situation in den Vereinigten Staaten*, daß sein erster Aufsatz *in Campbell's [science fiction-] Magazin erschien, nachdem ihn die philosophischen Journale in etwas strengerer Fassung einmütig abgelehnt hatten*[120]. Er schreibt das dem Umstand zu, daß die amerikanische Mentalität von der euro-

---

[115] ibid., p. 2.

[116] *Selbstdarstellung* p. 14.

[117] ibid.

[118] ibid., pp. 15 sq. - Im *Brief an das Innenministerium des Landes Hannover vom 1.3.1959* schreibt er, daß er „bis 1954 .. einkommenslos" war; cf. *Nachlaß*, l. c., Mappe 1230, p. 2.

[119] Zehn Publikationen zwischen 1952 und 1955; cf. *Bibliographie*, in: *Beiträge III.* l. c., pp. 306 sq.

[120] *Selbstdarstellung*, pp. 17 sq.

päischen grundverschieden und zudem die Entwicklung der amerikanischen Sprache mit der der deutschen überhaupt nicht zu vergleichen sei, nachdem die letztere *durch Sturm und Drang, den deutschen Idealismus mit seinem Auftreten des spekulativen Begriffs und schließlich durch die Romantik aus ihrem ursprünglichen Flußbett abgelenkt* worden sei.[121] Der Pragmatismus in der amerikanischen Kultur scheint ihm mehr und mehr zuzusagen und er empfindet die Idee, eine Maschine zu bauen, die bewußtseinsähnliche Prozesse erzeugen kann, als so natürliche wie wünschenswerte Folge dieser Mentalität. 1960 lernt er Warren Sturgis McCulloch kennen, der ihm als der *Schöpfer der Kybernetik* gilt, habe dieser doch lange vor Norbert Wiener grundlegende Thesen zu Theorie der selbststeuernden Maschinen veröffentlicht.[122]

Die Arbeiten dieser Jahre münden u. a. in einen Vortrag auf dem 11. Internationalen Kongreß für Philosophie in Amsterdam, in dem der Begriff der *nicht-Aristotelischen Logik* als einer *transklassischen* zum ersten Mal bestimmt wird. Zwei Texte, die, neben der Dissertation, zu den umfangreicheren gehören, entstehen bald darauf. 1957 erscheint „Das Bewußtsein der Maschinen", eine *Metaphysik der Kybernetik,* die aus einem zwei Jahre zuvor in Hamburg und Stuttgart gehaltenen Vortrag hervorgeht, 1963 gibt es eine zweite, wesentlich erweiterte Auflage.[123] Hier untersucht er, inwiefern die Wissenschaft der Kybernetik traditionelle philosophische Konzeptionen unterläuft[124], welcher Anteil der bisher menschlicher Subjektivität vorbehaltenen Leistungen von selbststeuernden Automaten geleistet werden könnte[125] und skizziert dazu eine *kybernetische Analyse des geschichtsmetaphysischen Denkens*[126]. Es verschränken sich jetzt systematisch die Arbeit an einer 'kybernetischen' Subjektkonzeption, Geschichtsphilosophie und die Erörterung von Formen transklas-

---

[121] l. c., pp. 18 sq.

[122] Ein Prioritätenstreit, den Günther nicht im Sinn gehabt haben wird, erübrigt sich, da der Terminus zuerst 1834 bei André-Marie Ampère nachweisbar ist. - Cf. etwa Eberhard von Goldammer, Joachim Paul: *Vorwort* zur 3. Auflage von *Das Bewußtsein der Maschinen*, l. sub 123) c., p. 6.

[123] Krefeld, Baden-Baden: Agis.

[124] l. c., ²1963, pp. 19 sqq.

[125] pp. 47 sqq.

[126] pp. 89 sqq.

sischer Logik. 1959 erscheint in erster Auflage „Idee und Grundriß einer nicht-Aristotelischen Logik"[127]. Günther schließt sich in der „Einleitung" vorbehaltlos Cassirers Diktum an[128], daß die Konzeption der Logik bei Aristoteles durch dessen Substanz-Metaphysik begründet sei, und unternimmt hier den analogen Versuch, eine der antizipierten neuen Logik Grund gebende Metaphysik zu entwerfen: es ist *die Aufgabe .. von 'Idee und Grundriß', eine dringend geforderte Erweiterung des philosophischen Horizonts für künftige Weiterentwicklung der Logik zu liefern*[129]. Auffassungen, die schon in der Dissertation anklangen, werden hier erweitert, systematisch ausgeführt und begründet – etwa die zentrale, daß es notwendig sei, den Begriff 'Subjekt-überhaupt' aus dem deutschen Idealismus aufzugeben, die *empirische Spaltung der Subjektivität in Ich und Du* anzuerkennen und den ernsthaften Versuch zu unternehmen, das so erst wirklich freigelegte Problem der Vermittlung beider zu bewältigen.[130]

Die erste Professur

1961 nimmt er das Angebot an, am „Biological Computer Laboratory" Heinz von Foersters an der State University of Illinois in Urbana zu arbeiten und wird hier nach einem halben Jahr Direktor eines eigenen Forschungsprogramms *für mehrwertige und morphogrammatische (trans-klassische) Logik*[131]. In diesen Jahren häufen sich Arbeiten zu transklassischen Kalkülen[132] in denen er wieder und

---

[127] Die zweite Auflage erscheint 1978 mit einem Anhang seines Schülers Rudolf Kaehr, *Materialien zur Formalisierung der Dialektik*, die dritte, 1991, mit zwei Anhängen unveröffentlichter Manuskripte Günthers, *Das Phänomen der Orthogonalität* und *Die Metamorphose der Zahl*.

[128] l. c., ³1991, p. XIV. - Cf. Ernst Cassirer: *Substanzbegriff und Funktionsbegriff*. Darmstadt: Wiss. Buchges., ⁷1994, pp. 3-11.

[129] *Vorwort zur zweiten Auflage*, in: *Idee und Grundriß*, l. c., p. XXIII.

[130] *Idee und Grundriß*, l. c., pp. 93-107.

[131] *Brief an das Bundesministerium des Innern vom 10.6.1963*, p. 3, in: *Nachlaß*, l. c., Mappe 1229. - Cf. das *Interview mit Heinz v. Foerster* im Anhang dieser Arbeit.

[132] Ein Aufsatz von 1958 heißt etwa *Die Aristotelische Logik des Seins und die nicht-Aristotelische Logik der Reflexion*, 1960 veröffentlicht er einen *Vorbericht über die generalisierte Stellenwerttheorie der mehrwertigen Logik*, und 1965 eine Erörterung über *Cybernetics and the Transition from Classical to Trans-Classical Logic*.

wieder versucht, seiner Idee einer universellen Rechenvorschrift für die Beschreibung der Subjektivität als kybernetisches System und die Darstellung der Gesetzmäßigkeit des Verlaufs der Geschichte – eine *Strukturtheorie der Geschichte*, wie es im Aufsatz von 1937 schon hieß – Gestalt zu geben. Der Abschluß des geplanten zweiten Bandes zu „Idee und Grundriß" wird immer wieder aufgeschoben und schließlich aufgegeben, nur ein Fragment erscheint 1978.[133] Im Zentrum der Arbeit stehen dann mehr und mehr Versuche, Kybernetik und Informationstheorie als Mittel geschichtsphilosophischer Modelle zu erproben[134] sowie immer wieder zu materialen Aspekten einer Geschichtsphilosophie[135]. Es scheint, als verstärkten sich im Alter seine Vermutungen, eine Theorie entfalten zu können, die alle Prozeßverläufe als zahlfähig und daher in einem logisch-arithmetischen Kalkül darstellbar fassen kann. Ein spätes Manuskript aus dem Nachlaß trägt den Titel „Der Weltgeist rechnet – seit Pythagoras"[136], und verweist darin auf die Konvergenz langjährig behandelter Themen: Geschichtsphilosophie, Zahlentheorie, Hegel und die ununterbrochene Auseinandersetzung mit antiken Denkern. Heinz von Foerster hat dem Autor der vorliegenden Arbeit geschildert, mit welcher Faszination diejenigen unter Günthers Hörern, die trotz eines offenbar etwas enigmatischen Vortragsstils Grundlinien zu erkennen vermochten, auf den Reichtum an geistesgeschichtlichen Facetten und Bezügen in seinen Darstellungen reagierten.[137]

Rückkehr nach Europa

Günthers Konzentration auf Logik und die enge Zusammenarbeit mit Naturwissenschaftlern und Technikern führen aber dazu, daß er sich in den USA einen Ruf als Logiker erwirbt und sogar ein Angebot erhält, in die *Forschungsabteilung der Western Electric Co.* einzutre-

---

[133] Unter dem Titel *Logistischer Grundriß und Introsemantik* in *Beiträge II*, l. c.

[134] Etwa *Cybernetic Ontology and Transjunctional Operations* von 1962 oder *Strukturelle Minimalbedingungen einer Theorie des objektiven Geistes als Einheit der Geschichte*, der 1968 erscheint.

[135] E. g.: *Seele und Maschine* (1955), *Schöpfung, Reflexion und Geschichte* (1960), *Logik, Zeit, Emanation und Evolution* (1967), , *Die historische Kategorie des Neuen* (1970).

[136] *Nachlaß*. l. c., Kasten 31, Mappen 276-278.

[137] Cf. *Interview* im Anhang.

ten[138]. Da er sich jedoch weit eher als *Philosoph und Humanist* versteht denn als Techniker und befürchtet, daß seine Logik *ganz unter den Einfluß technischer und naturwissenschaftlicher Ziele gerät*[139], bemüht er sich, unterstützt von Helmut Schelsky und Carl-Friedrich von Weizsäcker, um eine Professur an einer deutschen Universität. Nicht zuletzt die noble Zurückhaltung Günthers selbst aber ist es, die ihn hindert, die ersehnte Anstellung forciert zu erobern. In einem Brief erklärt er, er habe nicht nur *eine Verantwortung vor sich selbst, sondern auch vor der deutschen Universität* und könne es nicht zulassen, daß er im Wege der sog. *Wiedergutmachung* einer Fakultät oktroyiert werde, die ihn nicht ausgesucht habe. Nach mehr als zehnjährigen Bemühungen aller Beteiligten erhält er schließlich doch noch, 1972, eine Emeritus-Professur an der Universität Hamburg, die er bis zu seinem Tode innehaben wird.

Die erhoffte Wiederbegegnung mit der humanistischen Geistigkeit in der deutschen Bildungskultur bleibt aber, zu seiner großen Enttäuschung, aus. So wenig im akademischen Milieu der amerikanischen Logik, Kybernetik und Mathematik eine Öffnung der mathematisch-technologischen Rationalität für humanistische Bildungsgehalte möglich war, so wenig wird sein Bemühen, aus der Berührung zweier radikal separierter intellektueller Kulturen eine befruchtende Aufgabenstellung für eine moderne Philosophie zu gewinnen, jetzt in der Bundesrepublik Deutschland gewürdigt. Er bleibt unter seinen Fachkollegen ein Außenseiter und ist darüber um so schmerzlicher enttäuscht, da gerade die hermeneutisch orientierte Hegelforschung seiner Arbeit mit der größten Reserve gegenübersteht, er sich aber die produktivste Kommunikation eben von ihr erhofft hatte. Viele Briefe des Alters sind von Klagen über das nur schwer ertragene Unverständnis erfüllt und er ist schließlich so verbittert, daß er sogar die Beziehungen zu seinem langjährigen Förderer und Kollegen Heinz von Foerster kurzerhand aufkündigt, als dieser bei einem Kurzbesuch im Land versäumt, ihn zu besuchen.[140] Gänzlich anders dagegen ist sein von Hoffnung getragenes Verhältnis zu seinen Studenten. Als er

---

[138] *Antrag auf Wiedergutmachung*, l. c.

[139] *Brief an das Bundesministerium des Innern vom 10.6.1963*, p. 3. l. c., Kasten 54, Mappe 1230.

[140] Cf. das *Interview* im Anhang.

am 29. November 1984 in Hamburg stirbt, läßt er Schüler und viele Freunde, die ihn in dankbarer Erinnerung behalten, zurück. Klaus Oehler, damals Direktor des Instituts für Philosophie an der Universität Hamburg, hält die Totenrede[141]. Seine Frau übergibt wenig später seinen gesamten Nachlaß an die *Staatsbibliothek Berlin*, wo die ersten Schritte der Erschließung gemacht werden. Seine Handbibliothek wird von Bernhard Mitterauer, der selbst Hörer bei Günther war, in das *Institut für Forensische Psychiatrie* der Universität Salzburg gebracht, wo sie bis heute einer Erschließung harrt.[142]

---

[141] Kopie des Typoskripts im *Nachlaß*, l. c.

[142] Cf. *Vorwort zur dritten Auflage* von *Idee und Grundriß*, 1991. - Über den Stand der Arbeit kann man sich auf der *web site* des Archivs informieren: http://www.sbg.ac.at/fps/allgemeine/g%81ntherarchiv.htm.

3. Probleme. Genese der Fragestellungen

Unter den vorn skizzierten materialen Problemgebieten sind drei als die biographisch frühesten identifizierbar, an denen Günther die seine Aufgabenformel induzierende Beirrung exemplarisch erfährt und die zu ersten Feldern der Erprobung und Entfaltung seiner Problemintuition werden.

Die Geschichtsphilosophie Hegels hatte bei einer wirkungsreich werdenden Strömung der historischen Kulturwissenschaften eine Aufmerksamkeit geweckt[143], die gerade die Unhaltbarkeit seiner zentralen These entdeckte. Die nach dialektisch rekonstruierten Gesetzlichkeiten der Einen Vernunft ablaufende Weltgeschichte wurde, statt als gesicherter Bestand, vor dem Hintergrund ihrer Behauptung unzweideutig als Mangel kenntlich, was sich in der Wandlung der forschungsleitenden Prämissen zu einer dann *Historismus* genannten Einstellung niederschlug. Viele Kulturgeschichten sollte es in der einen Menschheit gegeben haben und noch immer geben, was die behauptete Voraussetzung in eine Fragwürdigkeit verwandelte. Die mit dieser Wendung provozierten Aufgabenstellungen wecken bei Günther, nachdem er ihnen in zu Beginn des 20. Jahrhunderts bereits weit differenzierten Formen innegeworden ist, das Interesse an der methodenkritischen Untersuchung, die dem nun sogar praktisch werdenden Problem der Vielheit von Lebens- und Verständigungsformen ein begleitendes, regulierendes intellektuelles Medium vorbereiten soll. Die Konstellation in den Geistes- oder Kulturwissenschaften führt ihn mit Notwendigkeit zu der folgenreichen Frage, auf welchem Wege deren Methodenkultur zu einer Präzision, Vorhersagbarkeit und allgemeinen Anerkennung gelangen könne, wie sie die Naturwissenschaften offenkundig auszuzeichnen schien. Hier liegt dann auch die eigentliche Geburtsstätte der Leitintuition Günthersen Philosophierens, denn der, kritisch intendierte, Rückgriff auf Hegels Verfahren dialektischer Spekulation verwandelt, was eine methodologische Aufgabenstellung zu sein versprach, in die Skizze einer pluralen und dennoch nicht-relativi-

---

[143] Vorbereitet war sie natürlich schon durch Hegels Zeitgenossen, Herder wie die Romantiker.

stischen Subjektkonzeption. Was Beitrag zu einer Antwort auf die präzise Frage nach der geisteswissenschaftlichen Methodik zu sein behauptet wird, entpuppt sich als Genese einer neuen Fragestellung, die den Horizont methodologischer Diskussion überschreitet, da sie zu den Grundzügen einer Theorie der Kultur führt, die deren inhomogene Struktur und Dynamik dadurch in Einem denkbar zu machen versucht, daß sie beide systematisch miteinander verschränkt. Ein wesentlicher Schritt zur Reifung dieses Konzepts ist Günthers Einsicht, daß der Intellektualismus der Hegelschen Prämissen zu verlassen ist, um dem zentralen *movens* der faktisch gelebten Kultur in einer Handlungstheorie gerecht zu werden. Denn neben dem Relativismus der Weltkulturen und der Zersplitterung der Wissenschaftsrationalität in eine Vielfalt von Verfahrens- und Begründungsformen beschädigte eine alltäglich wirkungsmächtige Erfahrung das Garantieversprechen, das nach dem Verlust des einen Gottes und der einen humanen Vernunft die einheitliche Wissenschaftsrationalität für kurze Zeit übernommen zu haben schien. Die bis in politische Auseinandersetzungen mit Härte durchschlagende Differenzierung von Interessenlagen offenbarte eine Pluralisierung handlungsleitender Bedeutsamkeiten jenseits rationaler Vorhersehbarkeit, in der sogar das Gelingen zivilisierter Existenz zum Problem zu werden schien.

Es macht das Fruchtbare wie in der Durchführung Problematische an Günthers theoretischer Reaktion auf diese Konstellation bedrängender Zumutungen aus, daß er bei der Bearbeitung aller drei Problemgebiete zu der Einsicht durchdringt, Transformation und, vor allem, Genese in der Zeit bildeten die Stichworte, denen in einer systematischen Philosophie nachzugehen sei, die auf die Problemlage der gelebten Kultur eine adäquate Antwort zu geben versucht.

Weltgeschichte in Welten

Spengler. Eine Erbschaft

Kulturkreislehren sind zu Beginn des Jahrhunderts *en vogue*, seitdem die lebensphilosophischen Thesen von der Relativität der europäischen Kultur im allgemeinen Bildungsbewußtsein ihren festen Ort finden und sie erscheinen heute wie Vorboten der die Diskussionen des ganzen Jahrhunderts maßgeblich prägenden Texte und Theorien[144]. Mit „Der Untergang des Abendlandes" wurde ein Beitrag dieser Debatte zum Publikumserfolg, der bereits im Titel in suggestiver Weise eine pessimistische Schlußfolgerung aus der Erfahrung ankündigte, daß die europäische Kultur ihr Selbstverständnis von der maßgeblichen unter den Weltzivilisationen nicht mehr aufrechtzuerhalten vermochte. Spenglers radikaler Schluß hatte vorausgesetzt, daß die Kulturkreise als individuale Lebewesen zu interpretieren seien und dazu unterstellt, sie könnten ebenso wie diese keine überindividuellen Lebensressourcen erschließen, da die eine nichts mit der anderen zu verbinden imstande sei. Günther läßt sich wohl von der Diagnose des Zustandes überzeugen, nicht aber von der resignierten Skepsis der Folgerungen. Erkenne man mit Spengler für jede der Hochkulturen *ein gesondertes metaphysisches Schicksal, das sich in einem eigenen Sinnbereich erfüllt, der sich fremdseelisch gegen jede andere Hochkultur absetzt*, müsse man wohl zugeben, daß keine theoretische Bemühung sie *in summa auf einen Generalnenner* bringen könne[145], keinesfalls jedoch, daß systematische Theorie hier überhaupt vergeblich sei. Mit dem Produktiven ist ihm immer das Irrtümliche in Spenglers Entwurf bewußt, in dem unberücksichtigt geblieben sei, daß die *Hochkulturen in einem bestimmten Sinne eine Fortsetzung und einen Übergang zu einer historischen Dimension höherer Ordnung bilden können.*[146] Nicht ausgeführt ist der dabei zu Grunde liegende Gedanke, daß aus der Unbegreiflichkeit des Übergangs dessen Nicht-Realität zu folgern bedeute, am Faktum des letzteren nur um so dringlicher auf Fehler in den Prämissen einer Theorie hingewiesen zu werden, die zu denken nicht erlaubt, was wirklich gegeben ist. Das Fazit bleibt elliptisch. Daß *an diesem Buche einiges goldrichtig und etwas anderes ebenso radikal falsch gewesen sei*, ist bis zuletzt das bündigste Urteil über es. Prägnanter hatte Ernst Cassirer in seinem nachgelassenen Manuskript „Zur Metaphysik der sym-

---

[144] Cf. etwa Riegl, Alois: *Stilfragen. Grundlegungen zu einer Geschichte der Ornamentik.* Berlin: Siemens, 1893; oder vom Begründer der sog. 'Wiener Schule der Kulturkreislehre', P. Wilhelm Schmidt: *Die Sprachfamilien und Sprachenkreise der Erde*, Hamburg : Buske, 1926, 1977.

[145] Gotthard Günther: *Maschine, Seele und Weltgeschichte*, in: *Beiträge III*, l. c., p. 214.

[146] *Selbstdarstellung*, l. sub 58) c., p. 6.

bolischen Formen" zu bestimmen gewußt, worin die Unzuträglichkeit bestanden hatte, die auch Günther aufgefallen sein mußte[147]. Hier ist an Spenglers Vorgehen klar diagnostiziert, was durch ein Konzept differenter symbolischer Formen kenntlich werden konnte: die Unterstellung von anschaulicher Evidenz zehrender Verfahren als geschichtsphilosophischer Methoden. Spenglers organologische Auffassung der kulturellen Formenwelten habe diese zu *Gestalten* gemacht, denen gegenüber die Anschauung die adäquate Erkenntnishaltung sei. Die Verhaftung an Anschauung, die in der Berufung auf Goethes Morphologie ausdrücklich verteidigt wurde, war sogar eher noch die Haltung eines ästhetischen als eines taxonomischen Phänomenalismus, der dem Frühstadium der Biologie entsprochen hätte[148], aber der Unterschied wurde nicht realisiert und so mit dem Blick ästhetischer Gestaltwahrnehmung eine Erkenntnishaltung imitiert, der die Biologie, aus der sie stammen sollte, eben zu entwachsen begann. Das von Marianne Weber berichtete Eingeständnis Spenglers, sich im Ganzen weit eher als Dichter denn als Wissenschaftler zu verstehen, illustriert dies.[149] *Ich erinnere an Goethe*, schreibt er im Vorwort zu „Der Untergang des Abendlandes", *was er die lebendige Natur genannt hat, ist genau das, was hier Weltgeschichte im weitesten Umfange, die Welt als Geschichte genannt wird.*[150] Und so wie Goethes Mittel, *dem Geheimnis der bewegten Erscheinung nahe zu kommen*, das *Nachfühlen, Anschauen, Vergleichen, die unmittelbare innere Gewißheit*, und *die exakte sinnliche Phantasie* gewesen seien, wären sie auch *die Mittel der Geschichtsforschung überhaupt*, denn: *es gibt keine andern.*[151] Daß die Kulturkreise 'Individuen' sein sollten, die beziehungslos nebeneinander stünden, verwies auf die Nuance des Begriffs, der die Separation biotischer Funktionen als organismischer Ganzheiten meinte. So, wie die Blutkreisläufe zweier Säugetier-Indi-

---

[147] *Nachgelassene Manuskripte und Texte I*, l. c., pp. 102-109.

[148] Dieses Urteil fällt etwa Herbert Schnädelbach in *Philosophie in Deutschland 1831-1933*, Frankfurt/M.: Suhrkamp, ⁴1991; pp. 98 sq., 186. - Daß anschauende Morphologie in der Biologie zwar überholt, doch immer noch fruchtbar ist, ist damit nicht geleugnet; cf. John Tyler Bonners *Vorwort* zur Neuausgabe von D'Arcy Wentworth Thompsons *On Growth and Forms*, dt.: *Über Wachstum und Form*, Stuttgart/Basel: Birkhäuser, 1972.

[149] Marianne Weber: *Max Weber*, München: Piper, 1989. - p. 687.

[150] *Der Untergang des Abendlandes*, München: dtv, ⁵1979. - p. 35.

[151] ibid.

viduen nicht miteinander wechselwirkten, sollten die Kulturkreise eigenständig sein. Ausgesprochen war diese Annahme in dem apodiktischen Wort, *die Menschheit* sei *ein zoologischer Begriff* und sonst gar nichts[152]. Hier war die Indifferenz, die im Namen der fortgeführten Lebensphilosophie lag, biologistisch präzisiert und 'Leben' nicht wie bei Dilthey zuerst als Erleben, sondern als die Gesamtheit von Vitalfunktionen verstanden. Daß solche Einheiten sterben könnten, wie sie auch geboren seien, war dann eine konsequente These und lieferte der pessimistischen Weltsicht, die der wachsenden Inkongruenz des zukunftssicheren Weltbildes des 19. Jahrhunderts mit den unter seinem Schirm entfalteten realen Lebensverhältnissen entsprang, einen wissenschaftsähnlichen Rahmen. Die Inanspruchnahme biotischer Zyklen als Modelle der Untergangsprophetie mußte so lange nicht fragwürdig werden, wie konkurrierende Methoden nicht größere Plausibilität aufzuweisen vermochten – oder gar nicht gefunden waren.

Daß die radikale Skepsis, die mit solchen Thesen operierte, zum aggressiv-sentimentalischen Affekt führte und die Geschichte so wie bisher offenbar auch in Zukunft *immer dem seiner selbst gewisseren Leben Recht* geben und *immer die Wahrheit und die Gerechtigkeit der Macht, der Rasse* opfern sah[153], konnte einem Manne nicht genügen, der die wissenschaftliche Dignität der Geisteswissenschaften deshalb verteidigte, weil nicht *der historische Materialismus plattester Prägung das letzte Wort* behalten sollte[154]. Die Folgerung mußte sein, die Ebene der Anschaulichkeit zwar nicht aus dem Blick zu verlieren, um der gesuchten Theorie Anschluß an empirische Überprüfbarkeit zu ermöglichen, jedoch keinesfalls auf die anschauliche Evidenz des systematischen Prinzips zu dringen, wie sie mit der Vorstellung ganzer Kulturen als individueller Organismen unterstellt wurde. Die Forderung einer neuen Methode ist Reaktion auf den gewichtigsten Mangel der Spenglerschen Konzeption.

---

[152] ibid., p. 28.
[153] ibid., p. 1194.
[154] Günther: *Grundzüge*, l. c., p. IX.

Kritische Nachfolge

Die „Bemerkungen zu einer Strukturdifferenz der orientalischen und abendländischen Psyche", die Günther im zweiten Jahr seiner Berliner Studienzeit veröffentlicht[155], entfalten einen ersten Versuch, die Spenglersche Prämisse der Pluralität der Zivilisationen ins Produktive zu wenden. Anlaß ist die aus dem Studium asiatischer Literatur und Philosophie hervorgegangene Beschäftigung mit den in Europa und Asien verschiedenen Formen, religiöse Erlebnisse zu gestalten, aus deren Differenz für die praktische Missionsarbeit der protestantischen Kirchen besondere Schwierigkeiten erwachsen waren. Daß sich die Aufnahme diese Themas *nicht haltlosen spekulativen Tendenzen* verdanke[156], kann Günther den Lesern der aus Berichten und praktisch inspirierten Erörterungen bestehenden „Zeitschrift für Missionskunde und Religionswissenschaft" zu Recht ankündigen. Zugleich setzt er nicht bei unmittelbar pragmatisch orientierten Fragestellungen ein, sondern sucht den Boden zu bereiten, um *aus der Struktur der Kulturgebilde Rückschlüsse auf eine Psyche* zu ziehen, *die dem Bau unserer eigenen Psyche nicht kongruent ist*[157]. Der Ausgangspunkt wird hier allerdings noch nicht erreicht, denn der tatsächlich gesetzte Anfang besteht darin, daß, in Übereinstimmung mit der auch Spenglers lebensphilosophische Prämissen bestimmenden Verweigerung einsinniger Linearität des Geschichtsverlaufs, die *orientalische Psyche* nicht als unentfaltetes Stadium in der Entwicklungsgeschichte der modernen europäischen Mentalität gesucht, sondern als unabhängiges Entwicklungsprodukt aus dem hypothetischen Idealtypus einer *'primitiven Psyche'* rekonstruiert wird. Das Recht zu dieser Unterstellung sieht Günther damit gegeben, daß man keine Phase in der europäischen Mentalitätsgeschichte finden könne, in der die abendländische Psyche der heutigen asiatischen analog zu diagnostizieren sei. Die Annahme bleibt allerdings durch die vage Behauptung nur schwach gesichert; über mögliche Ähnlichkeiten zwischen der noch bis ins 20. Jahrhundert feudaler Lebenswirklichkeit unterworfenen

---

[155] *Zeitschrift für Missionskunde und Religionswissenschaft*, 1. sub 92) c., H. 41, 1926. - pp. 264-279.
[156] ibid., p. 264.
[157] p. 265.

Mentalität Japans und Chinas mit den Bewußtseinsdispositionen nicht nur der schriftlosen Unterschichten des europäischen Mittelalters stellt Günther keinerlei Vermutung an. Der heuristisch fingierte Ursprung wird unter Einführung einer topischen Differenz von *erkenntnistheoretischem Subjekt*, das die Form, und *psychischem Substrat*, das die Materie des Untersuchungsgegenstandes bezeichne, expliziert[158]. Letzteres bestehe hier aus zwei *Ambivalenzkomponenten, die material genommen eigentlich zwei Erlebniskomponenten konstituierten*[159]. Es wird vorerst nur angedeutet, was damit zu bezeichnen sei und die Erwähnung, zum einen, von *Affektströmen, Willensrichtungen und Gedankenzügen*, und, zum anderen, der *Möglichkeit des Besessenseins*[160], verweist mehr ungefähr auf den Unterschied zwischen personal emanzipierter Stellung gegenüber intellektuellen und emotionalen Vorgängen einerseits und ergreifenden, überwältigenden Erlebnissen andererseits. Die orientalische Psyche sei nun als das Produkt einer Entwicklung anzusehen, bei der beide Dispositionen zu relativer Selbständigkeit ausdifferenziert seien: *Die ambivalenten Komponenten traten immer weiter auseinander, die ohnehin lockere Einheit der Persönlichkeit des primitiven Menschen ging völlig verloren.*[161] Reinste Ausprägung der *erkenntnistheoretisch* genannten, emanzipierten Position sei der Brahmanismus, der alle gegebenen Data als *potentielles Substrat der Psyche* auffasse; die der komplementären sei der Buddhismus, in dem nichts *als reales Substrat der Psyche* angenommen werde[162]. Die relative Selbständigkeit beider Komponenten bedeute zugleich, daß die reinen Ausprägungen nicht faktisch gelebt würden, sondern ein bewegliches Spielen zwischen den positionalen Extremen das eigentlich konstitutive Moment der orientalischen Psyche ausmache. So könne sie Inhomogeneitäten des erlebten Zeitflusses oder von Geltungsansprüchen mühelos ertragen[163] und sei nicht auf Widerspruchsfreiheit und verallgemeinernde Urteile orientiert: *Es besteht also nicht das Bedürfnis, alle Wahr-*

---

[158] p. 267.
[159] p. 268.
[160] pp. 268 sq.
[161] p. 271.
[162] p. 272.
[163] p. 269.

nehmungen auf eine innere Einheit .. zu beziehen, .. das Erkennen geschieht nicht im erkenntnistheoretischen Sinne, es ist ein mit dialektischen Mitteln verbundenes Konstatieren und kein den Wahrheitscharakter beanspruchendes Urteil.[164] Die okzidentale Psyche sei hingegen als ein ideeller Punkt, gleich dem Nullpunkt eines Koordinatensystems[165] mit in die Umwelt ausstrahlenden Richtungen, zu fassen. Die reiche Mannigfaltigkeit der umgebenden Wirklichkeit werde hier um der Geschlossenheit des bewußten *Ich* willen nach dem Prinzip der Widerspruchsfreiheit homogenisiert[166]. Der Vergleich mit der orientalischen Psyche regt nun die gedankliche Assoziation an, die Psychoanalyse habe dem okzidentalen Selbstverständnis entdeckt, wie die Konzentration der psychischen Selbstwahrnehmung auf den bewußten *Ich*-Pol durch eine Unterdrückung der auch ihm aus der Herkunft von der primitiven Psyche eignenden anderen 'Ambivalenzkomponente' habe geleistet werden müssen. Das Resultat dieser Anstrengung sei fundamental: *Dadurch gewann der psychische Bau natürlich an Festigkeit, die Schranke zwischen Subjekt und Objekt wurde selber objektiv*[167], formuliert Günther den Umschlag realer psychischer Entwicklungen in theoretische Konzepte. Die Terminologie ist allerdings zweideutig, denn gemeint ist, nach dem vorigen, die Ausbildung der Subjekt-Objekt-Dichotomie bis zur Identifikation mit der Person-Umwelt-Differenz, ausgesagt dagegen eine Undenkbarkeit – weder sind Subjekt und Objekt schon vor ihrer Unterscheidung gegeben, noch läßt sich sagen, daß ihre Unterscheidung objektiv werde (wohl, weil sie zuvor subjektiv gewesen sei), denn damit wäre der Unterschied komplementärer Pole einem von beiden zugeschlagen, da er doch logisch nur ein Drittes sein könnte. Das Zwittrige der Formel verdankt sich einer unzureichenden Differenzierung des Gebrauchs der Termini *Subjekt* und *Objekt* nach entweder analytischer oder realer Distinktion: die Differenz von Subjekt und Objekt aber ist nicht *per se* identisch mit der von Erlebnis und Sache.[168] Daß diese Gleichsetzung einen bestimmten historisch gewachsenen Zustand kulturellen Selbstbewußtseins im Okzident be-

---

[164] p. 273.
[165] p. 270.
[166] p. 271.
[167] p. 270.

zeichnet, der hier mit seiner Thematisierung als problematisch erwiesen wird, macht aber geradezu den *nervus rerum* in der Überlegung aus und der Autor zeigt sich mit seiner Formulierungskunst der Fruchtbarkeit seiner Intuition nicht gewachsen. Wäre die Andeutung über die Kennzeichen der beiden Ambivalenzkomponenten der 'primitiven Psyche' systematisch entfaltet worden, hätte die Undeutlichkeit wahrscheinlich vermieden werden können, denn Begriff wie Vorstellung des *Ich*-Erlebnisses *als Objekt* wären an der im Phänomen des Besessenseins in extremer Ausprägung gegebenen Gewalt leiblich-gefühlshaften Ergriffenseins entwickelbar gewesen.

Immerhin aber demonstriert Günther, eher beiläufig, wie fruchtbar der Vergleich der eigenen Kultur mit einer fremden für die erste auszuschlagen vermag, denn die Entdeckung eines verborgenen Kontinents durch die Psychoanalyse wird in der Wahrnehmung einer Kultur, die mit ihm seit langem lebt, dem Unerhörten endgültig entrückt und gestaltender Kulturarbeit fortschreitend genähert. In ersten Andeutungen bildet er hier auch ein Bewußtsein über die methodischen Verfahren aus, die der kulturwissenschaftlichen und philosophischen Erschließung des Fremden im Eigenen aus der Erfahrung des Eigenen am Fremden entstehen können. Da die *strukturelle Verschiedenheit der beiderseitigen Psychen ein Vergleichen ihrer Inhalte nach ihrer gegenständlichen Bestimmtheit* völlig ausschließe – *denn jeder Gedanke und jeder Affekt kann ebensogut in der orientalischen wie in der okzidentalen Psyche auftreten* –, müsse statt der 'gegenständlichen' die *funktionale Beziehung des Inhaltes zum Ich* und die *aus der funktionalen Beziehung sich ergebende Struktur des Gedankens* untersucht werden.[169] Am Beispiel der Verwendung des Begriffs des *Nichts* versucht er durch eine erste, skizzenhafte Analyse der Kontexte seiner Verwendung zu zeigen, daß der europäische die Null-Intensität, *zwischen Plus und Minus*, der indische dagegen die Null-Qualität, das Unbekannte und Unbenannte, bezeichne (*nirvana*).[170] Daß in der europäischen Tradition weit mehr als nur der erwähnte

---

[168] Daß diese Identität heute als Selbstverständlichkeit erscheint, ist bekannt; daß aber die Fruchtbarkeit der Güntherschen Überlegungen nicht zuletzt auf der Kritik dieser Vorstellung beruht, kann hier nicht mit einigen erläuternden Sätzen, sondern nur durch die gesamte Interpretationsarbeit plausibel gemacht werden.

[169] *Bemerkungen*, l. c., p. 274.

[170] p. 274.

entwickelt wird und Kant vier Arten davon kennt, bleibt unberücksichtigt, was aber weit eher dem Mangel an Verfügung über das Material als prinzipiellem Ungenügen der Methodenidee zuzuschreiben sein wird. Von welcher Art die *Struktur* sei, in der die Psyche die *Valenz ein und derselben Gedanken[inhalte] verändert und sich anpaßt*[171], bleibt aber noch unausgemacht. Ob es sich um reale Wirkkreisläufe handelt, die nach ihrer morphologischen Gliederung mit dem Terminus benannt werden sollen, oder ob die Ablösung vom ursprünglichen Kontext vollendet ist und seine metaphorische Funktion eindeutig im Vordergrund steht, ist nicht klar ersichtlich. Zu vermuten ist, daß Günther das Problem dieser Differenzierung hier noch nicht erfaßt, denn neben der methodisch bestimmten Anwendung der Termini *strukturell* und *funktional* spielen die mit ihnen verknüpften Assoziationen auch für die Beschreibung der realen kulturellen Kommunikationsprozesse eine Rolle.

Entdeckungen

Ein wacher Sinn für reale Vermittlungen läßt ihn erkennen, daß die intensive Missionsarbeit, da sie sich um des eigenen Erfolges willen genötigt sieht, Formen religiösen Erlebnisausdrucks und religiöser Bilder zu finden, die christliche Gehalte mit asiatischen Vorstellungswelten verknüpfbar machen, das erste und evidente Beispiel für transformative Prozesse ist, die der Austausch zwischen Zivilisationsformen hervortreibt. Mehr als vorläufige Konjektur denn als belegfähige Behauptung ist dabei zu vermerken, daß er in seinem Aufsatz wohl implizit Möglichkeiten umspielt, reale synthetisierende Tendenzen zu bestimmen, bei denen etwa das okzidentale *Ich*-Bewußtsein durch Leibbemeisterungspraktiken und Kultivierungsübungen der Emotionalität so bereichert wird, wie das orientalische durch systematische Rationalität.[172] Daß der bizentrischen orientalischen Psyche zwar etwas an *Konstanz und individueller Intensität* fehle, sie

---

[171] p. 274.

[172] Daß die europäische Kulturgeschichte selbst immer wieder eigene Bewegungen erzeugte, die sich der Kultivierung, manchmal auch nur der Fetischisierung, der nichtrationalen Dimensionen des Menschen zuwandten, läge dann nicht in seinem Blickfeld. Die unter dem Titel eines „Zeitalters der Empfindsamkeit" oder der „Romantik" thematisierten Phänomene würden hier im Gefolge lebensphilosophischer Orientierungen neu entdeckt.

aber der europäischen etwas *an psychischer Quantität* voraushabe[173], verweist auf einen Akzent, der wiederkehren wird, wenn Günther über die technische Ausweitung des Aktionsradius' in der Gegenwartskultur und die 'Quantität' der Psyche in ihr nachzudenken beginnt. Ausdrücklich hingegen wird kurz umrissen, welche Folgen für die Missionsarbeit entstehen, begreift man als *ausgeschlossen, daß sich die orientalische Psyche in unseren eigenen Zustand hineinentwickelt.* Daß die *Anpassung der Glaubenssätze der christlichen Religion an das Seelenleben der Orientalen* in Gestalt der Mystik einen *Ost und West gemeinsamen Frömmigkeitstypus* fördern wird, ist die für die Mission naheliegende und kulturtheoretisch verblüffende, konsequenzreiche Folgerung. *Unzweifelhaft wird das Christentum in Indien und China viele dort einheimische Elemente aufnehmen und in sich verarbeiten. Das ist unvermeidlich; man mag das wünschen oder beklagen, jedenfalls liegt darin ein Zug, der sich immer bemühen wird, den Konfessionalismus zu sprengen und sich der dogmenlosen Haltung der Mystik zu nähern. Außerdem scheint die Mystik der einzige bisher bekannte Frömmigkeitstypus zu sein, der, wenn nicht in seiner Genese, so doch zumindest in seinem religiösen Objektivgehalt völlig strukturindifferent ist; also in der östlichen und westlichen Psyche in gleicher Weise realisiert werden kann.*[174] Die daraus folgende Überlegung, daß eben *die allgemeine Missionierung der Welt .. zu einer Überwindung der historischen Bekenntnisreligion in ihrer gegenwärtigen Form führen muß*, ist so das nicht mehr überraschende Fazit des Textes.[175]

An diese Entdeckung knüpfen sich für Günther weitergehende Überlegungen an, die Anlaß zu dem Aufsatz sind, der ein Jahr später, an gleicher Stelle, unter dem Titel „Individualität und Religionsgeschichte" veröffentlicht wird.[176] Die unter dem Stichwort *Mystik* erschienenen tastenden Überlegungen zur Rolle privater Erlebnishaftigkeit in der Religion der Gegenwart werden zu einer gedanklichen Linie ausgezogen. Die Aufmerksamkeit für die Erschütterung euro-

---

[173] *Bemerkungen*, l. c., p. 269.

[174] ibid., p. 278.

[175] p. 279.

[176] *Zeitschrift für Missionskunde und Religionswissenschaft*, l. sub 92) c., H. 42, 1927. - pp. 337-356.

päischer Religiosität durch die anerkannte Koexistenz mit gänzlich anderer – nicht minder absolut gelebter, ließe sich sagen – wird nun vorrangig auf Gründe für die Relativierung der Inhalte europäischen Glaubens durch Entwicklungen innerhalb Europas selbst gewendet. Eingeschlossen in den Formen und Gehalten hier geübter religiöser Praktiken und Haltungen sei *seit Plato und Aristoteles* eine Beziehung auf systematische Rationalität, die den Glauben immer durch begründende Argumente anfechtbar machte. Ihre Verselbständigung, von Descartes radikal beschleunigt, breche mit Kant als *lang vorbereitete Revolution der Denkart ungefesselt aus* und finde mit ihm *zugleich ihren systematischen Abschluß*.[177] Mit dem *Nimbus wissenschaftlicher Metaphysik* habe Kant *ein altvertrautes Verhältnis zum Absoluten* zerstört[178] und die bis dahin substantial gegebenen Fixpunkte gemüthafter Religiosität – *Freiheit, Seele, Gott*[179] – zu Orientierungen gemacht, die nicht mehr in unverrückbarer Existenz zu beweisen, sondern nur noch als Aufgabe zu fordern möglich sei. *Aus dem substantiellen Charakter des Gottesbegriffs war die Dynamik einer Idee geworden, und das religiöse Fühlen, das bis dahin an der ontologischen Absolutheit Gottes seinen Halt und einen unbeirrbaren Ruhepunkt gefunden hatte, sah sich hineingerissen in die endlose Dynamik, in der der ontologische Kern der alten Gottesgestalt untergegangen war.*[180] – *Die Substanz, weil geborsten, ist keine Substanz mehr, und damit ist der Ruhepunkt, der auch in der Unendlichkeit des Alls das Gefühl der Geborgenheit vermitteln konnte, vernichtet worden.*[181] Zudem war hier ein Konnex aufgelöst, dessen Verlust beunruhigende Folgen haben mußte, denn an die von emotionalen Bedürfnissen gesicherte Evidenz des Glaubenserlebnisses war die Geltung ethischer Normen gebunden gewesen. Nun die Orientierung an Gott einer der individuellen Person verfügbaren Entscheidung zu überlassen, müsse Konsequenzen für die Begründung der Allgemeinheit von Verhaltensnormen nach sich ziehen, so daß die Ethik

---

[177] ibid., p. 340.
[178] p. 342
[179] p. 340
[180] p. 340
[181] p. 338

Kants *treffend eine Ethik des sittlichen Risikos genannt* worden sei.[182] *Das mag zu einer immensen Vertiefung der Ethik führen, aber es kann nicht abgeleugnet werden, daß der Kritizismus dadurch, daß er jenen .. Konflikt ins Licht des Bewußtseins gerückt hat, zugleich innigste und zarteste Sehnsüchte nach der Substanz des Absoluten aufs tiefste verletzt hat.*[183] Daß wiederum im Verlust der Evidenz numinosen Ergriffenseins für sittliche Normen nicht nur deren Chance zur Autonomie, sondern auch die der Verwandlung religiösen Erlebnisausdrucks lag, spricht Günther damit aus, daß mit der *wachsenden Festigung des religiösen Einzelwesens .. - durch die Reformation längst vorbereitet – die Individualität (im modernen Sinne) zum ersten Male als primärer Faktor in der religiösen Erlebnisgestaltung* aufgetreten sei.[184] Der konkrete Inhalt dieser Gestalt religiösen Bewußtseins lasse sich paradigmatisch an – Schopenhauer studieren. *Als originaler Philosoph selbst von seinen Gegnern oft noch zu hoch eingeschätzt*, sei er, wenn kein interessantes Subjekt, so doch ein bedeutendes Objekt der Geistesgeschichte: *der erste moderne religiöse Intellektuelle, der zugleich in sich die ganze Problematik des neuen Typus offenbart.*[185] Der unauflösliche Widerspruch in seiner Philosophie, den Intellekt dem Willen untergeordnet zu denken und zugleich zu postulieren, daß er *die Dämonie des Willens* zu begreifen und sich dann von ihr aus eigener Kraft loszusagen habe, resultiere daraus, daß er tatsächlich den abendländischen Individualitätsbegriff der autonomen Persönlichkeit unterstelle. Die Entscheidungsgründe für oder wider die Suprematie des Willens oder aber des Intellekts lägen daher in ihr, nicht in einer überempirischen, 'metaphysischen' Rangordnung. Damit tauche *auch bei Schopenhauer die durch die Weltanschauung des Kritizismus geborene 'Einsamkeit im Konflikt' auf.*[186] Eine Nuance, um die Schopenhauer die geistige Tradition Kants dann doch bereichere, liege darin, daß er nicht nur die Objektivität der Wahl religiösen Welt- und Selbstverständnisses, sondern noch die der tradierten und dogmatisierten Folgerungen eines Bekenntnisses leugne. *Die*

---

[182] p. 350.
[183] p. 342.
[184] p. 342.
[185] p. 342.
[186] p. 350.

Enthistorisierung der Religion, die der Frankfurter Denker vornahm, lasse *seine bedenkenlosen Entlehnungen aus orientalischen Religionen begreiflich erscheinen. Den historischen Abstand, der ihn von den Erzeugnissen einer fremden Religiosität trennte, war er nicht fähig zu sehen, so daß er nicht nur aus Upanishaden, Vedanta und Buddhismus Entlehnungen vornahm, sondern auch eine Verschmelzung derselben mit dem Christentum vorzunehmen versuchte.*[187] Die geistige Physiognomie, die hier gezeichnet wird, zeigt einen Menschen, der für seine religiösen Erlebnisse deshalb eklektizistische Melangen von Ausdrucksformen zusammenstellt, weil er sich für eine – *seine* – Privatreligion entschieden hat; eine exemplarische Diagnose, die vor dem heute massenhaft auftretenden Phänomen privater Kulte, Riten und Glaubensformeln kaum belanglos erscheinen wird. Daß Schopenhauers Entscheidung, *die bedrohte Substanz des religiösen Erlebnisses zu retten*,[188] durch Resignation des intellektuellen Selbstanspruchs eingelöst werde, sei allerdings ein verfehltes Opfer, denn Kants Denkweg fortzusetzen, bedeute, die Autonomie nicht nur des – religiösen – Empfindens, sondern auch der Vernunft anzuerkennen, also auch, daß sie *zu einer stetigen, nie endenden Auseinandersetzung miteinander gezwungen* seien[189]. Von nicht geringer Bedeutung für Günthers zukünftigen intellektuellen Weg ist seine Forderung, eine Komplementarität in diesem Zwist zu erkennen, die fruchtbar zu machen sei nicht nur für die Lebensführung, sondern, weit allgemeiner, für die Erhellung der Beziehungen zweier kultureller Formenwelten überhaupt. *Im religiösen Erleben wirken kognitive Kategorien mit, und das wissenschaftliche Denken andererseits orientiert sich teilweise an religiösen Ontologismen*, lautet seine Diagnose; und ihre Konsequenz für die Kulturwissenschaft habe, neben anderem, darin zu bestehen, daß sich eine *Religionsgeschichte des Denkens* in Zukunft *besonders mit den Einflüssen zu beschäftigen* habe, *den die die philosophischen Systeme auf den religiösen Bewußtseinswandel ausgeübt haben*[190]. Die eingangs gefundene Formel, religiöses Bewußtsein sei als Empfinden letzter Abhängig-

---

[187] p. 345.
[188] p. 350
[189] p. 341
[190] p. 356

keit und Geborgenheit im Absoluten *die unmittelbare Grundlage unseres Bewußtseins*, zeigt, daß in der Aufgabenstellung für eine neue Disziplin der Religionswissenschaft schon der Umriß einer weiter greifenden zu finden ist, in der, was die Dogmatisierung institutionalisierter Religionen für die Vermittlung privater Evidenzerlebnisse geleistet habe, unter Vorherrschaft der *dogmenlosen Mystik* von anderen Medien systematischer Intellektualität zu übernehmen sei. Daß dabei weit mehr als die religiöse Kommunikation gesichert werden müsse, spricht Günther mit der Einsicht aus, Religion habe in der bisherigen Geschichte *gegenüber den Ansprüchen der übrigen seelischen Funktionen auf Anerkennung ihrer Eigengesetzlichkeit mühelos den ihrigen, die Konflikte, die sich aus dem Antagonismus der übrigen Lebenssphären ergaben, in sich als übergeordneter Sphäre schlechtweg aufzulösen*, zu behaupten vermocht.[191] Ihre Ablösung als *Kulturdominante*[192] erzeuge daher eine Fehlstelle, und hier wird die zweite Funktion eines neuen Mediums der Vermittlung durch Günther bestimmt werden.

Kontexte und Regionen. Verborgene Einheit

In einem „Schlußwort"[193] nimmt er später Stellung zu einer Antwort auf den zweiten Aufsatz und zeichnet dabei die ihn interessierenden gedanklichen Linien weiter aus. Die Differenz der gewachsenen Kommunikationsverhältnisse verschiedener Zivilisationen verlange von den Kulturwissenschaften ein Rücksichtnahme auf die Einbettung verwendeter Begriffe in verschiedene kommunikative Kontexte. *Was uns heute noch völlig fehlt, ist ein gemeinsames kulturphilosophisches Begriffsmaterial*[194] und die je spezifischen Begriffe ließen sich nicht einfach transponieren, *denn jede Formulierung eines geistigen Gehalts* sei *unablösbar mit ihrem eigenen geistigen Hintergrund verbunden, durch den sie erst ihre spezielle Qualität*

---

[191] p. 339

[192] p. 340

[193] *Zeitschrift für Missionskunde und Religionswissenschaft*, 1. sub 92) c., H. 43, 1928. - pp. 232-247.

[194] ibid., p. 233

erhält.[195] In der Konsequenz dieser Voraussetzungen liegt es, den Gewinn gemeinsamer Begriffswelten von der Ausbildung gemeinsamer Lebensformen abhängig zu sehen, insbesondere, daß eine gemeinsame *Geschichtsmetaphysik* eine gemeinsam durchlebte Geschichte zur Voraussetzung hätte. Die tatsächlich schon ablaufenden Prozesse der wirtschaftlichen, politischen und intellektuellen Wechselwirkung finden daher Erwähnung, allerdings bleibt unerörtert, welche Stellung die Entwicklung synthetischen 'Begriffsmaterials' gegenüber *gemeinsamen kulturellen Neubildungen der Zukunft* überhaupt haben kann.[196] Die einleitende Wendung, in der Gegenwart seien die einer *kulturphilosophischen Betrachtung* wesentlichen Lebenslinien durch eine *unvornehme Handgreiflichkeit ökonomischer und machtpolitischer Interessen* in den Hintergrund gedrängt[197], könnte die Chancen eines analytischen Blicks andeuten, der den Eigenwert symbolischer Kommunikation ins Zentrum der Aufmerksamkeit stellt, aber die gewählten Termini wecken eher den Verdacht, es sollte einer Geisteswissenschaft älterer Tradition das Wort geredet werden, die nur frei und selbständig agierende 'spirituelle Wesenheiten' als ihren Gegenstand anerkennt. Aber selbst wenn geteilte numinose Atmosphären das Handeln in der praktisch 'handgreiflichen' Kommunikation determinierten, wären die in ihnen liegenden Wirklinien nicht mit den durch sie induzierten identisch; viel weniger noch ließe sich annehmen, daß an Stelle religiöser Bilder und Symbole tretendes 'kulturphilosophisches Begriffsmaterial' dies sein könnte.

Die assoziative Zusammenstellung des Themas *gemeinsamer kultureller Neubildungen der Zukunft* und der Aufgabe interkultureller Begriffs- und Theoriebildung bleibt eine Zweideutigkeit. Sie an dieser Stelle zu betonen müßte hypokritisch erscheinen, würde sie nicht als immer problematischer Zug an Themenbestimmungen und Theorieentwürfen durchgehalten. Daß die Verständigung zwischen Kulturkreisen, sollte sie von wissenschaftlichen Medien begleitet werden, gemeinsame Begriffswelten zu entwickeln verlangte, wäre selbstverständlich, nicht aber, daß real-synthetische Neubildungen zu thematisieren auch erfordere, Begriffe aus der je

---

[195] p. 233
[196] p. 244
[197] p. 233

gesonderten Thematisierung der bis dahin getrennt zu behandelnden Komponenten zu verschmelzen. Der kreative Akzent wissenschaftlicher Theorie- und Begriffsbildung, der erst erlaubt, als disparate Mannigfaltigkeit erscheinende Wahrnehmungsdaten zu integrieren, wird hier mit dem allgemeinen Akzent kultureller Neubildungen verquickt, bei denen für die Überbrückung der Kluft geographisch regionaler Kommunikationsformen neue geschaffen werden, die mehr als bloßes Aggregat der alten sind. Günther steht bei der Annäherung beider Facetten bis zur tendentiellen Identifikation einer Hegel-Interpretation nahe, für die jede endliche kulturelle Form etwas meint, das *über ihre eigene historische Begrenztheit hinausgeht, etwas, was als immer bleibender Sinn hinter ihren wechselnden geschichtlichen Ausdrucksformen steht*[198]. Gesagt für die Religion, gilt es ihm doch für alle Formenwelten, da der Geschichte überhaupt *eine systematische Struktur* zu Grunde liege und sie also *einen metaphysischen Sinn* habe[199]. Diesen einem *ewigen Wirken der Idee* zuzuschreiben, läßt es plausibel erscheinen, die in der Erkenntnis geleistete Synthese als Vorzeichnung der realen, wenn nicht als identisch mit ihr anzusehen. Immerhin wird sich diese Verquickung der Ahnung verdanken, daß die Bildung theoretischer Sätze etwas hervorzubringen bedeute, das vorher nicht existierte und zugleich keine bloße Wiederholung oder Spiegelung im Sinne naiver Abbildvorstellungen sei. Würde dies zum Zentrum der Aufmerksamkeit gemacht, ließe sich die Frage nach den Bedingungen und Formen der Entstehung von Begriffen und Theorien in den Kulturwissenschaften stellen. Beim hier diskutierten Gegenstand bedeutete das, über eine *Hermeneutik der Fremdheit* hinauszugehen, indem diese vorausgesetzt und zum Thema gemacht würde. Nicht die Entwicklung dem Verstehen fremder Welten angemessener Verfahren gehörte dann zum Kern der Theoriebildung, sondern die Bestimmung der Funktion solcher Verfahren innerhalb der Kulturwissenschaften, damit die Aufklärung ihrer Bedeutung für eine Theorie von deren Organisations- und Entwicklungsprinzipien. Nicht zuerst die Suche nach Klarheit über den Gegenstand als vielmehr die Methode ist es dann auch, die Günther zu Eduard Spranger führt, der bedachte Aufnahme der Hegelschen Dialektik empfiehlt.

---

[198] p. 242

[199] p. 241

Rationalität im Plural

Typologische Systematik

Spranger verfolgt, wie viele seiner Fachkollegen zu dieser Zeit[200], ein Programm zur Begründung einer *Logik der Geisteswissenschaften*. Der Terminus schillert bei ihm in vielfachen Bedeutungen und die naheliegende Erläuterung, Titel einer Theorie der Methode, Gegenstandskonstitution und Systematik geisteswissenschaftlicher Theoriebildung zu sein, würde auch sein Ziel nicht zureichend bestimmen. Das Interesse an Systematik war nicht zuletzt Resultat von Bemühungen um eine kulturphilosophische Strukturtheorie, die das, was für Spengler Individuum war, als höchst teilbar behandelte. In einem Konzept der „Lebensformen"[201] hatte Spranger eine Verfeinerung der Diltheyschen Typologie kultureller Teilsysteme geboten, um eine Theorie der Korrespondenz *personaler Idealtypen* und *kultureller Sphären* zu entfalten. Die sechs Persontypen *theoretischer, wirtschaftlicher, sozialer, Macht-, Phantasie-* und *religiöser Mensch* entsprachen den sechs kulturellen Feldern *Wissenschaft, Wirtschaft, Gemeinschaft, Politik, Kunst* und *Religion*. Hier schien eine systematische Lösung angeboten zu werden, die in Individuen ausgeprägten Typen und persönlichkeitsspezifischen Weltzugänge auf die Vielfalt der Kultursphären hin zu ordnen und konkrete Dispositionen und Habitus als Überlagerung idealtypischer Formen begreifbar zu machen. Die Vollendung im Entwurf einer systematischen Konstruktion war allerdings noch zu suchen, denn *mannigfache, immer neue Vermischung* und *wechselnde gegenseitige Rangordnung,* wie es etwa Falckenbergs zeitgenössische Philosophiegeschichte resümiert[202], konnten kaum als systematisch zureichende

---

[200] Beispiele etwa Wilhelm Wundts *Logik der Geisteswissenschaften* (Stuttgart: Enke, 1908), Erich Rothackers *Logik und Systematik der Geisteswissenschaften* (München/Berlin: Oldenbourg, 1926) oder auch die *Kleine Logik der Geisteswissenschaften* von Franz Schmidt (München: Reinhardt, 1938). - Die frühesten Anregungen zu diesem Thema dürften von Wilhelm Dilthey stammen.

[201] Erstmals 1914 als Festschrift für Alois Riehl; bis 1966 neun Auflagen, mehrfach ergänzt.

[202] Richard Falckenberg: *Geschichte der neueren Philosophie*. Berlin/Leipzig: Walter de Gruyter, ^{8}1921. - p. 648.

Vorschläge gelten, so daß das Konzept der *Lebensformen* zu einer wesentlichen Frage führte, die mit ihm nicht mehr zu beantworten war. Sprangers Bemühung um die Grundlagen einer Logik der Geisteswissenschaften wird davon angetrieben worden sein, denn in der im Schlußkapitel des Buches versuchten Deskription der gemeinten Zusammenhänge und Wechselbeziehungen vermochte er sie nur in Metaphern der Musikanalytik auszusagen. Die Termini *Motiv* und *Melodie* werden, mit ausdrücklicher Erinnerung an ihre Herkunft, eingesetzt[203], um das fließende, unstarre, nicht nach berechenbaren Folgebeziehungen und mathematischen Korrespondenzen bestimmbare Ineinandergreifen von nebeneinanderliegenden und -laufenden Momenten auszusagen, die zuvor als Idealtypen isoliert wurden, wie Motive eines Musikstücks herausgehört werden. Die Frage nach der, wissenschaftlichen Kriterien der Überprüfbarkeit und Vorhersagbarkeit standhaltenden *Systematik* des Zusammenspiels der eingeführten Typen mußte noch beantwortet werden, wollte man nicht bei dem ästhetischen Gleichnis stehenbleiben, das zuletzt die Frage nach dem Verfasser der Partitur provoziert hätte.[204]

Daß Günther Sprangers Programmtitel einen *magischen Ausdruck* nennt, der ihm geradezu *ins Herz sank*, ist Zeichen seiner Ahnung, den gesuchten zentralen Punkt systematisch-theoretischer Anknüpfung gefunden zu haben.[205] Er konnte erkennen, daß hier auf einer anderen Ebene das Thema wiederkehrte, das ihn seit der Lektüre Spenglers fesselte.[206] An Sprangers Konzept wurde die Notwendigkeit plausibel, die einzelnen kulturellen Sphären zueinander disparat zu behandeln und man durfte vermuten, daß die Prinzipien, nach denen etwa das Gebiet des positiven Rechts organisiert war, denen der Kunst oder der Religion so fremd waren, wie ein Kulturkreis dem

---

[203] *Lebensformen*, Halle: Niemeyer, ⁵1925, pp. 437 sq.

[204] Wie wenig problematisch Spranger seine Terminologie erscheint, ist auch darin zu erkennen, daß er diesen Terminus ganz unbedacht verwendet.

[205] *Selbstdarstellung*, p. 9.

[206] Daß sich Spranger ausdrücklich mit Spengler einig wußte, da er wie dieser suchte, „durch die Geschichte hindurchgehend die 'bloße' Geschichte zu überwinden", wird Günthers Neigung zu diesem Lehrer zusätzlich befördert haben. - Cf. *Brief E. Sprangers an O. Spengler vom 14. 4. 1926*, in: H. W. Bähr ed., *Eduard Spranger. Briefe 1901-1963*, Tübingen: Niemeyer, 1978, p. 125. - Cf. dazu Sprangers Rede *Die Kulturzyklentheorie und das Problem des Kulturverfalls* von 1926, in: *Kulturfragen der Gegenwart*, Heidelberg: Quelle u. Meyer, 1953; pp. 11-41.

anderen. Mit dieser Analogie stand Günther zu seiner Zeit nicht allein. Unter den folgenreichen Theoretikern war auch Max Weber, der zur selben Hypothese gelangte. Mit ihr war unterstellt, daß die Verständigung erschwerende Vielfalt der Wissens- und Handlungsordnungen innerhalb einer Regionalkultur von der gleichen Art war, wie die Vielfalt historisch entstandener Regionen, und diese wurde damit nach dem Modell jener ebenfalls als irreduzibel begriffen[207]. Der später von Habermas gemachte Einwand, die Analogie überspiele die Unterscheidung formaler und inhaltlicher Differenz, dient erkennbar dem Zweck, die Möglichkeit konsensueller Moderation 'formaler' Unterschiede zwischen den Zivilisationen mit anthropologischen Gemeinsamkeiten begründen zu können und so der radikalen These von der Inkommensurabilität der Weltkulturen deren Möglichkeit entgegenzuhalten, gemeinsame Handlungs- und Verständigungsformen auszubilden[208]. Diese Position schließt an die plausible Unterstellung an, eine durch Arbeitsteilung innerhalb einer realen Kulturgemeinschaft erst gewonnene Differenzierung sei von einer durch räumliche und zeitliche Trennung ermöglichten Differenz der Ursprünge theoretisch zu unterscheiden. Die letztere konnte sich in geschichtlicher Entwicklung durch Konvergenz auflösen. Folgte man aber dem historistischen Zweifel, die tatsächlich gefundenen unifizierenden Ordnungen blieben auf das Feld der Naturwissenschaften und der maschinellen Technik beschränkt, vermöchten aber nichts für die alltäglich gelebten Formen des gemeinsamen Handelns und für kulturelle Riten im engeren Sinne, schien dagegen die Analogie zur Differenz der arbeitsteilig instituierten symbolischen Sphären nicht abwegig.[209] Günther folgt solchen Ahnungen in den weitgreifend angelegten „Grundzügen einer neuen Theorie des Denkens in Hegels

---

[207] Max Weber: *Wissenschaft als Beruf*, in: *Gesammelte Aufsätze zur Wissenschaftslehre*, Tübingen: Mohr, 1968. - p. 604.

[208] Cf. Jürgen Habermas: *Theorie des kommunikativen Handelns*. Frankfurt/M.: Suhrkamp, ³1985. - t. I, p. 340.

[209] Daß die mit letzterer bis heute verbundene soziale Schichtung noch einige Generationen lang Bestand haben wird, soll als Erinnerung an eine aktuelle, durch eine kleine Transposition des Problemaufrisses erreichbare Aufgabenstellung dienen. Eine sozialphänomenologische Schichtentheorie hätte die selben Probleme bei der Erklärung der Kommunikationsprozesse und Konflikte zwischen den Schichten.

Logik"²¹⁰ so, wie schon in den frühen Aufsätzen, die gleichfalls mehrere Probleme in Einem zu fassen versuchten. Ganz den Anregungen Sprangers gemäß, soll die Arbeit dem Zweck dienen, *die logisch-systematischen Voraussetzungen des Hegelschen Versuches* einer *Logik der Geisteswissenschaften* freizulegen. Mit der Behauptung, Hegel habe die entscheidende These verfochten, daß es *noch exakte Rationalität jenseits der traditionellen Logik gebe*, wird das Hauptcharakteristikum der zukünftigen theoretischen Frontstellung genannt. Eine aus der Hegelschen Dialektik entwickelte Logik sollte in der Lage sein, vermutet Günther, eine Erweiterung des Rationalitätsbegriffs zu inspirieren, die Sicherung gegen die skeptische Resignation biete, alles *jenseits der klassischen Axiomatik* liegende *Geistesleben seiner Struktur nach für irrational zu halten.*²¹¹

Axiomatisch-deduktive Systematik

Die Formulierung erschließt sich nicht auf den ersten Blick. Bei der üblichen Unterscheidung traditioneller Logik von mathematischer zählt klassische Axiomatik zu dieser.²¹² Sich von der einen und dann auch von der anderen zu distanzieren, ist ein etwas umwegiger Versuch, das Gebiet der nichtklassischen Logik einzugrenzen. Damit wären jedoch immer noch Satzverknüpfungen Gegenstand, nicht differente Handlungsmodi oder 'Kulturformen'. Die Rückbindung an Hegel hat ihre Plausibilität eben aus dem Vorsatz, die Struktur solcher Gegenstände systematisch zu erschließen, nicht die Ordnung ihrer sprachlichen Darstellung zu gewinnen.²¹³ Die Wendungen sind darum wohl dem Entschluß zu verdanken, alle Formale Logik, die je-

---

²¹⁰ Der am 1. Mai 1933 als Dissertation verteidigte Text ist ein Auszug daraus. - Cf. Promotionsakte *Gotthard Günther* der Philosophischen Fakultät der Friedrich-Wilhelms-Universität vom 31. Mai 1933, Universitätsarchiv der Humboldt-Universität zu Berlin.

²¹¹ *Grundzüge*, l. c., pp. VII, VIII.

²¹² Cf. etwa Albert Menne, *Einführung in die Logik*, Tübingen: Francke, ⁴1986; Vorwort zur 1. Aufl.; oder auch N. I. Kondakow, *Wörterbuch der Logik*, Leipzig: Bibl. Inst., ²1983, Eintrag „Logik, nichtklassische".

²¹³ Bei der Untersuchung des Teils der nicht-klassischen Logik, für den die größte Nähe zur Dialektik vermutet werden kann – der *parakonsistenten Logik* – wird darum auch als bedeutsame Differenz bemerkt, daß hier Kalküle für Formeln aus Sätzen vorliegen; cf. Jindrich Zelený, *Problemstrukturen*, in: *Dialektik*, H. 1, 1992, pp. 57-71.

der Aussage einen der beiden Werte *wahr oder falsch zuschreibt*[214], sei als *traditionelle* zu qualifizieren und nach Graden axiomatisch konstruktiver Disziplinierung nicht zu unterscheiden. Das bringt dann eine Gewaltsamkeit mit sich, wenn sie die *aristotelische Gestalt der Logik*[215] genannt wird, da Aristoteles von einer Axiomatisierung logischer Satzsysteme weit entfernt war[216]. Die vereinnahmende Terminologie hat den Vorzug, der Überzeugung, Formale Logik definiere einen *Bereich an Rationalität*[217], die bestärkende Vorstellung eines geschlossen verfügbaren Systems von Regeln und Verfahren zuordnen zu können. Den Glauben, Formale Logik definiere oder lehre, wenigstens bisher, wie systematisch zu denken sei, teilt Günther natürlich nicht nur mit Zeitgenossen, wie Stekeler-Weithofers Urteil in Erinnerung rufen kann, es habe sich *im 20. Jahrhundert die Tendenz der Logisierung und Formalisierung wissenschaftlicher Theorien so weit durchgesetzt, daß manchem die moderne mathematische Logik als die allgemeine Lehre vom exakten Denken und Beweisen* erscheine[218].

Mehr als eine Ungenauigkeit nach dem Entschluß zur Revolution, wenn feinere Differenzierungen verzichtbar scheinen, stellt aber die von solchen Überzeugungen genährte Behauptung dar, der *Dogmatismus der aristotelischen Logik* sei *die logische Voraussetzung aller Naturwissenschaft*[219]. Es wird leichter plausibel zu machen sein, daß

---

[214] Kondakows Kennzeichen der „klassischen" im Unterschied zur „nichtklassischen Logik", cf. *Wörterbuch*, l. c., Eintrag „Logik, klassische".

[215] *Grundzüge*, l. c., p. IX.

[216] Pirmin Stekeler-Weithofer urteilt darum, Aristoteles habe „eine Klärung des deduktiven und indirekten (formalen) Beweisens" unternommen, nicht axiomatische Begründungen entwickelt; cf. id.: *Grundprobleme der Logik*, Berlin et al.: de Gruyter, 1986, p. 6. - Daß die Aristotelische Syllogistik erst im 20. Jahrhundert, durch Łukasiewicz, axiomatisch konstruiert wurde, belegt die Differenz innerhalb des Gemeinsamen. Wir schließen uns im weiteren Kondakow an, der traditionelle und klassische Logik als Entwicklungsstufen „der formalen Logik" unterscheidet, cf. *Wörterbuch*, l. c., Eintrag „Logik, mathematische".

[217] *Grundzüge*, l. c., p. VIII.

[218] *Grundprobleme der Logik*, l. c., p. 150.

[219] *Grundzüge*, l. c., p. IX. - Er kritisiert etwa auch Hegels vermeintlich „sinnlose Polemik gegen die klassische Logik als theoretische, absolute Grundlage naturwissenschaftlicher Einzeldisziplinen". - ibid., p. 12.

Logik Regeln jedes Argumentierens oder Artikulierens konstruiert[220], als nur die naturwissenschaftlicher Praxis und Theoriebildung. Die traditionelle Logik nun als *die Logik der Naturwissenschaften* zu bestimmen, ergibt notwendig, daß die von jener unterschiedene jenseits dieser zu suchen sei. Es ist dies nicht nur die am wenigsten plausible, sondern auch für den Problemaufriß folgenreichste These. Doch sie leuchtet in ihrer weder durch Begründung noch durch Illustration aufgelösten Isolierung kaum derart ein, daß sie vorläufig akzeptiert werden könnte und steht als Angelpunkt einer sich kritisch und zielbewußt von den Ordnungs- und Verfahrensprinzipien der Naturwissenschaften absetzenden methodologischen Arbeit an zu prominenter Stelle, um für unbedeutend gehalten werden zu können. Eine mögliche Erklärung für die Entstehung dieser These, wenn auch nicht für ihre Plausibilität, kann vielleicht ein Seitenblick auf andere Beiträge zur Methodendiskussion zwischen Natur-, Geistes- und den sich emanzipierenden Sozialwissenschaften ergeben. Für diese hat, zum Beispiel, Oskar Morgenstern 1936 in der *Zeitschrift für Nationalökonomie* eine Skizze zur Disziplinierung der Methoden in den Wirtschaftswissenschaften gegeben und dabei ein Vorbild mit knappen, scharfen Strichen skizziert[221]. Dem in der mathematischen Grundlagendiskussion seiner Zeit schon problematisch gewordenen Anspruch, die gesamte Mathematik auf die Formale Logik zu gründen, gilt hier noch die größte Hoffnung eines Klarheit, Widerspruchsfreiheit und operationale Mittel erhoffenden[222] Fachwissenschaftlers, der eine *exakte theoretische Ökonomie*[223] zu befördern sucht. So wird in dem Aufsatz zuerst, was eine Begründung und Rechtfertigung mathematischer Modellbildung und Quantifizierung zur Erweiterung ökonomischer Theorie und ihrer Ableitungen sein sollte, als Rechtfertigung der Anwendung moderner Symbolischer Logik eingeführt, da man sich darauf berufen könne, daß *Mathematik und Logik von völlig gleicher Struktur* seien. Der zweite Abschnitt aber führt unter dem Leitthema, als vermeinte Entwicklung des ersten

---

[220] Cf. etwa Horst Wessel: *Logik*, Berlin: Dt. Verlag der Wiss., ¹1989. - pp. 20-22, 24-27.

[221] Oskar Morgenstern: *Logistik und Sozialwissenschaften*, in: Ernst Topitsch ed., *Logik der Sozialwissenschaften*, Köln/Berlin: Kiepenheuer u. Witsch, 1971. - pp. 315-336.

[222] ibid., pp. 315 sqq.

[223] p. 317.

Einsatzes, ein neues Argument für die produktive Verbindung von Logistik und Sozialwissenschaften ein, das jedoch gleichfalls nicht die erwartbare Anwendung algebraischer Formeln zur Beschreibung quantifizierter Abhängigkeit von Modellparametern vorbereitet, sondern die der *axiomatischen Methode* und der Praxis strikter Definition von Wortbedeutungen. Daß maßgebliches Vorbild dieser Pläne zur Umgestaltung der Wissenschaften David Hilberts Versuch ist, die Mathematik vollständig axiomatisch-deduktiv aufzubauen, bekennt Morgenstern ausdrücklich[224] und zitiert als Exempel neben Hilberts Geometrie auch Newtons Mechanik und die Thermodynamik nach Clausius. Es ist diese ausdrücklich angerufene Vorbildlichkeit, die Anlaß gibt, ein mit seinen Themen nicht den Naturwissenschaften zugehöriges Fachgebiet als Beispiel eines an diesen erhofften Typus von Systematik anzuführen. Das hier zitierte gibt ein Indiz für die Vorbildwirkung des Modells von Wissenschaft, das von der Wissenschaftstheorie des Logischen Positivismus am Paradigma der Mathematik und mathematisierten Physik verallgemeinert worden war.[225] Gotthard Günther scheint durch diese Konstellation zu der Vermutung geführt worden zu sein, die moderne Symbolische Logik sei die exemplarische Relationenstruktur des naturwissenschaftlichen Wissens; er hätte dann eine Alternative zu Vorschlägen wie denen Morgensterns zu begründen. Es lassen sich hier noch keine Belege beibringen und das Gesagte ist nur eine Konjektur, die erst in der ausgeführten Darstellung ihre Plausibilität erweisen kann, doch erhält man mit ihr eine Möglichkeit, einer prinzipiellen Unterstellung für die gesamte Theorie Günthers ein erstes Verständnis abzugewinnen.

---

[224] Und hätte sich dabei etwa auf Hilberts Vortrag *Axiomatisches Denken* berufen können; cf. id., *Gesammelte Abhandlungen III*, Berlin: Springer, 1935, pp. 146-156.

[225] Was dabei im Eifer des Fortschreitens zu definitiver Exaktheit und Gewißheit in der wissenschaftlichen Erkenntnis vergessen wurde, war die Unmöglichkeit, aus der Gesamtheit der Theorie- und Interpretationsaussagen eines Wissenschaftsgebietes eine axiomatisch-deduktive Struktur zu bilden, bevor die Forschung auf dem langen Weg der Hypothesen, Modelle und Experimente zu gesicherten Erkenntnissen gekommen war. Naturwissenschaften konnten dieses, noch nicht einmal dem kreativen Prozeß in der Mathematik angemessene Konzept daher kaum zur Beschreibung der doch eigentlich bedeutsamen Genese ihrer Erkenntnisse, sondern allenfalls für die systematische Rekomposition der einmal für gesichert erklärten unterstellen. Eine solche 'Logik der Naturwissenschaften' konnte also allein die logische Ordnung von allgemeinen und abgeleiteten Theorieaussagen und ihrer Begriffe benennen, wie sie als erstrebtes Resultat dem Forscher im Prozeß als Ziel vorschwebte.

Nimmt man sie an, wird begreifbar, wie die Frontstellung gegen Formale Logik entstehen konnte.

Geltungsansprüche

Die methodologisch unbewältigten Differenzen wären nicht von solcher Dringlichkeit, hätte die Entscheidung für den zweiten der beiden Theorietypen nicht zugleich die Option für rein kausalanalytische Rekonstruktionen erzwungen. Daher hat weniger die Frage nach dem Charakter des Ursprungs seiner Phänomene als vielmehr die Gefahr, daß die Thematisierung des 'Geisteslebens' für nicht wissenschaftsfähig erklärt würde, Günthers Aufmerksamkeit. Es wäre dies die endgültige Abdankung der Geisteswissenschaften, deren Ansehen als wissenschaftliche Disziplinen unter dem Druck positivistischer Strömungen lange gelitten hatte und die nun allein aus argumentativen und verifikationstechnischen Schwachstellen zu bestehen schienen.[226] Auf welche Weise die entstehende Gefahr dann Gestalt gewinnen würde, daß mit einem *Zusammenbruch der Geisteswissenschaften* der *historische Materialismus plattester Prägung* das letzte Wort behalte, konnte an Spengler studiert werden. Mochte dieser sich keineswegs in die mit dem Terminus bezeichnete Theorietradition einordnen, war mit der Kultur-Morphologie doch ebenfalls, wenngleich implizit, davon ausgegangen, daß es nichts als kausale Prozesse des Stoffwechsels und Energieflusses gebe, also auch kulturelle Kommunikationsverhältnisse nicht anders erklärt werden könnten. Daß er sein eigenes Unternehmen dabei unmerklich aus der Kulturgeschichte ausschied, läßt sich nicht nur als performativer Selbstwiderspruch glossieren – es ist Indiz der schwachen Stelle in den Prämissen. Wie der 'Seher' möglich sein sollte[227], der die zueinander beziehungslos stehenden, weil unaufhebbar disparaten Kulturkreise doch wieder komparativ zu begreifen und zu rekonstruieren vermochte, war mit den in der biologistischen Terminologie annotierten theoretischen Mitteln nicht plausibel zu machen. Der wissenschaftlich nicht faßbare

---

[226] Eine knappe und klare Skizze von Hans Robert Jauß bezeugt, daß die Vorwürfe heute noch wohlbekannt sind: *Die Paradigmatik der Geisteswissenschaften*, in: *Wege des Verstehens*, München: Fink, 1994. - praec. pp. 410/411.

[227] Cf. die Darstellung Herbert Schnädelbachs, *Philosophie in Deutschland 1831-1933*, l. sub 148) c., p. 188.

Geist war ausgeschieden, ohne daß adäquater Ersatz geboten wurde. Überzeugend oder doch wenigstens nicht völlig falsch konnte das wohl erscheinen, weil mit der Anlehnung vom Ansehen einer probaten Kausalwissenschaft gezehrt wurde, die auf die vom Positivismus als die erwartbaren selbstverständlich gemachten Evidenzen baute.

Der mit dem Thema gegebene Problemraum ließe erwarten, daß ein Versuch, geisteswissenschaftliche Theoriebildung von für ergebnislos erachteten Positionskämpfen zu befreien, sowohl über die begründete Dominanz einiger ausgezeichneter Zwecksetzungen theoretischer Ordnungsbildungen aufklärte, wie über deren Relativität vor dem Forum möglicher, aber nicht oder nicht mehr realisierter Einsprüche. Die den hermeneutischen Interpretationswissenschaften einwohnende Toleranz wird solche Differenzierungsphänomene als Zeichen gleichberechtigt um die Qualifizierung als *objektiv* konkurrierender Wirklichkeitszugänge auffassen können, um unter dieser Voraussetzung die nachfolgende Frage zum Problem werden zu lassen, welche Kriterien die Koexistenz verbürgen könnten, wenn kein abschließendes Urteil über Ränge zu fällen ist. Daß die verschiedenen 'Perspektiven' einen solchen Grad innerer Entfaltung, Systematik und Realitätstüchtigkeit aufweisen können, daß ihnen *Allgemeingültigkeit* zugestanden werden muß, ist Günthers Prämisse in der impliziten Teilnahme an dieser Diskussion. Die von Paul Hofmann übernommene Wendung, damit sei 'interobjektive' Allgemeingültigkeit behauptet, soll aussagen, daß eine bestimmte Ordnung von Phänomenen in einer gewählten Hinsicht zu einer tauglichen Systematik führen könne, ohne daß damit eine selbstverständliche 'intersubjektive Allgemeinheit' gewährleistet sei. Das oben angeführte Beispiel romantisch-ästhetischer Kritik am Naturbegriff der technologisch orientierten Naturwissenschaften wird plausibel machen, in welchem Horizont diese Unterscheidung fruchtbar ist. Sie wird es weit mehr noch, erinnert man sich an die historistischen Annahmen vom Eigenwert aller Weltzivilisationen und ihrer je selbständig hervorgebrachten Objektivitätsschemata. Jenseits der ungefügen Terminologie ist Günthers Aufmerksamkeit erkennbar, die Allgemeingültigkeit einer Regel für alle einzelnen Fälle von mit ihr erfaßten Sachverhalten nicht umstandslos in die Allgemeinverbindlichkeit der Anwendung dieser Regel münden zu lassen, sondern hier ein Problem zu finden.

Günther unterstellt explizit, daß sich die Sachrichtigkeit bei Theorien der Naturwissenschaften experimentell nachweisen lasse und geht den Konsequenzen aus der Einsicht nach, daß solche Verbindlichkeit den Geisteswissenschaften nicht zugestanden werden könne[228]. Die heute vordringende Kritik der szientifischen Rationalität und des ihr entsprechenden Naturbegriffs hat einiges dazu beigetragen, die Unselbstverständlichkeit des mathematisch-naturwissenschaftlichen Wirklichkeitskonzepts im Alltagsbewußtsein bekannt zu machen und es wird nicht vermessen sein, diesseits der esoterischen Ränder dieser Kritik eine befruchtende Aufklärung über die Bedingtheit der Wissensform zu erhoffen, die für einige Jahrhunderte Maßstab wahrheitsfähiger Verfahren und Resultate abgab. Prägnanten Ausdruck hatte diese Einsicht schon bei Husserl gefunden, dessen „Formale und transzendentale Logik" den ersten Schritt machte[229], weil er bei der Abwendung von mechanistischen Theorien des Bewußtseins diesem etwas wie eine immanente Teleologie zuzuschreiben unternahm. Der 'technische' Charakter naturwissenschaftlicher Gegenstands- und Begriffsbildung[230] bestand für ihn im Überspringen ganzer Unendlichkeiten von Facetten des realen Gegenstandes um eines in endlicher Zeit erzeugbaren logischen Zusammenhangs willen[231]. Allein durch einen spezifisch gesetzten Zweck war dieses Verfahren zu legitimieren, kaum als realistisch verstandene *adaequatio intellectus ac rei*, wenn auch die nach dem Vergessen der Genese des Zwecks er-

---

[228] *Grundzüge*, l. c., p. 135. - Es ist nicht zu übersehen, daß mit dieser Voraussetzung die Behauptung, Naturwissenschaften seien durch die Strukturähnlichkeit mit der Formalen Logik ausgezeichnet, bereits unterlaufen und die von uns markierte Besonderheit im Stichwort *experimentell* anerkannt ist. In der undeutlichen Bestimmungen der Prämissen liegt die Nötigung, bei der Interpretation die Behauptung über den exemplarischen Charakter der zweiwertigen Formalen Logik zwar zu vernehmen, doch zugleich nicht wörtlich zu nehmen. Daß „die Allgemeingültigkeit interobjektiver Aussagen sozusagen durchs Experiment empirisch verifizierbar" wäre, *weil* „die Logik dieser Wissenschaften .. die traditionelle Logik" sei, kann kaum eine überzeugende Behauptung genannt werden (ibid.). Die Autorität naturwissenschaftlichen Wissens ist Resultat seiner heute ubiquitär gewordenen Bestätigung als technologische Realisierung von Voraussagen. So wird an der 'Richtigkeit' der Quantenphysik niemand zweifeln dürfen, der einmal anerkannt hat, daß ihre Voraussagen als elektronische Bauelemente *in re* bestätigt sind. Mit der *wahr/falsch*-Unterscheidung hat dies ebensoviel und -sowenig zu tun, wie eine von der Geschichte bestätigte Behauptung über eine generelle Tendenz im Wandel einer kulturspezifischen Mentalität, wie der der „Erschöpfung utopischer Energien", oder ähnlichem.

[229] Günther notiert diesen Titel in der Bibliographie der *Grundzüge*. - ibid., p. 225.

scheinende Alternativlosigkeit dazu verführen mochte. Die vorausgesetzten Zwecke in geisteswissenschaftlicher Theoriebildung waren jedoch offenkundig noch lange nicht von derselben Art und mußten Zweifel wecken, es jemals sein zu können, wie eine Unzahl von Deutungsperspektiven, von immer neu erprobten Idealisierungen indizierte. Mindestens ist bis heute der diskursive Kampf um Interpretationen ein Zeichen dafür, daß von verschiedenen, worin auch immer gegründeten Positionen her Ansprüche formuliert werden können, die sich nicht nach in ihrem Status als objektiver unbezweifelten Kriterien bewerten und legitimieren lassen. Daß die naturwissenschaftlich folgenreiche Zwecksetzung selbst ein Kritik ausgesetzter Schritt sein kann, zeigen die erwähnten Einsprüche gegen ein nur-technologisch bestimmtes Naturverständnis, die mit sicherem Gespür als ihre Opposition den Habitus erkennen, Wissenschaft zu treiben, um Natur zu beherrschen[232].

Das Ich als systematische Abbreviatur für die Realpräsenz einer bestimmten symbolischen Ordnung, sei es die eines Kulturfeldes innerhalb einer Zivilisationsform, seien es die letzterer, ergibt einen unmittelbaren Anschluß an Hegel[233]. Den produktiv fortwirkenden Aspekt der Kantschen Problemstellung in ihrer Entfaltung und Pointierung bei Hegel akzentuierend, formuliert Günther, die objektive Einheit der Apperzeption sei die *Objektivität setzende Einheit der*

---

[230] Hans Blumenberg resümiert und bekräftigt diese Einsicht Husserls: „Historisch ist es heute unzweifelhaft geworden, daß in dem spezifischen Ansatz naturwissenschaftlicher Fragestellungen am Beginn der Neuzeit bereits ein technisches Element enthalten ist. Naturwissenschaftliche Hypothesen waren und sind ihrem Anspruch nach Anweisungen zur Herstellung der Phänomene, die sie erklären wollen, und die im Experiment realisierte Identität des Phänomens ist die ideale Verifikation der Hypothese. Unter diesem Gesichtspunkt konnte bewußt ausgeklammert werden, ob die Natur selbst zur Realisierung des Phänomens den identischen oder einen anderen Weg eingeschlagen hat." *Lebenswelt und Technisierung unter Aspekten der Phänomenologie*, in: *Wirklichkeiten in denen wir leben*, l. c., p. 28.

[231] In diesem Gedanken steckte die Einsicht, daß mit der 'Logik' der naturwissenschaftlichen Verfahren nicht zu identifizieren war, was heute *Formale Logik* heißt, sondern jene einen Typus von Verfahren bezeichnete, identitätsstabile Merkmale zuerst aus der Masse des Beobachteten zu extrahieren, um zu Aussagen zu kommen, die dann, einmal formuliert, untereinander in ein System eindeutiger Beziehungen nach Kriterien wie Widerspruchsfreiheit oder Bedeutungskonstanz (Identität) gebracht werden konnten. Formale Logik setzte also voraus, was man das Vorgehen der Naturwissenschaften im Gefolge Descartes' und Galileis nennen mochte. Daß Husserl sich auf den *Discours de la Méthode* berief und zugleich von Logik als der „Fackelträgerin der Methode" sprach, zeigt, wie

Apperzeption[234]. Die Tradition, aus der diese theoretische Einstellung hervorging, schien trotz der Ablösung der mittelalterlichen Wesensmetaphysik durch die *operari*-Konzeption der Neuzeit mit dem Prinzip der *Übereinstimmung von Denken und Sein* immer noch eine Lösung für die theoretischen Folgeprobleme zu besitzen. *Das Problem der Allgemeingültigkeit des Denkens .. löste sich [dort] auf folgende Weise: Allgemeine Aussagen gelten für alle Gegenstände, die sie betreffen, eben auf Grund der Konformität von Denken und Sein. Das ist das objektive Moment an der Allgemeingültigkeit. Zugleich aber gelten diese Aussagen für alle denkenden Subjekte .. Das ist das subjektive Moment an der Allgemeingültigkeit. Beiden Momenten aber ist gemeinsam, daß sie zustande kommen durch die Beziehung auf das Sein. Das Sein ist der 'Grund' der Allgemeingültigkeit.*[235] Die zwiespältige Lösung Kants, den konstitutionstheoretischen Akzent zugleich zu verstärken und mit dem *Ding an sich* als eines Residuums des transzendenten Seins zugleich zu unterlaufen, habe Hegel endgültig ausscheiden müssen, denn wenn das Sein *in allen seinen Bestimmungen 'gesetzt' war, blieb es selbst das Bestimmungslose und Unbestimmte.*[236] Der Platzhalter namens *Ding an sich* erscheint hier als *die letzte Konsequenz* einer nun überschrittenen Traditionslinie und Hegels Analyse als Quelle einer Konzeption, in der *das Verhältnis zwischen dem Allgemeinen und dem Ich* nicht mehr als *reines Seinsverhältnis gedacht* wird, sondern nur noch *sinn*-

---

unbemerklich ihm diese Differenz noch war; cf. *Formale und Transzendentale Logik*, in: *Husserliana*, l. c., XVII, pp.2 sq. - Es gehört zu den Erfahrungen des 20. Jahrhunderts, dieser Differenz erst inne zu werden. Ihr nicht bewußt zu sein, war konstitutive Voraussetzung des Versuchs, die von David Hilbert als innermathematisches Programm entworfene axiomatisch-deduktive Formalisierung, sekundiert von den Erwartungen, die Russels logizistisches Programm allgemein genährt und im besonderen enttäuscht hatte, für einen brauchbaren Grundriß einer Theorie der Grundlagen der Mathematik zu halten. Davis und Hersh konnten den Nutzen dieses Ansatzes vor dem Hintergrund ihrer aus mathematischer Praxis erwachsenen Fragen kritisch beurteilen und folgerten: „Als eine Philosophie der Mathematik ist der Formalismus mit der Denkweise aktiver Mathematiker nicht vereinbar .. Vom Standpunkt des Produzenten aus ist die axiomatische Darstellung zweitrangig. Sie ist nur eine Verfeinerung, die vorgenommen wird, nachdem die Hauptarbeit, der mathematische Entdeckungsprozeß, abgeschlossen ist." Es entbehrt nicht einer gewissen Ironie, wenn sie diagnostizieren: „für die positivistischen Wissenschaftsphilosophen stellte sich dieses Problem nicht. Da sie vor allem auf die theoretische Physik ausgerichtet waren, konnten sie die Mathematik vor allem als Werkzeug betrachten .. Vom Standpunkt des Verbrauchers aus [aber] ist es möglich, die eigentliche Mathematik mit ihrer axiomatischen Darstellung in den Lehrbüchern zu identifizieren." - *Erfahrung Mathematik*, l. c., p. 361.

analytisch erschlossen.²³⁷ *Es sei vielleicht die größte streng wissenschaftliche Leistung Hegels, gesehen zu haben, daß diese Frage trotz ihrer wissenschaftlichen Lösbarkeit mit dem logischen Werkzeug seiner Zeit unbeantwortbar war.*²³⁸

Sinnanalyse statt Formaler Logik

Günther schließt mit dem methodologischen Terminus an Paul Hofmann an. Das mit ihm bezeichnete Verfahren wird zwar nicht als Methode der Textauslegung begründet, tritt aber ausdrücklich die Erbschaft einer Theorie der Auslegekunst an, da es aus einer von Diltheys Hermeneutik geleiteten Interpretation der Kantschen *transzendentalen Untersuchung* gewonnen werden soll. Mehr als Textauslegung zu sein, heißt dabei, die Universalisierung verstehenden Handelns zu einem allgemein konstitutiven Weltbezug einzuschließen und Hofmann setzte sich folgerichtig mit dem wirkungsmächtigsten unter den verwandten aktuellen Konzepten auseinander. Seine Diskussion der Heideggerschen Position schlägt sich in einem Text nieder, dessen Titel, „Metaphysik *oder* verstehende Sinnwissenschaft"²³⁹, die ihm bedeutsame Alternative anzeigt. Kant habe eine philosophische Urfrage neu beantwortet, indem er die seit Platons *Ideen* und den *Wesen* des Aristoteles selbst zu Sachen hypostasierten

---

[232] Verkannt wird dabei allenfalls, daß auch dort nicht *die Natur* beherrscht wird, sondern nur die selbst gefundenen und stabil reproduzierbaren Verfahren „zur Herstellung der Phänomene": die *technischen*.

[233] Zur Illustration des hier intendierten besonderen Sinnes dieser Problemnähe eine Erinnerung an eine Formulierung von Ernst Cassirer, der urteilt, schon für den jungen Hegel sei das „Auseinanderfallen des Lebens in eine Mehrheit konkret persönlicher, voneinander geschiedener Sphären .. das Faktum", von dem seine theoretische Aufmerksamkeit bestimmt sei. Er bestimmt von hier aus den Gang, auf dem Hegel dazu gelangte, „das Problem der Synthesis und der synthetischen Einheit .. von dem Boden der reinen Erkenntnis auf denjenigen des konkreten geistigen Lebens" zu versetzen. - *Das Erkenntnisproblem III*, l. c., pp. 289, 291.

[234] *Grundzüge*, p. 109.

[235] pp. 110 sq.

[236] p. 111. - Daß es als dieses eine völlig andere Fassung der Frage nach dem Verhältnis von Gewußtem und Wirklichem hätte hervorbringen können, übergeht Günther.

[237] p. 113.

[238] p. 135.

spezifischen Typen von Sachlichkeit als je besonderen *Sinn* von Gegenständlichkeit zu denken unternommen habe, gewissermaßen als den *modus existendi*, so daß *gemäß der kantischen Auffassung*, alle Gegenstände der Anschauung und des Denkens allein *als in bestimmter Art* seiend zu fassen wären[240]. Sollte mit diesen Wendungen akzentuiert werden, daß hier nicht Seinsarten so unterschieden würden wie empirisch identifizierte Dinge voneinander und von nicht dinglich-empirischen Existenzen, nicht als nur rezipierbare Tatsächlichkeit, mußte sich die Kritik am Begriff von *Sein* entzünden. Hofmann erachtet Heideggers Einsatz, die kantische Wendung durch ein Konzept des Verstehens nach *modi* des Soseins systematisch zu entfalten, durchaus für produktiv, diagnostiziert aber als unbewältigte Hypothek die Husserlsche Erbschaft, das *Haben allgemeiner Sachen*[241] zur Leitintention zu machen, also der doch von Kant überschrittenen Metaphysik als einer Theorie nicht-empirischer Dingheiten zuzuarbeiten. Dies sei nicht behebbar gemacht, sondern verdeckt, wenn die unmöglich realisierbare Verschmelzung mit konzeptionellen Elementen versucht werde, die aus Diltheys Theorie des Verstehens herrührten. Verstehen könne man nie eine Sache – nur Sinn. Die besondere Leistungsart dieser Bezugnahme hinreichend aufzuschließen, sei jedoch nicht erst mit Heideggers Konzeption problematisch, sondern schon von Kant selbst in unzulänglicher Weise begonnen und die Kritik an Heideggers Konzeption enthält so die Diagnose, daß hier eine nötige Vertiefung des kantschen Durchbruchs durch unproduktiv gewordene Frontstellungen versäumt, wenn auch behauptet ist. Die Lösung der mit ihrer lange zurückliegenden Formulierung inaugurierten Aufgabe stehe noch immer auf der Tagesordnung. *Kant drang .. zur vollen Klarlegung der Sinn-Erkenntnis nicht durch, weil er über .. ihrer zwar wichtigen, aber doch nur mittelbaren transzendentalen Leistung für alle Sach-Erkenntnis ihre besondere Eigentümlichkeit als eine nicht-sachlich, sondern geradezu entgegengesetzte, nämlich subjektiv orientierte Erkenntnis .. aus dem Auge verlor.*[242] *Die Frage blieb ungeklärt, wie denn Einsicht*

---

[239] Ergänzungsheft 64 der Kant-Studien; Berlin: Pan, 1929.
[240] ibid., p. 8.
[241] pp. 12 sq.

von diesen subjektiven Formen selbst möglich sei[243], und das bis heute, so lange die Überzeugung herrsche, daß die Verengung *des sinnhaften Erlebens-überhaupt auf die (wissende) Cogitatio* aufzubrechen die entscheidende Leistung sei und darüber verkannt werde, daß mit der *falschen Objektivierung des Sinnerlebens* als auf metaphysizierte Wesen oder Werte gerichtet eine gleichermaßen überholte Prämisse weiter in Geltung bleibe[244].

Daß beim kritisierten Zeitgenossen die Orientierung an dieser, in Einem mit der an einer eigenwilligen Theorie des Verstehens, zum Konzept eines 'sich zusprechenden' Seins führen würde, war hier, zwei Jahre nach Erscheinen von „Sein und Zeit", noch nicht auszumachen, doch war die entscheidende Differenz bereits bezeichnet. Nun war die nächstliegende Frage, wie denn, dachte man den Gegenstandsbezug menschlichen Handelns und Verstehens nicht erkenntnis-realistisch, die Determination der Typen von Gegenständlichkeit durch 'das Subjekt' erschlossen werden konnte. Hier zeigen sich Grenzen des Hofmannschen Zugriffs auf das Thema, denn wenn er formuliert, Sinn-Erkenntnis bedeute, den *modus* des Erlebens von Etwas zu erforschen, *also nicht (oder doch letztlich nicht) das 'Was', welches erlebt wird, sondern das 'Wie' oder 'Als was', in oder unter dem ich dieses 'Was' erlebe*[245], dann prägt die Parenthese der Definition ein *signum* explikativer Unentschlossenheit auf, das über die analytische Kraft des verwendeten Leitbegriffs Zweifel aufkommen läßt. Sie ist Resultat der theoretisch undurchsichtigen Inanspruchnahme eines Begriffs *Erleben*, in dem die mit guten Gründen und viel versprechenden Aussichten eingeführte Differenzierung nach Seinsarten wieder verlorenzugehen droht. Er sollte benennen, auf welche Weise der Zugang zum Thema gedacht werden kann und hat daher, als Kontrastbegriff zum *Haben* eines dinglichen Gegenstandes (einer *Sache* in Hofmanns Terminologie), ein nur *spürendes Innesein* auszudrücken. Da aber das *Haben einer Sache* ebenfalls erlebt werden soll, wird die Unterscheidung des spezifischen Zugangs zu Sinn von der

---

[242] *Sinnphilosophie*, in: Hans Hartmann ed., *Denkendes Europa*, Berlin: Batschai, 1936. - p. 300.

[243] *Sinnwissenschaft*, l. sub 239) c., p. 30.

[244] p. 23.

[245] p. 8.

Bezugnahme auf Sachen vergeben, was zu einem begrifflich unentschlossenen Schweben führt. Konsequent innerhalb des unbestimmten Rahmens der Anwendbarkeit des Begriffs ist allerdings die Formel, wenn die gegenständliche Sache zu haben auch erlebt werde, müsse das Verfahren, mit dem spezifische *modi* dieses Habens erschlossen würden, auf einem *Erleben des Erlebens* beruhen. Die Schranke, die damit erreicht wird, ist die der Geltung einer erwartbaren psychologischen Bedeutung des Begriffs. Sollte die Fähigkeit der inneren Distanznahme, eines 'Zusehens' beim Ergriffensein von Gefühlen, affektiven Objektfixierungen und leiblichen Regungen selbst wieder in einer Form sinnlich-qualitativen Ergriffenseins gründen? Oder waren zwei verschiedene Begriffe, oder zwei verschiedene Akzentuierungen an einem, als fruchtbar-vage erkannten, im Spiel?[246]

Bei der Erläuterung des Verfahrens war ein tragender und auch tragfähiger Begriff mit dem Terminus *Sinngebilde* eingeführt, der jene Medien bezeichnen soll, denen habhaft zu werden erlaube, den selbst nicht habbaren Sinn zu erfassen.[247] Verstehen als Leistung konstitutiv an die Erzeugung solcher Gebilde zu binden, war der fruchtbare Gedanke, dem hier Raum geöffnet wurde. Daß die *Parallelexistenz* des zur Ausdeutung des Sinnes geschaffenen Entwurfs mit dem Gegenstand, dessen Sinn zu deuten unternommen wird, der anzustrebende Gewinn einer Interpretation ist, wurde von Hofmann

---

[246] Hofmann beruft sich hier wohl auf die Verwandtschaft von Erlebnis und deutendem Verstehen, die heute etwa H.-R. Jauß, mit Hegel, zu verteidigen suchte, wo er formuliert, daß „auch geistigem Verstehen noch sinnliche Erfahrung zugrunde" liege (*Rückschau auf die Begriffsgeschichte von 'Verstehen'*, in: *Wege des Verstehens*, l. c., p. 13). Die etymologische Analyse erinnert allerdings daran, daß beiden Verwendungen des Terminus *Sinn* ein Drittes zu Grunde liegt, das dem Bedeutungsfeld „eine Richtung nehmen, gehen, reisen, streben" zugehört (W. Pfeiffer et al.: *Etymologisches Wörterbuch des Deutschen*, Berlin: Akademie, 1989; Eintrag *Sinn*). Die sensualistisch-psychologische Interpretation, bei Hofmann lebensphilosophischer Provenienz, steht so durchaus in Gefahr, ein erst in jüngerer Zeit in den Vordergrund gerücktes Moment zuungunsten einer möglichen produktiven Deutung *Gerichtetsein, Ausrichtung* zu betonen. Es wird sich zeigen, daß Hofmanns Theorieansatz und stärker noch der davon beeinflußte Günthers aber nach eben dieser Nuance suchen.

[247] Dem Versuch Hofmanns, Sinn-Gegenstände als 'uneigentliche oder 'nicht-gegenständliche' zu erläutern, folgen wir in der Darstellung nicht, da es eher fruchtbar erscheinen wird, das, was Thema einer Erörterung ist, auch den *Gegenstand* einer Darstellung, einer Explikation oder eines Disputs zu nennen, als den Versuch zu unternehmen, dieses Etwas als nicht-gegenständlichen Gegenstand begreifen zu wollen. Die Unbeholfenheit zeigt, daß die charakteristische Un*dinglichkeit* des Sinns zwar geahnt, aber nicht begrifflich

noch nicht ausgeführt, liegt aber in der Linie seiner Konsequenzen. Hier ließe sich eine Theorie der Interpretation anschließen, welche die Funktion dieser Verstehensarbeit konstitutiv in einer nicht-identischen Verdopplung begründen könnte und der Verlegenheit enthoben wäre, die Deutung der Interpretation eines Werks als leeren Luxus der Geschäftigkeit unwidersprochen lassen zu müssen. Die Interpretation, die etwa einem Text nur wieder einen weiteren Text beigesellte, würde als die einzige Möglichkeit erkennbar, einen Sinn zu erfassen, der *recte* unverfügbar und niemals wie ein Ding technischer Manipulation zugänglich zu machen ist. Die Möglichkeit dieser Folgerungen korrigiert den Eindruck, daß über die Termini *Erleben*, *Spüren* und *Innesein* induzierte psychologistische Assoziationen[248] den Begriff der *Sinnanalyse* bestimmen. Es gibt für Hofmann nicht nur einen Weg, gespürten Sinn auszudrücken, sondern auch Zugang zu Sinn über objektive Symbole. Deren Stellung ist sogar derart, daß eine Gesamtheit von ihnen eine jeweils unersetzliche Funktion hat, gebunden an ihre Eigenart, *formende Festlegung des Unfaßbar-flüssig-lebendigen* des Sinnes zu sein: *die ganze Entwicklung der Kultur in der Geschichte bedeutet ihrem Kerne nach nichts anderes als Wandlung solcher fixierenden Formungen des Sinnes, die die einander folgenden Generationen empfangen und ihrem Sich-selbst-verstehen gleichsam als 'Gehäuse' dienen lassen. Und soweit es Fortschritt in der Geschichte der Kultur gibt, ist es der sich in diesen Formen ausprägende Fortschritt zu immer adäquaterem Sich-selbst-verstehen.*[249] Hier wird eine überpersönliche Perspektive geöffnet, die Hofmann selbst noch nicht ausschöpft, da er zwar andeutet, aber nicht systematisch in Anspruch zu nehmen weiß, daß in jede

---

erfaßt ist.

[248] Eine Fülle relativierender Apostrophe vermag nicht zu leisten, was prägnanten Begriffen hätte anvertraut werden müssen und statt *Erleben* unentwegt 'Erleben', statt *Seelisches* wieder und wieder 'Seelisches' zu notieren, wo nicht die Distanz zu einem referierten, sondern die Verteidigung eines vertretenen Konzepts erwartet wird, ergibt nur mehr vage Andeutungen. Die Undeutlichkeit hat Folgen für das Konzept der *Sinnanalyse*, da zum einen, durch die Einbeziehung unmittelbarer Ausdruckswahrnehmung, physiognomische Verfahren erwartbar gemacht werden, mit denen, durch vermeintlichen Rückschluß, innere Zustände und Intentionen abgeleitet werden sollen, zugleich aber Stichworte für eine Theorie *exemplarischer Interpretation* gegeben werden, die mit Physiognomik unvereinbar sind: „Sinn bringen wir uns in der Tat dadurch zur Klarheit, daß wir uns Beispiele seiner Anwendung vor Augen stellen." - *Sinnwissenschaft*, 1. sub 89) c., p. 7.

[249] ibid., p. 24.

Praxis unseres Verstehens, d. i. die Arbeit der Erzeugung objektiver, Sinn fixierender Symbole, schon *Theorie mit hinein* wirke[250]. Der Terminus deutet dabei eine szientistische Verengung an, die das Konzept im Ganzen nicht kennzeichnen müßte, denn in der Allgemeinheit dieses Namens sind 'Gehäuse' des Sinnes auch überlieferte Sprachformen und Wertordnungen des Alltags, weltanschauliche Prägungen wie auch die Ausdrucksformen der Künste und Religionen und manches andere mehr. Der substantiale Lebensgrund[251], auf den nach Hofmanns Erläuterung aller verstehbarer Sinn zurückgeführt werde, wäre damit nicht in ein solipsistisch verschlossen gedachtes, gemüthaftes *Ich* verlegt, sondern in eine Sphäre über Symbole geteilten und mitgeteilten Sinnes. Sollte also der Vorzug historisch produzierter und unentwegt umgeformter Sinngebilde tatsächlich darin bestehen, Medium des verbesserten *Sich-selbst-Verstehens* der menschlichen *Kultur* zu sein, wäre eine deutliche Differenzierung im Verstehensbegriff und eine Erhellung der beanspruchten Konzeption von *Erleben* nötig. Das personale Selbstverstehen über erinnerte Eindrücke, Handlungen und erlebte Regungen ist ein Anderes als die Selbstreflexion einer ganzen Sprach- und Handlungsgemeinschaft über zu gegenständlichen Symbolwelten geronnene 'Entäußerung' und dieser Unterschied wird kaum erfaßt, geschweige denn methodisch erhellt werden können, wenn Sinn allein in einem spürenden Innesein erlebt würde, das als einfühlendes Anverwandeln begriffen wird. Einfühlung und spürendes Anverwandeln kann im intimen Umgang mit einem Partner zur Erfahrung eines Gleichklangs führen, der als Analogie erscheinen mag[252], doch wird sich kaum plausibel machen lassen, daß Einfühlung den objektiven Symbolen, in denen sich nicht-intime, an Präsenz der Person nicht gebundene Kommunikation allein anzusiedeln vermag, ihren Sinn abgewinnen kann. Die auch von Hofmann beanspruchte Analogietheorie des Verstehens verriegelt diesen Weg zusätzlich, wenn sie den Rückschluß von – doch mimischen, gestischen

---

[250] ibid.

[251] pp. 44-46.

[252] Wobei schon dies ein Irrtum ist, da noch die 'intentional stimmigste' Antwort auf eine Frage nie dem Akt des Fragens *analog* sein kann, die strikte Analogietheorie der Verständigung also eigentlich Nicht-Kommunikation unterstellt: den Gleichtakt von Parallelgeschehen. Der vermeintlich erlebte Gleichklang ist eher Mitklang, nicht Resonanz, sondern Symphonie.

und phonischen – Äußerungsgestalten auf Intentionen und Regungen des Gegenüber unterstellt, was bereits für Schrifttexte problematisch ist, schon für jene, die sich dem ausdrucksstärksten Mittel intimer Kommunikation über Sprache, der Modulation der Stimme in Tonhöhe und Rhythmus, noch anzunähern vermögen, für einen naturwissenschaftlichen oder mathematischen Text bereits undenkbar und für die Deutung des Funktionssinns einer sozialen Institution, wie etwa einer bürokratischen Verwaltung, von erkennbarer Absurdität. Die Analogieschlußlehre löst dabei, ohne daß Hofmann es reflektierte, das von ihm behandelte Problem der 'interindividuellen' Verbindlichkeit von Sinn-Erkenntnis schon auf, bevor es werden konnte, was es gewesen sein mußte, um eine Frage zu provozieren. Es sollte hier immerhin die Rückversicherung Kants aufgehoben werden, der nicht in Konstanz und Eindeutigkeit eines gegebenen Objekts gesicherten Geltung der Erkenntnis mit dem Realabstraktum einer in allen Individuen gleichen *Vernunft überhaupt* Ersatz zu bieten. Wenn nun postuliert wird, daß Verstehen einer anderen Person heiße, ihr eine Lebendigkeit aus *Analogie mit in mir selbst vorfindbaren (möglichen) Seelenereignissen* zuzuschreiben und die Möglichkeit dazu aus dem in mir *verspürten Möglichkeitsgrund des Erlebens überhaupt* abgeleitet wird, der *die Identität eines besonderen .. Sinnes als identisch denselben in allen möglichen Anwendungen* garantiere[253], zeigt sich, daß nun das Realabstraktum 'Erleben überhaupt' an die Wurzel des verstehenden Erkennens gesetzt und der Verbindlichkeit erklärende Erkenntnisgrund zum Realgrund des Erkenntnisakts gemacht ist.

Die Annahme wird aus theorieimmanenten Gründen erzwungen, da unterstellt ist, das Einander-Verstehen setze ein Sich-selbst-Verstehen voraus, mit dem *Sinnbilder* entstünden, *die dem Willen und mittelbar dem Verhalten die leitenden Einstellungen* gäben. Da zugleich anerkannt ist, daß Einander-Verstehen *eines gemeinsamen Schatzes und eines korrespondierenden Verständnisses von Sinnbildern* bedürfe, muß als beide Thesen verbindende Unterstellung die einer prinzipiellen Analogie des 'Erlebens-überhaupt' in allen Personen einrücken. Daß die Analogie einem gemeinsamen Realgrund zu verdanken sein muß, wenn reale Verständigung konstatiert werden kann, wird dabei allerdings nie explizit zugestanden, denn Hofmann glaubt, Verständi-

---

[253] l. c., 45 sq.

gungsmöglichkeit damit erklären zu können, daß alles Erleben in *derselben Einzigkeit des zu erlebenden Sinnes* gründe, weil ihm die *Identität des Begriffes 'Erleben' gegenüber allen möglichen verschiedenen Erlebnissen* vorausliege. Der intellektualistische Fehlschluß deckt das erhellungsbedürftige Dunkel des gemeinsamen Erlebensgrundes, das einem Vermögen der Einfühlung zu unterstellen immer naheliegt. Die Ableitung der Kongruenz der Fälle aus der Einheit ihres Allgemeinbegriffs erscheint nicht allein als ungerechtfertigte, sondern mehr noch als Überspielung eines Problems, das im Feld ihrer Anwendung besondere Aufmerksamkeit verdiente.

Aufgabenbegriffe statt Idealtypen

Günthers erste prägnante Bestimmung dessen, was die *Sinnanalyse* in einer durch Hegel-Exegese präzisierten Form sollte leisten können, wird in Orientierung an dessen Kritik der Versuche gegeben, eine auf der Höhe des mit der Transzendentalphilosophie erreichten methodischen und materialen Niveaus stehende Philosophie in naiver Verwendung der analytischen und deduktiven Verfahren des überlieferten Methodenarsenals entfalten zu wollen.

Hegel habe nicht nur, wie Fichte und Schelling vor ihm, zu einem methodischen Prinzip die Forderung erhoben, Inhalt und Form der philosophisch retraktatierten Themen als untrennbar zu unterstellen, sondern darin eben den auszeichnenden Charakter seines Vorgehens gesehen. Das regt die Konjektur an, Hegels Polemik gegen die Formale Logik sei eine ihrer selbst nicht ganz durchsichtige Kritik an einer Logik, die Abstraktionen der Formen von den Inhalten voraussetze[254]. *Das Perhorrescieren der bloßen logischen Formen bezieht sich vielleicht nur auf den in der traditionellen formalen Abstraktionslogik entwickelten Begriff. Gäbe man aber die etwas voreilige Identifizierung von formaler und abstrakter Logik auf, so wäre vielleicht eine zweite formale Logik denkbar, welche an jenem aristotelischen Formbegriff orientiert wäre, der selbst Inhalt für eine höhere Form ist .. Da bisher noch nirgends der strikte Beweis geliefert ist, daß eine solche Logik als streng formale Logik auf axiomatischer Grundlage unmöglich ist, so haben wir vorläufig das Recht, nach ihr*

---

[254] *Grundzüge*, l. c., p. 17.

als allgemeinster methodischer Grundlage .. zu suchen.[255] Hoffnung auf einen Einsatz in diesem Sinne kann man sich mit den Leistungen prägender Zeitgenossen machen: *Wenn Spranger etwa von 'Lebensformen' spricht, so scheint uns .. die in diesem Begriff der Form 'eingehüllte Rationalität' keine Abstraktionsform des Realen zu sein.*[256] Hier wäre vor Erörterungen über ein nicht Inhalt von Form separierendes diskursives Instrumentarium der Anschluß zu einer Diskussion hergestellt, die den 'ideographischen' Wissenschaften als zentrale begriffliche Instanz *Idealtypen* zugeordnet hatte. Die *Lebensformen* Sprangers waren eben dies, wenn die Namenswahl auch Zweifel darüber gelassen hatte, ob hier begriffslogische Instrumente oder empirisch anschauliche Gestalten gemeint waren. Die lebensphilosophischer Theorie naheliegende Berufung auf Goethes Formel von der *geprägten Form, die lebend sich entwickelt*, schien allzu plausibel, als daß man sich der von ihr induzierten Vorstellung, man habe es bei Formen kultureller Praktiken und Habitualisierungen mit aus einem 'Lebensstrom' hervortretenden Gestaltbildungen zu tun, begeben mochte. Für einen an neukantianischen Prämissen geschulten Theoretiker wie Max Weber war dagegen selbstverständlich gewesen, daß unter der mit einem idealtypischen Begriff identifizierten dominanten Verhaltenstendenz und Wertorientierung in einer Kommunikationsgemeinschaft *natürlich ein Chaos unendlich differenzierter und höchst widerspruchsvoller Gedanken- und Gefühlszusammenhänge aller Art* lag und die geleistete Verallgemeinerung eine Synthese sei, *zu der wir ohne die Verwendung idealtypischer Begriffe gar nicht widerspruchslos zu gelangen vermögen.* Unter diesen Voraussetzungen etwa zu behaupten, ein idealtypischer Begriff des Christentums erlaube den Schluß auf faktischen Konsens unter Christen, erschien dann als eminenter Verstoß gegen wissenschaftsfähige Methodenprinzipien.[257] Zur Differenz von logischen Relationen im kulturwissenschaftlichen Begriff und Kausal- oder Kommunikationsbeziehungen im von ihm bedeuteten Sachverhalt[258] trat zudem eine vor den kausalanalytischen Wissenschaften höchst unzulänglich

---

[255] p. 19.

[256] p. 20, Fußnote.

[257] Max Weber: *Die 'Objektivität' sozialwissenschaftlicher und sozialpolitischer Erkenntnis,* in: *Gesammelte Aufsätze zur Wissenschaftslehre,* Tübingen: Mohr, 1922. - p. 196.

anmutende Eigenheit – sie waren für einen axiomatisch-deduktiven Theorieaufbau ungeeignet. *Derartige Begriffe charakterisieren zwar, aber sie determinieren nicht: das Besondere, was unter sie fällt, läßt sich aus ihnen nicht ableiten.*[259] Liegt diese Rede vom *Charakterisieren* dem ursprünglichen Sinn der Metapher *Typus* noch nahe, hatte der ihr zu Grunde liegende Versuch Ernst Cassirers, die Wissenschaftsfähigkeit der Kulturwissenschaften zu erweisen, tatsächlich aber zu einer bemerkenswerten Umdeutung geführt. Ihre Leistung sollte nicht nur nicht darin bestehen, quasi-anschauliche Gestalten wie Silhouetten zu geben, sondern auch konstante Merkmale nicht zu extrahieren und in einem analytischen Gattungsbegriff zu prädizieren. Sie sollten statt dessen *eine Einheit der Richtung* auszeichnen, da sie nicht beobachtbare Phänomenzüge zu fixieren hätten, sondern erschlossene 'Aufgaben' als Grund beobachtbarer Handlungen oder Resultate.[260] Ist diese Eigenart einmal zugestanden, wird man sich genötigt sehen, weitreichenden Konsequenzen aus der Unmöglichkeit axiomatisch-deduktiver Organisation der Satzordnung einer solchen Theorie Raum zu geben. Wenn ihr mehr zugestanden werden soll als nur eine mehr oder minder plausible Deskription der Phänomene, deren Evidenz allein aus undurchschauten Voraussetzungen gestützt würde, etwa einer nur ästhetisch oder rhetorisch gestimmten Erwartung, muß das Folgen für die Auffassung vom Charakter theo-

---

[258] Weber wußte noch das *Ideal*, das die Orientierung von Mitgliedern einer Handlungsgemeinschaft oder einer Institution bindet, von dem nur in theoretischer Einstellung, zwar in Abhängigkeit von herrschenden Idealen, nicht aber in Kongruenz mit ihnen ausgebildeten *Idealtypus* zu unterscheiden, der nicht als Aufgabenformel für praktisches Handeln anzusehen war, sondern für die theoretische Kohärenz organisierende Intention, in deren Licht Daten akzentuiert und interpretiert werden. - ibid. pp. 198 sq.

[259] Ernst Cassirer: *Zur Logik der Kulturwissenschaften*. Dritte Studie , l. c., p. 73. - Daß die analytischen Allgemeinbegriffe und mit ihnen gebildete Urteile so konzipiert sind, daß die durch Syllogismen abzuleitenden Folgerungen mit ihrer Formulierung bereits gesetzt sind, nahm Paul Natorp als die Auflösung des Geheimnisses der *methexis* des Besonderen am Allgemeinen in der Ideenlehre, cf. *Platos Ideenlehre*, Leipzig: Dürr, 1903. Die im 19. Jahrhundert gefundene Interpretation als Mengeninklusion stellt Stekeler-Weithofer anschaulich in seinem 'Segeltuchmodell' dar: *Grundprobleme der Logik*, l. c., pp. 39 sqq. Beide erfassen darin allerdings nur die einfache Möglichkeit der Ordnung der *arboris Porphyrianae*, als Hierarchie der Begriffe, die genetische und intentionale Funktion der Platonischen Idee, die dem nahe liegt, was hier mit Cassirer gesucht wird, ist nicht berührt.

[260] In der Problemstellung entspricht dem ganz die Forderung Husserls im Blick auf sein Unternehmen in *Formale und Transzendentale Logik*, es gelte, „eine intentionale Explikati-

retischer Geltung haben, die an die Grundüberzeugung von der Selbstverständlichkeit einer formallogisch gesicherten Evidenz rühren.

Die glückliche Wendung, Idealtypen als *Aufgabenbegriffe* umzudeuten, lenkte die theoretische Aufmerksamkeit auf ihre Funktion als eines Mittels zur vorläufigen wie vorlaufenden Fixierung einer Richtung. Daß bei Cassirer zuerst die akzentuierende Hinsicht des Theoretikers als Thema unterstellt war, zeigen sowohl seine Beispiele als auch die explizite Sonderung vom Thema der funktionale Einheiten organisierenden 'Form-Ursachen', wie er in Aufnahme aristotelischer Terminologie formuliert. Resultat und Voraussetzung der Anwendung von Aufgabenbegriffen ist die Synthese des Datenmaterials zu einer Sinnganzheit, die ebenso wie eine Funktionseinheit Totalität genannt werden kann, doch eben nicht System von Realbeziehungen ist, sondern von logischen. Daß dabei die ganzheitliche Struktur mancher naturwissenschaftlichen Gegenstände mit der systemischen Struktur von Kulturgebilden parallelisiert wurde, um die Legitimität dieser Interpretationsfigur durch die jener zu stützen, führte allerdings implizit dazu, der 'Form-Ursache' den Charakter der Kausalität überhaupt abzusprechen[261], was die mit der Terminologie aufgerufenen Assoziationen problematisierte, ehe sie systematisch expliziert worden waren. Was konnte eine nicht-kausale 'Ursache' sein? Das um *Idealtypen* kreisende Denken war erkennbar verpflichtet, die intuitiv erfaßte Ähnlichkeit von systemischer Kausalität, Handlungskonkludenz in Kommunikationsgemeinschaften und verstehbarer Sinnganzheit bei interpretierender Rekonstruktion zu systematisch fruchtbaren Distinktionen zu führen oder aber deren Überflüssigkeit nachzuweisen. Der Einsatz einer *Sinnanalyse* vermag immerhin die Hoffnung zu wecken, hier sei das Rechte ahnungsvoll umspielt, zumal diese außerdem auf einem nicht-abstraktiven Allgemeinbegriff aufbauen sollte, was als Zeichen einer treffenden Intuition zum besonderen Charakter kulturwissenschaftlicher Begriffe

---

on des eigentlichen Sinnes der formalen Logik" zu leisten, für die man die „theoretischen Gebilde" zurückversetze „in die lebendige Intention der Logiker, aus der sie als Sinngebilde entsprangen"; l. c., p. 9. - Problematisch ist hier die psychologisch konnotierte Terminologie, die dagegen Cassirer, auf dem Weg zu einer Rekonstruktion der überpersönlichen Bedingungen von Gegenstandsbildung, vermeiden kann.

[261] Cassirer, l. c., p. 96.

gelten darf. Sie konnte die Einsicht enthalten, daß die mit Aufgabenbegriffen formulierte spezifische 'Hinsicht' das Material der theoretischen Untersuchung in einem Vorgang der *Akzentuierung* erst zu dem machte, als das es in der Theorie als Fall auftrat. Auf die Folgen, die eine unzureichende Bewältigung der Differenzierungsforderungen hat, wird noch zu kommen sein.

Die Erinnerung an eine dem Neukantianismus entwachsene Thematisierung desselben Problems sollte zeigen können, wie nahe Günthers Thema den lange schon erörterten Fragestellungen ist, wenn auch das Erbe eines lebensphilosophischen Neuhegelianismus einen unzweideutigen Anschluß verhindert. Daß kulturwissenschaftliche Begriffsbildung bei jenen zum Thema wurde, die sich von allzu engen Kantschen Prämissen freimachten, beleuchtet auch dessen Leistung und die seines berühmtesten Nachfolgers. Man konnte nun erkennen, daß *die* mathematisierte Physik, der Kant seine erste transzendentale Untersuchung gewidmet hatte, um ein Paradigma für eine methodenstabile und ergebnissichere Philosophie freizulegen, ein *Idealtypus* war, oder, wollte man ästhetisch-anschauliche Konnotationen vermeiden, zumindest als der Versuch benannt werden konnte, aus einer Gesamtheit von Verfahren und Funktionsweisen etwas wie die typischen zu extrahieren und als die Bedingungen der Möglichkeit ihrer Resultate zum Thema zu machen. Daß der im Terminus *Aufgabenbegriff* ausdrücklich gewordene Durchbruch zur Selbstverständlichkeit geworden sei, läßt sich nicht recht behaupten[262]. Die von Kant ausgelöste geistige Bewegung als die Entdeckung der *Aufgabenbegriffe* zu verstehen, würfe ein Licht der Produktivität auf sie, das Unerledigtes für heute sichtbar werden ließe. Die Verschwisterung von *Idee*, *Ideal* und *Idealtypus* wäre nicht *signum* einer Hypothek, sondern einer ahnungsvoll berührten eher als einer erledigten Problemstellung.

---

[262] Über ihn wäre wohl auch die Rückbindung des Cassirerschen Denkens an den Idealismus Hegels erschließbar. Trotz seines klaren Bewußtseins über die organologische Hypothek in dessen Geist-Philosophie sieht er sich schließlich, mangels eines Theorieelements, das die Dynamik kultureller Existenz begrifflich erfaßte, zu Formeln genötigt, die ganz und gar hegelsch anmuten. Formung und Vermittlung transformierten das Leben in „die Gestalt des Geistes"; die *symbolischen Formen* seien nichts anderes als die „Energie des Geistes". (*Der Begriff der symbolischen Form im Aufbau der Geisteswissenschaften*, in: *Wesen und Wirkung des Symbolbegriffs*, Darmstadt: Wiss. Buchges., ^{8}1994, pp. 200, 175.)

Exkurs: Kant – Hegel – Genetische Semantik

a. Transzendentale Untersuchung

Günther hofft, die sinnanalytische Interpretation nicht nur als Hegels Unternehmen angemessen, sondern auch als Fortsetzung der Theorietradition entfalten zu können, die bereits mit Kant beginne. Denn Hegel habe *die Leistung Kants .. zu wiederholen* unternommen, wenn er auch eine Methode anzuwenden suchte, *die er sich analog der transzendental-kritischen Methode* erst geschaffen habe[263]. Seine Kritik an Kant zeige, warum hier nur analog verfahren werden konnte. Der große Fortschritt, die Gegenstände (vorerst nur) intellektueller Bezugnahme nicht mehr als dinghaft-selbständige Wesenheiten zu unterstellen, sondern als durch die Art der Bezugnahme als die bestimmten konstituiert einzuführen, als die sie erscheinen, sei in der Inkonsequenz verblieben, die Bezugnahme selbst wieder als dingartig, nämlich wie ein empirisch wahrnehmbares Etwas zu denken, als ein 'Subjekt', das zwar so genannt, jedoch systematisch durch die empirische Person oder auch nur die empirische Akterfahrung *Ich denke* substituiert wurde. *So ist die Kantische Kritik bloß ein subjektiver (platter) Idealismus, der sich nicht auf den Inhalt einläßt, nur die abstrakten Formen der Subjektivität und Objektivität vor sich hat und zwar einseitigerweise bei der ersteren, der Subjektivität, als letzter schlechthin affirmativer Bestimmung stehenbleibt*, lautete das Urteil Hegels, das Günther zitiert[264].

Man kann annehmen, daß der Reifegrad der Problembehandlung in der „Kritik der reinen Vernunft" solche Äußerungen provozierte, weil hier noch eine massive Barriere in der Terminologie aufklärerischer Vermögenspsychologie zu bewältigen war[265] und zugleich wissen, daß man damit auf einen Lösungsgrundriß rekurrierte, der doch auch für Kant der erstrebte gewesen war[266]. *Subjekt* und *Objekt* waren in ihrer Bindung an die Dichotomie von *Form* und *Materie* der Erkennt-

---

[263] *Grundzüge*, p. 105.

[264] p. 153, Fußnote; cit. *Enzyklopädie der philosophischen Wissenschaften im Grundrisse*, §46, l. c., p. 82.

[265] Cassirer: *Das Erkenntnisproblem III*, l. c., p. 4.

[266] ibid., p. 5.

nis wie substantiale Dinge gegenübergestellt, da die überlieferte Bedeutung der Termini dies suggerierte. Tatsächlich sollte jedoch eine rein semantische Korrelativität gedacht werden, nicht 'zwei Stämme' eines Vermögens, sondern *Was* und *Wie* gegebener Daten[267]. Die besondere Pointe der *Kopernikanischen Wende* bestand dann darin, nicht *Dinge* von einem in Perspektiven stehenden *Ich* abhängig sein zu lassen, sondern *quod* und *qualis* voneinander. Dazu war nur zuzugestehen, daß hier, trotz der Terminologie, keine psychologische Erkenntnislehre vorgelegt war, sondern eine bedeutungsanalytische Explikation, die Bedeutungsbeziehungen systematisch zu konstruieren, statt Wirkungsflüsse von Dingen auf empfindsame Gemüter zu beschreiben hatte. Eine solche Einstellung hatte natürlich Voraussetzungen außerhalb der Bedeutungsanalytik. Die Korrelativität der Begriffe zeigte sich nur geeignet, ein *synergein* in den kulturellen Akten theoretisch zu rekonstruieren, mit dem unterstellt war, daß jeder Gegenstand einer Bezugnahme durch diese in einen bestimmten Fokus gestellt wird, der entscheidet, *als was* der Gegenstand *ist*. Es bedeutete unter anderem, daß es den Gegenstand als diesen spezifischen ohne die Bezugnahme nicht 'gibt'. Mit der Korrelativität von Gegenstand und Bezugnahmetypus war die entscheidende Annahme gegeben, ein Verfahren transzendentaler Untersuchung, das an faktisch gegebenen Objekten die ihnen zuzuordnenden Objektbildungsweisen zu erschließen suchte, überhaupt für möglich zu halten. Die Rudimente nicht nur terminologischer Befangenheit in den empiristisch-sensualistischen Prämissen der Aufklärung verdeckte das nicht nur für manchen Interpreten, sondern machte Kant selbst bei seinem Durchbruch einige Schwierigkeiten. Das sperrige *Ding an sich* war ihr beharrlichster Ankerpunkt, so lange dem erwartbaren Verständnis des Terminus *Ding* nicht eines substituiert wurde, das auf keine empirisch-anschauliche Sache mehr verwies.

---

[267] ibid., p. 7: Das Einzige, worauf „das Begreifen und Wissen sich stützt, ist eben die notwendige *Bezogenheit* dessen, was die Kritik den 'Stoff' und was sie die 'Form' der Erkenntnis nennt; nicht aber das, was jedes von ihnen vor und außerhalb dieser Beziehung sein mag."

b. Dialektische Reflexion

Diese Unfertigkeiten sind der Grund, warum Hegel Kants Philosophie nur als Geschwister des Empirismus einführen mochte, nicht aber auf der Höhe des mit ihr intendierten Problembewußtseins. Erst hier wurde ganz und gar Ernst gemacht mit der Verneinung aller Jenseitigkeit von Erkenntnisobjekten und auch der Seinstypus der *Dinge, an sich selbst betrachtet,* war allein als Ausweis einer spezifischen Bezugnahme anerkannt. Es war eine methodisch zu brauchende Unterstellung, eine Hypothese, die beim Aufbau der Theorie eine systematische Aufgabe erfüllte, aber kein Name für Sachen. Damit war anzuerkennen, daß die Formel von der *überempirischen Affektion* des Gemüts durch sie, wie sie ohne Bezug auf anderes vorgestellt wurden, die Unfertigkeit einer erst halb vollzogenene Emanzipation von empiristischen Prämissen zeigte.[268] *In dieser Komplikation liegen die eigentlichen Schwierigkeiten des Kantischen Stils. Der Kampf zwischen der neuen logischen Begriffsansicht und der empirischen Dinganscht setzt sich in ihm fort und erhält in ihm seinen deutlichsten Ausdruck .. Indem man diesen Gegensatz durch das Ganze der Kantischen Darstellung hindurch verfolgt, erkennt man zugleich deutlich die Punkte, an denen die Kritik und die Skepsis der unmittelbaren Nachfolger einsetzt.*[269]

Für die Erörterungen Hegels, die auf die Ausschöpfung der Kopernikanischen Wende für systematisches Philosophieren zielen, wäre es befremdlich, wie Günther in der Formel von der *zweiten Stellung des Gedankens zur Objektivität* den *Index einer zweiten Form des Denkens* finden zu wollen[270]. Was bei Hegel als Kritik an der Formalen

---

[268] Hier war noch nicht gedacht, daß die *Affektion* überempirisch darum zu nennen sei, weil sie nicht kausale Wirkung, sondern Determination der Wahrnehmung durch Erwartung und Interesse ist. Erst dann wäre nicht das Ding, sondern ein Ausgriff auf ein 'eigentliches', absolut Gemeintes als Ursprung der Konstitution des Gegenstandes konzipiert. Hier liegt die Scheidelinie zwischen Empirismus und Idealismus, die zu der menschlichen Zwecken affinen 'Materie' werden wird – nicht mehr der einwirkende Stoff von Umweltreizen, sondern in der Sinnlichkeit intentional vorsortiertes Rohmaterial –, wie es sich schon in Kants *opus postumum* abzeichnet. Cf. etwa Gerd Irrlitz, *Kant-Handbuch*, Stuttgart, Weimar: Metzler, 2002, pp. 169-171 (Ding an sich), pp. 489-491 (Materie).

[269] Cassirer: *Das Erkenntnisproblem III*, l. c., pp. 5 sq.

[270] *Grundzüge*, p. 168.

Logik erschienen war, hatte als eine Kritik an den, nun naiven, Definitions- und Deduktionsverfahren der rationalistischen Metaphysik die Forderung ergeben, einen prinzipiell neuen Verfahrenstypus für alle Erörterungen im Philosophieren zu bestimmen, nicht nur für ein Themengebiet. Verbindet man mit der Rezeption Hegels Hoffnungen auf eine geisteswissenschaftliche Methodenlehre, erscheint es allerdings als nicht unplausibel, sich an der Retraktation eines Verfahrens zu orientieren, mit dem eine Untersuchung intellektueller Operatoren unternommen war, als eine 'Reflexion des Denkens auf sich'. Daß nicht nur Kant, der seine transzendentale Untersuchung notwendig ohne systematische Erörterung dessen, was diese ausmachen sollte, begonnen hatte, sondern auch Hegel keine zureichende Antwort gebe, wird Günthers konkreter Einsatzpunkt, in dem die Anlehnung am Vorbild in dessen Kritik übergeht. Daß man hier noch keinen befriedigenden Aufschluß über eine *zweite Logik* finde, liege daran, daß *dem bloßen Programm der neuen Form des Begriffs* das *Bewußtsein über sich selbst* fehle. Es stehe als die eigentliche Leistung noch aus, *jene zweite Form des Begriffs aus der Gesetzlichkeit der Selbstobjektivation der Innerlichkeit* abzulesen[271]. Die psychologistischen Konnotationen der Terminologie führen noch immer auf eine eingeschränkte Perspektive, die mehr leisten soll, als die konkret-empirische Anschaubarkeit kommunizierender Personen darstellbar zu machen. Es wäre müßig, Günther anzukreiden, er fände nicht zu einer Hegel-Deutung, die dem Interpreten zusagte, ließe sich nicht in einer Fixierung an Anschauung eine Hypothek für die klare Entfaltung der intendierten Theoriesätze finden. Die verdinglichende Gegenüberstellung von *Ich* und *Sache*, die kritisiert wird, erscheint jedoch in der von *Ich* und *Anderem* wieder[272], wenn formuliert wird: *Denkende Subjekte können als solche nur in derselben Weise der Allgemeinheit denkend, wie sie das sie begreifende Denken an sich hat,*

---

[271] ibid., pp. 179 sq.

[272] Günther setzt die Wendung 'des Denkens auf sich selbst' mit der Analyse von subjektiven Akten durch subjektive Akte derart gleich, daß *Selbstreflexion* mit der Interpretation des *Anderen* durch den *Ich* identisch wird. Wird dies konsequent durchgehalten, setzte es voraus, Abstand zu psychologistisch-empiristischen Konnotationen der Terminologie zu wahren, da die empirische Selbstverständigung wohl verschieden von der Verständigung mit einem Anderen und über ihn konzipiert werden muß. Eine andere Frage ist, ob ein analytisches Konstrukt *Du*-Funktion als einer '*Ich-selbst*-Funktion' gleichartig konzipiert werden könnte, und was sich in einer systematischen Theorie damit erreichen ließe.

gedacht werden, weil das Denken schlechthin immer allgemeiner ist als jedes als denkend gedachte Subjekt. Denn wenn dieses Subjekt als denkendes zwar auch als Allgemeinheit gedacht wird, so ist trotzdem diese Allgemeinheit für ein übergreifendes Denken nur eine besondere .. Das will nichts anderes sagen, als daß fremdes Denken nie anders gedacht werden kann als durch Objektivation des eigenen Denkens, mithin als Objektivierung der Allgemeinheit, als die sich das Denken selbst weiß[273]. Der räumlich-anschaulich assoziierende Terminus *übergreifendes Denken* bereitet das Unbehagen, das Verhältnis von Thematisierung und Gegenstand als räumliches Umfassen skizziert zu sehen. Die wohl von Hofmann herrührende Kontamination mit Neigung zu intellektualistischen Fehlschlüssen[274] führt dann zu dem merkwürdigen Argument, der Andere denke selbst allgemein, weil er den ihn Verstehenden verstehe. In dieser Vorstellung wäre zugleich die gesuchte Begründung eines Verfahrens zur Sicherung der Allgemeinheit einzelner 'subjektiver' Standpunkte umgekehrt, indem es eine durch 'Übergreifen' gesicherte Allgemeinheit einführt, die dem interpretierten *Objekt* – nichts anderes wäre auch eine andere Person als Gegenstand der Interpretation – zugestanden wird, weil es den Interpreten begreife. Damit behandelte man tatsächlich nur noch das Verhältnis von *Ich* und *Du*, und dem Thema der Arbeit, geisteswissenschaftlichem Verstehen, das nie Personverstehen ist, wäre der Rücken gekehrt. Der letztere der oben zitierten Sätze aber deutet eine Intuition an, die nicht nur mit den Akzenten früherer Texte vereinbar, sondern auch fruchtbarer erscheint. Daß man, ein 'fremdes Denken' zu thematisieren, nur als *Objektivierung des eigenen Denkens* leisten könne, weckt eine Aufmerksamkeit, welche die nachfolgenden Sätze aufschlußreich werden läßt: *Der Ge-*

---

[273] p. 134.

[274] Hegels Argumentation wird geradezu als die einer Analogieschlußlehre dargestellt, wenn es heißt, nach ihm könne „das Selbstbewußtsein niemals anders begriffen werden als zugleich als denkendes und gedachtes Subjekt. In beiden Fällen ist die Allgemeinheit die gleiche, *sowohl bei dem denkenden Subjekt als auch bei der Vielheit der gedachten Subjekte*, denn es ist jedesmal die Allgemeinheit desselben Begriffs, der sich das eine Mal als denkender, das zweite Mal als gedachter denkt" (p. 133). Selbst die naheliegende Deutung des Hegelschen *Begriffs* als die geteilte symbolische Welt, in der Personen miteinander kommunizieren, wäre kein Beitrag zur Erhellung, denn sie wäre als ein unproblematisches Faktum vorausgesetzt, das die Frage, der die Bemühungen gelten, aufhöbe, bevor sie zu stellen gewesen wäre.

danke, daß ein fremdes Subjekt aus einer anderen Allgemeinheit heraus denkt, ist unvollziehbar, denn es würde bedeuten, daß es Allgemeinheit gäbe, die nur als Objektivität begriffen werden könne. Da aber Denken seinerseits nur als Subjektivität begriffen werden kann (andernfalls ist es ein bereits gedachtes), so wäre die notwendige Konsequenz davon, daß es Allgemeinheit gäbe, die kein Denken sei.[275] Man muß bei der Erläuterung dieser Wendungen bedenken, daß Günther oft, wenn auch nicht konsequent, *Objektivität* und *Dinglichkeit* identifiziert[276], um zu erkennen, daß das gegenüberstehende Subjekt als ein *in actu* Denkendes begriffen werden muß, nicht als Gegenstand, der als bloße Sache zurückbleibt, wie sehr in einer impressiven Wirkung eine entzündende Anregung liegen mochte. Ein Subjekt als Thema muß als ein permanent agierender Gegenstand unterstellt werden: *Wenn wir uns .. Wesen vorstellen sollten, die vermittels jener für uns nur objektiven Allgemeinheit dächten, so wäre das soviel wie die Aufforderung, wir sollten uns Subjekte denken, die nicht als Subjekte denkbar seien. Dieser Widersinn lauert hinter dem* kant*ischen Gedanken des Ich an sich, das für uns immer 'an sich' bleibt und nie von uns subjektiv begriffen werden kann. Die Zumutung, die Kant dem Denken hier stellt, ist tatsächlich dieselbe: etwas, was nur als absolutes Objekt gedacht werden kann, als Subjekt zu denken.*[277] Die großzügige Verwendung der Hegelschen Terminologie muß nicht den Blick dafür verstellen, daß hier die historische Beschränktheit der Kantschen Erkenntniskonzeption erfaßt ist, nur die Beziehung auf Sachen, nicht aber die auf das Bezugnehmen selbst systematisch zu rekonstruieren. Die Radikalisierung des Kantschen Verfahrens, gewissermaßen in Anwendung auf die Transzendentalphilosophie selbst, erbringt die Indizien für die Symmetrie im geisteswissenschaftlichen Verstehen, etwas als Resultat eines Aktes der 'Entäußerung' begreifen zu wollen, verlange, einen ebensolchen Akt zu vollziehen. Es erfüllt mit Unge-

---

[275] p. 134.

[276] So z. B. p. 117: „Wenn .. die subjektive Einheit nur als eine objektive (d. h. als seiendes oder empirisches Ich) begriffen werden kann, dann ist die synthetische Einheit selbst nur als ein 'totes Ding' begriffen." - Daß zugleich auch noch 'seiend' mit 'empirisch' und beide mit 'dinglich' in Eines gesetzt werden, gibt einen Eindruck von einer gewissen Großzügigkeit in den terminologischen Distinktionen Günthers.

[277] pp. 134 sq.

duld, den Autor die Hegelsche Lösung für die Rekonstruktion der Allgemeinverbindlichkeit subjektiver Standpunkte berühren zu sehen, ohne sich ihrer bewußt zu werden. Das ganze Geheimnis zu erkennen hieße nur, der Wendung nachzugehen, *fremdes Denken* könne nur gedacht werden *durch Objektivierung des eigenen Denkens*, was hier natürlich nicht Verdinglichung meinte, sondern die 'entäußernde' Vergegenständlichung, die – empirisch – zuerst eine Vorstellung von Motiven oder Intentionen, schließlich eine sprachlich sedimentierte Interpretation und, vor allem, eine auf die identifizierte intentionale Disposition und Situation des Anderen abgestimmte Einstellungsänderung ist. Es würde sichtbar, daß die so dringlich gesuchte Allgemeinheit 'fremder Subjektivität' *Resultat* von Interpretationsarbeit ist, nicht ihre Voraussetzung. Die gesuchte Vermittlung wäre dann als die Interpretation zu identifizieren, die ihr Objekt transformiert, indem sie ihm Bedeutungen kumuliert, nicht, indem sie eine verborgene Tiefe aufzuschließen verspricht – und die zudem den Interpretierenden verwandelt.

c. Vermittlung durch Erzeugung

Im Terminus von der Selbstobjektivation des Denkens klingt nicht zufällig die Konzeption des *Ich* aus dem „System des transzendentalen Idealismus" an. Hier findet sich eine Wendung, die für eine Identifikation von Ding und Objekt zu sprechen scheint, da Schelling *das Ich* als das *ins Unendliche fort Nichtobjektive* bezeichnet[278]. Im Kontext dieser Formel gibt es jedoch die Erläuterung, daß auch dieses ein Objekt zu werden vermag, nur nicht wie ein Objekt unter Dingen in der Welt, sondern allein als Produkt einer Handlung, sich selbst 'anzuschauen'. Von Bedeutung ist, daß diese Erörterung als die Präzisierung einer allgemeinen Verfahrensidee des Philosophierens gewonnen wird, mit dem die Transzendentalphilosophie fortgesetzt und in neuer Bewußtheit über ihre methodischen Implikationen zugleich folgenreich transformiert wird. Der Gegenstand von Hegels Spott, Kant habe die Kategorien nur wie Dinge aus einem Sack aufgesammelt, wird hier bereits systematisch überholt, da die Grundbegrif-

---

[278] F. W. J. Schelling: *System des transzendentalen Idealismus*, in: M. Schröter ed., *Schellings Werke*, München: Beck und Oldenburg, 1927 sqq., 2. Hauptbd., p. 367.

fe nun als elementare *Handlungen der Intelligenz* erkannt sind, und die Möglichkeit, auf sie zu reflektieren, an eine systematische Nacherzeugung unter begleitender 'Beobachtung' gebunden wird. *Durch diese beständige Duplizität des Produzierens und Anschauens soll Objekt werden, was sonst durch nichts reflektiert wird*[279], lautet der für diese neue Philosophie programmatische Satz.

Die inhaltsreiche Durchführung eines Programms mit diesem Impuls durch Hegel enthielt einige Korrekturen, da dieser sich nicht nur vom unkontrollierbaren Charakter der ästhetisch gedachten 'Anschauung' löste, sondern auch das bei Schelling noch solipsistisch konzipierte Selbstbewußtsein nicht zuerst als Resultat der Selbstobjektivation des *Ich*, sondern dessen Objektivierung in einem handelnden, fordernden und interpretierenden *Du* rekonstruierte[280]. Die Symmetrie dieser Beziehung ergab, daß auch das *Du* objektiviert wurde – durch den *Ich*, so daß mithin beide Subjekt und beide Objekt waren, nur in perspektivischer Vertauschung. Obwohl Hegel nicht bei dem einmal gefundenen und zu Recht berühmt gewordenen Terminus *Subjekt-Objekt* blieb, durchzieht die an ihm exemplarisch entfaltbare dialektische Bewegung das gesamte Werk. Die Ubiquität in der Theorie entspricht der Allgegenwart von Wechselbeziehungen in der Kultur, die sich durchaus mit dem Frage-Antwort-Rhythmus eines Disputs vergleichen lassen, so daß Hegels Entscheidung, an ihm das Paradigma kultureller Akte zu bestimmen, nicht unplausibel ist. Noch der Umgang des handelnden Menschen mit Dingen in sinnlich-empirischer Praxis ist als der Prozeß rekonstruierbar, in dem eine Veränderung des bearbeiteten Dinges eine Umstellung des Zugriffs auf es erfordert. Die Tat an ihm verändert es und präsentiert im nächsten Schritt ein Ding, das nicht mehr identisch mit dem vorherigen ist und an dem daher, denselben Akt ausführen zu wollen, nicht nur wenig sinnvoll, sondern unmöglich ist.[281] In Hegels Zugriff auf das Problem

---

[279] ibid., p. 350.

[280] Schelling hatte immerhin schon die Sozialität der *Ich*-Konstitution für Willensakte aufgedeckt (ibid., pp. 534-558), was in seiner Wirkung auf Günther noch zu erschließen ist.

[281] Die Herrschaft standardisierter Tätigkeitsfolgen in der heute *tayloristisch* genannten industriellen Arbeitsorganisation verleitete bis vor kurzem dazu, die Bedeutung des Wechselspiels von Gegenstandsverwandlung und Selbstverwandlung zu übersehen. Erst die Auflösung dieses Typs von Fertigungspraxis wird den Blick für die 'Dialektik' des Arbeitens auch für die Mehrheit der Individuen wieder öffnen, nicht mehr nur für die in

ist, bedingt durch die in manchem höchst produktive Einsetzung des *Geist*-Begriffs, als historische Hypothek die Annahme enthalten, der Wandlungsprozeß sei ein prinzipiell intellektueller. Die Verhaftung an einer Identifikation von Realgenese und genetischer Rekonstruktion verwarf Schellings Einsicht, daß in einer Philosophie immer nur eine Nacherzeugung dessen behauptet werden könne, was vom philosophierenden *Ich* nicht geschaffen worden war. Daß hier die 'schlafende Intelligenz' einem im Menschen ausschlagenden Natursubjekt zugehörte, statt als die Blindheit des vor aller reflektierenden Rekonstruktion immer schon vollzogenen praktischen Handelns identifiziert zu werden, war gewiß eine problematische Lösung. Identifizierte man aber intellektuelle Rekonstruktion und nur intelligibel rekonstruierbare Realgenese, nachdem beides von Geistqualität zu sein behauptet wurde, war nun das Kind mit dem Bade ausgeschüttet. Was hier fehlte, war, die Differenz zwischen einer bewußtlos produzierenden Natur und einer bewußt produzierenden Intelligenz durch eine gewissermaßen halbbewußt produzierende Intelligenz zu ergänzen, womit kein weiteres Vermögen im *Ich* zu plazieren war, sondern eine analytisch wirksame Unterscheidung dreier Sphären gemacht: Naturprozeß, soziale Interaktion *qua* Arbeit, Kampf und Verständigung und, zum dritten, das methodische Vorgehen im engeren Sinne, die intellektuelle Aktivität, die eine symbo-

---

sog. kreativen Berufen stehenden. - Faktisch hat die Umwandlung von Arbeitsverhältnissen in diesem Sinne zwar bereits begonnen, doch hat sie bisher nichts zur Folge, was man jenseits einer ideologischen Überschätzung der 'Flexibilität' als eine Bereicherung humanen Lebens ansehen könnte - sie ist für mehr und mehr abhängig Beschäftigte nur Wandel in der Form der Anforderungen, auf die sie reagieren müssen, ohne wählen zu können. Richard Sennett stellt dar, daß sie allerdings von einer ungeheuren Differenzierung der Lebenschancen, von massenhaftem Versagen der mit den Dienst- und Loyalitätsforderungen des nun veraltenden Industriekapitalismus imprägnierten Arbeitskräfte begleitet ist: *Der flexible Mensch*, Berlin: Siedler ³2000; praec. Kap. 3. - Hier könnte der Grund dafür liegen, warum die Erfahrungen mit den neuen Arbeits- und Lebensformen noch nicht zu einer Theorie geführt haben, die Chancen für die Gestaltung der Lebensbedingungen formuliert. Wir leben offenbar noch im Anfang einer in den 'entwickelten' Ländern erst langsam erkennbaren Umwälzung: Wenn eine Revolution bisher leicht identifizierbar war, da sie immer mit Blutvergießen, Schlachtenlärm oder mindestens der physischen Präsenz großer Massenauftritte verbunden war, ist die Gegenwart seit zwanzig Jahren von einem neuen Typ geprägt: ein Umsturz aller Lebensformen unter Fortsetzung ziviler, scheinbar 'alltäglicher' Praktiken - perennierender Ausnahmezustand ohne physisches Standrecht, ohne formale Verletzung formaler Rechte. Daß man dies weniger gelassen beurteilen kann, ohne unnüchtern zu sein, beleuchtet etwa Eric Hobsbawms Vortrag *Barbarei: Eine Gebrauchsanleitung*, von 1994. Im Lichte der un-

lische Rekonstruktion von Natur-, Handlungs- und zuletzt sogar ihren eigenen Prozessen in Gestalt von Theorie zu erzeugen vermag.

In Schellings Verfahrensbestimmung des Philosophierens hatte das Bewußtsein der Differenz von Realgenese und intellektueller Rekonstruktion eine methodisch nötige Scheidung von 'realer Reihe', als der Naturgeschichte der Sensibilität bis zum reflexionskompetenten Selbstbewußtsein, und 'idealer Reihe' als der aus dem *Ich* als Prinzip entwickelten genetischen Rekonstruktion des komplexen Weltbezuges dieses Selbstbewußtseins hervorgebracht. Hegels Einebnung dieser Differenz unter aristotelischen Prämissen löste zwar das Problem der Zielrichtung des Realprozesses zugleich mit dem der *adaequatio* seiner Rekonstruktion durch die Intellektualität, brachte aber der Durchführung die Konfusion von realem Zustand und rekonstruktivem Begriff, so daß Max Weber mit gutem Grund das Unbehagen vermerkte, die Rekonstruktion historischer Prozeßabläufe als logische Abfolge von Idealtypen demonstriert zu sehen[282]. Daß hier in der Demonstration nur intelligibel bestimmbarer Realverhältnisse kulturelle Formen, nicht Naturprozeßschichten oder -etappen Thema waren, ändert an der Berechtigung des Einwandes nichts, es macht nur verständlich, daß die Konfusion eine naheliegende war. Ihr tieferer Sinn lag schließlich darin, der historistischen Skepsis den Boden zu entziehen, schon ehe sie institutionelle Wirklichkeit wurde. Gab man die Idealformen eines überempirischen Jenseits um eines 'radikalempirischen' Zugriffs[283] noch auf die gänzlich unstofflichen

---

übersehbar in die Zentren der pazifizierten Wohlstandsregionen einschlagenden Ereignisse neuen Typs seit 2001 wird dieser Historiker als Diagnostiker zukünftiger, wenig gemütlich stimmender Tendenzen erkennbar. Cf. Eric Hobsbawm: *Wieviel Geschichte braucht die Zukunft*, München: Hanser, 1998; pp. 317-332.

[282] „Die nach den gewählten Begriffsmerkmalen sich ergebende Reihenfolge der Typen erscheint dann als eine gesetzlich notwendige historische Aufeinanderfolge derselben. Logische Ordnung der Begriffe einerseits und empirische Anordnung des Begriffenen in Raum, Zeit und ursächlicher Verknüpfung andererseits erscheinen .. miteinander verkittet", *Die 'Objektivität'*, l. c., pp. 200 sqq. – Weber urteilt hier über Marx, doch ist seine Kennzeichnung des kritischen Problems weit eher der *Phänomenologie des Geistes* angemessen als dem *Kapital*. Am kritischen Methodenbewußtsein von Marx lassen etwa die prinzipiellen Sätze in den *Grundrissen der Kritik der politischen Ökonomie* kaum Zweifel. Cf. Karl Marx/Friedrich Engels, *Werke*, t. 42, Berlin: Dietz, 1983; pp. 35 sq.

[283] So charakterisiert Stekeler-Weithofer treffend die antiplatonistische Intention Hegels; unbeschadet des Umstandes, daß bei diesem dann ein restituierter in Gestalt eines dynamischen Platonismus zu vermerken ist, der zwar nicht mehr Kategorien als ruhende Formen, nun aber die Verlaufsformen ihrer Genese in einem Jenseits präexistent unter-

Phänomene der Bedeutungsverschiebung, -transformation und -genese auf, lag es nahe, sich der traditionell bewährten Lösung zu entsinnen, den Zusammenhang von kulturellen Etappen mit Hilfe des sich selbst denkenden Denkens zu rekonstruieren, von dem man hoffen durfte, es gebe Mittel an die Hand, den Folgezustand eines gegebenen methodisch zu erzeugen. Dann wäre die Garantie für die gelingende Fortsetzung eines Prozesses der Kultur, nachdem man die Behauptung ihres stationären Bestandes nicht mehr verteidigen mochte, in den zwangsläufig abfolgenden generativen Operationen des Bewußtseins gefunden.

Es ließ sich aber noch anderes als diese idealistische Hypothek aus dem Verfahrensvorschlag Schellings entwickeln. Neben den Schwierigkeiten, die sich aus der Verschränkung real- und semantogenetischer Inhalte ergeben, weist die „Wissenschaft der Logik" eine Seltsamkeit auf, die manche Zweifel an ihrer prinzipiellen Verstehbarkeit geweckt hat. Die Verschlingung der vermeintlichen Deduktion mit einem realen Entwicklungsgang, wie sie in der „Phänomenologie" noch deutlicher vorlag, war ja nur möglich, weil hier eine Genese demonstriert wurde. An dieser war natürlich manches problematisch. Die stärksten Zweifel mußte provozieren, daß ein verborgenes *telos* vorausgesetzt werden mußte, um der vermeintlichen Genese zielrichtig über die Umschlagpunkte der Negationen zu helfen, denn daß *Nicht-A* anderes war als ein leeres *Nicht*, mochte noch akzeptabel sein, nicht aber, daß die Unendlichkeit möglicher Attribute unter der Exklusion *Nicht-A* zu irgend einer definiten ohne zusätzliche Annahmen zu bringen war. Hier konnte nur der nebenbei erfolgende Rückgriff auf das vertraute anamnetische Verfahren Aushilfe schaffen und Hegel bekennt dies auch wie nebenbei[284]. Aber der dialektische Gang atmet selbst bei Hegel noch den Geist der

---

stellt. - *Hegels Analytische Philosophie*, l. c., p. 28.

[284] So etwa in der *Wissenschaft der Logik*, wenn gelegentlich rekapituliert wird, warum man in der Entwicklung des Gedankens zur Kategorie *Dasein* hatte kommen müssen: „Das Erkennen kann überhaupt nicht .. bey dem Seyn, dem reinen Seyn, stehen bleiben; es dringt sich unmittelbar die Reflexion auf, daß dieses reine Seyn .. eine Erinnerung und Bewegung voraussetzt, welche das unmittelbare Daseyn zum reinen Seyn gereinigt hat." - *Wissenschaft der Logik*, in: *Gesammelte Werke*, ed. Rheinisch-Westfälische Akademie der Wissenschaften, t. XI, *Wissenschaft der Logik I.2*, ed. F. Hogemann, W. Jaeschke, Hamburg: Meiner, 1978; p. 241.

Schellingschen Proklamation, *daß alle Philosophie produktiv sei*[285]. Sie hatte nicht Data, und seien es Theorieresultate, wie in einer Registratur zu sammeln und zu ordnen, sondern sie zu konstruieren und dem Vollzug dieses Aktes innerlich 'zuzusehen', um ihm seine Regel abzugewinnen. Die elementaren Akte dieser Provenienz sollten sogar nichts anderes sein als – die Begriffe selbst[286]. Nicht nur sollte Philosophieren überhaupt produktiv sein, sondern allein der Aktvollzug selbst, der Akt *in actu*, ist der Interpret versucht zu sagen, sollte das allein Wißbare im Philosophieren sein. Für das *principium* der 'idealen Reihe' formulierte Schelling: *Das Ich selbst ist ein Objekt, das dadurch ist, daß es von sich weiß*[287]. Aber nicht nur für das Prinzip, sondern für alle Gegenstände transzendentalphilosophischer Thematisierung galt: sie *existieren gar nicht, als insofern sie frei produziert werden*[288].

Die „Wissenschaft der Logik" wendet diesen Gedanken mit stiller Konsequenz auf die Thematisierung der Elementarkategorien. Auch diese gibt es für die Erörterung nur im *modus* ihrer aktuell demonstrierten Erzeugung und keine Erläuterung, keine Explikation, kein Urteil über sie kann dem Schicksal entgehen, ein Beitrag zur Erzeugung des symbolischen Objekts zu sein, auf das sie sich beziehen. Die Diskussion der philosophischen Elementarakte, welche die Kategorien nun sein sollten, war nur zu leisten als fortlaufende Repräsentationsbildung dieser Akte.[289] Die Orientierung am Ziel, als rein

---

[285] *System*, l. c., p. 350.

[286] „Jedes Denken ist ein Akt und jedes bestimmte Denken ist ein bestimmter Akt; aber durch jedes solches entsteht uns auch ein bestimmter *Begriff*. Der Begriff ist nichts anderes als der Akt des Denkens selbst, und abstrahiert von diesem Akt ist er nichts." (ibid., p. 364) - „So ist das gemeine Denken ein Mechanismus, in welchem Begriffe herrschen, aber ohne *als* Begriffe unterschieden zu werden; indes das transzendentale Denken jenen Mechanismus unterbricht und, indem es des Begriffs als Akts sich bewußt wird, zum *Begriff des Begriffs* sich erhebt." (p. 345)

[287] p. 369.

[288] p. 349.

[289] Ein dezidiert antiplatonistischer Standpunkt, wie er dem Schelling des „Systems" zugestanden werden kann, war allerdings hier unmöglich gemacht, da neben dem Muster der *anamnesis* auch noch ausdrücklich betont war, daß die Thematisierung der Kategorien schon vor aller Zeit im Bewußtsein Gottes existierte, was sich in der unangenehmen Konsequenz auswirken mußte, daß der sie fortlaufend erst erzeugende Philosophierende zwar die Welt aus dem Geist Gottes gebar, das aber doch nicht konnte, so lange er dieser nicht war.

durchgeführtes Philosophieren nur die aktuale Reproduktion der Themata auf der symbolischen Ebene philosophischer Erörterung anzuerkennen, ist der eigentliche Grund für die Kritik an der Formalen Logik, die in ihre Urteile über Sachverhalte nicht einbezieht, daß diese durch das Urteilen verändert werden könnten. Daß dies nicht für beliebige Sachverhalte Geltung haben wird, ist offenkundig, so daß erst die besondere Stellung der Hegelschen Kritik an der Formalen Logik zur Deutung ihres Sinnes beiträgt. Seine Auseinandersetzung dient erkennbar dem Zweck, die neue Verfahrenskultur des Philosophierens zu begründen und er gelangt folgerichtig zu der Einsicht, daß die an syllogistischer Deduktion, Beweisverfahren und dem Rückgriff auf formallogische Grundsätze orientierte rationalistische Metaphysik die überholte Gegenposition ist. Nicht keine Formale Logik, sondern keine formallogischen Ableitungen in der Philosophie bezeichnete die Abwehr Hegels. Daß Günthers Anlehnung nicht von Klarheit über diese Besonderheit geleitet ist, macht sein Unternehmen an der Wurzel zweideutig, denn daß eine Logik der Geisteswissenschaften in gleicher Weise methodisch Verantwortung für die Verwandlung ihres Gegenstandes zu übernehmen hätte wie die dialektische Philosophie, wird sich nicht verteidigen lassen. Ihr Einfluß auf ihr Material liegt nicht zuerst auf der methodischen, sondern auf der sozialen Ebene, wie es das Konzept einer *Kritischen Theorie* systematisch zu berücksichtigen suchte[290]. Die Interpretation einer Praxis kann diese beeinflussen, indem sie korrigierend, gar störend das Bewußtsein des Handelnden prägt. Das Wissen von Wissensfunktionen über Praktiken aber, das Philosophieren, muß sich selbst beeinflussen: es ist in seinem Vollzug fortlaufende Ergänzung seiner selbst. Noch in der Retraktation der Wissensfunktionen von Sachen ist es nur Ergänzung und Transformation jener, da es sich um rein als Bedeutungen existierende Gegenstände handelt. Es ist hier der Ort, an dem zu üben ist, was einmal Denken des Denkens genannt wurde. Der intellektualistische Fehlschluß entstünde an der Schwelle, an der der genetisch-rekonstruktiven Thematisierung von Wissensfunktionen unterstellt wird, *unmittelbar* Transformation der Bezugsgegenstände zu sein, seien es Praktiken, seien es Sachen, denn im me-

---

[290] Etwa bei Jürgen Habermas: *Analytische Wissenschaftstheorie und Dialektik*, in: Ernst Topitsch ed., *Logik der Sozialwissenschaften*, l. c., pp. 291-311.

thodischen Denken können nur mögliche Transformationen der Bezugsgegenstände entwickelt werden, die zu realisieren aber noch immer eine *praktische* Handlung erforderte – und sei es nur das Aussprechen des zündenden Wortes, auf das alle gewartet hatten.

Institutionen der Reflexion

Für die Theorieentwicklung Günthers liegt dennoch eine höchst fruchtbare Auswirkung in der Kontamination geisteswissenschaftlicher Wissenschaftstheorie mit dialektischem Philosophieren, da so nicht allein methodologische Probleme aufgenommen werden. Ein kurzer Rückblick auf eine Erbschaft, die der rein methodologischen Arbeit immer wieder Ausgriffe auf den Grundriß einer Theorie von Reflexionsinstitutionen der ganzen Kultur unterlaufen läßt, kann das zeigen. Nicht allein die aktanalytisch zu beantwortenden Fragen, wie philosophische Rekonstruktion ihres konstruktiven Moments nach Regeln Herr wird, und wie der Übergang von der Sachthematisierung auf wiederum deren Thematisierung mit intellektuellen Operationen geleistet wird, sondern die Frage, wie, gewissermaßen um Reflexionsakte herum, Institutionen entstehen, wird hier berührt und es zeichnet sich der Umriß einer Strukturtheorie der Kultur ab.

Hofmann, der Lehrer, hatte auch hier wieder folgenreich vorgearbeitet. Seine Behauptung, Mathematik konstruiere *a priori*, geleitet *durch den innerlich gespürten Sinn der Gegenständlichkeit überhaupt*, Begriffe für besondere Gegenstandstypen, die von den Fachwissenschaften als *Hypothesen* verwendet würden[291], machte zwar mathematische Strukturen und Modelle zu allgemeinen formalen Voraussetzungen von Modellen empirischer Wissenschaften[292]. Doch abgesehen von dieser Verkennung der Funktion der Mathematik warf ihre Beiordnung zu den Fachwissenschaften durch eine Analogie Licht für ein mögliches fruchtbares Verständnis des Systems der Wis-

---

[291] *Sinnphilosophie*, in: *Denkendes Europa*, l. sub 242) c., p. 301.

[292] Damit erklärte man allein jene Modelle als wissenschaftlich, die mathematisch formulierbar sind und setzte zudem für physikalische Modellbildung spezifische Begriffe wie *Masse*, *Kraft* oder *Energie* in Eines mit spezifisch mathematischen wie *Vektor* oder *Zahl*, so daß der Blick für die besondere Leistungskraft eines Begriffs wie dem des *Kraftvektors*, ein physikalisches Modell mathematisch zu spezifizieren, verstellt wäre; cf. Davis, Hersh, *Erfahrung Mathematik*, l. c., pp. 400 sq.

senschaften. Hofmann nennt die mathematisierten Fachwissenschaften *Sachwissenschaften von den eigentlichen Gegenständen*[293]. Die Orientierung auf die Mathematik anwendenden läßt erwarten, daß damit nicht allein Naturwissenschaften im engeren Sinne bezeichnet sind, sondern alle Fächer und Verfahren, die einer Mathematisierung heute zugänglich sind, weil sie kausalgenetische Rekonstruktionen ihrer Gegenstände hervorbringen. Das schlösse die quantitativen Methoden der Sozialforschung ebenso ein wie den naturwissenschaftlichen Zweig der Psychologie. Daß in Kants transzendentaler Untersuchung der *reinen Vernunft* eine Wissenschaftstheorie der mathematischen Naturwissenschaften *in nuce* enthalten war, zeigt nicht nur sein Bezug auf Mathematik und Physik als exemplarischer Wissensformen und nicht nur die anknüpfenden Leistungen des Marburger Neukantianismus bei der Entfaltung einer Theorie dieser Wissenschaften, sondern auch, daß Kant sich genötigt sah, zwei weitere transzendentale Untersuchungen zur Erklärung der Vermögen moralischer und Kunsturteile durchzuführen. Daß auf diesen kulturellen Feldern die Anwendung der Mathematik selbstverständlich sei, wird sich kaum behaupten lassen. Doch Hofmanns Unterstellung einmal angenommen, die Mathematik konstruiere *a priori die Strukturen möglicher Gegenstandsordnungen und untersuche deren gesetzliche Verhältnisse*[294], erhält der nachfolgende Vorschlag einen Horizont, der weiten Ausblick vermuten läßt. *Eine analoge Erkenntnis a priori aus dem Sinne der uneigentlichen, das ist der sinnbeseelten Gegenstände, würde die Verhältnisse möglicher Erlebnisse, erlebender Verhaltensweisen und personaler Konstitutionen a priori entwerfen*

---

[293] Das Epitheton ist Resultat der Unsicherheit über die Bedeutung des Begriffs *Gegenstand*, denn die „sinnbeseelten Gegenstände" (*Sinnphilosophie*, ibid.), die zuvor als *nichtgegenständliche* zu bezeichnen erprobt wurde, sind hier *uneigentliche* genannt. Zu einem Begriff der *Handlung* oder einem verwandten kann sich Hofmann nicht durchringen und bleibt bei tastenden Versuchen der Umschreibung. Eine Einsetzung dieser Art hätte die Entdeckung befördern können, daß es hier um die Unterscheidung von *intentione recta* gegebenen Gegenständen und den allein *intentione obliqua* erschließbaren spezifischen 'Hinsichten' zu tun war, die am Typus des unter ihnen ausgebildeten Gegenstandes abzulesen wären. Daß eben dies eine *transzendentale Untersuchung* ist, wird implizit durch den Bezug auf Kant anerkannt und es fehlte nur die Einsicht, daß diese, nicht aber Mathematik, die Begriffe erschlösse, mit denen sich Spezifika von Gegenstandsbildungen diagnostizieren und rekonstruieren ließen. Doch diese Einsicht hätte die erste Prämisse aufgehoben, Mathematik definiere, was 'Gegenständlichkeit-überhaupt' sei.

[294] ibid.

und hierdurch Hypothesen bereitstellen für ein nacherlebendes, erklärendes 'Verstehen' dieser uneigentlichen Gegenstände. Wenn und soweit es möglich ist, auch in diesen Bereichen in exakten Sinnbildern zu formulieren, würde sich auf diese Weise eine allgemeine Charakterologie ergeben, die zu den Geisteswissenschaften in demselben Verhältnisse steht, wie die Mathematik zu den Naturwissenschaften.[295] In dieser heuristischen Analogie tritt eine unbeachtete Voraussetzung zutage, die bei systematischer Entwicklung revolutionierend hätte wirken müssen. In der Annahme, eine faktenordnende 'charakterologische Mathematik' der Geisteswissenschaften stünde zu diesen so, wie die vorhandene zu den Naturwissenschaften, ist zugleich unterstellt, was eine jede Hoffnung, jene ließen sich jemals nach Verfahrens- und Themenordnungen dieser organisieren, nicht nur als konkreter Aussichten ermangelnd, sondern prinzipiell irrig erweisen würde, entwickelte man ihre Konsequenz *en detail*. Die Geisteswissenschaften werden hier nicht als in einer Reihe neben den Naturwissenschaften stehend unterstellt, was unumgängliche Voraussetzung wäre, sollte der Ruf nach einem für beide verbindlichen Rationalitätstypus auf Antwort hoffen dürfen. Die Frage, ob beide Parteien überhaupt in irgend einer bestimmbaren Beziehung im Kosmos der kulturellen Formenwelten zueinander stünden, könnte, positiv, eine Antwort induzieren, für die sich überraschende Plausibilitäten geltend machen ließen.

Man muß nicht vergessen, daß auch geistes- oder kulturwissenschaftliche Theoriebildung ihren Gegenstand *intentione recta* auffassen wird, solange sie sich auf seine methodische Behandlung konzentriert, um anzuerkennen, daß in Hofmanns Bestimmung der Gegenstände der mathematisierten Naturwissenschaften als Gegenstände *intentione recta* neben denen der Geisteswissenschaften als nicht solche eine begründete Ahnung lebt, diese hätten nicht neben, sondern gewissermaßen 'hinter' Naturwissenschaften stehend begriffen zu werden. Verständlich würde das unmittelbar, erkennte man in der Wissenschaftstheorie eine besondere Geisteswissenschaft, die Praktiken von Naturwissenschaften thematisiert: Experiment, Modell, Hypothesen- und Theoriebildung, die also *deren* Objekte *intentione obliqua* hat. Naturwissenschaften sind nicht durch das Einwandern

---

[295] ibid.

reflexiv disziplinierender Methodik in naturwüchsige Praxis konstituiert, sondern selbst Entstehung einer neuen Praxis, die sich mit den genannten Stichworten skizzieren läßt. Die in ihr entfalteten Theorien sind immer Theorien über Sachen und Sachverhalte, niemals aber über Verfahren, so daß die Vermutung, das Verhältnis der naturwissenschaftlichen Theorie zur Praxis der Herstellung in Experiment und technologischer Realisierung könnte Paradigma für das Verhältnis von Theorie und Praxis überhaupt sein, irreleitet. Das Verfahren zur Herstellung kann nie aus der Theorie des Gesetzeszusammenhangs abgeleitet werden, die herstellbare Ereignisketten voraussagt.[296] Schon innerhalb der Naturwissenschaft hat Theorie nicht die Funktion, die immanente praktische Tätigkeit, d. i. die Bildung von Hypothesen, die Konstruktion von Experimentanordnungen und den Entwurf von Modellen, zu reflektieren und methodisch zu disziplinieren, da diese pragmatisch-situativ und allenfalls nach Regeln eines Handwerks verläuft[297]. Eine Analyse kultureller Formenwelten und Handlungstypen, die unterstellte, die 'instrumentelle Vernunft' der Naturwissenschaften sei deshalb so zu nennen, weil sie nicht anders verführen als jede beliebige andere menschliche Praxis, und bei vorausgesetztem Zweck nicht mehr zu entwickeln beanspruchten als Voraussagen über herstellbare Ereignisfolgeketten, könnte dann naturwissenschaftliche Arbeit als Praxis begreifen, die weder der Erkenntnis reiner Wahrheit diente, noch als einzige Instanz zur Neuerfindung menschlicher Lebensformen schlechthin zu verstehen wäre, sondern als historisch junge Objektivationsform, die man neben älteren einzuordnen hätte. Sie stünden in dieser Perspektive neben den lange vor wissenschaftsförmiger Begleitung institutionalisierten Praktiken des Wirtschaftshandelns, der Rechtsprechung, der künstlerischen Produktion, der kultischen Praxis[298] etc. Diejenigen Geistes-

---

[296] Darum wird die konstruktive Intelligenz von Ingenieuren als eigenständiger Leistungstyp kultiviert und realisiert. Cf. etwa Eugene S. Ferguson, *Das innere Auge*, Basel et al.: Birkhäuser, 1993.

[297] Wenn die Aufmerksamkeit der Forschung unter empiristischen und pragmatistischen Prämissen diese Seite des naturwissenschaftlichen Prozesses besonders akzentuiert, erhält die Skepsis sogar hinsichtlich der 'Wissenschaftlichkeit' der Naturwissenschaften Nahrung, wie etwa das, nach amerikanischem Vorbild 'anthropologisch' genannte, ethnographische Verfahren von Karin Knorr-Cetina zeigte; cf.: *Die Fabrikation von Erkenntnis*, Frankfurt/M.: Suhrkamp, ¹1984.

[298] Religiöse Riten, Feste, Wettkampfsport etc.

wissenschaften, die als Wissenschaftstheorie und -historik heute am Anfang ihrer Institutionalisierung in Forschungseinrichtungen, Publikationsorganen und Curricula stehen, fungierten in einer Reihe neben anderen, solche Praktiken systematisch nach Prinzipien reflektierenden Medien, wie Wirtschafts- und Rechtswissenschaften, Kunst- oder Religionswissenschaften etc.[299] Geisteswissenschaften im Ganzen sind, was den Vorrang sinnverstehender Verfahren in ihnen verständlich machte, als Medien der Deutung und Diagnose menschlicher Praktiken zu begreifen, denen diese zeitlich und funktional voranzugehen haben.[300] Sie sind daher auch so wenig Erzeugungsinstanzen der von ihnen reflektierten Prozesse wie die, auch hier immer: erinnernde, Reflexion einer Person auf eigenes Handeln und Verhalten es ist.

Drückte man das Verhältnis beider Ebenen ausdrücklich in der mit diesem Terminus unterschwellig beanspruchten Metaphorik des Räumlichen aus, lautete die Frage, nach welchen Prinzipien und Verlaufsgesetzen der Übergang zur 'Vogelperspektive' vollzogen würde. Aktanalytische Untersuchungen hätten die Frage zu stellen, ob der vielleicht, nicht notwendig, intellektuelle Schritt vom Vollzug einer Praxis zur Reflexion auf diese als Genese der *intentio obliqua* systematisch rekonstruierbar wäre. Günther betont in seiner Orientierung an der *zweiten Stellung des Gedankens zur Objektivität* vorerst nicht diesen genetischen Aspekt, wird aber darauf zurückkommen[301]. Kurze Zeit nach der hier diskutierten Arbeit veröffentlicht er einen Text[302], der nicht nur die eben erschlossene Architektonik einer Praxis-Reflexions-Schichtung als leitende Idee belegt, sondern auch die vorn mit Vorbehalten erläuterte[303] Interpretation der Formalen Logik

---

[299] Daß deren Nachbarschaft nicht unplausibel erscheint, ist eigentliches Indiz für die Begründbarkeit der Vermutung, auch ihre Gegenstandsbereiche seien 'benachbart': naturwissenschaftliche *neben* künstlerischer, kultischer, rechtspflegerischer Praxis.

[300] Die Unterscheidung forschungspraktisch identifizierbarer Verfahren wird in dieser Perspektive als eine abgeleitete erkennbar. Wie die hermeneutischen, strukturalistischen oder semiotischen Methodenapparate in der Erschließung nie beobachtbarer Ursachen im Unterschied zu im Ganzen beobachtbare Kausalbeziehungen analysierenden, experimentell-empirischen Verfahren zu rekonstruieren und zu beurteilen seien, kann vorerst suspendiert bleiben.

[301] Cf. Kapitel 5 dieser Arbeit, pp. sqq.

[302] *Logistik und Transzendentallogik* (1940), in: *Beiträge I*, l. c., pp. 11-23.

[303] pp. 80 sq.

als vermeinter 'Logik der Naturwissenschaften' bekräftigt. Die Erörterung der Verfahren der *exakten Wissenschaft*[304], so hier der Tenor, könne nicht nach eben diesen Verfahren erfolgen, denn was *Gegenstand einer Logik ist, kann nicht Prinzip dieser selben Logik sein*[305]. Die Differenz der beiden Verfahrenstypen wird eingeführt als die von: *Leibnizlogik* und *Transzendentaltheorie*[306]. Diese ist, mit einem Bezug auf die exemplarische Leistung Kants, Reflexionsmedium jener, der Formalen Logik, der bei dieser Gelegenheit ein weiterer der Gründernamen beigegeben wird.

Unterscheidung als Schichtung

Mit der Rekonstruktion dieser Architektonik wird begreifbar, welche theoretischen Entscheidungen in einer Orientierung an Nicolai Hartmanns Schichten-Ontologie enthalten sind. Günther hatte zustimmend geurteilt, daß am mehrschichtigen Aufbau der Wirklichkeit *für den, der ernsthaft nachdenkt, wohl kaum noch Zweifel bestehen*, um aber zugleich daran zu erinnern, daß es nicht ausreiche, innerhalb der Schichtenhierarchie *Materie-Leben-Bewußtsein-Geist* die Kategorien der niederen Schichten als gegenüber denen der höheren 'stärkere' zu postulieren. Dieses Konzept ist ihm nur ein weiteres Zeichen der *grundsätzlichen Fehlersituation der heutigen Geistesphilosophie*[307]. Zwar besäßen bei Hartmann die höheren Kategorien Eigenschaften, die nicht auf die niederen zurückführbar waren, so daß sie relativ 'freier' genannt werden konnten, aber sie blieben doch ausdrücklich in Abhängigkeit von den niederen. Wie eine in erwartbarer Weise als *Grundbegriff* verstandene Kategorie 'stärker' gegenüber einer anderen sein könnte, bliebe undurchsichtig, erkennte man in dieser Paraphrase nicht Hartmanns Terminologie. Bei ihm gab es die Unterscheidung von *Kategorie* und *Kategoriebegriff*, die aus der Reservierung des ersteren Terminus für die Benennung von Realformen, nicht Begriffen, hervorging. Es gab hier *wieder eine Realwelt mit inhaltlichen Strukturen, Stufen, Kategorien, Prinzipien,*

---

[304] *Logistik und Transzendentallogik*, l. c., p. 12.
[305] p. 23.
[306] pp. 22 sq.
[307] *Grundzüge*, l. c., p. IX.

Wesensgesetze, Relationen, Abhängigkeiten[308]. Das durch Günther relativierte *kategoriale Grundgesetz* Hartmanns, das die niederen Kategorien für die 'stärkeren' erklärte, sprach daher von einer Hierarchie der Wirkungskraft realer Prozeßformen[309]. Zwar mochten die 'Kategorien' höherer Schichten gemäß des 'Gesetzes der Freiheit' *nova* an Determinationsformen hervorbringen, die nicht auf die niederer Schichten zurückzuführen waren, doch blieb ihr Wirkungsradius innerhalb der Begrenzung durch niedere Determinationsformen gebannt. So lange über die Bedeutung der doch auch postulierten *nova* in den je höheren Kategorien nichts ausgemacht war, konnte das Modell durchaus Plausibilität und produktive heuristische Potenz aufweisen[310], und dem galt Günthers Anerkennung. In Hartmanns Ethik aber zeigte sich, daß trotz gelegentlicher Inanspruchnahme der *nova* für die Überformung niederer Determinationsarten eine grundsätzliche Überzeugung von der *Ohnmacht des Ideellen* mitging, die als ein *Residuum des mechanistischen Denkens* diagnostiziert werden konnte, dem *in der Idealität 'nur' Idealität und keine reale Macht gegenüber physischer Kausalität gegeben ist.*[311] Einer solcher Interpretation korrespondierenden Intuition entsprang Günthers Forderung, eine durchaus vorhandene umgekehrte Abhängigkeit, die der *unteren Kategorien von den oberen*, nachzuweisen. Hartmanns Perspektive *von unten her*, in der die höheren Kategorien, weil 'freier', als *zufällig* und *unberechenbar* erschienen, müsse eine Perspektive *von oben her* entgegengehalten werden. Sie ergebe *eine Umkehrung des Verhältnisses von Notwendigkeit und Freiheit*[312]. In dieser Wendung ist die wesentliche Forderung impliziert, die Determinationsart in der

---

[308] Johannes Hirschberger: *Geschichte der Philosophie*, l. c., t. II, p. 607.

[309] Mit ihm war nur behauptet, daß z. B. ein biotischer Prozeß in seinen Metabolismen das Prinzip der physikalischen Kausalität nicht überschreiten oder partiell suspendieren konnte, oder daß psychische Prozesse die Verlaufsformen der sie ermöglichenden chemischen und biotischen Prozesse nicht aufheben konnten, etc.

[310] Daß es nicht bestritten wurde und wird, kann dagegen nicht behauptet werden, steht es doch den Hoffnungen auf eine einheitliche Naturerklärung entgegen und wird auch in neuerer Naturphilosophie für irreführend gehalten: cf. etwa Andreas Bartels, *Grundprobleme moderner Naturphilosophie*, Paderborn et al.: Schöningh, 1996.

[311] Hirschberger, l. c., p. 611.

[312] *Grundzüge*, l. c., p. IX.

Schicht des *Geistes*[313] nicht als bloße unwesentliche Modifikation an ehernen naturgesetzlichen Verlaufsformen auffassen zu wollen, sondern die zwecktätige Daseinsform zum Kernproblem und Ausgangspunkt der kulturwissenschaftlichen Theoriebildung zu machen und die von hier aus auftretende Erscheinung von Naturprozeßformen als Kontingenz zeugende *Bedingungen* statt als absolute Wesenheiten systematisch zu erschließen.

Folgenreich mußte sein, daß Günther von der Analyse der Formidee einer *Logik* sprach, während zum Ansatz seiner Arbeit die Umkehrung der Determinationshierarchie nach dem Hartmannschen Konzept erklärt wurde. In seiner „Metaphysik der Erkenntnis" hatte Hartmann geschrieben, die Kategoriebegriffe seien *nicht nur nicht die Kategorien selbst, sondern auch nicht einmal Definitionen derselben; sie sind vielmehr nur hypothetische Repräsentationen der nicht definierbaren und im Kern auch niemals faßbaren kategorialen Wesenheiten*[314]. Die unterstellte Parallelität von Themengebieten und Realsphären war hier durch den hypothetischen Charakter aller, auch der kategorialbegrifflichen philosophischen Erkenntnis in der Schwebe gehalten, keine realisierte, sondern immer eine aufgegebene Entsprechung[315]. Die Existenz der Realkategorien mußte innerhalb dieser Prämissen im strengen Sinne dann eigentlich auch Hypothese sein. Zwar wurde die Fähigkeit des erkennenden Bewußtseins unterstellt, seinen Horizont zu transzendieren, indem sie an dessen Intention gebunden wurde – *sie selbst ist es, die den bloß intentionalen Gegenstand transzendiert*[316] –, aber die behauptete Transzendenz blieb als reale unverständlich, solange, was Erkenntnis sein sollte, bewußtseinsimmanent gedacht wurde. Von Bedeutung war daher die Nuance, daß nur behauptet werde konnte, *alles Bewußtsein* meine *mit seinem Gegenstand ein Transzendentes*[317]. Dann bezeichneten die 'Kategorien' eine Gesamtheit 'an sich seiender' Gegenstände, wie sie

---

[313] Die man als das 'Reich' zwecksetzenden Handelns zu verstehen haben wird, wenn auch Günther nicht zu diesem Begriff vorstößt.

[314] Nicolai Hartmann: *Grundzüge einer Metaphysik der Erkenntnis*, Berlin: de Gruyter, ²1925, p. 286.

[315] Hirschberger, l. c., p. 609.

[316] Hartmann, l. c., p. 106.

[317] ibid., p. 76.

vom erkennenden Bewußtseins *unterstellt* wurden und es konnte keine empirisch-realistische Behauptung sein, daß gemäß eines kategorialen Grundgesetzes die Kategorien der niederen Stufen die 'stärkeren' und die auf ihnen aufruhenden die 'freieren' seien, die als Integration von niederen mit einem Plus an Determinationspotenz existierten. Immerhin aber war in Hartmanns Konzeption die Unterscheidung realer Determinationsbeziehungen von semantischen Beziehungen aufbewahrt worden, die der rationalistischen Metaphysik des 18. Jahrhunderts nicht derart selbstverständlich gewesen war. So war zu erwarten, daß zwar die reale Determinationskraft der Kausalprozesse in Hartmanns Konzept 'größer' als die vernünftig-teleologischen Handelns angenommen wurde, nicht jedoch auch, daß es eine begriffslogische Abhängigkeit gebe, die den *Begriff* der Kausalität von dem der vernünftigen Zwecksetzung – wie auch anderen zwischen ihnen liegenden – so aufgehoben und integriert vorstellte, daß ersterer zu einer logisch-semantischen Voraussetzung für letzteren würde. Das hätte außerdem bedeutet, daß es ein dem kategorialen 'Gesetz der Stärke' entsprechendes begriffliches Gesetz gäbe, das die Bedeutung des Kausalitätsbegriffs in irgend einer Weise die Bedeutung eines 'höheren', integrierenden Begriffs hätte einschränken lassen. Günthers wie selbstverständlich erfolgender Anschluß an Hartmanns Schichtenlehre setzt sich jedoch über die Nuance der Unterscheidung von realen Determinationsbeziehungen und semantischen Abhängigkeiten stillschweigend hinweg. Das Konzept der 'von unten her' determinierten Hierarchie von Realsphären unter Rückgriff auf Hegel durch ein Abhängigkeitsverhältnis 'von oben her' zu ergänzen, konnte der Versuchung Nahrung geben, in der logisch-semantischen *Umfunktionierung* von Begriffen durch synthetisch überbietende zugleich die *Überdetermination* 'niederer' Prozeßformen durch 'höhere' finden zu wollen.[318] Das als 'Logik der Geisteswissenschaften' be-

---

[318] Man hat zudem hier eine doppelte Indifferenz zu bemerken, da die umgewendete Hartmannsche Terminologie eine Realdetermination 'niederer' Prozeßtypen durch 'höhere' zu indizieren scheint und die Architektonik kultureller Medienwelten, wie sie oben rekonstruiert wurde, eine Überdetermination von Praktiken durch Begriffe der Reflexionswissenschaften. Beides erscheint als so wenig plausibel, daß, mindestens bis hier, eine entscheidende Lücke in den theoriestrategischen Skizzen Günthers zu vermuten ist. Sie wäre offenbar nur zu schließen, wenn, zum einen, *Technik* als der Ort thematisiert würde, an dem bestimmter Zweck und Naturkausalität verknüpft werden und, zum anderen, Politik, Verwaltung und Recht (heute auch: Sozialpädagogik) als Medien, mit denen das Ver-

gonnene Unternehmen, das die Frage nach der Methode intellektueller Synthese *de dicto* separierter thematischer Sektoren verfolgen sollte, wäre so mit der Erbschaft des von Spengler verfehlten Problems kultureller Realsynthesen verquickt, was durch Anlehnung an einen 'spenglerianisch' interpretierten Hegel perpetuiert statt aufgehoben würde. Damit machte man erkennbar zwei unterscheidbare Fragen zu einer und es ist kaum ein Zufall, daß die Identifikation zu einem Versuch 'paßt', die Geisteswissenschaften als Medium der Integration zerteilter Handlungs- und Verständigungswelten zu etablieren.[319] Ein soziologischer Blick auf die möglichen und wirklichen Funktionen ausdifferenzierter Reflexionsmedien hätte aber daran zu erinnern, daß die aufschließende Kraft einer überzeugenden Interpretation wohl die Klüfte zu schließen vermag, die zuvor zwischen der Wahrnehmung etablierter Partikularpraktiken und dem Verstehensvermögen eines Beobachters lagen, doch ist nicht nur nicht anzunehmen, daß das gewonnene Verständnis die fremde Praxis erfasse, wie sie 'an sich' sei[320], sondern auch nicht, daß die gewonnene symbolische Ebene eines begrifflichen Instrumentariums divergierende Realtendenzen zu integrieren (oder konfligierende zu moderieren) geeignet sei, wenn damit der Gedanke ausgesprochen sein sollte, daß die für ein Bewußtsein geleistete *Vermittlung*, sowohl asiatischen Volksglauben wie auch calvinistische Religiosität, oder sowohl relativistische Physik wie auch strukturalistische Literaturwissenschaft *zu verstehen*, identisch sei mit der konfliktfreien Realvermittlung der im Lichte solcher Ordnungsbildungen ausgelösten Handlungsfolgen.

---

ständnis für den Eigensinn kultureller Praktiken in eine Moderation ihrer Existenzweise transformiert wird.

[319] Cf. vorn, pp. 73 sq.

[320] Das Problem der Ethnographie wurde eine Zeitlang darin gesehen, daß alle symbolischen und gegenständlich-praktischen Handlungsformen einer Zivilisation als die, die sie 'an sich' sind, natürlich nur von Angehörigen dieser Zivilisation verstanden werden und die infinitesimal genaue Erfassung also nur einem Ethnologen gelingen könnte, der nicht nur in dieser Zivilisation lebt, sondern dort geboren wird, lebt, und stirbt. Diese Grenzvorstellung macht deutlich, daß das Beobachterwissen kein Teilnehmerwissen sein kann und es auch nicht sein soll. Da, was solche Kulturpraktiken 'an sich' sind, im strikten Sinne noch nicht einmal von den Handelnden selbst 'verstanden' wird, weil sie es nicht zuerst zu verstehen suchen, sondern vollziehen, ist die Funktion der Interpretation bereits eine 'Vermittlung', keine einfache Angleichung.

Handeln, ohne zu verstehen

Verständigung als Funktion

Die ungefüge Terminologie Günthers mag Zweifel induzieren, ob dem Autor die analytische Kraft zugeschrieben werden könne, die nötigen Vermittlungsstufen zwischen Gesinnung und Institution plausibel zu rekonstruieren, doch daß er gar keine unterstellte und man in ihm einen nicht nur fahrlässigen, sondern sogar bewußten Verteidiger habitueller Kongruenz mit der Ideologie des NS-Staats sehen müsse, ist zwar behauptet worden, aber schwerlich belegbar[321]. Wenn ein Autor postuliert, persönliche Gesinnung müsse durch Mitteilbarkeit Anschluß an die Allgemeinheit von *Staat und Religion* wahren[322], ist das nicht zweifelsfrei Legitimation einer *(Selbst)-Einbindung in die Wirklichkeit gewordene Herrschaft des NS-Staates*[323], sondern eher die Kritik einer Haltung, der Hegel in der „Vorrede" zum „System der Wissenschaft" bescheinigte, sie trete in esoterischer Kommunikationsverweigerung *die Wurzel der Humanität mit Füßen*, wie dann auch die Erläuterung der 'Allgemeinheit' als *Recht, Sittlichkeit* unzweideutig sichtbar macht[324]. Zudem fügt sich die Insinuation, hier sei eine obrigkeitshörige Willigkeit zur Indoktrination als Auflösung des Problems individuellen Überzeugungsgewinns vorgeschlagen worden, nicht recht zu einer Argumentation, die zur Opposition nicht die 'sittliche Freiheit'[325], sondern die Behauptung der Inkommunikabilität wertgeleiteter Entscheidungen hat, also das, was man ethischen Dezisionismus nennen kann. Wenn Günthers Vorschlag aus systematischen und methodischen Gründen ebenfalls un-

---

[321] Wolfgang Neuhaus: *Die kalte Rationalität der Herrschaft*, http://guenther.uni-klu.ac.at/neu_01bt.htm, 1999.

[322] Günther, *Philosophieren als Lebensnotwendigkeit*, in: *Die Tatwelt*, H. 4, 1936, Berlin, p. 216.

[323] Neuhaus, ibid.

[324] Günther, ibid. – Neuhaus zitiert eine längere Passage wörtlich, findet aber wohl keine mildernden Umstände.

[325] Neuhaus behauptet, Günther bestreite „ein zentrales Argument der klassischen bürgerlichen Philosophie: die Freiheit des Subjekts, (ethische) Entscheidungen zu treffen".

zureichend ist, macht ihn das noch nicht zum Verfechter einer Diagnose ethischer Inkompetenz des Menschen[326].

So lange Günther zu Formeln neigte, die Pluralität der Wissenskulturen berühre *das viel breiter und tiefer wurzelnde Problem .. der synthetischen Einheit des menschlichen Selbstbewußtseins*[327], mochte daher die Dringlichkeit der Fragestellung nicht recht deutlich werden, auch für den Autor selbst nicht, und es bedurfte offenbar neben der Bekanntschaft mit der Leipziger Soziologie auch der empirischen Anschauung im Deutschland von 1933 bis 1936, um zu erkennen, daß systematische Theorie keine Kraft besaß, moderierend oder vermittelnd einzugreifen, wo sich die 'Kausalitäten' des Interessenkampfes in frühmoderner Gewaltpolitik realisierten[328]. Aber man konnte allzu undifferenzierte Hoffnungen auf die Herrschaft von Vernunft und Toleranz aufgeben und dennoch, belehrt und ernüchtert, die Arbeit an einer Kultivierung der aufklärenden Reflexion fortsetzen, indem man die Fragestellungen präzisierte, wie es Günther in der Kontroverse mit Rausch begann[329]. Dessen existentialistisches Pathos, die Verteidigung des Philosophierens als persönlich bedeutsamer Besinnung und die Insistenz darauf, Entscheidung als rückhaltlos privat zu erkennen, mochte eine in ihrem Ernst anrührende Haltung bezeugen[330]. Daß damit aber alles geleistet sein sollte, wozu Philosophie imstande sei, war spätestens dann fraglich, wenn aus der

---

[326] Neuhaus reagiert l. c. vor allem auf eine Rezension, in der Günther „das Unordentliche von der Diktion her äußerst aggressiv attackiert" (ibid.). Ein Seitenblick auf die Kontroverse mit Rausch erfolgt zwar, bleibt aber für das Urteil ohne produktive Folgen, trotz des Zitats aus Günther l. c., dem Menschen begegne „die Wirklichkeit als substantielle, allgemeine Dimension des eigenen Gewissens." Joachim Paul hat gegen die Darstellung von Neuhaus protestiert und daran erinnert, daß Günther antirationalistische Argumente abzuwehren sucht. Die retrospektive Verdunklung der obrigkeitsstaatlichen Tradition durch den Faschismus verleitet heute leicht dazu, in einem Konzept rationeller Führung des Staates die gesuchte Synthese aus technischer Planung und traditioneller Delegation von Herrschaft zu verkennen und ihr die Anerkennung als kritikwürdige Lösung zu verweigern. (Die Dokumente dieser Diskussion sind nicht mehr auf dem mail server des IFF Klagenfurt zu finden, aber von Joachim Paul zu erhalten, jpaul@xpertnet.de). Erklärungsbedürftig bleibt wohl, daß der von Neuhaus herangezogene Text *Unverständige Philosophie*, der im *Organ des Amtes Schrifttumspflege bei dem Beauftragten des Führers für die gesamte geistige und weltanschauliche Erziehung der NSDAP* im August 1938, pp. 415 sq., erschien, in der akribischen Bibliographie nicht verzeichnet ist, daß aber „Günther .. als konzeptioneller Ideologe des Dritten Reichs tätig" gewesen sei (Neuhaus, l. c.), ist eine schwerlich überzeugende Behauptung. Man wird Günther menschlich und hier argumentativ wohl eher gerecht, erkennt man an ihm den Habitus

existentiellen Einsamkeit der persönlichen Verantwortung umstandslos die Impotenz der Verständigung über Gründe von Entscheidungen abgeleitet wurde. Das ergäbe dann doch eine Auflösung von Einheit, die von etwas anderer Dringlichkeit als die des theoretischen Selbstbewußtseins wäre, denn daß unter dem heroischen Pathos der einsamen und rechenschaftsfreien Entscheidung auch die Auflösung aller zivilisierten Verbindlichkeit betrieben werden konnte, war für ein gebildetes Rechtsbewußtsein im Deutschland von 1936 mindestens zu ahnen. Rausch argumentierte dabei mit einem ungeklärten Begriff von Verständigung, wenn er behauptete, daß der *Grad der Mitteilbarkeit .. vom Grad der Beweisbarkeit abhängig sei.*[331] Günther antwortet jedoch unter denselben Voraussetzungen, wenn er fordert, die *wissenschaftliche Philosophie* müsse daran festhalten, persönliche Entscheidung als *durch Beweis zwingend, d. h. mitteilbar* zu konzipieren, da nur so die *unbedingte Forderung, den wesentlichen Gehalt seiner Innerlichkeit in objektiven, allgemeinen und in ihrer Allgemeinheit mitteilbaren Lebenszusammenhängen zu realisieren*[332], erfüllt werden könne. Das erscheint als Mißverständnis, da Rausch ausdrücklich der Gestaltung der Lebensführung zuarbeitet, und Günthers Insistieren auf einer Aufgabenstellung *wissenschaftlicher Philosophie* die intellektuelle Rekonstruktion einer Praxis bezwecken muß. Der Terminus *Beweis* bezeugt, daß er die Konkludenz alltäglichen kommunikativen Handelns nicht nur als logische Konklusion rekonstruieren, sondern durch sie überhaupt gewährleisten will. Aber in den Sätzen des Proponenten war eben diese Verbindung hergestellt gewesen und es war daher eine offenbar erst zu

---

eines 'preußischen Puritaners', wie ihn Sebastian Haffner in seiner *Geschichte eines Deutschen* dargestellt hat; cf. l. c., pp. 98 sq.

[327] *Die philosophische Einheit der Wissenschaften*, in: *Die Tatwelt,* H. 2, 1937, p. 79.

[328] Was im 20. Jahrhundert bedeutete, sich der bildungsoptimistischen Hoffnung auf eine Zukunft allgemeiner aufgeklärter Urteils-, Reflexions- und Verständigungskompetenz, wenn nicht zu entschlagen, so doch keinesfalls mehr zweifelsfrei sicher sein zu können.

[329] *Philosophieren als Lebensnotwendigkeit*, l. c.

[330] „Die Liebe ist es, durch dic der Gedanke das Schicksal des Denkenden wird, das ihn in die Nacht der Verzweiflung stürzt und wieder in das Licht einer klaren Überzeugung hebt". - „Der Ausgang echten, selbständigen Philosophierens ist also .. eine Not, in die der ganze Mensch gerät und die ihm Bücher höchstens enthüllen können" (p. 209).

[331] p. 211.

[332] p. 220.

bewältigende Arbeit, die Differenz von Verständigung und Erreichen von Einverständnis zu bestimmen. Hier sollte dieses immer noch jene verbürgen, was natürlich zur Folge haben mußte, daß jedes Mißverstehen aus egoistischer Verweigerung zu erklären war.

Handlungstheorie

Es wird keiner Begründung bedürftig sein, nach den Voraussetzungen konkludenten Handelns zu fragen, wenn man einmal zu der Überzeugung gekommen war, Zeuge seines Mißlingens zu sein. Wenn die Selbstinterpretationen oder gar nur das Selbstgefühl der handelnden Personen nicht geeignet sein konnten, eine adäquate Handlungs'antwort' zu induzieren, mußte es andere Voraussetzungen dafür geben, die dann offenbar den Horizont des Persönlichen überschritten. Nach ihrer Bestimmung sucht Günther im Aufsatz „Religion, Metaphysik und transzendentaler Idealismus"[333].

Gleich anderen Kulturen habe die europäische die Vorstellung von der Abkunft des geistigen Menschen *aus der Transzendenz* entwickelt, jedoch mit einer charakteristischen Nuance, die gegenwärtig eine Krise des Selbstverständigung über Werte und Ziele des Lebens in der Kultur hervortreibe. In der europäisch-christlichen Tradition seien immer Versuche unternommen worden, sich dieser Abkunft begrifflich zu versichern, wodurch von Beginn an eine Tendenz *zur bedingungslosen und radikalen Säkularisation des heiligen Gottes* in der christlichen Religiosität eingelagert gewesen sei. Ursprung dieser Tendenz sei Platons Gleichsetzung der *metaphysischen Existenz des Menschen*, d. h. seiner göttlichen Herkunft, mit der *rationalen Struktur des Bewußtseins*[334]. Die Unterstellung der Existenz ideeller Wesenheiten vor der Existenz des empirischen Individuums habe zwar die Gründung seiner Geistnatur in der Transzendenz sichern können, jedoch um den Preis der Anfälligkeit des Grundes für Kritik, anders als etwa *in den ostasiatischen Weltreligionen*. Die Geltung der *rationalen Strukturen des Denkens als adäquater Abbilder des absoluten göttlichen Seins* habe wohl *die im*

---

[333] In: Helmut Schelsky/Gotthard Günther, *Christliche Metaphysik und das Schicksal des modernen Bewußtseins*, Leipzig: Hirzel, 1937, pp. 9-46.
[334] p. 13.

reinen Denken beschlossenen raffinierten Gefahren gebannt, doch seien diese *in dem Augenblick akut* geworden, da *die platonisch-klassische Hypostasierung der rationalen Strukturen durch die Selbstreflexion des Denkens der Auflösung verfiel*. Nach Descartes' Einsatz sei mit Kant *die lang vorbereitete 'Revolution der Denkart', mit deren moralisch-existentiellen Folgen wir uns heute auf politischem Boden auseinanderzusetzen haben, endlich ungefesselt* ausgebrochen. *Man kann die seelische Wirkung der Vernunftkritik auf das moralische und religiöse Bewußtsein gar nicht hoch genug einschätzen,* denn die *metaphysische Dimension als der Grund und Ursprung des wahrhaftigen Daseins des Menschen* habe sich durch sie *wie eine Fata morgana aufgelöst.*[335] In der Lehre von den Antinomien sei demonstriert, daß Grundprobleme der Selbstverständigung des Menschen nicht durch logisch stringente Begründung, sondern nur *durch Entschluß* zu bewältigen seien. Sowohl sei begründbar, daß die Welt als endlich in Raum und Zeit sowie vollständig und eindeutig determiniert zu denken sei, als auch ihre Unendlichkeit und nur unvollständige Determiniertheit. Brisant werde dies durch seine Implikationen: der erste Standpunkt ermögliche mit der Entstehung der Welt einen Schöpfer – weshalb der entgegengesetzte zweite in eben dieser Hinsicht *das religiöse Problem schlechterdings und radikal* auflöse. In Sperrdruck wird die Konsequenz formuliert: *Das Ich entdeckt hier die Existenz Gottes als identisch mit dem metaphysischen Problem seines eigenen Willens.*[336] Schon die theoretische Philosophie Kants, nicht erst die Moraltheorie, ist der Ort, an dem *Gott* als eine notwendige Unterstellung statt als gegebene Realität gedacht wird. Die Diagnose wird im Bewußtsein gegeben, daß das Problem des toten Gottes das des Autoritätsverlustes der religiösen Tradition ist, denn die Pointe besteht darin, in der Bindung der *Rechtfertigung* empirischen Handelns an nur private Evidenzen die *Realisierung der Idee des Guten*[337] als unbewältigtes Problem zu entdecken[338]. Das *Ich* lebe mittels des kritizistisch verwandelten Bewußtseins, *das die letzten*

---

[335] pp. 9-12.

[336] p. 15.

[337] p. 11.

[338] Hier folgt dann die wie beiläufige Erinnerung an die Folgen „auf politischem Boden". – ibid.

und dünnsten Fäden zerreißt, welche es noch an die absolute Substanz gebunden haben[339], in der bisher allein Gott zuzuschreibenden *absoluten Freiheit.*

Prozeß der Geschichte

Daß noch Kants Konzept zugleich mit dem Glauben an den monotheistischen Gott in einen Gegensatz zu einer dritten Macht gestellt werden kann, zeigt die Formel, *Geschichte und transzendentales Apriori* bildeten eine Antithese[340]. Die historistische Auflösung des Glaubens an die Eine Vernunft kann daher für die Diagnose umstandslos von der Dissoziation der Kirchen und Dogmatiken vertreten werden, indem der Verlust des ontologischen Gottesbegriffs als Ursache für die Mehrdeutigkeit von Traditionen identifiziert wird. Könne der Mensch entscheiden, *ob Gott der metaphysische Existenzgrund des Daseins sein soll oder nicht,* dann sei damit auch *die metaphysische Freiheit des Menschen gegenüber der Geschichte als Offenbarung eines eindeutigen göttlichen Willens* behauptet.[341] Die mißverständliche Formulierung meint kaum eine Inklusion, denn die Freiheit, Gottes Existenz anzunehmen oder zu verwerfen, impliziert nicht, daß dessen Offenbarung mehrdeutig, sondern, daß sie im Falle der Verwerfung bedeutungslos ist. Was hier aber ausgesprochen wird, ist die Einsicht, daß selbst die Entscheidung für ein religiös gegründetes Selbstverständnis den Autoritätsverlust tradierter Werte, ihrer irreduziblen Pluralität wegen, nicht auszugleichen vermöchte. *Keine vorhandene Religion* könne noch *mit dem Anspruch auftreten, absolute und unüberbietbare Glaubensgewißheit zu vermitteln* und es werde auch keine Religion einen solchen Anspruch jemals erfüllen, *weil der metaphysische Sinn geschichtlicher Existenz eine eindeutige Realisation eines absoluten Bewußtseins grundsätzlich ausschließt.*[342] Offenbar ergäbe auch eine säkularisierte Variation des Problems keine neue Konstellation, denn daß ein prinzipielles *Gefühl der Achtung vor dem Sittengesetz* die gesuchte Primärinstanz für die Deckung von Ent-

---

[339] p. 16.
[340] p. 9.
[341] p. 18.
[342] p. 20.

scheidungen sein könnte, erwägt Günther nicht. Von Bedeutung ist die Wendung, um philosophisch problemadäquate Antworten zu gewinnen, müsse *das Denken nach göttlichem Range streben*[343]. Daß mit ihr an die Wendung Eckharts angeknüpft wird, *nos transformamur totaliter in deum et convertimur in eum*[344], scheint sie als der Mystik angemessene kenntlich zu machen, in der der Aufstieg der endlichen Kreatur zum Vollbewußtsein einer unendlichen Intelligenz vorgezeichnet wird. So klingt auch noch die Forderung, sich von einer philosophischen Thematik zu lösen, *die sich bisher noch als christlich im Sinne des tradierten kirchlich-christlichen Bewußtseins verstehen konnte, wie es ja die Idealisten Fichte, Schelling und Hegel getan hätten*[345]. Diese bleiben wohl methodische, aber nicht mehr materiale Orientierung, denn *der Idealismus hat selbst den vollen transzendentalen Umfang des neuen Bewußtseins noch nicht beschrieben. Es ist ihm entgangen, daß seine eigene transzendentale Theorie des theoretischen Bewußtseins unmittelbar die Fortführung in eine transzendentale Theorie des praktischen Bewußtseins fordert*[346]. Damit aber bedeutet der Aufstieg zur göttlichen Erkenntnispotenz nun, der menschlichen Fähigkeit zur Theorie ein Thema zu öffnen, das in der christlichen Tradition wohl zuerst als Faktum legitimiert, nicht aber intellektuell erschlossen worden sei. *Jeder Idealismuskenner weiß, daß die Hegelsche Logik eine Analyse aller überhaupt möglichen Bewußtseinssituationen liefern will. Was sie aber tatsächlich entwickelt, ist einzig und allein der transzendentale Bereich des Selbstbewußtseins im Denken. Sie vergißt, daß sich dasselbe Bewußtsein ebenso urphänomenal und grundsätzlich in Handlungen, d. h. in Entscheidungen bestimmt .. Es gibt urphänomenale nicht-theoretische Bewußtseinssituationen, die ebenfalls in das Denken gehoben werden können, die aber nie im Denken auflösbar sind. Alle reinen Kategorien der Entscheidung wie Treue, Ehre, Ergebung, Liebe, Angst, Grauen, Haß usw.*[347] sind systematisch zu Themen einer *Tran-*

---

[343] p. 11.
[344] p. 17.
[345] p. 8.
[346] p. 6.
[347] p. 7.

szendentallehre vom Willen[348] zu machen. Daß die bisherige Kultur hier überschritten werden müsse, *wird niemand ernsthaft bestreiten, denn gerade das scheint das metaphysische Grunderlebnis unserer Gegenwart zu sein.*[349] Hier geht nicht nur die Hoffnung auf die Bindungskräfte überzeugender Einsichten für Handlungen dahin, sondern zugleich und in Einem damit die auf die Restituierbarkeit gefährdeter Evidenzen der Kultur durch das klassische Verfahren des Denkens des Denkens. Aber die Frontstellung ist auch nach der anderen Seite eindeutig. Nicht das empfindsame Nachspüren, dem immer nur die Verlorenheit im Ungrund der personalen leiblichen Regungen und Gefühle als Resultat entspringt, nicht die Einsamkeit der unendlich sensiblen Rezeptivität, die es als Verrat am Heiligsten ansehen will, die tiefe Innerlichkeit an das helle Tageslicht zu heben und nicht der zur Vornehmheit gesteigerte Autismus des Ästhetentums sind die angemessenen Reaktionen auf die Erfahrung des Primats des *existere* vor dem *cognoscere*, sondern wiederum ein aufklärerisches Programm zur methodischen Erschließung des bislang Unvertrauten und Unbekannten.

In der Entwertung älterer, über Brechungen hinweg dauernder Orientierungen lag schließlich die Gefahr, die Resultate der Kulturentwicklung vergangener Epochen zwar um sich, aber dennoch nicht zur Verfügung zu haben, da, wo nur eine zufällige Abfolge von Epochen unterstellt war, von Fortschritt schwerlich die Rede sein konnte. Konnte die Frage, was zu tun sei, nicht durch ein 'Lernen aus der Geschichte' beantwortet werden, weil die eben vergangene Epoche jenseits eines Kulturbruchs lag, der sie zur Antiquität machte, kaum daß sie abgelebt war, und zugleich aus keiner irgendwie gearteten Offenbarung, mußten andere Medien gefunden werden, die es dem Individuum ermöglichten, aus der Privatheit seines Erlebnishorizonts herauszutreten, um seinem Handeln, das hier von selbst heraustrat, in seinen Folgen, den angemessenen Horizont zu gewinnen. Konnte man aus der Vergangenheit keine exemplarischen Erfahrungen mehr beibringen, aus denen Maßstäbe für zukünftige Entscheidungen zwanglos und zweifelsfrei gewonnen werden konnten, dann erfuhr man den Verlust der Evidenz des Vertrauten, in generationenlanger

---

[348] p. 8.
[349] p. 7.

Tradierung als realitätstauglich Erwiesenen, das Kriterium der Differenz von Möglichkeit und Wirklichkeit hatte sein können. Hier entsteht nun die erste Skizze der gesuchten nichtklassischen Logik, gelegentlich des Unterfangens, eine methodische Figur der Hermeneutik für die Modellierung der Beziehungen vom durch Wissen strukturierten Raum *Vergangenheit* zum durch Extrapolation und Entwurf geordneten Handlungsraum *Zukunft* anzuwenden und dabei zugleich umzuformen[350]. In der Krise des Offenbarungsglaubens erkennt Günther, was schon Erfahrung des 18. Jahrhunderts gewesen war, den Zweifel an der Fortschreibung von Traditionen als Forderung neuer Formen der Vermittlung über Brüche hinweg. Daß es jedoch mehr als eine Reprise ist, zeigt die Kritik auch der nun schon überlieferten Reaktion auf die verwandte Problemlage, wenn er formuliert, *die Hegelsche Geschichtsphilosophie ebenso wie die vorausgehenden geschichtsphilosophischen Entwürfe der Aufklärung* hätten sich vermessen, *die ganze geschichtlich-metaphysische Wirklichkeit vom ersten Anfang an bis in alle erdenkliche Zukunft auf ein reelles Zeitmaß bringen zu können*, so daß *notwendig auch ein Sinnzusammenhang die Substanz des geschichtlichen Daseins beherrschen* müßte.[351] Der innere Zusammenhang, der Geschichte als Fortschritt denkbar machte, sei aber mit historistischem Bewußtsein zu durchtrennen. In der Wendung, der einzig übrige Konnex zwischen den Zeiten sei die *Entscheidung in Freiheit*, wird der Zusammenhang zugleich restituiert und als Problem etabliert.

Bleibt im Detail auch das meiste unfertig und dem echten Problem unangemessen, ist an Günthers Modell doch der allgemeine Umriß eines konzeptionellen Kerns bedeutsam, der entwickelbar ist. In dem Gedanken, Vergangenheits- und Zukunfts'raum' hätten verschiedene Ordung, liegt die Einsicht, daß es keine einfache Verlängerung von Handlungsformen und Institutionen in der Zeit geben kann, wo Entscheidungen zu treffen sind. Vom aus Vergangenheit genährten Wissen können hier Realität setzende Entscheidungen nicht gleichsam ausgefällt werden. Von einem entwerfenden, erprobenden Denken ließe sich das erwarten, wenn in ihm alle relevanten Bedingungen

---

[350] *Wahrheit, Wirklichkeit und Zeit, die transzendentalen Bedingungen einer Metaphysik der Geschichte*, in: *Beiträge I*, l. c., pp 1-7.
[351] p. 5.

und Folgen einer Entscheidung programmatisch bedacht wären. Hier wäre die tatsächliche Ausführung einer beschlossenen Handlung der eindeutige Abschluß eines Horizonts offener Möglichkeiten, derart, daß die intellektuell vorgezeichneten Handlungszüge aus ideellen in den realen Horizont nur überträten. Günthers Fragestellung aber ist die nach der Genese des Möglichkeitshorizonts aus der Faktizität des als Vergangenes Gegebenen. Diese Orientierung ist Anlaß für seine Formel, 'das Zeitproblem' ließe sich *nicht auf das unmittelbare Verhältnis von Handeln und Denken reduzieren*[352]. Die formulierte Fragestellung aber verkürzt bereits den Inhalt des tatsächlichen Problems, denn sie stellt die Beziehungen beider 'Räume' als die der Vermittlung semantischer Differenzen dar: die niedrigere Komplexität der *Vergangenheit*, in der alles unveränderlich *sei*, nichts mehr in der Schwebe des *könnte*, soll mit der reicheren Mannigfaltigkeit der noch verwirklichbaren Möglichkeiten zukünftigen Geschehens 'vermittelt' werden. Die Orientierung an Anschaulichkeit führt jedoch auch hier dazu, daß die zentralen Thesen die Fragestellung eher verdecken als explizieren. Aus der Objektnatur vergangener Ereignisse, reflektierendem Denken 'gegeben' zu sein, wird die These abgeleitet, daß, da hier die Zeit *als bloßes Objekt der theoretischen Reflexion ausgeliefert* sei und *in die Erinnerung* hereintrete, das Denken eine *höhere Mächtigkeit gegenüber der Zeit* besitze[353]. Zum zweiten erlebe sich das *in Entscheidungen lebende Ich der praktischen Vernunft .. i n der Zeit*, so daß *sich die Zeit als von höherer metaphysischer Mächtigkeit .. als der Wille* erweise[354]. Der mathematische Terminus *Mächtigkeit* wird hier auf seinen Ursprung als Metapher der Anschauung zurückgebildet und zur Beschreibung anschaulicher Größenverhältnisse verwendet, so daß die Zeit der Vergangenheit im Wissen und die handelnde Person in der Zeit stecken wie die Hand im Handschuh. Das Verhältnis des Wissens zum Willen hingegen wird damit erläutert, daß der Wille Grund des Wissens sei, denn, schreibt Günther, daß *ein denkendes Selbstbewußtsein faktisch d a ist, d. h. d a ß ich denke, kann 'ursächlich' nur darin begriffen werden, daß ich denken will*. Ob der Grund hier nach einem my-

---

[352] ibid.
[353] p. 4.
[354] p. 8.

thisierten Bild der Geburt 'mächtiger' als das von ihm Hervorgebrachtes vorgestellt wird, kann nicht genau ausgemacht werden. Die Argumentation legt es einerseits nahe, denn das faktische Auftreten intellektueller Handlungen wird als *Folge* von Willensakten erklärt, aber die Erläuterung der Behauptung formuliert ein Verhältnis von Konzepten, nicht von Sachverhalten oder Ereignissen: es sei ein Irrtum, zu glauben, daß *das absolut allgemeine Denken auch seine eigenen Existenzkategorien enthalten müsse*, allein eine *transzendentale Theorie des Willens* könne die Existenz des Denkens *explizieren*, denn nur sie allein enthalte *die Existenzkategorien der Bewußtseinsrealität*. Offenbar soll damit ausgesagt werden, daß der Wille 'mächtiger' sei als das Denken, weil er dessen Existenzprädikat gebe. In der Vermengung von Sachverhalt und Kategorie zeigt sich allerdings wieder die Identifikation von analytischer und Realdistinktion, die im Ganzen der Theoriebildung herrscht. Ihr fällt die Realisierung der Intuition zum Opfer, daß die subkutane Prägung der verantwortlich handelnden Personen im leiblich-willenshaften Substrat wie in den alltäglich tradierten Verkehrsformen abgelagert ist und deren blinde Determinationsmacht zu brechen den Sinn einer Reflexion auf die nur traditionell gedeuteten oder gar noch unbewältigten Erfahrungen der Vergangenheit ausmachte. Daß auch kritisches Denken immer gewollt ist, führte auf einen Konflikt verschiedener Willensimpulse.

  Hier ist eine Entdeckung wiederholt, die Marx im 19. Jahrhundert zu einer emanzipierten Hegel-Nachfolge führte. So wenig, wie die zum Reich der Zweckursachen gemachte intellektuelle Sphäre Naturformen bewirkte, sollte sie dies nun auch im Feld der Handlungen leisten können. Die logische Konsistenz konnte nicht mehr Modell der Konkludenz kommunikativer Akte sein. Die Entstehung der sozialwissenschaftlichen Reflexionsform war hier vom Bewußtsein begleitet, daß der Gegenstand zwar als systematisch rekonstruierbar zum ersten Mal begriffen wurde, doch vorher schon existierte. Dessen Eigensinn war nicht durch intellektuelle Konstruktion hervorgebracht. Die Stellung dieser zu jenem mußte erst noch bestimmt werden. Wäre diese Einsicht bei Günther ausdrücklich geworden, hätte methodologische Reflexion deutlich markieren können, daß die Absicht der Trennung einer 'Metaphysik des Willens' von der Logik der Intelligenz notwendig eine kritische Sichtung der Hegelschen Theorie der Konstitution kultureller Formen bedeuten mußte. Entstanden neue Handlungssphären historisch tatsächlich durch Erschöpfung der Distinktionspotentiale vorhandener, zudem auf eben der Bahn, die von der sinnkritischen Entfaltung ihres Begriffs vorgezeichnet wurde?

Verborgen ist zudem, daß im Thema dieser Erörterungen einige differenziertere Unterscheidungen nötig wären, um die angestrebte Frage klar formulieren zu können. Die Wirkung historischen Wissens auf den Gewinn von Handlungsorientierungen zu berücksichtigen, führte bereits zur Aufmerksamkeit für eine doppelte Beziehung: der Leitung historischen Interesses durch die Fragestellungen der Gegenwart und der Beeinflussung dieser Fragen in der Prägung der Fragesteller durch die befragte Überlieferung selbst. Sie wäre noch dort zu vermuten, wo eine Position des Historismus aus Gründen moralischer Sensibilität gewählt wird, um vergangenes Handeln und Geschehen nicht allein nach den Maßstäben der Gegenwart und aus dieser gewonnenen Kriterien der Opportunität und Nützlichkeit zu beurteilen. Die Präformierung von Horizonten der Entscheidung, die mit den massiv faktischen Resultaten der Vergangenheit, schon jenseits eines Wissens von ihr, gegeben ist, ergäbe eine weitere Nuance, die kaum übergangen werden dürfte, sollte das in Rede Stehende in einem allgemeinsten Umriß erfaßt werden. Einwände dieser Art hätte unser Autor wahrscheinlich für nebensächlich erklärt, sind es doch Einwände, die sich dem Problem als materialem Gehalt zu stellen fordern – und eben das ist nicht sein theoretischer Fokus. Er sucht nach dem, was man die Problemstruktur nennen könnte, nach einem System von Beziehungen und Unterscheidungen, die in allen besonderen materialen Gehalten immer wiederkehren müßten. Daß der Programmformulierung eine Analyse der Entwertung von Glaubensmächten und Traditionen vorangeht, ist ein prägnantes Indiz dafür, daß hier einem Bewußtsein zugearbeitet werden soll, das auf der Verantwortbarkeit kultureller Akte besteht.

4. Programm und Theoriekern

Mochten die Themen interkultureller Begriffsbildung, geisteswissenschaftlicher Methodologie und handlungstheoretischer Konzeptbildung noch nicht mehr anzeigen als eine wache Sensibilität für Quellpunkte aktueller Theoriegenese, zeigt sich doch in der Vielzahl der Themenfelder, daß keines von ihnen die Aufmerksamkeit Günthers im besonderen bindet. Der tastende Versuch, eine Diskontinuitätsanalyse über der Schwelle der durch Entscheidungen konstituierten Gegenwart zu leisten, läßt bereits deutlicher erkennen, wie, statt der Erschließung neuer materialer Themen für systematische Theorie, einer Theorie über diese Erschließung zugearbeitet wird. In einer *Hermeneutik der Alterität* wäre dieselbe Frage von Interesse: was geschieht, wenn jenseits des Horizonts identifizierter Bedeutungen Unterschiede und wiedererkennbare Beziehungen ausgebildet werden? Was geschieht auf dem Wege vom Nicht-Wissen zum Wissen? Dieses Thema zu stellen, heißt, sich mit dem naturwüchsigen Ablauf des in der bisherigen Kulturgeschichte doch immer vollzogenen Ganges des Wissensgewinns nicht mehr zufrieden zu geben, sondern eine Aufklärung über das *Wie* für eine Aufgabe von Dringlichkeit zu halten. Daß sie mit guten Gründen als solche behandelt wird, liegt an der wie beiläufig erfolgenden Verschiebung, nach der die Alterität nicht mehr die einer gegebenen Unbekannten ist, sondern die Unbekanntheit eines Nicht-Gegebenen – hier des unbesetzten Horizonts zukünftiger Möglichkeiten. Das 'Nichts', in das hier hineingeblickt wird, nicht als den gähnenden Abgrund des kulturell Undefinierten zu fassen, vor dem allein der Mut und Wille zum Standhalten anzurufen wären, sondern als ein Spielfeld für systematische Erkundung und Eroberung, leitet die Theoriebildung Günthers an. Den Kernbezirk der begrifflichen und konstruktiven Mittel prägt dabei die Absicht, für solche Unternehmungen einen Apparat von Operatoren zu entwickeln, die sich zu systematisch kontrollierbaren und wiederholt abrufbaren Schrittfolgen verknüpfen lassen, also Elemente von Algorithmen zu sein geeignet sind. Sie sollen als Grenzfälle logischer Abbildungsfunktionen entworfen werden, mit denen die Transformation von Bedeutungen als Transposition von Bedeutungspartikeln aus gegebenen Kontexten oder als Transzendieren dieser durch die Erzeugung neuer modelliert werden kann. Eine eigenwillige Pointe liegt darin, solche Verfahren als nicht nur zu ihrer Stabilisierung, sondern schon zu ihrer Anwendbarkeit auf maschinelle Instituierung angewiesen zu verstehen, was zu einer nicht nur terminologischen Annäherung an die Theorie programmgesteuerter Automaten führt. In Prägungen wie der einer *Kybernetischen Ontologie* wird eine Konvergenz mathematisch-technischer und traditioneller philosophischer Konzeptbildung schließlich sogar ausgesprochen.

Grenzüberschreitungen

'The Frontier'

Im Lebensgang Günthers zeigte sich, wie die einmal aufgeschlossene Problemsicht in Kulturräume leiten konnte, die praktische Kommunikationserfahrungen versprachen, an denen das Erahnte präziser zu bestimmen möglich erschien. Wie mancher andere Immigrant aus Europa konnte Günther in den USA eine innovative, experimentierfreudige Lebensform als vorherrschende erkennen, aber seiner diagnostischen Aufmerksamkeit und seiner konstruktiven Vorhaben wegen mußte er dabei weniger intellektuelle Revisionen vornehmen, als es mancher allein vom Reichtum der europäischen Kulturgeschichte zehrende Kopf hatte tun müssen. An der Mentalität der Bevölkerung fasziniert ihn der konsensorientierte Zug, der über allem die prinzipielle Gleichheit, Gutwilligkeit, Verstehbarkeit und Verständnisfähigkeit aller Personen unterstellt. Geprägt von der Erfahrung der immer weiter vorrückenden Grenze, die mit der Eroberung des Westteils des Kontinents im 19. Jh. einherging, habe sich eine, noch die verschiedensten lokalen Differenzen integrierende, gemeinsame Idee der *frontier* ausgebildet[355], der ein auf situative Abstimmung und die Bereitschaft zum Experimentieren und Erproben gerichteter Zug im alltäglichen kommunikativen Handeln

---

[355] *Selbstdarstellung*, l. c., pp. 25 sq. - Zum Schlagwort geprägt wurde der Terminus von Frederick Jackson Turner im 19. Jahrhundert, cf. id.: *Die Grenze. Ihre Bedeutung in der amerikanischen Geschichte*, Bremen: Dorn, 1947.

zu verdanken sei. Er übersetzt sich den Terminus *Pragmatismus* in diesem Sinne und erkennt in ihm die Grundlage eines neuen Weltverständnisses jenseits rückwärtsgewandter mystischer Esoterik, wie er sie etwa bei Heidegger kulminieren sieht. Er nennt es noch dazu einen *ungoethischen Pragmatismus*, da auch Goethe, trotz des Wortes *Was fruchtbar ist, allein ist wahr*, doch nie Zweifel am *Evidenzcharakter* des Wahren gehegt habe[356]. Der unentwegte 'Blick nach vorn' aber, den er den US-Amerikanern abliest, die Orientierung auf den Möglichkeitsraum, in dem gehandelt wird, entstamme einem *abgrundtiefen Mißtrauen gegen jene innere Evidenz, die in Menschen entsteht, die durch ein gemeinsames historisches Schicksal geformt worden sind*[357]. Es gebe so keinen *spirituellen Konsens*, der die Beglaubigung von Urteilen durch Rückgriffe auf ein Sediment von aus Erfahrungen gebildeten Überzeugungen und Wertvorstellungen sichere. Daß er tatsächlich einen zum Schlagwort verdichteten kollektiven Erfahrungsschatz dieser Kultur anruft, wenn er den Kern der US-amerikanischen Mentalität *im Geist der Frontier-Erfahrung* sieht, also in der stilisierenden Interpretation einer Situation des seiner Voraussetzungen nicht bewußten und immer perpetuierten Anfangens in einen kulturell vermeintlich leeren Raum hinein, ist dabei nicht erkannt. Denn was ihn dabei tatsächlich interessiert, ist der Unterschied des Vorrangs von Horizonten der Erinnerung und Tradierung in Europa gegenüber denen des zukünftig Möglichen in den USA, also ist ihm nicht kein spiritueller Konsens die wesentliche Differenz, sondern die Orientierung auf das Realisierbare statt auf die Erfahrung des Geschehenen. Daß hier mehr als der Anschluß an die Weltanschauung nordamerikanischen Wehrbauerntums gesucht ist[358], formuliert er als eine Diagnose, die von einer Aufgabenformel nicht zu unterscheiden ist: Nach der Erschöpfung des physischen Raumes erfolge nun eine Sublimierung ins Reich des Intellekts. Die Schluß-

---

[356] *Selbstdarstellung*, p. 68.

[357] ibid., p. 21.

[358] Norbert Wiener notiert 1954 als eine Selbstverständlichkeit, daß „für den Durchschnittsamerikaner .. Fortschritt die Gewinnung des Westens, die Anarchie der Grenze" bedeute, und akzentuiert den Zug daran, der uns hier bedeutsam scheint: „Lange Jahre vollzog sich die Entwicklung der Vereinigten Staaten vor dem Hintergrund eines leeren Landes, das immer weiter nach Westen rückte." - *Mensch und Menschmaschine*, Bonn: Athenäum, ³1966, p. 40.

folgerung gewinnt an Gewicht, erkennt man in ihrem Anlaß die besondere Gestalt einer allgemeinen Erfahrung des 20. Jahrhunderts, die Alfred Weber in dem Urteil aussprach, es gebe nun auf dem Globus keinen Ort mehr, an dem der Mensch nicht mit Resultaten seiner Tätigkeit konfrontiert sei[359]. Obschon diese Erfahrung heute ubiquitär erscheint, ist sie noch kaum systematisch bewußt gemacht worden, so daß, ihre Bedeutung für die Prämissen einer philosophischen Theorie auszumessen, keine erledigte Aufgabe sein dürfte.

Science fiction

Daß Günther durch seine programmatische Orientierung auf die intellektuelle Verarbeitung der neuen Erfahrungen vorbereitet ist, beweist sich in deren Integration in das Bündel intendierter Anwendungen des gesuchten Kerns begrifflicher und systematischer Mittel, die aus der thematischen Verwandtschaft einen Fortschritt der Konkretisierung zu gewinnen erlaubt. Das in den Umrissen einer Vermittlung des 'Wissensraums' Vergangenheit mit dem zu diesem disparat gewordenen 'Entscheidungsraum' Zukunft erahnte Thema öffnet sich hier Phänomenen, die nicht erst mit dem Ende des Krieges auffällige geworden waren. Dieser war nur eine enorme Beschleunigung von Entwicklungen gewesen, deren erste Züge sich bereits angekündigt hatten. Die Atombombe[360] demonstrierte auf eklatante Weise, was auch auf anderen Entwicklungsfeldern der Technologie geschehen war, die Raketentechnik ermöglichte die Raumfahrt und die Nachrichtentechnik wurde zur Quelle allgegenwärtiger technischer Datenbearbeitung. Mit moderner Technologie wurden offenbar Optionen geschaffen, für die es in der bisherigen Menschheitsgeschichte kein Analogon gab und die Geschwindigkeit des Wandels traf zudem auf ein Vorstellungs- und Begriffsvermögen, das ihm

---

[359] „[Der abendländische Mensch] war ausgezogen, die Welt sich untertan zu machen. Seine eigene Technik aber läßt ihm auf der kleingewordenen Erde anscheinend keinen Weg mehr ins unbetretene Freie"; in: *Abschied von der bisherigen Geschichte*, Leiden: Sijthoff's, 1935, p. 392. - Für die Gegenwart etwa Eric Hobsbawm, *Das Zeitalter der Extreme*, München: dtv, 1998; 10. Kapitel: *Die soziale Revolution*, pp. 363-401.

[360] Wie auch die technisierte Kriegführung mit ihren, sogar im Vergleich zum ersten Weltkrieg (dem primären Schock für die europäische Kultur) grenzsprengenden Dimensionen in Raum und Zeit und das ungeheure Ausmaß, welche die nazistischen Untaten durch Einsatz moderner Technologie und Planungsrationalität annehmen konnte.

kaum gewachsen war.³⁶¹ Die Vermutung, daß Günther in der *science fiction*-Literatur ein Medium entdeckt, das hier Dienstfunktion übernimmt, schlösse eine interpretatorische Lücke, in der sonst die Aufmerksamkeit dieses deutschen Philosophen für Weltraumgeschichten als bloßer *spleen* anzusiedeln wäre. Mehr noch: hier wird die These vertreten, daß in dieser Neugier ein Schlüssel zum Kern der Güntherschen Philosophie vorliegt. Die phantastischen Erzählungen über Planetenreisen, intelligente Roboter und die Verwandlung der Lebensformen in einer restlos technologisch organisierten Lebenswirklichkeit verhandelten Themen, die keimhaft in realisierten Innovationen angelegt und in Tendenzen vorgezeichnet schienen, so daß ein Theoretiker, der als Zentrum seiner intellektuellen Anstrengungen nun die futurische Dimension der Existenz des Menschen bestimmt hatte, hier Neugier entfalten konnte, wie obskur die neue Literaturgattung nach Maßstäben der etablierten Bildungskultur auch erscheinen mochte³⁶². Zwar nahm Günther die Erzählungen dieser Gattung realistisch³⁶³, doch teilt er das nicht nur mit der Mehrheit seiner Zeitgenossen, die mit den Möglichkeiten neuer Technologien die Erwartung verbanden, sie könnten zu Begegnungen mit unbekannten unirdischen Zivilisationen führen, die dem Menschen neue Facetten seiner Daseinsmöglichkeiten aufschlössen, so fremd und jenseits alles Erwartbaren, daß nur der Gestus des Rätselhaften und der Andeutung

---

[361] Hobsbawm findet beim Rückblick ein prägnantes Exempel für die Geschwindigkeit der jüngeren Wandlungsprozesse: „Die Veränderungen fanden tatsächlich in einer solchen Geschwindigkeit statt, daß die historischen Intervalle immer kürzer wurden. .. Ende der siebziger Jahre rechneten die Gemüseverkäufer auf den Marktplätzen mexikanischer Dörfer ihre Preise auf kleinen, japanischen Taschenrechnern aus, von deren Existenz zu Beginn des Jahrzehnts in dieser Gegend noch kein Mensch etwas gehört hatte." (l. c., p. 365). - Eine tiefe Auslotung der Folgen dieser Erfahrungen liegt natürlich bereits, mit anderen Akzenten und anderen Resultaten, in Hans Blumenbergs *Lebenszeit und Weltzeit* vor (Frf./M.: Suhrkamp, ³1986, praec. pp. 260-262). Es ist vielleicht der Text, der die Problemlage, auf die auch Gotthard Günther reagiert, am besten darstellt und diskutiert.

[362] Für die Anregung zu dieser Konjektur ist der Interpret Christian Meier verpflichtet, der in seinem lehrreichen Text über *Die politische Kunst der griechischen Tragödie* (Dresden: Kunst, 1989) darzustellen vermochte, daß die Athener des 5. Jh. v. Chr. nach der radikalen innenpolitischen Wende zur Isonomie und dem überraschenden Sieg über die östliche Großmacht „einen Wandel in anthropologischer Dimension" durchmachten (p. 19). Ein damit verbundenes außerordentliches neues 'Könnens-Bewußtsein' habe hier die Frage danach provoziert, was „überhaupt Recht sei" (p. 39) und wie weit „ein willkürlich gesetztes Recht wirklich verpflichte" (p. 41). Die für uns bedeutsame Pointe liegt in der These, „mangels Deckung in einem Weltbild" sei mit der attischen Tragödie ein neues

ihrer Erörterung angemessen wäre, sondern er findet hier auch Spuren, die seiner Grundintuition korrespondieren, durch soziale Verhältnisse geschaffene Konflikte müßten durch Ausgriffe in Neuland überschritten werden. Im Nachwort zu einem der von ihm herausgegebenen *Weltraum-Bücher*[364] schreibt Günther, daß die Autoren der *science fiction*-Literatur durch einen gemeinsamen *spirituellen Habitus* charakterisiert seien und die gleiche *Methode der Extrapolation*[365] verwendeten. Hier ist wieder merkwürdig, daß eine bedeutsame philosophische Frage im Vorübergehen beantwortet, daß sogar eine mögliche durch eine alternative Antwort beiläufig ersetzt wird. Denn die zuerst als Verlängerung gegenwärtiger Entwicklungstendenzen in die Zukunft erläuterte Methode wird dann doch noch anders, als Explikation von Sachverhalten und sozialen Konstellationen aus einer freien, wunschbestimmten Setzung primärer Annahmen gefaßt. Es wäre nicht ohne Folgen geblieben, hätte der Theoretiker sich deutlich gemacht, daß zwischen der evolutionistischen und der 'voluntaristischen' Konzeption geschichtlicher Determination theoretische Welten liegen und daß die Ungezwungenheit des Wechsels zwischen beiden eine Synthese andeutet, die nichts weniger als selbstverständlich ist. Vielleicht ist die Vermutung nicht unberechtigt, daß Hegels Konzept der Identität von historischer Tendenz und erlebnishaft gewünschter Entwicklung hier subkutan

---

Medium der Erörterung solcher Elementarfragen entstanden. Daß die kulturelle Funktion der *science fiction* nach dieser Analogie gedeutet werden könne, ist durch Meiers diagnostische Formel für die athenische Problemlage angeregt, die wörtlich zur Beschreibung der Erfahrungen im 20. Jahrhundert anwendbar ist: „Was herkömmlich die Wirklichkeit auszumachen schien, wurde weithin außer Kraft gesetzt. Statt dessen wucherten die Möglichkeiten und deren Grenzen waren nicht so bald erprobt. Es geschah ein Umbruch sondergleichen" (p. 14). - Martin Schwonke, Schüler Helmut Plessners, hat in einem bemerkenswerten Text der *Göttinger Abhandlungen zur Soziologie* die Entwicklung *Vom Staatsroman zur Science Fiction* verfolgt (Stuttgart: Enke, 1957). Hier liegt eine sozialwissenschaftlich inspirierte Bekräftigung für die Stichhaltigkeit unserer Vermutung vor, da Schwonke zu zeigen vermag, wie sich mit den Staatsutopien, dann den phantastischen Erzählungen des 18. Jahrhunderts und schließlich in der *science fiction* ein Typus von Literatur entwickelt, in dem die „Intention auf 'andere Möglichkeiten'" (p. 2) geistig durchgespielt wird. - Hans-Jürgen Krysmanski ordnet in ausdrücklichem Gegensatz die *science fiction* außerhalb dieser Traditionslinie ein, sieht jedoch denselben Inhalt in ihr: *Die utopische Methode,* Köln, Opladen: Westdt. Verl., 1963.

[363] Hier liegt ein Mangel, der die Überwindung der älteren Vorstellung von Kulturaufgaben als in 'anderen Räumen' liegender Gestaltungen zwar schon bis zur empirischen Erreichbarkeit durch Invasion vorantreibt, doch verkennt, was mit dem oben erläuterten Ge-

wirkt und die implizite Verschiebung des theoretischen Rahmens nur noch nicht realisiert ist. Ihre Folgen müßten in der Konsequenz, mit der das Theorieprogramm verfolgt wird, sichtbar werden, zuerst negativ, indem an dem Mittel zur Konstruktion historischer Tendenzen weder faktisch entstandene Zustände noch willkürliche Setzungen als Determinanten zu bestimmen wären – oder aber: beides. Wie ein Verfahren konzipiert sein könnte, mit dem über die Bruchlinie zwischen eingelebten Prägungen und Traditionen, den von ihnen determinierten Erwartungen einerseits und dem explosiv geöffneten Möglichkeitshorizont der nächsten Zukunft andererseits erkundende intellektuelle Entwürfe methodisch bewußt operieren könnten, ist aber hier noch nicht abzusehen.

Eine schwerlich überzeugende Argumentation entwickelt Günther mit der These, der *quantitative Umfang* des Bewußtseins sei direkt proportional dem *quantitiven Umfang der Umgebung*, in der es existiere[366]. Daß mit letzterem der Wirk- und Bewegungsraum eines irritablen Organismus gemeint ist, wird in der Formulierung nicht deutlich, ist jedoch dem Kontext der Stelle zu entnehmen. Daß die nicht mehr *terrestrische*, sondern *galaktische* und *transgalaktische* Lebensform des Menschen der Zukunft[367] einen adäquat erweiterten Bewußtseinsumfang erfordere, ist eine Behauptung, die so unplausibel ist wie sie dann problematische Folgen für die Durchführung des Theorieprogramms hat. Die bloße Tatsache eines räumlich erweiterten Wirkungskreises allein könnte solch eine Erweiterung des Bewußtseins nicht erzwingen; die Tourismusindustrie beweist es täglich. Kants Lebensführung bezeugt die andere Möglichkeit und ihre Bedingungen: bei hinreichender innerer Freiheit und Sensibilität lassen sich im alltäglich nächsten Umkreis reiche Einsichten ge-

---

danken der Wandlung räumlicher Expansionsvorstellungen in intellektuelle Transformation in *dieser* Welt schon berührt wurde. Für einen Moment ersteht hier die Vision eines Kolumbus der Alten Welt - doch ihr Inhalt gewinnt kein adäquate Form. Die vom Autor selbst schließlich noch innerhalb seines Lebens erreichte Gestalt der Theorie wird die Folgen dieses Mangels zeigen.

[364] Jack Williamson: *Wing 4*, Düsseldorf: Karl Rauch, 1952.

[365] ibid., p. 206.

[366] pp. 208, 205, 210.

[367] p. 208.

winnen.³⁶⁸ Was also zu vermuten wäre, ist eine Abhängigkeit des Bewußtseinsumfangs von einem gewissermaßen qualitativen 'Umfang' der Umwelt, in der Orientierungs- und Kommunikationsleistungen zu erbringen sind³⁶⁹. Der Grad an Erwartungen brechenden Differenzen und Inkongruenzen, die analogisierende Verallgemeinerungen erschweren oder gar verunmöglichten, bestimmte demzufolge den Umfang von Bewußtsein. Da dies nicht nur die naheliegende, sondern sogar die in anderen Texten Günthers explizit vertretene These ist³⁷⁰, zudem diejenige, die den *nervus rerum* seiner Hegelinterpretation ausmacht³⁷¹, erscheinen die im hier diskutierten Text gefundene Formel und die ihr zugehörigen Argumente doppelt irreführend. Die verschwiegene, weil nicht durchschaute Unterstellung, es handle sich bei der Umgebung des Bewußtseins um die empirisch-räumliche, d. h. durch physische Kausalbeziehungen konstituierte Welt, in der ein Organismus lebt, zudem ihre Vorstellung nach Maß der anschaulichen Alltagsumwelt des empirischen Horizonts, führt die eigentliche These im gegebenen Text nur verborgen mit: unsere empirisch anschauliche Umwelt kann so beschaffen sein, daß die Erweiterung des Aktionskreises bereits zu einem Zuwachs an bloßem Faktenwissen führt. Die jenseits bloßer Datenmassen zu postulierende *qualitative Erweiterung des Bewußtseins*, die einem Wechsel von terrestrischer zu 'stellarer' Lebensweise zugehöre, vermag Günther zwar terminolo-

---

[368] Cf. die *Vorrede* der *Anthropologie in pragmatischer Hinsicht*. - Im selben Sinne kann der Soziologe Wolfgang Engler in seinem Essay *Die Ostdeutschen* drei Biographien aus agrarischen Lebensräumen vorstellen, die bereits in der provinziellen DDR ein Maß an Brüchen aufwiesen, das, in einem Fall, zu dem prägnanten Resümee führt: „So einer hat die Welt nie gesehen und dennoch nichts verpaßt." - Berlin: Aufbau, ³1999, pp. 261-265.

[369] Womit zugleich eingestanden ist, daß der Terminus *Umwelt* nicht einen kausalanalytisch rekonstruierbaren Umraum zu bezeichnen hat, sondern einen Korrelationsbegriff aussagt: das, was schon für den biologischen Organismus die nach Maß seiner Merkwelt konstituierte Umwelt ist. In diesem Sinne ist die moderne Evolutionsbiologie zu einem ökologischen Konzept gelangt, in dem die Beziehung von Organismus und Umwelt eine korrelative ist, was zu einer wesentlichen Korrektur älterer darwinistischer Annahmen über die Rolle und Funktion von *Anpassung* führte; cf. Ernst Mayr, *Eine neue Philosophie der Biologie*, München: Piper, 1991. - Die Pointierung des dem menschlichen Bewußtsein zuzuordnenden Umraumes ist in Prägungen geleistet, die ausdrücken sollen, daß 'jeder seine Welt' habe. Daß diese wiederum aus vielen Wirklichkeiten bestehen kann, die in einer nicht mehr selbstverständlich als kommunikativ homogen unterstellten Agglomeration vereint sind, ist eine der Facetten unseres Themas.

[370] Cf. *Das Problem einer transklassischen Logik*, in: *Beiträge III*, l. c., pp. 80-83.

gisch abzuheben, suspendiert sie aber als Thema vorläufig[372], um sie im Ganzen des Texts schließlich unerörtert zu belassen.

Die Vorstellung der *frontier* im Raum wird darum auch nicht klar von der Metapher der *Front* im Reich des Intellekts geschieden[373], was dann einer eigentümlichen und fruchtbare Ausblicke versprechenden, dennoch wohl unbewußten Verschiebung klassischer Metaphorik dient. Die Ausweitung des Aktionsraumes des Menschen in den Kosmos, die als Übertragung des *spirituellen Habitus* der *frontier*-Mentalität vom geographischen auf den Weltraum erscheint[374], soll zugleich allegorisch gelesen werden: überraschend wird aufgedeckt, daß der astronomische und der religiöse Himmel nicht unbezüglich nebeneinanderstehen. *Diese Identifikation des kosmischen Raumes mit einer geistigen Dimension, die der Mensch, so wie er auf der Erde lebt, nie erreichen kann, ist keineswegs ein bloßer Zufall... Das eigentliche Wesen beider ist gänzlich jenseits der Bewußtseinskapazität des irdischen Menschen.* Mit einem sich als durchgehend erweisenden Bezug wird erklärt: *Deshalb kann man erst nach dem Tode in den Himmel kommen. Der Tod ist hier diejenige Instanz, die das an diese Erde gebundene Bewußtsein von seinen Fesseln befreit und es für die im Diesseits unbegreiflichen Erlebnismöglichkeiten des Jenseits 'verklärt'.*[375] Welchen präzisen Sinn der Terminus *Tod* haben sollte, wenn er die Parallele des Seelenaufstiegs ins Jenseits ebenso zu bezeichnen hat wie den physischen Ausgriff in unbekannte kosmische Regionen, bleibt unbestimmt.[376] Wäre der Gedanke hier

---

[371] Cf. *Metaphysik, Logik und Theorie der Reflexion*, in: Beiträge I, l. c., praec. pp. 49-63.

[372] *Nachwort zu Wing 4*, l. c., p. 210.

[373] Wenn nicht gefördert, so mindestens nicht behindert durch die Zugehörigkeit zur gleichen Wortfamilie, die das *singulare tantum* „the frontier" im Sinne F. J. Turners und das *plurale tantum* „the frontiers" als bildhafter Ausdruck für die 'Ränder' etablierten Wissens im amerikanischen Englisch aufweisen; cf. etwa *Oxford Advanced Learners Dictionary*, Oxford: University Press, 1989, Eintrag *frontier*.

[374] Günther nimmt auch hier unmittelbar auf, was ideologisches Gemeingut seines Exillandes war: „What was once the furthest outpost on the old frontier of the West will be the furthest outpost on the new frontier of science and space", formulierte etwa J. F. Kennedy in seiner *Address at Rice University on the Nation's Space Effort*, Houston, Texas, 12.09.1962, cf. http://www.geocities.com/~newgeneration/rice.htm.

[375] *Nachwort*, l. c., p. 209.

[376] Daß es von einer allgemeinen Zeitstimmung zehrt, die ältere Orientierungen religiösen Typus in Orientierungen auf den empirischen Himmel und den erdnahen Kosmos trans-

nicht von der zur Identifikation geschrumpften Analogie gebannt geblieben, hätte die Raumfahrt mehr als Allegorie der Emanzipation von irdischer Existenz werden können. Die später ebenso derb unmittelbar gesetzte Parallele des Segelfliegens und der Fahrt der Seele zum Rand des Himmels nach dem „Phaidon" blieb an demselben Punkt stehen.[377] Es wäre diese Aufnahme eines tradierten *topos* nicht so intransigent zu kritisieren, geschähe sie nicht bei einen Autor, der eben diese Tradition zu überschreiten sich vornahm. Hätte Günther die populär bewußtseinsprägenden Eindrücke antizipieren können, die durch bemannte Raumfahrt und die Entwicklung hochauflösender Photographie möglich wurden, wäre er vielleicht zu einer Allegorie gelangt, die der Intention seiner transklassischen Metaphysik durch eine kleine Wendung in aufschlußreicher Weise adäquat wäre. Die in bodenloser Schwärze schwebende, wohnlich anmutende, blaugrüne Kugel ist als Sinnbild absoluter Kontingenz beinahe leibhaft verständlich. Die Bangigkeit, die schon einer geringen Nachdenklichkeit aufsteigen kann, ist Zeichen der Ahnung, daß unter den natürlichen Bedingungen einer solchen anschaulich grundlosen und verlierbaren Existenz Interessiertheit an ihrer Erhaltung nicht zu vermuten sei. Die Erde ist für den Menschen bedeutsam – für das Universum nicht. Vielleicht löst diese Einsicht als absolute Evidenz einmal die Furcht vor dem Herrn als sinnfälliges Symbol der Furcht der Menschheit vor

---

formierte und Hochhaus- oder Funkturmbauten genauso wie Raketenstarts oder Mondlandungen mit quasi-numinosem Schauder erfuhr, kann wohl mit Recht angenommen werden. - In einer Rezension des Manuskripts aus Günthers Nachlaß, das unter dem Titel *Die amerikanische Apokalypse* veröffentlicht wurde, unterstreicht C. Werntgen, daß der Widerstand seßhafter Europäer vor der offenen Weite durch „Raumangst" bestimmt sei. Damit wird jedoch das leibliche Ergriffensein in einem räumlichen Entgrenzungserlebnis zum zentralen Problem veränderter Existenzweise erklärt. Die entscheidende Frage aber, wie sich die Modi intellektueller Aneignung und kommunikativer Fertigkeiten verändern müssen, wenn ohne Rekurs auf maßstäbliche – i. e. semantisch 'begrenzte' – Erfahrungen gelebt wird, ist mit der Evokation solches $\theta a\bar{v}\mu a\varsigma$ nur angeregt, nicht gestellt. Wird das neue Raumgefühl derart nicht nur als didaktische Allegorie, sondern als Darstellung der wesentlichen Differenz genommen, ist die tatsächliche 'europäische' Leistung der Menschheitsgeschichte vergessen. Nicht zu erkennen, daß der Primat der intellektuellen Dimension menschlicher Wirklichkeitskonstitution dieses Eigentümliche ausmacht, läßt leicht vermuten, in den neuen Schläuchen sei neuer Wein. Die Befreiung der leiblichen Empfindsamkeit zu einer dominant bewußten Dimension der Weltorientierung in den pazifizierten Wohlstandsregionen der Erde führte dann auch hier dazu, das Kind mit dem Bade auszuschütten und die uneinholbare Überlegenheit der intellektuellen Sphäre über alle gefühlshaften Orientierungen zu übergehen; cf. Cai Werntgen: *Apocalypse Now! Völker im Hyperraum*, in: *Lettre International*, H. 55, 2001, pp. 12 sq.

sich selbst ab. Nietzsches Aufruf, der Erde treu zu bleiben, erwiese darin seinen Sinn als Markierung einer Umbesetzung. Das Schweben zwischen dem bindenden Halt in bewährten, unbezweifelten Basisgefühlen und einem erst noch zu konstituierenden stabilen Resonanzboden von Existenzgewißheit wäre dann als die Grunderfahrung der Menschheit zwischen dem 19. und dem 21. christlichen Jahrhundert begriffen.

Das sinnvolle Ziel dieses unheimlichen Weges ist für die Philosophie ein neuer Begriff des Seins. Nicht naturhaft Gewachsenes und nicht gnädig überlassene Gabe, sondern eine Substanz, als deren *proprium* allein ihre Affinität zur Setzung und Realisierung menschlicher Zwecke zu denken wäre. Die schon akkumulierte Erfahrung, daß dies an gegebenem Naturstoff möglich ist, wäre auf den Entwurf einer Kultur hin zu überschreiten, in der die Aktualisierung von Potenzen an Gegebenem identisch mit erneuter Potenzierung ist.[378] Noch ist fraglich, ob eine am mathematischen Begriff des Algorithmus geprägte Vorstellung dies theoretisch darzustellen erlaubte, aber der Rückgriff auf den tradierten *topos* gewinnt nun Fruchtbarkeit. Denn in nicht immer klar verlaufenden Linien sind darin die Spuren einer Intuition erkennbar, welche die gegenüber der für unmittelbar genommenen Alltagswelt[379] und den reflektierenden Medienwelten *dritte Wirklichkeit*[380] der tradierten religiösen und philosophischen Entwürfe mit dem Gedanken der Grenzüberschreitung verbindet, ins-

---

[377] *Phaidros und das Segelflugzeug*, l. sub 65) c., p. 73.

[378] Heideggers Versuch, mit einem Begriff der *Sorge* dieser Wendung der Stellung des Menschen zu seinen Existenzbedingungen theoretisch gerecht zu werden, ist vielleicht nur in seinen erlebnishaft unmittelbaren Konnotationen hinderlich. Die über arbeitsteilig differenzierte Institutionen handelnde Menschheit als Ganzes wäre so wenig 'sorglich' wie es ein Bildungs- oder ein Rechtssystem ist.

[379] Nach wenigen hundert Jahren der Entfaltung mathematischer Naturwissenschaften gehört deren Realitätsbegriff ebenfalls zum Alltagsbewußtsein, mindestens zu Sektoren von diesem: einmal in der erwartbaren Form popularisierten Bildungswissens, zum anderen aber in der Selbstverständlichkeit, mit der Naturwissenschaftler die Produkte ihrer symbolischen Praxis für 'an sich' existierende Sachen zu halten vermögen. Beispiel einer typischen Wendung ist etwa die des Physikers und Nobelpreisträgers Richard P. Feynman vom „Wunder einer Natur, die sich an ein solch elegantes und einfaches Gesetz wie das der Schwerkraft halten kann". - id.: *Vom Wesen physikalischer Gesetze*, München: Piper, ³1997, p. 20.

[380] Cf. Gerd Irrlitz: *Über die Struktur philosophischer Theorien*, in: *Deutsche Zeitschrift für Philosophie*, Berlin: Akademie, H. 1, 1996, pp. 8-17.

besondere, durch die englische Sprache erleichtert, der Grenzüberschreitung im 'Raum' sprachlicher und verwandter symbolischer Medien. Der transzendente Himmel würde auf dem Wege dieser zwiefachen Umbildung zum Grenzbereich der als Autoritäten in Entscheidungen über Realität etablierten Medien der menschlichen Kultur umgedeutet, das heißt, zum dem Feld menschlicher Aktivität, auf dem im präzisen Sinne kulturschöpferische Leistungen erbracht werden: in dem sich die als Ausgriffe in Symbolgestalten faßbaren Intentionen zu realen, als Praxis existierenden Tendenzen erst noch umbilden müssen.

Explorative Rationalität

Die Aufgabe philosophischer Konzeptbildung hinter den Grenzen zu vermuten, innerhalb deren liegt, was als aktualer Bestand von Kultur gelten kann, als die Gesamtheit der für zulässig oder nötig erachteten Gegenstandsbestimmungen und Verfahrensarten im Umgang mit Wirklichkeit, lenkt den Blick auf Voraussetzungen, deren Herkunft und Inhalt einer Erhellung wert wären.[381] Die einfache Wendung auf die Erfahrung, daß noch keine Form menschlichen Lebens von unendlicher Dauer gewesen ist, bemerkte den Fakt, aber der Verzicht auf dessen Erklärung machte Fragen nach möglichen Tendenzen des Wandels überflüssig. Mit ihm gäbe es keine *exploratio* jenseits aktueller Horizonte, sondern nur Fatalismus oder Gleichgültigkeit, die aus Resignation der Bedürfnisse angesichts einer für unzulänglich gehaltenen Ausstattung des Bedürftigen hervorgehen, oder aber eine gelassen freudige Erwartung alles Beliebigen, die den Glauben voraussetzte, nicht enttäuscht werden zu können. Der 'Nihilismus' vom Anfang des 20. Jahrhunderts wurde einmal treffend als die Erscheinung einer Erfahrung identifiziert, die eine allgemein resignierende Gebärde aus der Enttäuschung besonderer Erwartungen machte.[382] Der innere Zwiespalt des bürgerlichen Selbstverständnisses, Fortschritte der Daseinsvorsorge und Zivilität im Namen aller anzustreben und zugleich

---

[381] Es ordnet, nebenbei, die Bemühungen Günthers in die Traditionslinie ein, in der seit dem Geltungsverlust der repräsentativen Metaphysik an der 'Rehabilitierung der Philosophie' gearbeitet wird. - Cf. Herbert Schnädelbach: *Philosophie in Deutschland 1831-1933*, l. c., pp. 131-137.

[382] Hans Blumenberg: *Arbeit am Mythos*, Frf./M.: Suhrkamp, 1996 (^{5}1990), p. 619.

die Entsagung derjenigen fordern zu müssen, die dabei als Mittel verbraucht wurden, war hier zur Implosion gediehen. Das Unbehagen an der Leugnung eines maßstäblich gesetzten Anspruchs konnte sich als rhetorisch durchgebildete Apokalyptik alles Kulturlebens überhaupt plazieren, der die Enttäuschung am Versprechen Indiz für die Verfehltheit des ganzen bisherigen Weges war. Diesem Krisenbewußtsein konnte auch leicht ein älteres sekundieren, das schon weit länger Grund gehabt hatte, mit heftigem Affekt auf zerreißende Erfahrungen zu reagieren. Sie hatten im Verlust leiblich-rhythmischer und stimmungshafter Geborgenheit in naturnah eingebetteten Lebens- und Arbeitsformen bestanden. Erst am Ende des 20. Jahrhunderts ließ sich mit Gelassenheit überblicken, daß der Untergang des Bauerntums als *seit dem neolithischen Zeitalter* quantitativ dominierender Schicht[383] nicht das Ende des Natursinns des Menschen bedeutete, sondern nur das Ende einer fatalen Abhängigkeit, deren Reprise als ästhetische Inszenierung allein die Geste des Abschieds, keine Lösung für die Zukunft sein konnte. Heidegger mochte noch hoffen, der reaktive Affekt eines agrarischen Bewußtseins sei durch die ältesten Dokumente der Schriftkultur beglaubigt, aber das zeigte nur, daß er annahm, man müsse nach so langer kultureller Evolution erst recht wie Hesiod denken und die Weltgeschichte als Verfallsprozeß erkennen. Daß am Ende nichts als *Das Nichts* stünde, war dann nur konsequent gedacht. Wenn man aber Nihilismus weder als akzeptable Bewußtseinsform noch als unausweichliches Geschick ansah, sondern als Aufforderung zu Engagement, mußte man den diagnostisch gemeinten Terminus entschieden umdeuten, wollte man nicht auf ihn verzichten.[384] Daß die gesuchte transklassische Logik eine *meontische* sein sollte, weil die klassische eine auf *Sein* und *Seiendes* hin konzipierte, also *ontische* sei, ist ein weiterer nominativer Versuch für das an tentativ definierenden Termini reiche Unternehmen Günthers, der vom ersten systematischen Text bis zu den späten Schriften zu finden ist.[385] Zwar wird dafür die Anregung durch Platon in An-

---

[383] Eric Hobsbawm: *Das Zeitalter der Extreme*, l. sub 359) c., p. 365.

[384] *Martin Heidegger und die Weltgeschichte des Nichts*, in: *Beiträge III*, l. c., pp. 270-296.

[385] Zuerst in den *Grundzügen* von 1933 (l. c., p. 72), zuletzt im *Vorwort zu Beiträge II* von 1978 (l. c., p. XVI); häufig verwendet im Aufsatz *Metaphysik, Logik und die Theorie der Reflexion* von 1957 (*Beiträge I*, l. c., pp. 31-74); auch in *Idee und Grundriß* von 1959 und 1978.

spruch genommen³⁸⁶, doch kann er innerhalb des Konzepts nicht als das *Nicht-Seiende, das in gewisser Weise doch sei*, gedacht werden, denn das hieße, es als die differentielle Relation der logischen Distinktion zu verstehen. Günther greift auf konsequent realistische Prämissen zurück, bestimmt er es als ein Nichtsein, für das auch der Ausdruck *Noch-Nicht* zu eng an die Bedeutung *Gegebenheit* gebunden sei, da in diesem ein letzter sublimer Bezug auf Gewesenes unausgelöscht bleibe³⁸⁷. Das Nichts, um das es hier gehen soll, wäre daher zu bestimmen als das: *Niemals je zuvor*.

Die Erläuterung, die dem Interpreten diese Deutung nahelegt, erscheint als die Verschärfung einer historistischen Norm. Die dem Seinsdenken unrettbar verfallene traditionelle Philosophie sei auch in der Gestalt eines Denkens noch präsent, das Gewesenes thematisiere, um ihm Unabgegoltenes abzugewinnen, latente Aufträge, die in den Resultaten vergangener Kulturepochen verborgen überliefert seien. Der ungerührte Schnitt, der statt dessen Zukunft von Vergangenheit trennt, ist als Folge der nicht explizierten Annahme plausibel, daß Resultate kultureller Akte im strengen Sinne immer Einsetzungen in einem Möglichkeitsfeld sind und nicht regeltreu aus gegebenen Konstellationen emanieren. Davor läge die Annahme, Kultur sei überhaupt die Daseinsart jenseits stabiler Reiz-Reaktions-Kopplungen, für deren Fortsetzung nie auf gesicherte Bestände, sondern, noch unter dem Schein von Nachahmung, allein auf Erzeugung gebaut werden könne. Sie wäre die Konkretisierung der Kontingenzunterstellung, die hier theoretisch bewältigt werden soll, in Hinsicht auf die erfolgte Wendung zur Zukunft. Eine plausible Konsequenz des methodischen Vorsatzes, keinen Zustand der Kulturgeschichte als bloßen Durchgang zum nachfolgenden theoretisch zu funktionalisieren, wäre sie allerdings nur, wenn man die thematische Amputation für die einzig mögliche Operation angesichts eines unbewältigten theoretischen Problems ansieht. Es gibt nicht allein die bedeutsame sittliche Obligation, in vergangenem Leben mehr als nur den Zubringer gegenwärtiger Vervollkommnung zu sehen, weil bereits diese Ansicht an

---

[386] *Grundzüge* und *Vorwort* ibid.; ausführlicher in *Idee und Grundriß*, l. c., p. 120.

[387] „Das 'Noch' will das Bewußtsein nicht aus seiner Vergangenheit entlassen. Alles Hängen am Sein .. ist von dem Blick auf die Vergangenheit fasziniert." - *Martin Heidegger und die Weltgeschichte des Nichts*, l. sub 384) c., p. 290.

der Blindheit für die mit der enteignenden Geste zugestandene Implikation krankte, daß die Gegenwart auf den Resultaten der Vergangenheit aufbaut. Es gibt zudem inzwischen Einsichten, die das Interesse der historischen Wissenschaften für die durchaus nichtklassischen Problemstellungen in der Physik des deterministischen Chaos und ihrer mathematischen Modellierung weckten, da hier einiges wiederkehrte, was auf jenen Fachgebieten ungelöste theoretische Probleme darstellt.[388] Die für einen genetischen Kausalbegriff höchst folgenreiche Feststellung, man könne historische Entwicklungen auch dann nicht prospektiv konstruieren, wenn man sie retrospektiv rekonstruieren könne, deutet auf eine weit produktivere Konzeption, als es eine sein könnte, mit der aus der Unmöglichkeit eindeutiger Voraussagen bereits auf die Diskontinuität der Folge geschlossen wird. Günther erwähnt wiederholt die Formel Schellings, Sein sei *gewesene Freiheit*[389], dringt aber trotz dieser inspirierten Problemfixierung nicht zur Einsicht durch, daß ein gegenwärtiger Zustand einer kulturellen Lebensform Potentiale nährt, aus denen verschiedene, auch widerstreitende Tendenzen entbunden werden können. Daß nie alle Möglichkeiten im Folgezustand realisiert werden, trennte nicht radikal den vorausgegangenen vom gegenwärtigen, sondern bürge die theoretisch fruchtbare Fassung der Einsicht, daß auch die Vergangenheit nicht als nur schmalerer Vorläufer des Gegenwärtigen zu begreifen ist, also die zur Güntherschen Hauptthese komplementäre. Für seine Akzentuierung, daß die Zukunft keine bloße Verlängerung des Gegenwärtigen sein kann, wo Akte willentlicher Setzung vollzogen werden, ist die Differenzierung plausibel, wenn auch in der abgeleiteten Vorstellung vom größeren Maßumfang[390] des den Potentialraum abgelebter Epochen immer überschreitenden der aktuellen eine Irre-

---

[388] Knapp und erhellend etwa von Eric Hobsbawm formuliert: „Die Chaostheorie trug dazu bei, einer alten Kausalität eine neue Wendung zu geben. Sie zerstörte die alten Bindeglieder zwischen Kausalität und Vorhersehbarkeit, denn ihre Kernaussage heißt nicht, daß Geschehnisse zufällig seien, sondern vielmehr, daß die Auswirkungen von unterscheidbaren Ursachen nicht vorhersagbar sind. Außerdem trug sie zur Untermauerung einer anderen Theorie bei, die von Paläontologen entwickelt worden war und sich von großem Interesse für Historiker erwies. Sie besagt nämlich, daß die Ketten historischer und evolutionärer Entwicklungen nach einem Geschehen absolut kohärent und erklärbar seien, wohingegen keines all der möglichen Resultate bereits zu Beginn vorausgesagt werden könne." - *Das Zeitalter der Extreme*, l. c., p. 668.

[389] *Martin Heidegger und die Weltgeschichte des Nichts*, l. sub 384) c., pp. 274, 296.

führung steckt, die im Versuch enthalten ist, etwas zu quantifizieren, was sich nicht quantifizieren läßt: das Mehr an Möglichkeiten, den größeren Spiel'raum' der Optionen.

Der Akzent macht dennoch auf das Richtige aufmerksam. An den Skizzen zur theoretisch interessanten Konstellation ist die Absicht erkennbar, der Einsicht systematisch Recht zu verschaffen, daß es, auch ungeachtet unabgegoltener der Vergangenheit, immer beispiellose Möglichkeiten der Zukunft geben kann. Das ergäbe die Gestalt einer durch den Historismus hindurchgegangenen Fortschrittskonzeption, die es verdiente, ausführlich entfaltet zu werden. Günthers Bemühungen sind von ihr gezeichnet, aber zu mehr als der unausgeführten und, recht besehen, in ihrem Kontext unmotivierten Behauptung, *daß die Geschichte der Boden ist, auf dem sich eine metaphysische Differenzierung des Menschen vollzieht*[391], gelangt er leider nicht. Hier hat man ein weiteres Beispiel einer revolutionären Prämisse, die mit dem Programm einer dem Rationalitätsniveau der modernen Wissenschaften angemessenen Philosophie intellektuelle Triebkraft entwickeln müßte, aber als trockener Same liegenbleibt. Wir dürfen vermuten, daß die Anregung zu dieser Präsupposition, wenn sie nicht sowieso dem Lehrer Paul Hofmann zu verdanken sein sollte, von diesem doch kaum beeinträchtigt, sondern eher befördert wurde, ziehen wir zum Vergleich noch einmal einen von dessen Texten heran[392]. Die dort auffindbaren Formeln zur Rolle des Philosophierens korrespondieren auf eine so überraschend genaue Weise mit den Anstrengungen Günthers, der Philosophie ein neues ὄργανον für die Arbeit an den Rändern des etablierten Bestandes kultureller Definitionen zu schaffen, daß man die Hoffnung hegen dürfen wird, hier sei in erhellenden Wendungen ausgesagt, was die Forschungen auch des Schülers zu einer Logik der Erfindung und Erkundung antreibt. Hofmann formuliert wohl in der ersten Person Singular, doch in dem bereits früher zitierten Kontext, der die von Geisteswissenschaft und Philosophie erzeugten *Sinngebilde* als Mittel zur Selbstverständigung

---

[390] Der nach Vorstellung eines zahlfähigen Mengenumfangsmaßes gedacht ist. Die um den mathematischen Terminus „Mächtigkeit" gebildeten Assoziationen, die noch zu diskutieren sind, und Neologismen wie „Mächtigkeitsgefälle" transferieren immer wieder Metaphern in ihren Ursprung, hier anschauliche Größenvorstellungen, zurück.

[391] *Idee und Grundriß*, l. c., p.10.

[392] *Sinnphilosophie*, in: Hans Hartmann ed., *Denkendes Europa*, l. c., pp. 300 sqq.

einer Kulturgemeinschaft identifizierte. So läßt sich an Stelle des Pronomens *Ich* mit Gewinn *Wir* setzen, liest man: Die *einseitige Geringschätzung des nicht Gegenstände bestimmenden und 'Mittel' suchenden, sondern sich selbst verstehenden und letzte Ziele 'setzenden' Erkennens oder Erkennenwollens beruht zweifellos auf der objektivistischen Blindheit des abendländischen Denkens .. Sie würde berechtigt sein, .. wenn ich in dem Wollen, das ich in mir spüre, auch ohne weiteres und in fragloser Klarheit schon wüßte, was ich 'eigentlich' will. - Dieses Vorurteil ist aber falsch. Es ist in Wahrheit sehr schwer, es ist sogar eine unendliche Aufgabe der selbstbesinnlichen Erkenntnis, sich klarzumachen, wie ich 'bin', .. wie der Sinn meines Lebens und so vor allem der tiefste und echteste Sinn meines Willens adäquat 'auszudrücken' ist. Das Ausdrücken von Sinn aber vollzieht sich allgemein in 'Sinnbildern', in den Vorstellungen der möglichen .. Sachen, auf die das sinnbeseelte Wissen oder Wollen 'angewandt' werden kann .. In dem Entwerfen solcher auslegenden Vorstellungen versteht die 'Freiheit' sich selbst, und zugleich setzt sie sich die Ziele .. Es sind die sogenannten 'Utopien', welche dieser Aufgabe dienen wollen.*[393] Daß zuletzt sogar dieser Terminus nicht vermieden wird, erinnert daran, daß in der so skizzierten Aufgabenstellung nicht nur enthalten ist, sich zu erklären, was man immer schon wolle, sondern auch, sich zu erschließen, was man wollen könne: was überhaupt wünschbar sei. Eine Vernunft, die so zu philosophieren entschlossen wäre, würde sich durchsichtig zu machen imstande sein, daß ihr *Vermögen der Regeln* in seinem Kern ein Vermögen der Zwecke ist, also den Konnex bewußt zum systematischen Prius zu machen, der zu Kants Prägung geführt hatte, daß der objektive Charakter einer theoretischen Ordnung ihre *formale Zweckmäßigkeit* sei.

Es ist ein langer, umwegiger und verschlungener Gang, auf dem man zum Zentrum der Philosophie Gotthard Günthers gelangt. Einmal angekommen auf dem beherrschenden Gipfel dieses zerklüfteten Gebirges, läßt er sich markieren: *Transklassische Logik*[394] kann als der Inbegriff einer Gesamtheit gesuchter intellektueller Verfahren verstanden werden, mit denen in methodisch disziplinierter, rechen-

---

[393] ibid., pp. 296 sq.

[394] Oder: meontische, nicht-Aristotelische, operational-dialektische etc.

schaftsfähiger Weise erkundet werden soll, was wir wünschen können, um zu bestimmen, was wir wollen dürfen. Daß Günther selbst im Fortgang seiner theoretischen Arbeit mehr und mehr dazu neigt, die transklassische Logik als die 'Logik der Geschichte' vorzustellen, verdankt sich erkenntnisrealistischen Prämissen, die noch darzustellen sind, verstellt aber doch nicht ganz, daß sie als 'Logik' zuerst ein Instrumentarium geschichtsphilosophischer Erörterung sein könnte. Hier zeigte sich dann ein Glanz, der auch die Aufmerksamkeit derer auf sich zu ziehen vermöchte, die geschichtsphilosophischem Denken skeptisch gegenüberstehen, doch bereit sind, die Möglichkeiten zu erkennen, die sich mit der Transformation dieses Typs von Philosophieren in eine Arbeit ergäben, deren Sinn in etwas liegt, *woran uns Kant erinnert und woran sich auch in den Tagen des Historismus manche erinnerten: in ihrer Funktion als Appendix zur praktischen Philosophie, d. h. als Reflexion auf die gebotenen und realisierbaren Ziele menschlichen Handelns in weltgeschichtlicher Perspektive*[395]. Es ist von eigener Bedeutung, daß die hier diskutierte Fassung dieses Programms von ihrem Autor auf einem Weg entworfen wird, der von der Diagnose konfligierender oder auch nur stumm und taub gegeneinander stehender Lebensformen ausging. Das offenbare Geheimnis, daß unvermittelbar einander gegenüberstehende Ansprüche, deren keiner eines Schuld begründenden Verstoßes gegen anerkannte Normen zu überführen ist, nur damit zum Ausgleich zu bringen sind, daß man eine Dimension öffnet, in dem das Intendierte einen Zuwachs an Konkretion und Relativierung erfährt und sich dann aufeinander beziehbar erweist, was in beschränktem Horizont unvereinbar schien, ist hier mit anhebendem Bewußtseins zum Zentrum der theoretischen Aufmerksamkeit geworden. Daß diese Leistung von den die Realität als *factum brutum*, das viel weniger als dieses begriffen denn als *datum* erlitten wird, überbietenden symbolzeugenden Operationen menschlichen Geistes abhängt, ist die Einsicht, die den *basso continuo* in der Partitur des Hauptwerkes ausmacht. Günthers Formel dafür zeigt den Stil einer Proklamation: *Das Denken ist von höherer metaphysischer Mächtigkeit als das Sein.*[396]

---

[395] Herbert Schnädelbach: *Philosophie in Deutschland 1831-1933*, l. c., p. 87.
[396] *Idee und Grundriß*, l. c., p. 13.

A ist nicht A

Logische Identität und Korrespondenztheorie

Die Formulierung ist in einer frühen Rezension zu Recht als vage und dem Begreifen kaum behilflich kritisiert worden[397], aber eine eingehende Rezeption anderer Texte Günthers und schon des Kontextes der betreffenden Stelle kann zur Erhellung beitragen. Die Formel wird in der Einleitung aufgestellt und verlangt vom Leser Geduld, denn eine Paraphrase der intuitionistischen Position im *Grundlagenstreit* der Mathematik, 115 Seiten später, liefert den Schlüssel zum Verständnis[398]. Hier wird erkennbar, daß der mathematische Terminus für das Maß eines Mengenumfangs in Anspruch genommen werden soll[399], was so naheliegend wie erklärungsbedürftig ist.

Die Erläuterung der intuitionistischen Konzeption des Umgangs mit unendlichen Mengen oder *transfiniten Mächtigkeiten* akzentuiert die Unendlichkeit möglicher Distinktionen bei der konstruktiven Realisierung mathematischer Objekte auf einer unabgeschlossenen Menge. Hier wird der Begriff der *potentiellen Unendlichkeit* weniger in seiner spezifischen Differenz in Anspruch genommen als vielmehr als Merkmal einer allgemeinen Konstellation an einem konkreten Beispiel. Hatte der Intuitionismus gefordert, kein mathematisches Objekt als existent zu unterstellen, für das nicht eine *effektiv realisierte* Konstruktion gegeben werden könne, entdeckt Günther in der Konsequenz dieses Postulats einen Befund, den er für seine Theorie in Anspruch zu nehmen entschlossen ist. Ein jedes solches Verfahren sei eine Folge von konstruktiven Entscheidungen, so daß eine als realisiert identifizierte Folge eine sein müsse, die unendlich viele mögliche Schritte ausgeschlossen hatte, um definitiv sein zu können, was sie geworden war. Hier wird ein Problem der Mathematik zur gesuchten Illustration seiner Annahme, daß ein jeder di-

---

[397] Hermann Schmitz: *Rezension zu 'Idee und Grundriß einer nicht-Aristotelischen Logik'*, in: *Phil. Rundschau*, H. 4, 1962, pp. 283-304.

[398] *Idee und Grundriß*, l. c., pp. 128 sq.

[399] In *Das metaphysische Problem einer Formalisierung der transzendental-dialektischen Logik* (*Beiträge I*, l. c., pp. 189-248) wird dann ausdrücklich auf Cantors Verwendung des Terminus rekurriert (p. 191, Fn.).

stinktiver Akt, den man eine Prädikation nennen kann, in einer Unendlichkeit möglicher Alternativen 'eingebettet' ist. Seine Formulierung enthält entscheidende Stichworte, die Opposition zur herkömmlichen Formalen Logik zu begründen: *Dieses sich ins Unendliche teilende Schema möglicher Wahlformen aber ist nur ein Ausdruck dafür, daß die Reflexion sich im Kontinuumproblem nicht seinsthematisch erschöpfen kann. Es bleibt stets ein unbewältigter Reflexionsrest zurück, der in der klassischen identitätstheoretischen Abbildung des Denkens auf das Sein nicht aufgeht.*[400] Das für die Unendlichkeit des Möglichen eingesetzte 'Kontinuumproblem' (sc. *Kontinuum*) steht hier für den von einer jeden verwirklichten Distinktion, jeder realisierten Prädikation *X ist Y* immer nur angerührten, doch nie ausgeschöpften Bereich des unbestimmten Potentials für 'etwas von diesem'. Die Ungleichheit dieses Verhältnisses ist es, die *in der Abbildung des Denkens auf das Sein nicht aufgeht*.

Hier wäre die Identität von Denken und Sein folgenreich umgedeutet, wenn auch nicht zweifelsfrei auszumachen ist, wie Günthers Argumente die theoretisch fruchtbare Behauptung zu rechtfertigen geeignet sind. Seine Wendung, *Denken und Sein* seien *gemäß der Tradition metaphysisch voll identisch, weil sie empirisch kontradiktorisch sind*[401], muß wohl auf die Erläuterungen zur Verwendung des Begriffs der Mächtigkeit einer Menge bezogen werden, um als eine sinnvolle Behauptung verstanden werden zu können. Sie bestünde darin, die identitätsphilosophische Generalthese als die Feststellung einer vollständig symmetrischen Entsprechung von *Denken* und *Sein* zu deuten. Die damit verknüpfte Substantialisierung der beiden Zentralbegriffe verspräche allerdings kaum eine nicht-traditionelle Logik und Metaphysik und in der polemischen Anwendung taugte sie allein zur Kennzeichnung einer der bekannten Korrespondenztheorien der Wahrheit. Einer *in toto* eine 'ältere' genannten Tradition versucht der Autor tatsächlich diese Überzeugung der Identität von Denken und Sein zuzuschreiben, und er scheut sich auch nicht, hier von *Isomorphie* zu sprechen. Mehr als die undurchschaute Entlehnung eines mathematischen Terminius für die Einführung einer problema-

---

[400] *Idee und Grundriß*, l. c., p.129.

[401] ibid., p. 85.

tischen und unfruchtbaren These ist auch dies noch nicht[402]. Zudem ginge zwar die Diagnose einer Isomorphie als einer Strukturanalogie oder sogar Strukturgleichheit über die Behauptung einer quantitativen Gleichheit hinaus, die aus den Konnotationen des Terminus *Mächtigkeit* abzuleiten wäre, aber beide enthielten doch nicht die Behauptung einer Identität. Daß zwei Bereiche identisch seien, *weil* sie 'kontradiktorisch' sind, ist auch bei Übersetzung des letzteren der Termini mit *symmetrisch* oder *gleichmächtig* nicht plausibel.[403] Erst, wenn man einem mehrfach wiederholten Verweis auf den Vortrag „Hegel und die Mathematik" folgt, den Reinhold Baer auf dem Berliner Hegelkongreß 1931 gehalten hatte[404], lichtet sich immerhin das Dunkel der Herkunft dieser merkwürdigen These. Baer erläuterte die Konstruktion eines mathematischen Isomorphismus durch die Definition zweier Aussagensysteme, deren zweites alle Negate der Aussagen des ersten enthalte, das eine nur den Verknüpfungsoperator *Konjunktion*, das andere *Disjunktion*, beide den einstelligen Operator *Negation*. Diese mathematisch unfragwürdige Konstruktion wird allerdings von einer phantastisch anmutenden Deutung damit überholt, daß Baer in ihr *die logistische Aufweisung der coincidentia oppositorum* als einer Identität logischer Gegensätze gegeben zu haben glaubt[405]. Die illustrative Erläuterung an einem Beispiel aus der Mathematik, die mit dem imaginären Anteil Komplexer Zahlen zu bebildern sucht, was die Darstellung mit Ganzen auch geleistet hätte, bezeugt dabei aber nur, daß die Behauptung, die Trägermengen eines

---

[402] In *Die aristotelische Logik des Seins und die nicht-Aristotelische Logik der Reflexion* (Beiträge I, l. c., p. 142) schreibt Günther von der „Identitätsmetaphysik von Plato bis Schelling und Hegel" und sagt voraus, daß „mit der Metaphysik des Stagiriten .. auch seine Logik metaphysischer Identität von Denken und Sein" durch die Kritik fallen werde. - In *Idee und Grundriß* heißt es einmal: Dem „klassischen Begriff des Formalismus", d. h. dem der zweiwertigen Logik, liege das „dichotomische Schema" von „Form und Inhalt der Erkenntnis" zugrunde. Dieser Sprung, ruinös für die Überzeugungskraft des mit ihm konstruierten Arguments, beruht auf der, als eine solche allerdings kaum zu begreifenden Unterstellung, die zitierte Dichotomie sei mit der *wahr/falsch*-Unterscheidung identisch; l. c., p. 89.

[403] Man kann vermuten, daß die Überlegung hier einer Annäherung des Begriffs der *Identität* an den der *Äquivalenz* folgt. Allerdings ergibt dies für die Interpretation nichts Substantielles im Ganzen, wie sich zeigen wird.

[404] *Verhandlungen des zweiten Hegelkongresses*, Tübingen: Mohr/Haarlem: Willink u. Sohn, 1932, pp. 104-120.

[405] ibid., p. 104.

Isomorphismus seien *nicht wesentlich verschieden* und daher *identisch*, von der Voraussetzung getragen wird, zwei zueinander spiegelsymmetrische Gestalten seien 'nicht wesentlich' verschieden. Damit ist aber die Darstellung einer mathematischen Struktur auf undurchschaute Weise an ein Kriterium der Diskriminierbarkeit geknüpft worden, das nicht mathematisch definit, sondern allein praktisch-anschaulich bestimmt ist. Ein solcher Begriff der Identität wäre einer präzisen Definition außerordentlich bedürftig, deckte er doch etwa auch die Behauptung, die typographischen Zeichen '<' und '>' seien identisch. Die Argumentation Baers aber wird von Günther in das Arsenal der eigenen aufgenommen und, nie kritisiert, jahrzehntelang verwendet.[406] Daß sogar die Formel gefunden wird, *die absolute Identität von Denken und Sein* sei *die coincidentia oppositorum*[407], ist für die Bedeutung der Baerschen Argumentation im Zentralpunkt der Güntherschen Theorie so erhellend, wie es für seine Thesen über 'die' Identitätsphilosophie 'der' Tradition problematisch ist.

Kritik des Zweiwertigkeitsprinzips

Die Diskussion dieses unsicheren Argumentationsganges müßte nicht so ausführlich betrieben werden, läge hier nicht der Grund für Günthers Behauptung, Zeichen der Unzulänglichkeit der Aristotelischen Logik sei ihre Zweiwertigkeit. Alle identifzierbaren Versuche der Begründung enthalten nie andere als die Behauptung, symmetrische Dichotomie sei das Kennzeichen der überholungsbedürftigen Intellektualkultur. Günther konfundiert – man ist versucht zu sagen: systematisch – *Dichotomie* oder *Dualität* mit *Zweiwertigkeit*, ob als Identifikation oder verschwommen gedachte Spezifikation wird dabei

---

[406] etwa in: *Das Bewußtsein der Maschinen*, l. c., pp. 27-29, *Die historische Kategorie des Neuen*, in: *Beiträge III*, l. c., pp. 192 sq., *Idee, Zeit, Materie*, in: ibid., p. 238. - Daß die Identifikation der *coincidentia oppositorum*, der *Identität von Denken und Sein* und des Isomorphismus nach Baer die Vermutung ermöglicht, die Metaphysik der 'älteren Tradition' behandle *Denken* und *Sein* als zwei Aussagebereiche, die durch logische Negation aufeinander abgebildet seien, bestimmt die Argumentation in *Idee und Grundriß*; cf. l. c. pp. 12, 14 sqq., 84 sq., 315 sqq. et al.

[407] *Ideen zu einer Metaphysik des Todes*, in: *Beiträge III*, l. c., pp. 1-13. - cit. p. 4.

nicht immer deutlich.⁴⁰⁸ Keine von beiden Deutungen würde die Reformbedürftigkeit der Formalen Logik nach Aristoteles plausibel zu machen geeignet sein, und es gehört zu den Merkwürdigkeiten des Güntherschen Denkens, daß hier, wie oft im ganzen Werk, mit irreführenden und nicht überzeugenden Begründungen eine konstruktive Annahme zu rechtfertigen versucht wird, die erst in der Inanspruchnahme im Fortgang der Argumentation als eine, dann aber durchaus überzeugende, produktive Unterstellung begreifbar wird. Daß die Abweisung des Zweiwertigkeitsprinzips als Kritik des Identitätspostulats von Bedeutungen und Wahrheitswerten formuliert wird, weil, 1. Zweiwertigkeit ein Dualismus ist, 2. ein Dualismus eine Symmetrie sei⁴⁰⁹, 3. Symmetrie Isomorphie und 4. Isomorphie Identität⁴¹⁰, beruht auf Begriffsverwirrung und einem Fehlschluß und ist weit eher geeignet, das Intendierte zu verdunkeln, als das Gesagte zu erhellen⁴¹¹. Die unduldsame Abfertigung, die Günther von manchem Kritiker erfahren hat⁴¹², kann sich immer auf große Diskrepanzen in dessen Argumentation berufen, denn eine jede aufmerksame Rezeption wird immer wieder in die Irre geleitet: bildhaft schematisierendes Denken richtet die Probleme zu, arbeitet aber dabei mit Termini nicht-anschaulicher Gegenstandsrekonstruktion, was dann zu vage-abstrakten Beistellungen von separierbaren Problemen führt. Seine Versuche, die Dichotomien von *Materie und Form, Sein und Denken, Subjekt*

---

⁴⁰⁸ So ist etwa zu lesen, daß Schelling, indem er etwas „nur im absoluten Bewußtsein oder in Gott" begreife, „einfach Gott und Welt zweiwertig" gegenüberstelle, oder daß man, wenn „die Welt drei metaphysische Wurzeln" habe (*Ich, Du, Es*), zu einer „dreiwertigen formalen Logik" käme. An anderer Stelle ist zu finden: „the tripartite division .. calls for a three-valued formal system". Schließlich wird sogar behauptet, das animistische Bewußtsein sei in seiner Unfähigkeit, „Ich und Welt, also Seele und Ding, voneinander zu unterscheiden", ein „einwertiges Bewußtsein". Damit wäre jeder sinnvolle Bezug auf den mathematischen Wertbegriff aufgehoben. - Das sich in der merkwürdige Rede von den drei „metaphysischen Wurzeln" anzeigende echte Problem der Unterscheidung des *Anderen* sowohl von der *Sache* als auch vom *Ich-Erlebnis* wird weiter unten erörtert. - Cit. *Idee und Grundriß*, l. c., pp. 83, 91 und *Beiträge II*, l. c., pp. 119, 14 sq.

⁴⁰⁹ Es „sind alle Dualismen Symptome von Symmetrie." - „Da .. Kant stillschweigend Zweiwertigkeit der Logik voraussetzt, existiert [für ihn] zwischen dem Urbild und seinem Abbild logische Symmetrie .."; *Kritische Bemerkungen zur gegenwärtigen Wissenschaftstheorie*, in: *Beiträge II*, l. c., p. 159.

⁴¹⁰ Cf. das oben zur Baerschen Argumentation Gesagte.

⁴¹¹ Charakteristisch dafür eine Erörterung, in der die Folgen des Umstandes behandelt werden, daß Hegel aus seinem Begriff von „Natur" das echte *novum* ausgeschlossen und

und Objekt etc. *in toto* für überholt zu erklären, gewinnen auch bei stärkster Sympathie des Interpreten für das Bemühen um die Auflösung verhärteter Frontstellungen in der Theoriebildung, mindestens hier, keine interpretierbare Fassung.[413]

Identität und Nicht-Identität

In welchem Sinne nun die Zweiwertigkeit der *wahr/falsch*-Unterscheidung zu überschreiten ist, wird an geeigneter Stelle noch zu erörtern sein. Hier ist vorerst von Interesse für den Fortgang der Darstellung, daß die Kritik des *Satzes der logischen Identität*, wenn sie auch nicht als die einer Isomorphie-Unterstellung begründbar ist, dennoch in einem nicht allzu überraschenden Sinne die Konsequenz einer Asymmetrie ist. Die als erwünschtes Hilfsmittel in Anspruch genommene Rekapitulation der intuitionistischen Prinzipien enthielt auch die Erläuterung, daß bestimmte Eigenschaften der als *durch ein Gesetz ins Unendliche bestimmten Folge*, die ein konkretes Objekt, hier eine Zahl, repräsentierte, bei einer im Fortgang der Folge erreichten Stelle bereits identifiziert werden könnten, *ohne daß die Weiterentwicklung der Folge über diesen Punkt des Werdens hinaus, wie sie auch ausfallen möge, die Entscheidung wieder umstoßen kann.*[414] Der uns interessierende Akzent liegt nicht auf der Unmöglichkeit,

---

es ganz dem „Geist" reserviert hatte. Hier ist formuliert, daß „die Hegelsche Kategorie des Neuen mit dem strukturellen Prinzip der Anisomorphie verbunden sein muß", weil „Natur" eine „Symmetrie von Seinssystemen" bedeute, Geist als das Reich der echten Innovation aber „eine Manifestation eines asymmetrischen Verhältnisses". „Geschichte", schließt der Gedankengang, „ist nur ein umgangssprachlicher Ausdruck für strukturelle Asymmetrie der Wirklichkeit" (*Die historische Kategorie des Neuen*, in: *Beiträge III*, l. c., pp. 191-194.). - Gemeint ist hier vermutlich, daß „Geist" oder Kultur im Gegensatz zu „Natur" vom Faktischen 'nicht gedeckte' Möglichkeiten besitze - nur daß aus dem metaphorischen Rückgriff dieses Epithetons eine Rückbildung auf das ursprüngliche Bedeutungsfeld vollzogen und eine anschauliche Schematisierung abgeleitet wird, die den intendierten Gedanken undenkbar macht, da sie verlangte, eine geordnete Ansammlung abzählbarer 'Möglichkeiten' neben eine solche von 'Wirklichkeiten' zu stellen, um dann auf 'Isomorphie' oder 'Symmetrie' prüfen zu können.

[412] Besonders scharf hier K.-H. Ludwig, der Günther Unfähigkeit zur Beschränkung auf eine identifizierbare Problemstellung vorwirft: *Gotthard Günthers Theorie einer nicht-Aristotelischen Logik*, in: *Phil. Jahrb.*, H. 85, 1978, pp.109-126. Selbst wenn man den Ton nicht billigen kann, mit dem hier an die Adresse eines jeden, also auch wissenschaftspolitischen Dominanzstrebens unverdächtigen Autors eine Kritik gerichtet wird, bleibt doch zu erkennen, daß Ludwig das problematische anschaulich-schematisierende

eine einmal konstruierte Eigenschaft eines symbolischen Objekts im Fortgang der Konstruktion wieder aufzuheben, sondern auf der mit der Erklärung eingeräumten Existenz des zu konstruierenden Objekts in zunehmenden Graden an Vollständigkeit. War erst die abgeschlossene Konstruktion die unzweideutige Präsenz des konstruierten Objekts, blieb zu fragen, was die unabgeschlossene vorstellte. Daß die Folge konstruktiver Akte eine 'werdende' genannt werden konnte, besagte, daß sie als noch nicht vollendete identifiziert war – was voraussetzte, daß sie auf das Resultat ihrer vollständigen Realisierung hin definiert wurde. Das Resultat konnte es als es selbst aber wiederum nur geben, wenn die Konstruktionsreihe aktual abgeschlossen war. Womit hatte man es nun an der Stelle zu tun, von der gesagt werden konnte: *Von einer werdenden Wahlfolge können natürlich nur solche Eigenschaften sinnvollerweise ausgesagt werden, für welche die Entscheidung ja oder nein .. schon fällt, wenn man in der Folge bis zu einer [bestimmten] Stelle gekommen ist*[415]? Die unabgeschlossene Folge konnte als ein selbständiges Objekt gar nicht zum Bezug einer Erörterung gemacht werden, wenn man ihre Bedeutung nicht durch die Verweisung auf etwas konstituiert sah, was sie selbst nicht war: die abgeschlossene Folge. Es sind keine sophistischen Kniffe zu vermuten, behauptet man, in dieser Konstellation die Verletzung des *Satzes der logischen Identität* zu finden. Vor-

---

Vorgehen Günthers zum Thema hat; wenn auch ohne sich die Mühe zu machen, nach dessen Gründen zu fragen. Man sollte aber die in unserer Kultur etablierte systematische Rationalität auch deshalb nicht mehr für selbstverständlich halten, weil man sich so der Möglichkeit begäbe, ihre Besonderheiten zu identifizieren - und so erst in ihrem spezifischen Funktionssinn begreiflich und verteidigbar zu machen. - Auch H. Schmitz resümiert in seiner Rezension, daß die Resultate der Arbeit Günthers unbefriedigend seien, erkennt aber die Bedeutung der Frage an: *Phil. Rundschau*, H. 4, 1962, l. c., p. 304.

[413] Die vermeintlich explikativen oder begründenden Argumentationsgänge sind meist beschaffen wie dieser: „Wird .. eine .. Identität [gemeint ist wohl: Eigenschaft] durch ein logisch-positives Prädikat festgestellt, so kann die Negation dieses Prädikats nicht in den Bereich des Gegenstandes fallen. Sie muß dem Prozeß der Reflexion angehören .. Die Prinzipien der Identität und des verbotenen Widerspruchs [sind] mehr oder weniger 'interne' Grundsätze des Denkens. Sie sagen nichts über seinen systematischen Geltungsbereich und dessen Grenzen aus. Gerade das aber tut der Satz vom ausgeschlossenen Dritten, wenn er feststellt, daß zwischen zwei kontradiktorischen Prädikaten, von denen eins den Gegenstand identifiziert und das andere als seine Negation die Reflexionssituation des logischen Subjekts vertritt, ein Drittes (Prädikat) systematisch und prinzipiell ausgeschlossen ist. Mit diesem Verbot ist der klassischen Reflexion eine Grenze gesetzt. Die Grenze wird etabliert durch das Prinzip der Zweiwertigkeit. Alle unmittelbare Reflexion

aussetzung dafür ist allerdings, daß man sich nicht mit Etikettierungen aus einem Dilemma hülfe, das einer auf die Disziplin strikter Bedeutungszuordnungen angewiesenen formallogischen Deskription zu schaffen machen muß, indem dem Namen *unabgeschlossene Folge* ein anderer Name, *X*, zugewiesen wird, um den eindeutigen *Namen* von einem für die abgeschlossene streng unterscheiden zu können. Man verstellte sich damit nur die Einsicht, daß der Name *unabgeschlossene Folge* eine merkwürdige Bedeutung hat, die konstitutiv auf etwas verweist, das es *per definitionem* noch nicht geben kann: das Resultat ihrer Vollendung. Die intuitionistische Verschärfung der Kriterien für die Existenz eines symbolischen Objekts in der unbedingten Bindung an die vollständige, restlos ausgeführte Prädikation all seiner Eigenschaften hatte hier dazu geführt, daß der proleptische Charakter solcher Objekte in den Fokus der Aufmerksamkeit geriet. Das, was die *werdende Wahlfolge* in jedem Abschnitt ihrer Realisierung war, konnte sie nur sein im Vorgriff auf etwas, das nicht existierte – wenn Existenz voraussetzte, daß das Objekt in effektiver Konstruktion realisiert zu sein hatte. Das, was sie war, war sie nur, indem sie auf etwas verwies, was sie erst noch werden sollte.[416]

---

beruht auf einem einfachen Symmetrieverhältnis zwischen Denken und Sein." (*Idee und Grundriß*, l. c., p. 127). - Die Differenz positiver und negativer Prädikationen wird hier der Unterscheidung von Gegenstand (der Bezugnahme) und 'Reflexion' (Bezugnahme) amalgamiert, dann gleichgesetzt mit der von wahren und falschen Aussagen, zuletzt noch mit der von 'Denken und Sein'. Es wird kaum anderes übrig bleiben, als hier *anschaulich schematisches Analogisieren* zu sehen, mit dem sich zwanglos neben 'Denken und Sein' auch 'Ich und Du' oder beliebige „anthitetische Begriffe" (ibid., p. 117) stellen lassen.

[414] *Idee und Grundriß*, l. c., pp. 128 sq. - Günther zitiert Hermann Weyl, *Philosophie der Mathematik und Naturwissenschaft*, München: Leibniz, 1948, pp. 42 sq.

[415] ibid.

[416] Da zuzugestehen ist, daß der hier pointierte Aspekt nicht zwanglos sichtbar zu werden vermag, noch ein weiterer deskriptiver Versuch: Die 'unabgeschlossene' Folge *ist*, was sie ist, weil sie etwas *wird*, das sie nicht ist. Gesteht man zu, daß der prädikative Punkt, an dem sie als jenes ausgesagt wird, ehe ergänzt werden kann, daß sie als dieses zu präzisieren sei, ein infinitesimal kleiner ist, wird akzeptabel, den Begriff eines solchen Objekts als eine (intellektuelle) Bewegung, als den Fortgang entlang eines ideellen Verweisungsvektors zu konzipieren, wie Hegel es tat.

A wird A. Einige Unterscheidungen

Einlösen einer Prolepsis

Unsere Interpretation akzentuiert so nicht zufällig den *Vorgriff*[417] als das einen naiven Identitätsbegriff destruierende Merkmal. Hans Friedrich Fulda verwies mit gutem Grund darauf, daß der biographische Anstoß zur Entwicklung der dialektischen Methode in Hegels früher Auseinandersetzung mit der Erfahrung von *mit ihren eigenen Normen in Konflikt stehenden Einrichtungen* zu finden sei[418]. Übersetzt man diese 'Normen' in einen weniger legalistisch inspirierten Terminus, wären sie als die Erwartungen und Ansprüche an die Funktion der Institution erläuterbar, deren Erfüllung das vorausgesetzte *telos* dieser Institution ist, ihr Funktionssinn. Einem solchen zentralen Problemgrundriß – der dann andere konkrete Probleme gleichen Typs zu umfassen hatte, wie hier nicht *en detail* erörtert werden kann – hatte Hegel, wollte er ihn systematisch auszeichnen und eine ihm angemessene theoretische Rekonstruktion finden, ein Prinzip zu statuieren, das die spannungsreiche Dynamik von Anspruch und Erfüllung elementar und theoriestrategisch adäquat zu fassen erlaubte. Das Paradigma, das er fand, war der *spekulative Satz*.

---

[417] Der Terminus ist durch Gadamer als *topos* hermeneutischer Verfahrensreflexion prominent geworden (cf. *Wahrheit und Methode*, Tübingen: Mohr, ⁴1975, pp. 278 sq. und p. 352). In seiner Präzisierung als eines 'Vorgriffs auf Vollkommenheit' wird er zwar für die Rekonstruktion der Hegelschen Intention, nicht aber prinzipiell zu belehnen sein, da die Konnotation der kriterienunbestimmten Qualifikation problematisch ist. Die nähere Bestimmung als „Vollkommenheit einer Einheit von Sinn" (p. 278) lenkt von der nüchternen und produktiveren Orientierung ab, die zu gewinnen wäre, nennte man sie nur eine 'Vollständigkeit' oder 'Abgeschlossenheit' einer Sinneinheit. Daß die Vollkommenheit zugleich auch als die der Adäquatheit des verstandenen Sinn-Objekts bezüglich der Frage, auf die es eine Antwort sei (p. 352), dazu als restfreie Ausdrücklichkeit und, mehr noch, auch als vollendete Wahrheit (p. 279) verstanden werden soll, macht kenntlich, daß hier manche Bedeutungsmomente miteinander verwoben sind, die geschieden werden können und sollten. Über den letzteren ist Gadamer selbst in Zweifel, da er anderenorts zu akzentuieren vermag, daß die eigentliche *Arbeit* des Verstehens erst beginne, wenn der primäre Versuch, die Äußerung als reine und teilnahmefähige Wahrheit anzunehmen, gescheitert sei (*Vom Zirkel des Verstehens*, in: *Kleine Schriften IV*, Tübingen: Mohr, 1977, p. 59). Unserer Verwendung des Terminus liegt die zweite Bestimmung näher, die auch der ursprünglich Heideggerschen Anregung ähnlicher ist: der Vorgriff, um den es hier ging, war der einer Vorahnung, die man eine 'Vorahmung' zu nennen wagen könnte; die be-

Voraussetzung für dessen Eigentümlichkeit, dynamische Vorgänge zu modellieren, ist Hegels Konzeption des Urteils, in der er die Problemkonstellation entfaltet, die nach Kant gegeben war. Dessen Auflösung der Substanz-Metaphysik enthielt auch die Konsequenz, Gegenstände der Bezugnahme nicht mehr nach dem Muster anschaulicher Ding-Vorstellungen zu denken, sondern rein als Bedeutungen, semantische Verweisungsfunktionen. Hegels strikt bedeutungsanalytische Untersuchungen mündeten folgerichtig in die Frage, was das Subjekt im Urteil eigentlich bezeichne, wenn es als vor der vollzogenen Prädikation stehend gedacht werde. Sie wurde eine von Dringlichkeit, unterstellte man, daß ein jeder Subjektterminus immer nur die durch die Gesamtheit all seiner Prädikate konstituierte Bedeutung haben konnte. Hier läßt sich als Auflösung des Dilemmas einsetzen, daß ein Subjekt im Urteil als *prolepsis*, als notwendig vager Vorgriff auftritt, der mit der Prädikation in unterschiedlicher Weise erfüllt werden kann: *Das Subjekt hat erst im Prädikate seine ausdrückliche Bestimmtheit und Inhalt; für sich ist es deswegen eine bloße Vorstellung oder ein leerer Name.*[419] Hegels Unterscheidung der Urteile von Sätzen ist hier begründet. Mit dieser Konzeption hatte er eine logische Modellierung für das Kernthema seiner Philosophie, die *sich selbst realisierende Idee,* gefunden. So, wie das Satzsubjekt als *prolepsis* ein ideeller Vorgriff, ist der Vollzug der Prädikation im Aussagen des Urteils ein Realisieren, wie der Leser Hegels wieder-

---

stimmte Erwartung einer noch unbestimmten Antwort (*Sein und Zeit*, §2). Als *verstanden* in diesem Sinne gälte ein Objekt, dessen vollzogene Ausdeutung 'Folge-Erwartungen' induzierte, die im fortschreitenden Umgang mit ihm problemlos erfüllt würden, auf das man sich also gewissermaßen 'richtig' mit durch es beantwortbaren Fragen *einstellen* könnte. So hieße, einen Text zu verstehen, nicht, seinen Sinn endlich zu haben, sondern fähig zu sein, ihn mit den 'richtigen Fragen' immer wieder zu problemerschließenden Antworten 'provozieren' zu können. - Über die Differenz, einen *Vorgriff* als Element von Verstehensanstrengungen anzuerkennen oder ihn als Moment der teleologischen Struktur von Objektivierungsakten überhaupt einzuführen, wäre mehr zu sagen, als in dieser Arbeit geleistet werden kann. Immerhin wird mit dem hier gemachten Vorschlag eine nicht unwillkommene Nähe zum naturwissenschaftlichen Wissen sichtbar, da in der neuzeitlichen Naturwissenschaft als wahre Theorieaussage gilt, was durch technische Realisierung, mindestens im Experiment, *eingelöst* werden kann.

[418] Hans-Friedrich Fulda: *Unzulängliche Bemerkungen zur Dialektik*, in: Rolf-Peter Horstmann ed., *Dialektik in der Philosophie Hegels*, Frf./M.: Suhrkamp, ²1989, pp. 33-69. - cit. p. 64.

[419] *Enzyklopädie der philosophischen Wissenschaften im Grundrisse*, § 169.

holt erläutert bekommt.⁴²⁰ Die Formel von der Übereinstimmung eines Gegenstandes 'mit sich selbst', die außerhalb der Prämissen der dialektischen Geistphilosophie kaum anderes als sophistische Klügelei oder sinnleer wäre, hat in dieser Konzeption des Gegenstands einer philosophischen Semantik ihre Voraussetzung. Die Übereinstimmung wäre gewährleistet, wo der Vorgriff der Subjekt-Idee von der Prädikation-Realisierung vollständig eingelöst wird.⁴²¹

Dialektische Bewegung

Der besondere Gegenstand im mathematischen Beispiel hat den Vorzug, ein Moment auszustellen, das in der Interpretationsarbeit an der „Wissenschaft der Logik", an der sich Günther als an einem Methodentraktat orientierte, noch immer zu Schwierigkeiten und Unstimmigkeiten führt. Der Übergang von der unabgeschlossenen zur vollendeten konstruierenden Schrittfolge war vom Vollziehenden in der Zeit zu leisten. War hier die 'Logik' einer *Veränderung* in der Zeit gefunden?

Die Verschärfung der Existenzbedingungen für symbolische Objekte hatte sichtbar gemacht, daß auch diese in verschiedener 'Existenzdichte' gegeben sein konnten: als imaginärer Vorgriff, Geahntes, Gemeintes – oder definit Gegebenes; als bloß Gedachtes –

---

[420] Es ist von eigentümlichem Reiz, daß Karl Kraus anläßlich einer Erläuterung des Titels von Schillers Jenenser Antrittsvorlesung zu bemerken wußte, man habe „in sprachdenklicherer Zeit" in einem explizierenden Aussagesatz „einen transitiven Gedanken, mit einer deutlichen Zielbestimmung von Subjekt zu Objekt" erfaßt. Daß hier mehr als eine idiosynkratische Intuition ausgesprochen ist, könnte sich schon daran erweisen, daß *verbum transitivum* ein systematischer Terminus der Grammatik ist. Da zu vermuten ist, daß Kraus' Behauptung nicht durch Hegel-Studien induziert ist, könnte sich, ließe sie sich an einigen Beispielen bekräftigen, eine des Zirkelschlusses unverdächtige Interpretation im Lichte dieser Auffassung um eine fruchtbare Hegel-Deutung bemühen. Cf. Karl Kraus: *Die Sprache*, Frf./M.: Suhrkamp, 1987, p. 109. - H. Schmitz fand die plastische Formel, die Hegelsche Logik ergebe ein „vielfältig verschränktes System hinweisender Gebärden, die den Leser auffordern .., gewisse gedankliche Übergänge zu vollziehen" (*Rezension*, l. c., p. 298). Damit ist die Ubiquität des intellektuellen 'Verweisungsvektors', entlang dem die dialektischen Explikationen verlaufen, treffend benannt. 'Gebärden' kann allerdings nur als erläuternde Metapher angenommen werden, wie die in Kapitel 5 dieser Arbeit formulierte Kritik zeigen wird.

[421] Daß kein einzelnes Prädikat dies leistet, macht Hegel dann zum Vehikel des Fortgangs der bedeutungs-analytischen Explikation wie auch der Modellierung von Dynamik in den realistischen Anwendungen der Dialektik; cf. *Enzyklopädie*, §170: „ .. indem das Subjekt

oder Faktisches, Prüfbares, allgemein Verfügbares. Innerhalb eines Faches war hier ein Bemerken der besonderen Implikationen von Fachlichkeit aufgetreten, der Notwendigkeit, Existenz eines Objekts für eine besondere Perspektive an eine 'spezifische Farbigkeit' zu binden, das *quod* vom *quale* abhängig zu denken. Hegels Demonstrationen in der „Wissenschaft der Logik" erscheinen darin schwieriger, daß sie auch das In-Sicht-Treten von Korrelativa auf dieselbe Weise, als ein Objekt-Werden, ein thematisch-Werden, zu rekonstruieren vorgeben. Die Schlüsselkategorie des *Werdens* ist selbst demonstrativer Vollzug dessen, was sie bezeichnet: der Übergang von einem Allgemeinen, hier dem *Sein*, zu dessen Besonderem, der *Qualifikation*.[422] Die Konstruktion des Übergangs durch das Ineinanderspiegeln von *Sein* und *Nichts* ist nur das Vehikel, das *in demonstrationem* sichtbar zu machen hat, daß die funktional verschiedenen Prädikatsrudimente .. *ist* .. und .. *ist nicht* .. Resultate derselben Genese sind. Beide sind unterschieden, doch gleichermaßen Abstraktionen von konkreteren Prädikationen: .. *ist X*, .. *ist nicht Y*. Das *Werden* ist der Vollzug eines intellektuellen Sichtbarmachens in einem zuvor nur vage mitgemeinten, nicht explizit thematisierten, verschwimmend-chaotischen Gesamt von Präsuppositionen. Mitgesetzt war nämlich bei der Thematisierung des *Seins* seine Voraussetzung, besonderes, *qualifiziertes Sein*, von dem es durch Abstraktion gewonnen war: *es dringt sich unmittelbar die Reflexion auf, daß dieses reine Seyn .. eine Erinnerung und Bewegung voraussetzt, welche das unmittelbare Daseyn zum reinen Seyn gereinigt hat.*[423]

Die bedeutenden Hindernisse beim Verständnis dieser Konzeption liegen in der Vermengung mit Wachstumsvorgängen, die den An-

---

überhaupt und *unmittelbar* konkret ist, ist der bestimmte Inhalt des Prädikats nur *eine* der *vielen* Bestimmtheiten des Subjekts und dieses reicher und weiter als das Prädikat." Endlich erreichter Stillstand setzte voraus, daß alle Prädikationen aktual vollzogen würden. Der Nachweis, daß das Ende der Geschichte in der „Philosophie der Weltgeschichte" nach diesem Muster theoretisch konstruiert wird, wäre ein Indiz für die Nützlichkeit des hier gemachten Vorschlags zur Identifikation des logischen Elementarkonstruktors bei Hegel. - Erkennbar ist aber schon, daß sich mit dieser Annahme der viel kritisierte normative Wahrheitsbegriff Hegels als konsequente Ableitung aus der antizipierenden Potenz des Ideellen erklären läßt.

[422] Bei Hegel „bestimmtes Seyn", „Daseyn". - *Wissenschaft der Logik I.1*, in: *Gesammelte Werke*, 1. sub 284) c., t. XXI, 1984; p. 96.

[423] *Wissenschaft der Logik I.2*, 1. sub 284) c.

schein erweckten, die Aktualisierung eines potentiell wißbaren Bedeutungsmoments sei eben so etwas wie der Phasenübergang in einem biotischen Wachstumsprozeß, so daß *Dasein* aus aus dem *Sein* entspringt wie die Knospe aus der Blüte. Das erlaubte, den Idealrealismus, der einen höchst produktiven Vorschlag zur Aufhebung der Zweiweltenlehre der Tradition zu machen imstande war, in eine Konzeption der Anwesenheit alles erst noch Werdenden münden zu lassen, eine Welt ohne Zukunft zu denken. Revolutionär blieb, das Allgemeine des Ideellen als immer schon in dieser Welt anwesend zu denken, als etwas, das dem konkret Einzelnen wie ein erscheinender Glanz einwohnte, eine Aura von Überindividuellem ausstrahlend. Das Konkrete und Einzelne war nur, was es war, durch diesen Schein und dieser nur durch es. Die $\mu\acute{\varepsilon}\theta\varepsilon\xi\iota\varsigma$, sollte nicht mehr umgedeutet werden können in die Beziehung zweier gegenüberstehender substantialer Welten, schon dadurch, daß nun nicht mehr nur das Individuelle teilhatte am Allgemeinen, sondern dieses auch an jenem: es war nur als das Gesamt der Individua konstituiert. Da so das Allgemeine dem Konkreten 'inhärierte', mochte man, war es neuplatonisch gedacht als die Überfülle der realisierbaren Möglichkeiten, zugleich mit ihm die Realpräsenz dieser annehmen. Daß sie Potenz war, besagte nicht, daß hier noch Überraschendes, Neues, zu erwarten war, denn der allgemeine Begriff war ausdekliniert. Die Zukunft war dann nur Schein: sie war nun als im Gegenwärtigen anwesend gedacht. In dieser Schrumpfung der erstreckten Zeit der Kultur bis zur absoluten Aktualität aller möglichen Akte ließ sich auch integrieren, daß ein Verfahren demonstrativer Explikation in den inhaltlich bestimmten Anwendungen der Dialektik zum Muster jedes Objektivationsakts wurde.

Dem nicht zu folgen, sondern die Öffnung des Horizonts zur Zukunft in die philosophische Theoriebildung zu integrieren, ist der wesentliche Neueinsatz in Günthers Anschluß an Hegel. Die Aufnahme der dialektischen Logik des intelligiblen Sichtbar-Werdens als unfertige Theorie der Genese von Bedeutungen muß dann aber alle die beim Original verquickten Momente separieren, Entelechie vom Realisieren einer Antizipation unterscheiden, beide vom Vorgang des Explizierens. Alle drei in Einem zu fassen, etwa als Aktualisierung von Potentialen, ist wohl als produktiver Einsatz einer kreationistischen Metaphysik verständlich, aber das Bestreben, den Vorgang 'formal exakt' zu modellieren, benötigte eine Differenzierung der konstruktiven Mittel, um zu einem sinnvollen Ziel zu kommen. Mehr noch erforderte der große Anspruch, die Rationalitätsform einer radikal anderen Epoche der Kulturgeschichte zu begründen, einen sorgfältigen Aufweis der hier nach Hegel fortgeführten theoretischen Linien, denn daß 'Alles anders werden' müsse, wird zu wenig sein, um Theorie zu erzeugen: *Die Bewußtseinsgeschichte des Abendlandes und der weltgeschichtlichen Epoche, der Europa angehört, ist zu Ende. Das zweiwertige Bewußtsein hat alle seine inneren Möglichkeiten erschöpft .. Der Übergang von der klassisch-Aristotelischen Gestalt des Denkens zu einer neuen und umfassenden theoretischen Bewußtseinslage erfordert [nun] eine seelische Metamorphose des ganzen Menschen. Einer nicht-Aristotelischen Logik muß ein trans-Aristotelischer Menschentypus entsprechen und dem letzteren wieder eine neue Dimension der Geschichte.*[424] Da solche Sätze zuviel ankündigen und zuwenig aussagen, muß die Erbschaft, die hier angetreten werden soll, weiter untersucht werden.

Entelechie, Teleologie oder Tendenz

Der nächstliegende Einwand gegen eine Suspendierung der Identitätsunterstellung bezieht sich auf die Existenz des problematischen Gegenstandes in der Zeit und greift konsequenterweise auf das treffende Argument zurück, hier ließen sich einfach und zweifelsfrei Etappen oder Zustände unterscheiden, deren jeder als klassisch definites Objekt identifiziert werden könnte. Es wäre eine irreführende Behauptung, wollte man sagen, im Samen sei die Pflanze *noch nicht mit sich selbst identisch*. Solche Argumente sind ermutigt, sogar provoziert durch die problematische Amalgamierung von explizierender Konstruktion und organischer Entwicklung, wie sie Hegels Argumentation kennzeichnet[425]. Nimmt man die Metaphorik von *Blüte, Knospe* und *Frucht* ernst, die etwa in der „Phänomenologie des Gei-

---

[424] *Idee und Grundriß*, l. c., p. 114.

[425] Unter der Voraussetzung, daß die gesamte Welt in all ihren realen Manifestationen eine *Entelechie* habe, indem sie nach der Realisierung der *absoluten Idee*, oder diese durch jene nach 'Selbstrealisierung' strebe.

stes" herrscht und erkennt in ihr das Hilfsmittel für die revolutionäre Konzeption einer dynamischen Ideenwelt, das zugleich eine nur langsam abgearbeitete Hypothek im Ganzen des Werkes mit sich bringt, sind noch in den späteren Schriften Reste der *organologischen Metaphysik*[426] erkennbar, die zu Beginn dominant war. Das hieße noch nicht, den Unterschied zu überspielen, der zwischen der kühnen Identifikation von Gottesrede und genetischer Kosmologie in der Jenenser Metaphysik[427] einerseits und der „Wissenschaft der Logik" andererseits liegt, die bereits unter tentativer Suspendierung sowohl der Voraussetzung, sie enthielte *die Gedanken Gottes vor Erschaffung der Welt* wie auch der Prätension, ihre vollendete Explikation sei der demonstrierte Umschlag in Realität, als eine philosophische Semantik interpretiert werden kann[428]. Es besagte nur, daß eine kritische Rezeption den konnotativen Ballast der organologischen Metaphern und der an die Anschaulichkeit von Wachstumsprozessen appellierende Wendungen als die Quelle unproduktiver Deutungen der Hegelschen Dialektik zu markieren hätte, um einer Bereinigung der mit ihnen problematisch verwirklichten, doch in ihrer Sache höchst fruchtbaren Argumentation zuzuarbeiten[429].

Vorauszusetzen wäre die teleologische Signifikanz von Antizipationen, das Grundelement eines Denkens, dem sich der Terminus *Idealismus* in Verwandtschaft mit dem alltagssprachlichen Gebrauch

---

[426] Cf. Ernst Cassirer, *Nachgelassene Manuskipte und Texte*, l. c., p. 102.

[427] Man kann den Formulierungen, die im Manuskript von 1804/05, *Logik, Metaphysik, Naturphilosophie*, im Abschnitt *System der Sonne* zu finden sind, eine Anverwandlung der Johanneischen Formeln vom weltschöpfenden *logos* an die Rekonstruktion der Genese des physikalischen Universums nach der Nebularhypothese Kants (und Laplaces) ablesen: „[Das] Sprechen des Äthers mit sich ist seine Realität .. Das erste seines Sprechens ist, daß er sich zum sprechenden macht, und ist sein erstes Wort, daß er sich zum Erzeuger macht, [und dies] ist seine erste Erzeugung. Diese Contraction der Gediegenheit des Äthers ist das erste Moment des negativen Eins, des Punkts .. Das Eins des Sterns, und seine Quantität, sind das erste schrankenlos, unartikulierte Wort des Äthers." - *Gesammelte Werke*, t. VII, ed. R.-P. Horstmann/J. H. Trede, Hamburg: Meiner, 1971, pp. 190 sq.

[428] Wie es z. B. vorausgesetzt wird bei Pirmin Stekeler-Weithofer, *Hegels Analytische Philosophie*, l. c., p. 21. - Auch Klaus Hartmann hat in *Hegels Logik* ähnlich angesetzt, mit der Deutung als eine „ontologische Semantik"; Berlin: de Gruyter, 1999; p. VI, praec. pp. 13-22.

[429] Vielversprechende Ansätze liegen in Versuchen, eine der am stärksten problematischen Kategorien, „das Werden", von den mit Bezügen auf phänomenale Prozesse in der Zeit

erschließt und empfiehlt. Das verlangte, daß man der für den privaten Horizont nicht nur zweifellos, sondern nachdrücklich zugestandenen teleologischen Struktur des Handelns und Verhaltens einen Abglanz auf ganze Handlungsgemeinschaften zuschriebe, um als das Grundmuster aller kulturellen Phasenübergänge das von vorlaufender Antizipation und einholender Realisierung statuieren zu können, wie Hegel es tat. Dann ließe sich dem Gang der ganzen Kulturgeschichte als Prinzip der systematischen Rekonstruktion seine Fassung der teleologischen Struktur intellektueller Akt-Vollzüge unterstellen.[430] Es wird nicht allzu abwegig erscheinen, die Konfundierung kulturgeschichtlicher Epochenabfolge mit genetischen Operationen philosophisch rekonstruktiver Verfahren in dem Streben begründet zu sehen, der Weltgeschichte das Muster fortschreitender Aufklärung abzulesen und beiden zugleich das in seiner systematischen Leistungsfähigkeit unübertroffene Konzept vom *Denken des Denkens* zu unterlegen. Mit dieser Voraussetzung würde verständlich, wie der Gewinn an Ausblick und kritischer Distanz durch reflektierende Erhebung über den immer blinden Akt-Vollzug einerseits und die Genese eines kulturellen Folgezustandes andererseits zu einer durchaus nicht simplen tendentiellen Identifizierung geführt werden konnten, indem beide als Umwälzungen durch Horizontüberschreitungen konstruiert wurden. Für eine produktive Nachfolge Hegels bestünde eine Auf-

---

befrachteten Assoziationen zu lösen, indem man sie gemäß ihrer, einer systematischen Explikation abzulesenden, semantischen Funktion definierte. Cassirer hat hier einmal beiläufig ein treffendes Stichwort gegeben, als er formulierte, sie sollte besser „Übergang zur Bestimmung" genannt werden, wobei er auf den Kommentar McTaggarts verweisen konnte (*Das Erkenntnisproblem III*, l. c., pp. 333-336.). - Stekeler-Weithofer, der mit den Instrumenten der Analytischen Philosophie die sicherste Distanz zu anschauungsbezogenen, gar organologischen Termini hätte, markiert die Differenz nicht entschieden genug und kann die Diskussion der Kategorie *Werden* daher nicht frei von realgenetischen Konnotationen halten; l. c., praec. pp. 114-118. - Eine klare und gründliche Studie Markus Semms bekräftigt die Abhängigkeit der Hegelschen Begriffstheorie von organismischen Vorstellungen, obwohl der Autor versucht, die *metaphorische* Qualität der bezüglichen Termini zu erweisen. Der Quell in der gemeinsam mit Schelling verfolgten Umdeutung des *intellectus archetypus* nach Kant ist aber deutlich bezeichnet, nur ist nicht beim Wort genommen, was unzweideutig zitiert wird: *Überall*, „wo nothwendige Beziehung des Ganzen auf Theile und der Theile auf ein Ganzes ist, ist *Begriff*" (Schelling). - Markus Semm: *Der springende Punkt in Hegels System*, Boer, 1994; pp. 9-26 et al., cit. p. 19.

[430] Der in ungezählten Facetten schillernde, wiewohl heute mit Entschiedenheit verwendete Terminus *Bewußtseinsphilosophie* dürfte weit eher hierin eine fruchtbare Bedeutung

gabe darin, die damit bezeichnete theoretische Lösung als ein Problem zu erkennen. Denn gesteht man zu, daß diese theoretische Lösung der Nerv in der dialektischen Philosophie des Absoluten ist, wird zugleich deutlich, daß eben hierin die Verquickung dreier Problemfelder in Anspruch genommen wird, indem eine *explikatorische Semantik* zum einen als ein Modell der *Genese von symbolischen Ordnungen* verwendet wird und zugleich als 'Denken Gottes' die *Realgenese der Welt an Sachen* sein soll. Hermann Schmitz spricht mit ähnlicher Perspektive wie wir von der Logik eines *erkenntnistheoretischen Explikationismus*[431]. Die Akzentuierung des Nomens bekräftigt die Fruchtbarkeit unserer Vermutung, doch das Attribut schleppt höchst problematische Konnotationen ein, die Schmitz dann auch übersehen lassen, welcher produktive Sinn im Terminus des *Absoluten* freigelegt werden kann.[432] Die „Wissenschaft der Logik" als eine explikatorische Semantik interpretiert, läßt leichter deutlich werden, daß in Hegels Verwendung des Terminus der Gegensatz zu *Relatives* akzentuiert ist, so daß die philosophische explikatorische Semantik als das Medium der Thematisierung von Thematisierungsfunktionen, *absolviert von allem Sachbezug*, begriffen werden kann. Hier wird gewissermaßen eine Homogenitäts- und Funktionsuntersuchung besonderer symbolischer Ordnungen, nämlich kategorialer, unternommen. Die besonders komplizierende Forderung, der sich Hegel mit furios anmutender Kühnheit unterstellt, entsteht aus der konsequenten Rücksicht darauf, daß die Thematisierung der Thematisierungsfunktionen selbst *in actu* vollzieht, was sie untersucht, sie ist selbst eine solche Funktionsanwendung: gewissermaßen selbst *so etwas, wie* das, was sie behandelt. Eine kleine Akzentverschiebung in dieser Formel führt ins Herz der Hegelschen Konzeption des *Absoluten*: die explikatorische Thematisierung *ist selbst*, was sie thema-

---

haben, als darin, daß die Intellektualität als Quell kultureller Dynamik oder Philosophie als „Analyse des Bewußtseins auf seinen Inhalt" (Günther, *Idee und Grundriß*, l. c., p. 46, cit. Ernst Troeltsch) oder 'Mentalismus', logische Operationen als psychische Akte, unterstellt würde.

[431] *Hegels Logik*, l. c., pp. 352-368.

[432] Auch er identifiziert „das Absolute" mit „Alles, was es gibt" als einer gegebenen Masse, statt die im „absoluten Wissen" realisierte methodische Pointe zu sehen, daß in Vollendung der philosophischen Einstellung zu Gegebenem zuletzt nur noch *Gewußtes gewußt* wird, das Wissen nicht mehr als Beziehung auf etwas verstanden ist, daß 'substantial Anderes' wäre. „Das Absolute" ist nur diese Einstellung. - ibid., pp. 350 sq.

tisiert. Dazu tritt, zwanglos ergänzend, daß es *zwei* letzte, höchste, allgemeinste Typen von Thematisierungsfunktionen auch gar nicht geben könnte. Hegels hartnäckige Diskussionen der falsifizierenden Verdopplungen scheinen uns diese Interpretation, zumal die eben vorgestellte Nuance, auffallend deutlich zu unterstützen. Alle seine explizierenden Auflösungen der Unzulänglichkeit von Aussagen wie *Das Sein ist das Absolute* etc., die zweierlei intellektuell Unüberbietbare auszusagen prätendierten[433], weisen darauf hin. Im zitierten Satz ist zudem die völlig verständliche Verwendung des Terminus für 'das Gesamt' aller grundlegenden Thematisierungsfunktionen oder *Kategorien* gezeigt, die, für sich genommen, noch kaum problematisch sein müßte. Erst die aristotelisch inspirierte Umdeutung[434] dieser Thematisierungsfunktionen in den weltschöpfenden *logos*, wodurch die demonstrative Explikation der Elementarfunktionen theoretischer Gegenstandszurichtung unter Einsatz eben derselben Elementarfunktionen zur νόησις νοήσεως gemacht werden kann[435], ist daher die eigentliche Hürde bei der Diskussion des *Absoluten*, denn erst damit entsteht für Hegel die Möglichkeit, in dem *Absoluten*, das 'ursprünglich' die nicht durch symbolische Operationen überholbare Gesamtheit aller symbolischen Operationen[436] ist, auch die Gesamtheit der Sachen möglicher Bezugnahme einzufassen. Das ist bei Hegel nicht direkt, als die Zusammenfassung der Masse aller realistisch gedachten Dinge, geleistet, sondern auf einem Umweg, dessen Grund freizulegen ist: die demonstrierende Explikation der Thema-

---

[433] Cf. die Diskussion einer Darlegung in der ersten Auflage der *Wissenschaft der Logik* bei Wolfgang Wieland, *Bemerkungen zum Anfang von Hegels Logik*; in: R.-P. Horstmann ed., *Dialektik in der Philosophie Hegels*, l. c., pp. 196 sq.

[434] Wahrscheinlich ist, daß dabei Einflüsse der deutschen Mystik mitwirkten, worauf hier nicht weiter eingegangen werden kann. Die Brücke zwischen dem Realvorgang und logischer Operation wäre das Erlebnis des Akts der Ausführung dieser. - Cf. Horst Althaus: *Hegel und die heroischen Jahre der Philosophie*, München, Wien: Hanser, 1992, pp. 72 sq.; Katharina Comoth: *Hegels 'Logik' und die spekulative Mystik*, in: *Hegel-Studien*, H. 19, 1984, Bonn: Bouvier.

[435] Cf. Ernst Cassirer, *Erkenntnisproblem III*, l. c., pp. 362 sq. - Die theoretische *Explikation* ist darin als identisch mit der *Evolution*, sowohl der Natur wie der Kultur, gefaßt (Cassirer prägnant auch dazu pp. 373-377). Hegels Versuch, dem Verlauf der Philosophiegeschichte den Gang der Kategorienexplikation in der *Wissenschaft der Logik* abzugewinnen, ist wohl das prägnanteste Beispiel für dieses Ziel.

[436] Man kann nicht sprechen, ohne zu sprechen, nicht auf etwas Bezug nehmen, ohne Bezug zu nehmen.

tisierungsfunktionen ist identisch mit der genetischen Konstruktion der Welt als Gesamt von Bezugsobjekten symbolischer Thematisierung. Das nicht-trivial Problematische der Theorie entsteht damit, daß unter kantianischen Prämissen eine Rekonstruktion als Innovation von Bezugsgegenständen gedacht werden muß.

Es gehört zu den gewichtigsten Mängeln der Güntherschen Hegel-Rezeption, daß er den vorausgesetzten Konnex von logisch-genetischen Akten und Entstehung neuer kultureller Ordnungen nicht nur nicht aufzulösen bestrebt ist, sondern unbedacht läßt, um sich im Prozeß der Reifung seiner Konzeption mehr und mehr einer 'Verlaufslogik der Geschichte' zuzuwenden. Daß auch dieses ein Thema von Brisanz ist, wird im Blick auf die Fachwissenschaften die zitierte Bemerkung Eric Hobsbawms in Erinnerung gerufen haben, entfaltet sich doch in dieser Perspektive der Prospekt einer allgemeinen Theorie der Entwicklung, für die sich im 20. Jahrhundert mit der Durchsetzung des Entwicklungsgedankens für die ganze Natur wie auch den Fortschritten in der mathematischen Modellierung evolutionärer Vorgänge manche fruchtbare Anstöße ergaben, wenn auch noch immer kein formulierbares Forschungsprogramm.[437] Versuche, Stichworte zur Theorie Hegels einzusetzen, um wiederkehrende Elementarmuster in den Verlaufsgesetzen evolutionärer Prozesse zu identifizieren, rekurrierten hier aber offenbar auf die in Hegels dialektischer Rekonstruktion von Kulturentwicklung liegende Hypothek der an der Phänomenalität natürlicher Wachstumszyklen orientierten organologischen Metaphysik, so daß für einen theoretischen Neuansatz in einem Forschungsfeld Anregungen in Anspruch genommen würden, die eben demselben Forschungsfeld entstammen.[438]

---

[437] Daß im Frühjahr 1999 eine gründlich vorbereitete Initiative zur Schaffung eines *Instituts für Evolutionswissenschaft* (an der Berlin-Brandenburgischen Akademie für Wissenschaften) scheiterte, wird auch als ein merkwürdiges Symptom für den Mangel an Bewußtsein über die beispiellose Bedeutung eines Forschungsprogramms zu einer „transdisziplinären allgemeinen Evolutionstheorie" zu beurteilen sein. Immerhin sollten hier mit Bedacht neurophysiologische, zoologische, soziologische, wirtschaftsgeschichtliche und algorithmentheoretische Forschungsrichtungen integriert werden (http://www.bbaw.de/ termine/1999/04/09.html). - Das Wissen um die Resultate der Bemühungen verdanke ich persönlichen Mitteilungen der beteiligten Herren Prof. Reyer (Zürich), Prof. Schwefel (Dortmund), Prof. Stichweh (Luzern), Prof. Witt (Jena) und Prof. Engel (Basel).

[438] So etwa Manfred Peschel, Werner Mende: *Leben wir in einer Volterra-Welt? Ein ökologischer Zugang zur angewandten Systemanalyse*, Berlin: Akademie, 1983, p. 15.

Reflexion oder geisteswissenschaftliche Forschung

Der ausdrückliche Anschluß an eine Theorie, in der die aufklärende Distanzierung von *data* als ein methodisch zu übendes Verfahren rekonstruiert wird, verpflichtete außerdem dazu, den Differenzen innezuwerden, die den 'Reflexionsfortschritt' sich belehrender Aufklärung vom historischen Wandel symbolischer Formprinzipien in den Wissenschaften, sie beide von der Genese kultureller Reflexionsinstitutionen und diese drei von der bewußtlosen Transformation der Ordnungen der Kooperation und Verständigung trennt.[439] Weniger die von Günther zitierten *Drei Stellungen des Gedankens* als vielmehr die drei Stufen der Bezugnahme in der „Wissenschaft der Logik" sind eine zu einer Systematik des Philosophierens gereifte theoretische Rekonstruktion des Kerns intellektueller Verfahren von Aufklärung, die bei der methodischen 'Selbstprüfung der Vernunft' in der „Phänomenologie des Geistes" ihre erste große Entfaltung gefunden hatten. Tatsächlich rekurriert Günther auch auf diesen Akzent, denn der Terminus *Reflexion*, der sich durch sein gesamtes Werk zieht, ist im Ursprung der Name für den Vorgang, in dem die Intellektualität allein die Aufgabe einer 'Selbstkritik' vollziehen kann: die Thematisierung der Resultate von Thematisierung[440]. Daß damit eine Horizontverschiebung geleistet wird, die das Feld dessen, was mit erscheinender Substantialität zuvor den Absolutismus der Wirklichkeit ausmachte, in bis dahin Unthematisiertes einzubetten vermag, leitet die Intuition zur produktiven Spannung von Konstellationen, in denen der *Satz vom ausgeschlossenen Dritten* bestritten werden muß. Denn *was durch das Tertium non datur ausgeschlossen wird, ist die Reflexion, die über das metaphysische Grundthema dieser Logik hin-*

---

[439] Die enge Verflechtung, die sachlich darin indiziert ist, daß die historische Aufklärung einen enormen Schub in der Genese neuer Reflexionsinstitutionen auslöste (nicht zufällig entstand der Kosmos der Geisteswissenschaften nach Kant, Schleiermacher und Hegel), zeigt sich vielleicht heute *ex negativo*, da populäre Geringschätzung der historischen Aufklärung mit dem populären Zweifel an der Achtungswürdigkeit geisteswissenschaftlicher und philosophischer Reflexionskultur einhergeht.

[440] Cf. dazu die im *Historischen Wörterbuch der Philosophie* unter dem Eintrag *Reflexion* nachgewiesene Akzentuierung bei Herder und Kant; t. 8, Stuttgart/Basel: Schwabe, 1992, c. 397. - Zur Verwendung bei Hegel cf. Walter Jaeschke: *Äußerliche und immanente Reflexion*, in: *Hegel-Studien*, H. 13, 1978, Bonn: Bouvier, pp. 85-118.

ausgehen will[441]. 'Diese Logik' ist wiederum die Formale und ihr Grundthema in Günthers Interpretation *das Sein*, das in Rücksicht auf Hegel benannt wird.

Die Überschreitung des *Seins* in der „Wissenschaft der Logik" nun war als die Thematisierung dessen, was geschah, wo Sachen als unüberholbar Gegebenes behandelt wurden, eine Erörterung des 'Wesens', des *to ti en enai, das wörtlich bedeutet: 'das, was es gewesen ist'. Es ist Titelwort für alle Arten von Antworten auf Fragen der Art: Was war es, wovon eben gesprochen wurde? Was ist es eigentlich, das uns eben noch so .. zu sein schien?*[442] Stekeler-Weithofer, der so fragte, folgt Hegel noch zu dicht, um das Problematische der Identifikation von intellektuellem Gewinn an Distanz und Übersicht mit der Entstehung von Reflexionsinstanzen in der arbeitsteiligen Institutionenwelt der Kultur zu bedenken, so daß er frei von jeder Reserve berichten kann: *Die Entwicklung spekulativer Begriffsanalyse nicht nur unserer Sprach- sondern auch unserer Lebenspraxis begreift Hegel dabei als einen kulturhistorischen Prozeß, in dem sich die Menschheit ihrer selbst bewußt wird.*[443] Die elementare Leistung eines Philosophierenden, in einer transzendentalen Untersuchung die Bedingungen der Möglichkeit kultureller Objektivationen, seien es wissenschaftliche Theorien, Kunstwerke oder Formen des Sittlichen, zu erschließen, kann wohl als Korona einer in die Erzeugung und Reproduktion dieser Objektivationen zurückstrahlender synthetisierender und 'sicht'orientierender Aussagen begriffen werden, doch sind diese *per se* verschieden von einer durch sie induzierbaren neuen sozialen Institution.[444] Die Hegelsche Philosophie etwa konnte die Gestalt einer Gebärerin der Geisteswissenschaften haben, war aber gerade darum nicht identisch mit diesen.

---

[441] Günther, *Idee und Grundriß*, l. c., p. 133.

[442] *Hegels Analytische Philosophie*, Paderborn et al.: Schöningh, 1992, p. 228.

[443] ibid., p. 229.

[444] Die Sätze einer Philosophie sprechen wohl personal teilbare intellektuelle Handlungsanweisungen aus, eine soziale Institution dagegen, die in ihren Funktionsprinzipien darauf gründete, müßte den Übergang von der bloßen Möglichkeit zur Wirklichkeit realisieren: nicht mehr nur teilbare Überzeugungen, sondern geteilte. - Diese Erinnerung soll nicht verdecken, daß Stekeler-Weithofer den Sinn der Hegelschen Logik präzise erfaßt: „Was man seit Kant 'transzendentale Analyse' zu nennen pflegt, das sieht schon Hegel und nicht erst Peter Strawson, die Aufdeckung *relativer Präsuppositionen* der Bedeutungsbestimmtheit .."; l. c., pp. 24 sq.

Theorieevolution oder Anabasis

In dieser Perspektive ist aber die mit der transzendentalen Untersuchung oder Reflexion erzielbare Transposition eines intellektuellen Standortes, eine gewisse 'Hebung' der intelligiblen Perspektive einschließend, auch nicht identisch mit dem Gang des Fortschritts in Fachwissenschaften, deren Transformationen und Paradigmenwechsel gerade nicht durch kritische Reflexion früherer Leistungen und Verfahren, sondern als Selbsttransformation entlang der theoriestrategischen Verweisungen innerhalb dieser Verfahren erfolgt, die unter ihrer, dabei veraltenden, Voraussetzung Probleme erschließen, die mit ihnen nicht mehr zu bewältigen sind. Daß auch hierfür bei Hegel Inspiration zu finden war, zeigt sich beispielhaft an den Bemühungen von Imre Lakatos, eine Logik des Wandels in der Forschung zu begründen.[445] Der mögliche Anschluß an Hegel, wie problematisch in der detaillierten Durchführung auch immer, muß durchaus vielversprechend für einen jeden Autor sein, dem zugesprochen werden kann, *so wie Kant* eine *theory of objectivity without a representational theory of truth*[446] schaffen zu wollen, sobald er auf das Folgeproblem stößt, das auch Hegel bewegte: den historischen Wandel der Formen von Objektivität. Das Muster der Verlaufsform von Wissensfortschritt, das bei Hegel vorgebildet ist, ist inzwischen, nach T. S. Kuhns Theorie, auch außerhalb der Wissenschaften fruchtbar geworden. So kann H. R. Jauß bei dem Versuch, die fortschreitende 'Konkretisation' von Urteilsschemata der Literaturwissenschaft durch Einzelwerke zu erläutern, auf die *juristische Theorie der fortschreitenden Konkretisation von Gesetzesnormen* verweisen, in der Anwendung nahtlos in Neuschöpfung von Regeln übergeht[447]. Der Unterschied zwischen dem Gang eines Fortschritts durch Be-

---

[445] Er erklärt genauer, daß er sich außer von Georg Polya und Karl Popper *auch* von Hegel inspiriert fühlte: *Proofs and Refutations (PhD thesis)*, in: *Philosophical Papers*, ed. J. Worrall/G. Currie, Cambridge Univ. Press, 1978; p. 70, Fn. - Ausführlichere Diskussion und Verweise bei Brendon Larvor, *Lakatos. An Introduction*, London, New York: Routledge, 1998; praec. pp. 23-29.

[446] Ian Hacking: *Lakatos' Philosophy of Science*, in: id. ed., *Scientific Revolutions*, Oxford Univ. Press, 1981, pp. 128-143. - cit. p. 129.

[447] H. R. Jauß: *Hermeneutische Moral: der moralische Anspruch des Ästhetischen*, in: *Wege des Verstehens*, l. c., p. 48, Fn.

gründung neuer allgemeiner Gesetze und der Transposition eines intellektuellen Standortes in eine reflexionsfähige Distanz ist auch innerhalb der „Kritik der reinen Vernunft" zu erkennen: die Diskussion der Antinomien ist Zeichen des Bewußtseins einer Krisensituation in der Philosophie, die mit dem Entwurf einer Transzendental-Philosophie überwunden werden soll. Das diese charakterisierende methodische Bewußtsein aber schließt weit mehr ein als die Bewältigung solcher Situationen, da nicht bloß Gründe für das Scheitern, sondern die Bedingungen der Möglichkeit des Gelingens von Erkenntnis erschlossen werden sollen. Daß das hier zu begründende Verfahren das gleiche Muster aufweisen sollte wie seine Entstehung in der Geschichte philosophischer Theoriebildung, ist erst kenntlich als Prätension bei Fichte und seinen Nachfolgern, die mit der 'Reflexion der Reflexion' den Phasenübergang ganzer intellektueller Konstellationen hofften rekonstruieren zu können. Das Muster einer Reihenordnung symbolischer Konstellationen in zunehmendem Grade an Komplexität hatten Schellings „Vorlesungen über die Methode des akademischen Studiums" ausführlich demonstriert[448] und die „Phänomenologie des Geistes" weist es ebenfalls auf. In der Durchführung war diese zwar nicht nur unvergleichlich reicher und inhaltlich unverträglich mit jenen, doch der Versuch, selbständig ausgeformte Konstellationen von Typen der Objektbildung mittels einer dialektischen Explikation systematisch zu ordnen ist es, der beiden gemeinsam blieb.[449] Es führte mit einer zusätzlichen, wenngleich nicht weniger problematischen Konfundierung zu überraschendem Ausblick. Die Universalität der dialektischen Bewegung war mindestens damit zu beglaubigen, daß alle theoretisch retraktablen Resultate der Erkenntnis nach dem Elementarmuster sich aneinander abarbeitender Komplemente mit nachfolgendem Umschlag in einen gänzlich neuen Horizont rekonstruiert wurden. Zum einen konnte der

---

[448] Die Berechtigung zur Entwicklung der realen Organisation der kulturellen Formenwelten aus ihrem ideellen Vorschein sehen wir etwa behauptet in der Wendung: „Die Natur des Absoluten ist: als das absolut Ideale auch das Realste zu seyn. In dieser Bestimmung [liegt die Möglichkeit] .., daß es *als Ideales seine Wesenheit in die Form, als das Reale, bildet*". - *Vorlesungen zur Methode des akademischen Studiums*, in: Schellings Werke, l. c., 3. Hauptbd., pp. 229-374; cit. p. 241.

[449] Cf. dazu die Bemerkungen Ernst Blochs in seinen *Leipziger Vorlesungen zur Geschichte der Philosophie*, Frf./M.: Suhrkamp, 1985; t. 4, p. 195 und in *Subjekt-Objekt. Erläuterungen zu Hegel*, l. c., pp. 66 sq.

Umschlag in einem Distanzgewinn bestehen, der die theoretische Rekonstruktion des Vorgehens erlaubte, in dem die intellektuelle Perspektive bis dahin befangen gewesen war. Es zeugte von alltagspraktischem Realismus, den Elementarschritt von Aufklärung genauer noch an die Erfahrung des Scheiterns eines bis dahin unproblematischen Vorgehens zu knüpfen, also aus der Frage hervorgehen zu lassen, was eigentlich gewesen war, das man da eben verfehlt hatte. Ein ganz anderes 'Umschlagen' aber lag im Prozeß des Erkenntnisfortschritts vor, der im 20. Jahrhundert seine Fassung als Folge von *Paradigmenwechseln* fand. Die Reflexion auf den vergangenen Zustand gehörte hier nicht zu den systematisch wirksamen Elementen des neuen: in die Grundlegung relativistischer Physik ging die wissenschaftstheoretische Reflexion der Bedingungen der Möglichkeit Newtonscher nicht ein.

Wissenschaftsevolution oder Kulturgeschichte

Daß Verlauf und Typus des Resultats transzendentaler Untersuchungen bei Hegel dennoch mit der fortschreitenden Ausschöpfung und schließlich Transformation des allgemeinen Rahmens, der Sachverhalte als 'von diesem Typ' identifizierbar macht, in Einem gefaßt wurde, ergab auf dem Weg einer zweiten Analogisierung den Riß einer Verlaufsform im Wandel der Handlungsformen, Institutionen und Mentalitäten ganzer Kulturgemeinschaften. Hier konnte nun als allgemeiner Rahmen oder Paradigma der dominate Typus kultureller Selbstinterpretation angenommen werden, unter dem als überwölbendem wie nach und nach gedehntem Schirm alle kulturellen Akte als wünschenswert und anwendungsadäquat (oder eben dies nicht) überhaupt erst beurteilbar wurden. Daß hier ein Weltgeist webte, der in Gestalt seines allgemeinen Selbstanspruchs zusammen mit einer dazu spannungsreich in Differenz stehenden Gesamtheit je besonderer Akte der Realisierung existierte, war eine theoriestrategisch gelungene Lösung, deren nicht-realistische Umdeutung kaum schon überholt sein dürfte.[450] Daß Günther einmal zu formulieren im-

---

[450] Die knappe Formulierung von Engels, der historische Materialismus unterstelle, daß „in letzter Instanz" die ökonomischen Basisprozesse dominierend seien, beförderte Interpretationen, die übersahen, daß hier nur eine Unfertigkeit zur Schlußformel geworden war. Daß es derselbe Engels war, der klar zu beurteilen vermochte, es sei wegen der Neuheit

stande ist, ihm sei es um die Säkularisierung des Hegelschen *Weltgeistes* zu tun[451], zeigt an, wie treffsicher auch hier seine diagnostische Intuition eine Aufgabe von Brisanz zu identifizieren vermag. Mit dieser Erinnerung wird es allerdings um so unbefriedigender, auch die nötige Differenzierung zwischen Modellen entweder der Inkongruenz kommunikativer Akte und kollektiver Erwartungen oder der intellektueller Akte und theoretischer Systematik vermissen zu müssen. Was ausdrücklich als eine 'Logik der Geschichte'[452], also doch wohl der Verlaufsform des Wandels sozialer Institutionen und Kommunikationsformen vorgestellt werden soll, wird unentwegt als eine in ein ὄργανον auszubildende, also doch wohl intellektuelle Akte des symbolischen Gegenstandszugriffs nach systematischen Kriterien organisierende Arbeit demonstriert.[453] Die methodisch disziplinierte Reflexion der Philosophie auf die Bedingungen der Möglichkeit kultureller Objektivationen, die wieder zum *Denken des Denkens* geführt hatte, steckte hier noch immer als logisches Rückgrat in der systematischen Rekonstruktion der Geneseprozesse der Kulturgeschichte. Dennoch ist mit diesem problematischen Gang der Theorieentfaltung eine Fokussierung von überraschender Erschliessungskraft verbunden, denn die Identifizierung der Gesellschaftsgeschichte mit der Genese von 'Reflexions'-Instanzen macht als einen bedeutsamen Teil der Geschichte der Kultur die Ausbildung nicht

---

des Ansatzes Marx und ihm nur die halbe Arbeit zu leisten gelungen, so daß die differenzierte Untersuchung der *Rückwirkung* des 'Überbaus' noch ausstünde, hat nicht verhindern können, daß Marx trotz so zinsträchtiger Arbeit mit einem überwältigenden Erbe gern als überholt behandelt wird. In den berühmten Briefen an Conrad Schmidt erläutert Engels zudem auch genauer, daß die notwendige Verwandlung des Reflexes der (für ihn: ökonomischen) Basisprozesse in nach Prinzipien systematisierende symbolische Spiegelungsebenen dazu führe, daß diese „ihrerseits wieder auf die ökonomische Basis [zurückwirken] und sie innerhalb gewisser Grenzen modifizieren [können]". Das scheint ihm immerhin „selbstverständlich". - Friedrich Engels, *Brief an Conrad Schmidt v. 27. Oktober 1890*, in: Karl Marx/Friedrich Engels, *Werke*, t. 37, Berlin: Dietz, 1967, pp. 491-494; cit. p. 492. - Dazu auch den *Brief an Conrad Schmidt v. 5. August 1890*, l. c., pp. 436 sq. - Zur folgenreichen Weiterentwicklung dieser Gedankenlinie cf. Jürgen Habermas: *Der philosophische Diskurs der Moderne*, Frf./M.: Suhrkamp, 1988; pp. 95-103.

[451] *Vorwort* zu *Beiträge III*, l. c., p. IX.

[452] Dazu exemplarisch *Strukturelle Minimalbedingungen einer Theorie des objektiven Geistes als Einheit der Geschichte*, in: *Beiträge III*, l. c., pp. 136-182.

[453] Die erste Aufgabenstellung, sich für die neue Logik an – mathematischer – Logistik zu orientieren, um strikt eindeutige Berechnungsbeziehungen zu gewinnen, spricht es ebenso aus, wie Wendungen, die etwa Kant tadeln, kein „neues Organon des Verstandes" ge-

sinnlich-gegenständlicher Objektwelten als fortschreitende Aufschichtung zum Zentrum der Aufmerksamkeit. Läßt sich die Identität von distanzgewinnender, darin mögliche Institutionen zeugender, Aufklärung und des Fortgangs gelebten Realprozesses auch nicht verteidigen, so kann man doch als eine der, vielleicht sogar: wesentlichen, Dimensionen dieses Prozesses die fortschreitende Genese und Differenzierung von Spiegelungsinstanzen über den Aktvollzügen erkennen, mit denen ein der unerschütterbaren Reiz-Reaktions-Kopplung entkommenes Lebewesen Gegenstandsadäquatheit und soziale Konkludenz seiner Handlungen zu organisieren hat.

Tertium datur

Überschreitung von Kontexten

Das beharrliche Streben Günthers, in der transklassischen Logik nicht nur eine neue 'Theorie des Denkens', sondern auch die Grundlagen eines Instrumentariums zu geben, das intellektuelle Vollzüge jenseits der *von der traditionellen Logik definierten* ermögliche, legt es nahe, für die kritische Rekonstruktion seines Theorieprogramms zuerst den Akzent auf die Interpretation als Organon zu legen.

Hier ist von Bedeutung, daß die intuitionistische Kritik des Satzes *tertium non datur* von Günther aufgenommen wird, um zu erklären, wie mit dem Verzicht auf die im Identitätspostulat gesicherten definierenden Funktionen indizierende ermöglicht werden sollen. Dabei bezieht er sich folgerichtig nicht auf den Problemaspekt, der mit der Suspendierung der Identitätsforderung im Begriff der *werdenden Wahlfolge* für die Aufhebung des *tertium non datur* schon gegeben ist, sondern folgt den Argumenten der Intuitionisten in einem anderen: der Imprädikabilität eines beliebigen Attributs für solche Gegenstände, die nicht effektiv konstruiert, das heißt hier, nicht definitiv gegeben sind. Innermathematisch bedeutete diese Forderung, daß der bisher unproblematisch unterstellte Existenzbegriff eine präzisere Fassung erhalten sollte: für existent war ein mathematisches

---

schaffen zu haben; oder die Bekräftigung im später verwendeten Titelwort 'operationale Dialektik'. - Cf. *Grundzüge*, l. c., p. 22; *Metaphysik, Logik und die Theorie der Reflexion*, in: *Beiträge I*, l. c., p. 56; et al.

Objekt nur noch zu halten, wenn es mit den konstruktiven Mitteln der Struktur erzeugbar war, der es unter Wahrung innerstruktureller Homogenitätskriterien zugehören sollte, nicht mehr durch die intuitiv selbstverständliche Möglichkeit, seine Existenz widerspruchsfrei anzunehmen und die Konsequenzen daraus zu entwickeln[454]. Diese Nuance mochte in der Mathematik umstritten bleiben, vor allem ihrer schwer erträglichen eliminatorischen Folgen für ganze bis dahin solide gesicherte Gebiete wegen[455], doch sie konnte die Aufmerksamkeit eines Theoretikers fesseln, der zu fragen hatte, was die *Existenz* eines nicht-empirischen, rein symbolischen Objekts ausmachte. Die nun naive Praxis der vorintuitionistischen Mathematik konnte nach Brouwers Kritik durchaus als Beispiel einer unbedachten Willkür erscheinen, der eine Hypothese über Existenz ausreichte, um das Faktum anzunehmen. Der neue Ansatz bedeutete demgegenüber, den expliziten Nachweis der Erfüllung der von axiomatischen und abgeleiteten Sätzen über einen Gegenstandsbereich explizit und implizit gesetzten Bedingungen für die Existenz innerhalb seiner zu fordern.

Günther führt in diesem Aspekt allerdings in die Irre, wenn er formuliert: *Für die bereits vollzogenen Wahlakte und die durch sie erzeugten Zahlen gilt der Satz vom ausgeschlossenen Dritten. Für die noch in der Zukunft liegenden Wahlfolgen ist er suspendiert*[456]. Der Zeitterminus transponiert das logische Problem auf eine Ebene, auf

---

[454] Bei Ernst Cassirer wird auch dieses Beispiel für das von ihm in gewissermaßen strukturalistischer Wendung verfochtene Primat des *Funktionsbegriffs* (der hier der *Begriff einer erzeugenden Regel* ist) vor dem *Dingbegriff* in Anspruch genommen. Die Entgegensetzung erhellt für unser Thema, warum die intuitiv als zulässig unterstellte freie Setzung eines bestimmten mathematischen Objekts es als *ens a se* erscheinen lassen muß, während doch zu fordern ist, daß seine differentielle Konstitution innerhalb der Ordnung, die es als Glied *kon*stituiert, eine Realisierung in explizit ausführbarer Konstruktion ermögliche. - Cf. E. Cassirer, *Philosophie der symbolischen Formen III*, l. c., pp. 432-437. Cassirer stützt sich hier vor allem auf Hermann Weyl: *Über die neue Grundlagenkrise der Mathematik*, in: *Mathemat. Zeitschrift*, H. 10, 1921, Berlin, Heidelberg: Springer, p. 53.

[455] Davis, Hersh: *Erfahrung Mathematik*, l. c., pp. 390-395. - Als Descartes seine revolutionäre Neuerung präsentierte, geometrische Probleme in algebraische 'zu übersetzen', gab es manchen Grund, über Verluste zu klagen: „Die Strenge der Begriffsbildung mußte durch den Ausschluß wichtiger und weitreichender Gebiete erkauft werden", formuliert Ernst Cassirer das entstandene Problem. Es mußte sich erst erweisen, daß der Versuch nur zu eng angesetzt war und nicht eine überflüssige, sondern eine noch unvollendete Revolution vorging, die schließlich in der Verknüpfung der Geometrie mit der mathematischen Analysis die kritische Lücke schloß (woraus die *Differentialgeometrie* hervor-

der es verschwindet, da diese nicht die logischer Relationen ist, sondern von 'Tatsachenordnungen'. Aber nicht die Tatsachen stehen in logischer Relation zueinander, sondern nur die Sachverhalte, die in Sätzen ausgesagt werden. Keine *conclusio* kann die Ableitung einer Tatsache sein – immer nur die Behauptung ihrer Gegebenheit. Daß hier keine Klarheit herrscht, prägt denn auch Günthers Retraktation der Diskussion aus dem neunten Buch von „Peri hermeneias", in der er zu der *Unterscheidung zwischen zeitloser Gültigkeit und zeitbeschränkter Anwendung eines logischen Gesetzes* gelangt[457]. Der Versuch, sich der Konsequenz zu entziehen, die Kriterien für Geltung zusätzlich bestimmen zu müssen, da gültig oder nicht gültig zu sein an die vorausgehende Interpretation des Falles gebunden, also die erstrebte Kalkülisierung unterlaufen wäre, führt hier nur zu einer theoretisch unbrauchbaren Ausflucht. Wenn Geltung normative Wirksamkeit für Handlungen bedeutet, die vorausschauende Orientierung an ihm auslöst, wäre ein Gesetz, das gilt, ohne anwendbar zu sein, als 'eigentlich' wirksam gedacht, ohne *in actu* wirksam sein zu können. Die Probe an der Quelle läßt erkennen, daß Aristoteles dort keine Unterscheidung von Geltung und Anwendbarkeit einer Regel vornimmt, sondern für kontradiktorische Sätze über Zukünftiges an der Regel der Kontradiktion festhält und zugleich den Fall identifiziert, daß über den Wahrheitswert nicht entschieden sei.[458] Wir hätten hier die Bedingung erfüllt, daß die Gliedsätze weder zugleich wahr noch zugleich falsch seien, doch darum nicht auch schon, daß *nicht* beide zugleich *nicht wahr* seien. Denn das sind sie, wenn sie 'unbewertet' sind. Daß über die Behauptung, morgen finde eine Seeschlacht statt, keine Beurteilung *wahr* oder *falsch* abgegeben werden kann, ist nur scheinbar ein Zeitproblem, tatsächlich jedoch nichts anderes als ein weiterer Fall von Imprädikabilität: es müßte

---

ging) und darin sofort die Überlegenheit des neuen systematischen Ansatzes erkennen ließ. Daß auch der intuitionistische Konstruktivismus solche Überraschungen bereiten könnte, ist nicht auszuschließen. - Ernst Cassirer, *Substanzbegriff und Funktionsbegriff*, l. c., pp. 96-99; cit. p. 96.

[456] *Idee und Grundriß*, l. c., p. 129.

[457] *Logik, Zeit, Emanation und Evolution*, in: *Beiträge III*, l. c., pp. 95-135; - cit. p. 96.

[458] *Peri Hermeneias* (trad. E. Rolfes), Buch IX, 19b: „Man sieht [hier] also, daß nicht notwendig von jeder entgegengesetzten Bejahung und Verneinung [genau] die eine wahr und die andere falsch ist."

erst außerhalb der Satzebene eine Prüfung auf die Tatsächlichkeit des behaupteten Sachverhaltes möglich sein, etwa durch Beobachtung, um entscheiden zu können, daß der ihn aussagende Satz *wahr* oder *falsch* sei. Nicht anders als bei Entscheid der Behauptung *Roosevelt schlief am 8.12.41 nur zwei Stunden.* Der Versuch, die Bewertung dieser Aussage als von der Zeit abhängig zu beschreiben, müßte den Umstand übersehen, daß nicht die Zeit, sondern der Erfolg einer Nachforschung die Entscheidungsbedingungen erfüllt. Das Argument einer beschreibenden Funktion wäre nicht ein Parameter Zeit sondern etwas wie 'Entschiedenheit'.[459] Zudem bleiben auch Sätze über zeitliche Ereignisse als Elemente logischer Relationen unter logischen Bedingungen immer Propositionen, nie Zustände in der Zeit. Günthers Hoffnung, ein Argument für die Gültigkeit des *Satzes vom ausgeschlossenen Dritten auch für die Zeitdimension* anführen zu können, wird sich nicht erfüllen lassen.[460]

Von ganz anderem Gewicht ist die Akzentuierung, erläutert man den Unterschied der *bereits vollzogenen Wahlakte* und der *noch in der Zukunft liegenden* als den zwischen definit gegebenen und indefinit möglichen. Warum der *Satz vom ausgeschlossenen Dritten* für jene, nicht aber für diese soll gelten können, läßt sich dann im Einklang mit den Üblichkeiten der traditionellen Logik erklären. Ihre Prinzipiensätze formulieren, welchen Kriterien implizit genügt werden muß, damit klassisch zweiwertige Aussagenlogik gegeben sein kann. Der *Satz der Identität* erfordert die dauerhaft verbindliche Bestimmung der Bedeutung von Termini, damit die *quaternio terminorum* im Syllogismus verhindert wird. Der Satz vom verbotenen

---

[459] Die komisch anmutende Exotik des Beispiels soll plastisch zeigen, in welchen Situationen wir nicht sicher sein können, je zu wissen, ob ein solcher Satz wahr oder falsch ist: er ist weit vom üblich Überlieferten entfernt und zugleich nicht unergründlich.

[460] ibid., p. 97. - Der mit der Behauptung „Vergangenheit und Zukunft formen .. ihrerseits ein Tertium Non Datur, wobei die Messerschneide der Gegenwart die zweiwertige Umtauschrelation zwischen beiden repräsentiert" (ibid) auch nicht gerecht zu werden wäre. Die großzügige Gleichsetzung der Zweiwertigkeit, auf die *tertium non datur* bezogen ist, mit der Dichotomie anschaulich gedachter Zeitabschnitte führt auch hier nach nirgendwo. - Wie eng der gesuchte Konnex zwischen mehrwertiger Logik und nun auch Zeitlichkeit gedacht wird, zeigt überdies die Behauptung, 'Dyadik' (offenbar eine Algebra mit zwei Zahlwerten, etwa eine zweielementige Boolesche), kenne „nur den Unterschied von Sein und Nichts" und arbeite „noch im Zeitlosen" (vermutlich, weil sie die dritte Kategorie der Hegelschen Logik, *Werden*, nicht erfasse); *Idee, Zeit und Materie*, in: *Beiträge III*, l. c., p. 252.

Widerspruch erfordert die präzise Abgrenzung der Bedeutungen von Prädikaten, diese dürfen sich nicht überschneiden; wäre mancher rote Gegenstand auch rosa zu nennen, wäre er rot und zugleich nicht rot. Der Satz vom ausgeschlossenen Dritten fordert, daß kontradiktorische Prädikate so bestimmt seien, daß eine mit ihnen gebildete Aussage definitiv entweder wahr oder falsch wird. Daß die formalen Notationen dieser Sätze,

$$A \supset A^{461}, \ \neg (A \mathbin{+} \neg A)^{462}, \ \neg (A \wedge \neg A)$$

ineinander umgeformt werden können, ist Indiz dafür, daß ihr funktionaler Sinn ein und derselbe ist[463], den man auch als das *principium rationis sufficientis* aussprechen kann, versteht man darunter die ganz unmetaphysisch gedachte vollständige logische Determination. Als Leibniz die Formel prägt, war er zu der Einsicht durchgestoßen, daß die Aufgabe der Wissenschaft darin bestehe, *jede Tatsachenwahrheit die die Beobachtung uns darbietet, fortschreitend derart zu zergliedern, daß sie sich für uns mehr und mehr in ihre apriorischen 'Gründe' auflöst.*[464] Daß die Aufgabe eine unendliche sei, kein gegebener Bestand, ermögliche später den Zweifel an der paradigmatischen Kraft der Wissenschaften in der Kultur. Hans Blumenberg formuliert mit schöner Deutlichkeit die Opposition in einem *principium rationis insufficientis* als Grundsatz der Rhetorik, exemplarisch

---

[461] Der Identitätssatz – hier so formuliert, daß sein funktioneller Sinn für die Arbeit in Kalkülen akzentuiert ist: wenn *A* gilt, kann immer *A* als gültig abgeleitet werden. - Cf. N. I. Kondakow, *Wörterbuch der Logik*, l. c., p. 208, Eintrag „Identitätssatz II".

[462] „Es gilt nicht: weder A noch nicht-A", die möglichst treue Anlehnung an den Wortsinn von *tertium non datur*. Mit dieser Betonung sollten alle übereilten Annahmen einer definitiven Entschiedenheit über genau *A* oder genau *nicht-A* behindert werden - hier soll nur gesagt werden: eine von beiden ist wahr, unausgemacht welche. Das *tertium non datur* für den apagogischen Beweis anzuwenden, setzt denn auch immer voraus, daß über mindestens eine Wahrheitswertbelegung entschieden ist.

[463] Kondakows *Wörterbuch der Logik* kann daher alle drei in einer Formulierung des ersten aussagen: „Nach dem Identitätssatz muß jeder in einem mittelbaren Schluß angeführte Gedanke bei seiner Wiederholung ein und denselben bestimmten stabilen Inhalt haben." - Leipzig: Bibl. Inst., ²1983, Eintrag *Identitätssatz*, p. 208. - Daß die Umformung mittels de-Morganscher Regeln die Geltung eben dieser Sätze voraussetzt, ist dabei kein Hindernis, wie sich versteht.

[464] Ernst Cassirer: *Das Erkenntnisproblem II*, l. c., pp. 132-141, 156-164; cit. p. 136 sq.

aber für alle prädikativen Determinationen.⁴⁶⁵ Nimmt man diesen Einwand mit noch immer hoffnungsvoller Reserve an, läßt sich die Verschiebung der Fragestellung erkennen, die auf die Regeln der Koexistenz von Aussagen mit definiten und solchen mit unzureichend bestimmten Prädikaten führt.

Franz von Kutschera hat *in praxi* entdeckt, daß unzureichend oder überhaupt nicht bestimmte Prädikate und Terme in formalen Systemen zugelassen werden, wenn der Satz vom ausgeschlossenen Dritten nicht gilt.⁴⁶⁶ Auch sein Interesse an der Erkundung solcher Voraussetzungen und ihrer Folgen ist an den semantischen Antinomien und den Paradoxien der Mengenlehre motiviert und er kann allgemein bezeichnen, was Sätze mit unbestimmten Prädikationen ausmacht: nicht all ihre impliziten Präsuppositionen sind erfüllt.⁴⁶⁷ Das kann das Fehlen einer Referenz sein, wie bei den vermeintlich autoreferentiell einzusetzenden Demonstrativa⁴⁶⁸, ein leerer Subjektterminus oder Unentschiedenheit über Tatsächlichkeit. Hier sind die Gründe zur Behauptung eines Wahrheitsanspruchs nicht zureichend. Es ist nicht überraschend, daß eben ein solcher Fall bei Behauptungen über Zukünftiges gegeben ist. Als Łukasiewicz im Blick auf die Bemerkungen im neunten Buch von „Peri hermeneias" ein Modell zu entwerfen suchte⁴⁶⁹, führte er ein suspendierbares *principle of bivalence* ein, um die Geltung des *tertium non datur* zu wahren

---

⁴⁶⁵ *Anthropologische Annäherung an die Aktualität der Rhetorik*, in: *Wirklichkeiten, in denen wir leben*, l. c., p. 124.

⁴⁶⁶ Franz von Kutschera: *Der Satz vom ausgeschlossenen Dritten*, New York et al.: de Gruyter, 1985; pp. XII-XIX.

⁴⁶⁷ Was nichts anderes heißt, als daß die Gründe nicht zureichen, ihre Behauptung zu rechtfertigen.

⁴⁶⁸ Ein Paradebeispiel der semantischen Antinomien lautet: „Dieser Satz ist falsch." Niemand kann aber hier die Referenz des Demonstrativums angeben, hält er sich an die bekannten grammatischen Bestimmungen demonstrativischer Funktion. Karl Bühler hatte in seiner *Sprachtheorie* die griechischen Termini 'Anaphora' und 'Kataphora' eingeführt – eine 'Autophora' aber war nicht nötig, da in den natürlichen Sprachen keine Verweisungsfunktion existiert, die nicht vor- oder rückwärts in der Sprechsituation, sondern auf den aktualen Sprechakt selbst verweise. Es handelt sich hier um eine systematische Fiktion der Logiker, die wohl nur entstehen konnte, weil die logische Analyse Kontexte zu übersehen verleitet.

⁴⁶⁹ Jan Łukasiewicz, *Philosophische Bemerkungen zu mehrwertigen Systemen des Aussagenkalküls*, in: *Comptes rendus de séances de la Sociétédes Sciences et de Lettres de Varsovie*, Cl. III, XXIII, 1930; pp. 51-77. – Günther Patzig: *Aristoteles, Łukasiewicz und*

und dennoch Sätze als sinnvoll aufnehmen zu können, deren Wahrheitswert unbestimmt ist.[470]

Auch hiermit ist noch kein funktionaler Zusammenhang von Zeit und Wahrheits'zustand' darstellbar, wie das Fehlen einer freien Variable für den Parameter Zeit belegt. Das Phänomen der *self fulfilling prophecy* etwa könnte das Interesse an Modellierung der Abhängigkeit einer Realisierung von erfüllenden Bedingungen nach Setzung einer wahrheitswertunbestimmten assertorischen Aussage anregen.[471] Erkennbar ist aber, daß hier keine logische Beziehung zwischen Sätzen, sondern eine intelligible Kausalität der Leitung von Verhalten durch Symbolbedeutung zu rekonstruieren wäre.

Gotthard Günther führt ein Beispiel für die Verletzung des Satzes vom ausgeschlossenen Dritten an, das äußerster Abstraktheit und der Stellung in einem explikationsschwachen Kontext wegen bei ihm nicht recht zur Geltung kommt, vielleicht aber hier, nach der Rekonstruktion auch seiner Voraussetzungen: Es gebe vor Gericht den Fall, daß einem Angeklagten wohl die Tat eindeutig nachgewiesen werden könne, er darum schuldig zu sprechen wäre, dies aber dennoch nicht geschehe, obwohl sich nicht behaupten lasse, daß er unschuldig sei – den Fall, daß der Angeklagte nicht schuldfähig, und der Psychiatrie zu überstellen sei. Innerhalb der Urteilskriterien der Jurisprudenz liege mithin eine Verletzung des Prinzips *tertium non datur* vor.[472] Die bloße Erwähnung dieser Skizze eines Beispiels mag in Günthers Darstellung eher verbergen als ins Licht rücken, daß hier die Leistung der Intelligenz illustriert werden soll, jenseits der für selbstverständlich, da konventionell in Anspruch genommenen Beurteilungskriterien eine neue Dimension zur Qualifikation eines Falles zu öffnen.

---

die Ursprünge der mehrwertigen Logik, in: id., *Gesammelte Schriften III*, Göttingen: Wallstein, 1996; pp. 218-229. – Cf. Siegfried Gottwald: *Mehrwertige Logik*, Berlin: Akademie, 1989; pp. 5-9 et al.

[470] Er führt im Aufsatz *On Determinism* den Terminus „indeterminate" ein und erläutert ihn in dem Sinn, der im Deutschen mit „unbewertet" gegeben ist. Daß er dabei die *contradictio in subiecto* zuläßt, das Prädikat einer Behauptung von Nicht-Bewertbarkeit als dritten 'Wert' einzuführen, liegt am Bestreben, Wahrheitswertlücken in der Definition von Aussagefunktionen zu vermeiden. Cf. *Selected Works* (ed. Borkowski), Amsterdam, London: North-Holland Publ. Co., 1970; pp. 110-128. – cit. p. 126.

[471] Robert K. Merton, *Die Eigendynamik gesellschaftlicher Voraussagen*, in: E. Topitsch ed., *Logik der Sozialwissenschaften*, l. c., pp. 144-164.

[472] *Die Theorie der 'mehrwertigen' Logik*, in: *Beiträge II*, l. c., p. 181-202; cf. p. 188.

Wissenschaftsgeschichtliche Beispiele verweisen mit größerer Prägnanz auf das, was bei der Verweigerung einer erwartbaren Qualifikation oder in der Sackgasse von antinomischen im Raum der symbolischen Ordnungen von Unterscheidungs- und Bewertungshandlungen vollzogen werden muß: die Erweiterung dieses 'Raumes', mindestens die Reorganisation oder eine fortschreitende Differenzierung von Unterscheidungsmöglichkeiten. Am Prozeß der Wissenschaftsgeschichte, zumal in der Günther prägenden Epoche, läßt sich heute erkennen, wie immer neue theoretische 'Hinsichten' erzeugt wurden, um einmal aufgetretene Probleme, die Verletzungen der Ordnungsprinzipien symbolischer Felder darstellten, zu bewältigen. Werner Heisenberg, der in der Physik des 20. Jahrhunderts nicht nur an einer umwälzenden innovativen Phase dieser Wissenschaft teilhatte, sondern selbst einen singulären Beitrag zu einem wesentlichen Fortschritt zu leisten vermochte, konnte knapp und exemplarisch formulieren: *Im Grunde bedeutet ja die Entdeckung eines neuen Begriffssystems nichts anderes als die Entdeckung einer neuen Denkmöglichkeit, die als solche niemals rückgängig gemacht werden kann.*[473]

Auf den selben Weg verwies auch ein historisch realisierter Fall logischen Widerspruchs. Das auf die Vollendung der naturwissenschaftlichen Verfahrensrationalität hoffende positivistische Selbstbewußtsein vom Ende des 19. Jahrhunderts mußte am *Äther*-Begriff der Physik den Sündenfall der Verletzung logischer Prinzipien dulden, ohne daß disziplinierte Definitionspraxis Abhilfe zu schaffen vermocht hätte. Nicht zufällige Ergebnisse, sondern *der konsequente Ausbau der Äthervorstellung* hatte zur Aufhebung eben dieser Vorstellung geführt[474]: die Gravitationstheorie forderte einen beweglichen, die Elektrodynamik einen ruhenden Äther – ein *hölzernes Eisen*, das erst mit dem neuen Begriff des *Feldes* aufgegeben werden konnte.[475]

---

[473] Werner Heisenberg: *Prinzipielle Fragen der modernen Physik* (Vortrag, Wien 1936), in: id., *Wandlungen in den Grundlagen der Naturwissenschaften*, Stuttgart: Hirzel, ¹¹1980, pp. 62-76. - cit. p. 71.

[474] Ernst Cassirer, *Philosophie der symbolischen Formen II*, l. c., pp. 544-547.

[475] Eine plastische Darstellung der den *Satz vom Widerspruch* verletzenden Diskurskonstellation und der Genese der Einsteinschen Lösung findet man etwa bei W. I. Rydnik, *Vom Äther zum Feld*, Moskau: MIR und Leipzig: Fachbuchverlag, 1979, pp. 110-123.

Welches Ziel man mit der Suspendierung der logischen Identität verfolgen kann, ist an den Bemühungen von Hermann Schmitz zu erkennen, eine Ontologie auf Grundlage deskriptiver Mittel der Erlebnisdarstellung zu entwickeln. Hier ist auf die Abzählbarkeit von Eigenschaften oder Prädikaten verzichtet.[476] Der symbolisch genetische Aufbau der Welt aus der Erlebnisintensität räumlicher Situation und zeitlicher Erstreckung kann, und soll, darum nicht nach szientifischen Wahrheitskriterien entwickelt werden: Deskription hat nur ein Kriterium der Plausibilität oder Fruchtbarkeit zur 'Norm'. Es könnte dieses Kriterium seinen Sinn an dem naheliegenden und von Schmitz auch eingesetzten Theoriebestandteil erweisen, mit dem das unbestimmt Vielsagende des erlebten Eindrucks als die Quelle aller Akzentuierungen gedacht wird. Die historische Funktion empiristischer und sensualistischer Theorieintuition wäre hier systematisch eingeholt, sobald die im Sinn der Metapher 'Atmosphäre' liegende Möglichkeit der Abhebung des Gespürs von der physischen Sinnlichkeit realisiert und die *Urgenese* gegenstandskonstituierender Unterscheidungen als Thema symbolischer Rekonstruktion erfaßt wäre. Denn was hier zu behandeln ist, ist der Vorgang, mit dem die Zustände, in denen strikte Distinktionen formaler Präzision gelten, erst – oder erst wieder – erreicht werden.

Transformieren, Transponieren – Transzendieren

Günthers Erläuterungen des *Übergangs zu anderen Bestimmungssystemen* lassen sich nun leichter metonymisch denn als Teil systematischer Rekonstruktion des, symbolzeugende Arbeit auslösenden, Problembewußtseins verstehen, das seine Energie aus der Erfahrung der Kollision von Geltungsansprüchen bezieht. Allerdings verlangt dies, interpretatorische Sprünge zu wagen, deren Erfolge nicht in der Passung mit zitablen Stellen des interpretierten Autors, sondern allein in einer weiträumigen Ausleuchtung eines geistigen Raumes liegen, in dem sich im Werk auffindbare Spuren zu Mustern verbinden können.

---

[476] Hermann Schmitz, *System der Philosophie*, Bonn: Bouvier, 1964 sqq. – t. I, Die Gegenwart, §36, praec. pp. 401-405.

Zu diesen Spuren gehört die Insistenz, mit der Günther der transklassischen als einer 'zweiten' Logik Objekte zuzuordnen sucht, die *nicht zum Seinsthema* gehörten. Seine Differenztermini sind: *bona-fide-Objekte* und *Pseudoobjekte*[477], die empirisch-dingliche Gegenstände von anderen unterscheiden sollen. Die wenig erläuterte Aufzählung, zu letzteren gehörten *der Pegasus, das Du, die Gravitation*[478], ließe den Interpreten recht ratlos, welcher der kleinste gemeinsame Nenner dieser Stichworte sein könnte, suchte er ihre besondere Qualität nicht in eben der Absetzung von *bona-fide-Objekten*. Die Erinnerung an Paul Hofmanns *Sinnbilder* scheint am Rande auf, erweist sich aber als zu schwach konturiert, da weder *Du* noch *Gravitation* den mindesten Bildcharakter aufweisen, wenngleich damit eine Deutung induziert ist, die hilfreiche Anregung verspricht. War es bei Hofmann *objektivistische Blindheit* des abendländischen Denkens, wird die Fortführung einer Aufgabenbearbeitung darin erkennbar, daß es für Günther eine überholungsbedürftige Seinsfixiertheit des traditionellen Denkens gibt. Daß das kontrastive nun ein Denken des *Nichts* sei, verdankt sich der Befruchtung durch Hegels durchgängige Arbeit mit der metaphorischen und analytischen Potenz der Wortfamilien des *Nichts* und des *Negativen*.[479] Den Sinn dieser Wendung muß sich ein Rezipient allerdings unter Suspendierung der Identifikation begreiflich machen, die hier zwei Unterscheidungen amalgamiert. Daß die von *Sein* und *Nichts* dieselbe sei wie die empirisch konkreter von rein symbolischen Objekten, ist Rudiment des Versuchs, naturwissenschaftliche Gegenstände als empirische zu definieren und die gesuchte neue Logik, die des *Nichts*, als geisteswissenschaftliche Gegenstandstheorie. Es soll nicht übersehen werden, daß damit ein Vorschlag skizziert ist, die interpretative Symbolisierung als Entfaltung von Möglichkeiten zu denken, die übersteigen, was dem operationalen Zugriff der Naturwissenschaften

---

[477] *Logische Voraussetzungen und philosophische Sprache in den Sozialwissenschaften*, in: Beiträge III, l. c., pp. 57-72; cit. p. 69. - *Logistischer Grundriß und Intro-Semantik*, in: Beiträge II, l. c., p. 89. - *Das metaphysische Problem einer Formalisierung der transzendental-dialektischen Logik Hegels*, l. c., p. 193.

[478] *Idee und Grundriß*, l. c., p. 103.

[479] Cf. Dieter Henrichs Urteil dazu als Voraussetzung seiner Diskussion der Hegelschen Begriffe *Negation, Negatives* etc.: *Formen der Negation in Hegels Logik*, in: R.-P. Horstmann ed., *Dialektik in der Philosophie Hegels*, l. c., pp. 213-229; praec. pp. 213 sq.

verfügbar ist und diesem als 'nichtig' erscheinen. Hier aber soll vorerst Konzentration auf die logischen Konstrukte regieren.

Der wiederholte, doch nie ausführlich entwickelte Rekurs auf das Kategorienpaar *Sein* und *Nichts* vom Anfang der „Wissenschaft der Logik" kennzeichnet den Anschluß an Hegel in diesem Punkt. Er führt allerdings ebenfalls auf subtile Weise in die Irre, erhofft man sich eine Erläuterung der Kategorie *Nichts* nach der Analogie der Gegenüberstellung bei Hegel. Die Übersetzung als ein Titelwort für die negative Prädikation, gewissermaßen als der Verweis auf das Urteilsrudiment .. *ist nicht* ..,[480] müßte eine nicht nur von Günther erprobte Funktionalisierung des *limitativen Urteils* heranziehen[481], um der Konfrontation eine interpretatorisch erhellende Leistung abgewinnen zu können. Ein unendlich-negatives Prädikat, etwa *nicht-rot*, wird auch von ihm als semantischer Verweis nicht nur auf alle Farben außer *rot* bezogen, sondern auf alle sonst überhaupt möglichen Prädikate – *weshalb das negative Prädikat 'nicht-rot' so inkommensurable Termini wie 'gelb', 'dornig' oder 'duftend' einschließt*[482]. Die Anregung dazu entstammt ersichtlich Hegels Verfahren bei der Destruktion der Ding-Eigenschafts-Metaphysik des anschaulich vorstellenden *common sense*[483], das demonstrierte, wie in ihr unter dem Schein einer selbstverständlich plausiblen und konsistenten Vorstellung nur eine lose Agglomeration von Prädikataufzählungen ausgesagt werden konnte. Die Funktion des unendlich-negativen Prädikats ist bei Günther dennoch eine andere, die wiederum zwei kaum merkliche Verschiebungen voraussetzt, um leisten zu können, was sie soll. Wollte man den Fall einer Verletzung des *Tertium non datur* modellieren, hatte man nicht das unendlich-negative Prädikat, sondern nur das übliche negative einzusetzen, um einen Fall von Imprädikabilität zu

---

[480] Cf. ibid. p. 216. – Auch Stekeler-Weithofer führt diese Deutung für seine Interpretation der *Wissenschaft der Logik* an, wenn er sie auch nicht konsequent nutzt; *Hegels Analytische Philosophie*, l. c., cf. pp. 61, 99 und pp. 110 sq., 114-116.

[481] Nicolai Hartmann, *Grundzüge einer Metaphysik der Erkenntnis*, l. c., pp. 287-290; Fumiyasu Ishikawa, *Kants Denken von einem Dritten*, Frf./M. et al.: Lang, 1990.

[482] *Idee und Grundriß*, l. c., p. 131.

[483] *Phänomenologie des Geistes*, in: *Gesammelte Werke*, l. c., t. IX, ed. W. Bonsiepen, R. Heede, Hamburg: Meiner, 1980; pp. 72 sq.: Die Ding-Eigenschaften sind kumuliert: Salz ist *weiß* und auch *scharf*, doch schließen einander aus: *weiß* ist nicht *scharf*. – Voraussetzung dieser Argumentation ist die Deutung, daß *scharf* ein Bedeutungsteil von *nicht-weiß* sei.

demonstrieren: weder ist wahr, zu sagen, *Die Zahl Fünf ist rot*, noch, *Die Zahl Fünf ist nicht rot*, wenn man auch mit dieser, nicht nur jener Behauptung die erwartbare Präsupposition verbände, der *Zahl Fünf* sei überhaupt ein Attribut der Farbigkeit zu prädizieren. Damit ließe sich allerdings nicht verknüpfen, daß 'nicht rot' *solche Prädikate wie 'duftend', 'dornig' usw. einschließen könnte und in der Tat präzis formallogisch auch einschließt*[484]. Einzig die Deutung der negativen Prädikation als Bejahung eines unendlich-negativen Prädikats ergäbe dies – nur daß dann von einer Verletzung des *tertium non datur* nicht mehr die Rede sein könnte.

Hier liegt an einem entscheidenden Punkt der Kristallisation des Themas noch immer eine Unfertigkeit. Die Differenz von negativer und limitativer Prädikation wäre zu entwickeln, um Rezipienten die Aufgabe durchsichtig zu machen. Die Unterscheidung beider Urteile hat nicht zwanglos selbstverständlichen Sinn, weshalb in der mathematischen Logik des 20. Jahrhunderts die Auffassung verbreitet ist, daß die Differenz unerheblich sei.[485] Nicolai Hartmann hingegen hat in seiner Erkenntnistheorie daran erinnern können, welche bedeutende Rolle limitative Prädikate im philosophischen Denken immer spielten. Prädikate wie *unendlich* oder *unsterblich* hätten immer ihre Funktion darin gehabt, den theoretischen Blick zu orientieren und vorläufig einzugrenzen, was noch nicht definitiv zu fassen war.[486] Der Kontext zeigt, daß auch Hartmann dabei ein methodologisches Bewußtsein von der Besonderheit philosophischer Theoriebildung voraussetzt, denn in eben dem Sinne, in dem von uns der Philosophie *explorative Rationalität* zugeordnet wurde[487], erkennt Hartmann die zentrale Funktion einer *projektiven Begriffsbildung* in der Ontologie. In Abgrenzung dazu, läßt sich erläutern, hat die an mathematisierten Theorien der *operativen Rationalitätsform* orientierte Formale Logik immer mit *definitiven* Begriffen zu arbeiten. Hier ist der Unterschied von *non A* und *non-A* tatsächlich unerheblich.

---

[484] *Idee und Grundriß*, l. c., p. 132.

[485] Cf. etwa Albert Menne: *Das unendliche Urteil Kants*, in: *Philosophia Naturalis*, XIX, 1982, pp. 151-162; id.: *Einführung in die Logik*, l. c., pp. 84 sq.

[486] *Grundzüge einer Metaphysik der Erkenntnis*, l. c., pp. 288 sq.

[487] Cf. pp. 38, 146 sq. dieser Arbeit.

Zu behaupten, etwas sei nicht X, heißt als sinnvoll annehmen, daß zwischen der beurteilten Sache und der ihr verweigerten Qualifikation die Möglichkeit der Beziehbarkeit besteht. Eine sinnvolle Abdikation spricht aus, daß eine Qualität nicht vorliegt, die vorliegen könnte. Sie setzt eine reale Möglichkeit voraus. Unzweifelhaft gegeben ist eine solche Möglichkeit, wo eine Qualität derselben Klasse realisiert ist, wenn etwa ein Ding nicht rot ist, weil blau. In diesem Sinne ist die Behauptung, die Zahl Fünf sei *nicht rot*, anstößig, da mit ihr unterstellt wird, es könnte jemals irgend eine Farbqualität an ihr festgestellt worden sein oder werden. Eine von der gewöhnlichen Negation unterschiedene limitative wird vor diesem Hintergund als Mittel plausibel, im Horizont eingelebten Sinnes akzeptierte Möglichkeiten hinter sich zu lassen, gewissermaßen definitiv Mögliches zu überschreiten auf projektiv Mögliches, das noch nirgends bewährt, hier nur vorgeschlagen ist.

Erkennbar ist, daß Günther diese formallogisch nicht erfaßbare Differenz zu thematisieren hatte, sollte eine 'Logik' der Überschreitung gegebener Bedeutungsrahmen Gestalt gewinnen. Schritte in die richtige Richtung wären etwa dort getan, wo die Dichotomie *sterblich-unsterblich* darin überschritten würde, daß man dem möglichen Subjekt zu diesen Prädikaten jede Beurteilbarkeit nach Analogie empirisch biotischen Lebens abspräche. Dann könnte auch nicht mehr vermutet werden, *unsterblich* hieße *zeitlich unbeschränkt lebend* und es würde sichtbar, daß, genau genommen, weder *sterblich* noch *unsterblich* prädizierbar wäre. Günthers Versuch aber, hier eine noch nicht systematisch rekonstruierte intellektuelle Operation des 'Wechsels' zwischen disparaten Prädikaten zu identifizieren, ist mit den gegebenen Überlegungen kaum erfolgversprechend. Um des erwünschten Erfolges willen wird dazu riskiert, den fruchtbaren Gedanken von der 'höheren metapysischen Mächtigkeit' zu verdunkeln. Der Anschluß an die intuitionistische Kritik des *tertium non datur* hatte ein Paradigma für die systematische Fassung der Unentscheidbarkeit mangels definitiver Existenz des Urteilssubjekts erbringen sollen, also einen besonderen Fall von Imprädikabilität: den Mangel expliziter Anwendbarkeit eines Prädikats aus Unkenntnis über die Beschaffenheit des Subjekts. Der diskutierte hingegen setzt die

Kenntnis der 'Eigenschaften' des Subjekts für die Entscheidung über die gezeigte besondere Imprädikabilität voraus.

Daß zuletzt ein Moment der intuitionistischen Argumentation mit dem an dieser ursprünglich nicht abgeleiteten letzteren zum eigentlich intendierten Gedanken des Hinausgehens über definite Rahmen von Beurteilungskriterien verschmolzen wird, ist aber nun erwartbar. *Wenn wir das Urteil fällen: die Rose ist rot, so haben wir ein relatives Prädikat gebraucht, das das volle Sein des Gegenstandes nicht erschöpft. Wir haben also das Recht, von hier zu ergänzenden und erweiterten Bestimmungsgesichtspunkten überzugehen. D. h., die Reflexion hat die Macht, die ursprüngliche Alternative zu verwerfen. Das ist in dem zweideutigen Terminus 'nicht-rot' impliziert.*[488] *Also ist ein Drittes in der Tat nicht ausgeschlossen. Es besteht in der Fähigkeit der Reflexion, sich mit der jeweiligen Alternative nicht zufriedenzugeben und über sie im Denken hinausgehen zu können. Das ist das geheimnisvolle Dritte.*[489] Günther wird für die intellektuelle Operation, mit der Konstellationen der Imprädikabilität, oder, ließe sich ergänzen, auch kontradiktorischer Geltungsansprüche, überschritten werden sollen, später die Termini *Rejektion* und *Transjunktion* bilden.[490] Der erste hat nicht mehr zu bezeichnen als die 'Verwerfung' oder 'Zurückweisung'[491], etwa der sinnleeren Alternative, die Zahl Fünf sei entweder rot oder nicht rot (sondern andersfarbig), der zwei-

---

[488] ibid., p. 133. – Hier ist deutlich erkennbar, wie der Anschluß an Hegels Argumentation aus der *Phänomenologie des Geistes* gesucht wird, indem aus der Prädikation *dornig* abgeleitet wird, die Rose sei eben nicht nur *rot*, sondern auch *nicht rot* – denn *dornig* sei: nicht *rot*.

[489] p. 134.

[490] *Das metaphysische Problem einer Formalisierung*, in: *Beiträge I*, l. c., pp. 229-231, 239, et al. – *Cybernetic Ontology and Transjunctional Operators*, ibid., pp. 249-328; praec. pp. 278-297. – Da mit den Termini zwar erste Namen vergeben, das Problem aber nur schematisch konstruierend wiederholt, keinesfalls jedoch bewältigt ist, wird in der vorliegenden Arbeit keine ausführliche Auseinandersetzung erfolgen. Im folgenden Kapitel werden die so nur angedeuteten Unfertigkeiten an anderen Konstruktionselementen exemplarisch diskutiert.

[491] Der Terminus „Rejektion" ist in der Formalen Logik wahrscheinlich bei Lukasiewicz zuerst verwendet worden, als Kontrastterminus zu „Assertion"; cf. id., *Two-valued Logic*, in: *Selected Works* ed. Borkowski, l. c.; pp. 87 sq. – In der englischen Umgangssprache ist adverbiales „rejected" Synonym für „weder-noch", cf. *Roget's Thesaurus*, London: Ramboro, 1988; Eintrag *610*. – Ebenso will es Günther ausdrücklich verstanden wissen: Die Rejektion „negiert keine Werte mehr! Wohl aber negiert sie Fragestellungen .." – *Die*

te soll benennen, was als Problem erst durch die mit ihm als Namen prominent gemachte Lösung auffällig wird: die vorläufig enttäuschte Intention auf die prädikative Identifizierung eines Sachverhaltsmomentes erzwingt einen neuen Kontext definiter Beurteilungskriterien, wo alle verfügbaren unzureichend sind. Daß der Terminus nach der Analogie von *Disjunktion* und *Konjunktion* gebildet ist, verdeckt, daß in ihm der Akzent einer *transitio* oder *translatio* herausgestellt werden soll, nicht der einer *iunctio*. In einem späten Text wird, was hier tastend erkundet wurde, mit Nachdruck erweitert: *Die Alternative, um die es bei jenem mysteriösen Dritten ganz ausschließlich geht, ist die zwischen Sein-überhaupt und Nichts. D. h., hier ist mit einer Alternative zu rechnen, die so weltumspannend ist, daß kein übergeordneter Bestimmungsgesichtspunkt mehr benannt werden kann ..*[492]

Ein Verfahren, mit dem eine weltumspannende Ordnung noch überboten werden kann, muß Aufmerksamkeit auf sich ziehen.

Weder Ich noch Sache: der Andere. Ein Exempel

Überwindung der symmetrischen Welt

Einer fruchtbaren Rezeption der hier herauspräparierten Aspekte der Güntherschen Theorie steht eine weitere Hürde entgegen. Die ineinander verflochtenen Thematisierungen verschiedener genetischer Prozesse sind mit einem Thema verquickt, das weder als das eines evolutionären Vorgangs noch als Initial einer Krisis zweiwertiger Logik erscheint. Seine theoretische Brisanz jedoch ist derart, daß der Versuch, es nicht abzuscheiden, sondern als erhellende Illustration darzustellen, für das Verständnis der Güntherschen Problemstellung nicht überflüssig ist.

Sein Postulat, nicht mehr nur Subjekt und Objekt, sondern die Trias *Ich-Du-Es* bilde das systematische Prius einer 'transklassischen Metaphysik', war schon zu zitieren. Die spärlichen Erläuterungen zu

---

Metamorphose der Zahl, Anhang II zur 3. Aufl. von *Idee und Grundriß*, l. c., p. 474.

[492] *Identität, Gegenidentität und Negativsprache*, in: *Hegel-Jahrbuch 1979*, Köln: Pahl-Rugenstein, 1980, p. 27.

dieser These, die gleichwohl das ganze Hauptwerk bestimmen soll, lassen manchen Zweifel am systematischen Konnex mit der transklassischen Logik zu. Es ist von großer Merkwürdigkeit, den Initiator des fruchtbringenden Themas eine Verbindung vorstellen zu sehen, die jeder Begründbarkeit entbehrt. Die Konzentration auf die Überwindung der logischen Zweiwertigkeit hatte die Überlegungen naheliegenderweise zu der Frage geführt, ob sich mit einer dreiwertigen Logik Fortschritte erzielen ließen. Entscheidend für den Sinn eines solchen Versuches wäre die Erhellung des mit ihm aufzulösenden Problems, und oben war diskutiert worden, wie wenig Grund dazu besteht, die Überbietung der *wahr-falsch*-Dichotomie im Konzept eines dritten Wertes zu suchen. Sie zumindest gehört nicht zu den Problemen, die durch mehrwertige Konstruktionen auch nur erhellend rekonstruiert wären.[493] Günther behauptet nun, in erkenntnisrealistischer Redeweise, *die drei metaphysischen Wurzeln* verlangten eine dreiwertige Logik als Begleiterin der neuen Metaphysik. Die These wäre entweder eine weitere Vermengung von Problemaspekten oder einer Erläuterung außerordentlich bedürftig. Der Versuch, den *Satz der logischen Identität* mit der Entscheidung für Identitätsphilosophie zu erläutern, rächt sich hier an der Fassung einer wichtigen und die Theorie gehaltvoll machenden Aufgabe. Die der Dichotomie von Subjekt und Objekt unterstellte Konstellation eines *Ich* gegenüber der Sachenwelt wurde dadurch als hinreichend für die Annahme der Abbildtheorie der Erkenntnis eingeführt, daß eine Kritik an dieser immer die Verwerfung jener implizieren sollte.[494] Unbegreiflich muß dann aber bleiben, wie es der 'älteren Tradition', die in der vermeinten Beschränkung auf Subjekt und Objekt im Ganzen einer Beschränkung auf die Dichotomie von *Ich* und *Sache* geziehen wurde[495], jemals hatte möglich sein können, eine nicht-abbildtheoretische Erkenntniskonzeption zu entwerfen. Daß mit waghalsigen Umdeutungen Platon, Aristoteles und Cusanus ebenso wie Leibniz, Locke oder Kant als Verfechter einer 'Identitätstheorie', was hier heißen

---

[493] Mit Günthers Terminus „Rejektion", läßt sich jetzt sagen, sollte geleistet werden, was in den vorn zitierten theoretischen Arbeiten Entscheidungen außerhalb der formalen Konstruktionen waren: bei Łukasiewicz' die Suspendierung des Bivalenzprinzips, bei von Kutschera der Entschluß, *tertium non datur* nicht als gültig anzunehmen.

[494] *Idee und Grundriß*, l. c., pp. 64 sq. et al.

[495] ibid., p. 66 et al.

sollte: einer Theorie der Symmetrie von intellektuellen Ordnungen und Seins-Struktur, identifiziert werden, macht die Trennschärfe der analytischen Optik Günthers zweifelhaft. Es ist bezeichnend, daß zum selben Gegenstand auch konträre Urteile gefällt werden, etwa wenn Hegel zugeschrieben wird, die *klassische Asymmetrie* von Form und Stoff aufgehoben zu haben.[496] Das Geheimnis dieser Thesen aber enthält zugleich den Hinweis auf die mögliche produktive Auflösung. Man hat dazu den Versuch zu unternehmen, zwei Enden einer wenig überzeugenden Argumentationskette in anderer Art auf einander zu beziehen, als Günther es vorschlug.

Ein Gegenstand, viele Bezüge

Die Abbildtheorie der Erkenntnis war von ihm unentwegt als der Versuch erläutert und kritisiert worden, zum Thema intellektueller Bezugnahme einzig und allein *Gegebenes*, als dinglich-faktisches Sein, zuzulassen. Dem sollte ein Negativ als neues Thema beigestellt werden können, das oben als nicht Gegebenes sondern *Aufgegebenes* zu enthalten erläutert worden war. Ein Aufgegebenes, eine Aufgabe – das war gewiß nichts dinglich Gegebenes und konnte dennoch zum Gegenstand einer reflexiven Bezugnahme gemacht werden. Hier bekommt Günthers Insistenz, das Thema der 'zweiten Logik' nicht als empirisches Ding zu unterstellen, eine aufweckende Leuchtkraft. Da Ausgang seiner Argumentation die These ist, daß auch im 'reinen Denken' nicht mehr auf die Durchsichtigkeit und Homogenität des Geflechts der Wege symbolgestützter Wirklichkeitsaneignung zu hoffen und die Mannigfaltigkeit der Arten des Seins, selbst wie sie im *intellectus* erfaßt werden, nicht mehr in der Einheit eines substantialen Grundes, sondern nur noch in ihrer Ergänzung, als einem Wechselspiel, zu suchen ist, gelangt er folgerichtig zur Kritik des bisher Konsistenz und Konkludenz der Objektivationsformen theore-

---

[496] *Das Bewußtsein der Maschinen*, l. c., p. 100. - Die Dichotomie *Form-Stoff* wird auch hier wieder tendenziell mit anderen, wie *Subjekt-Objekt, Sein-Nichts, Ich-Du* identifiziert. Daß sogar in ein und derselben Erörterung nach Erwähnung der „klassischen Asymmetrie" von Form und Stoff die „metaphysische Äquivalenz" beider klassisch genannt werden kann (p. 102) und dann wieder die Theorie der primären und sekundären Qualitäten – mitten in der Epoche des „klassisch metaphysischen Denkens" – als Exempel dafür angeführt wird, daß Vorstellungsform und vorgestellter Stoff „nicht übereinstimmen" (p. 104), beleuchtet die Unentschiedenheit in der distinktiven Funktion der Termini.

tisch verbürgenden Begriffs des *Subjekts*, in der Überlieferung von Descartes bis Hegel. Fruchtbar zu machen vermag er die Orientierung an des letzteren, Schellings und Fichtes Arbeit als einer unabgegoltenen, da er Bewußtsein davon besitzt, daß die im Denken des 20. Jahrhunderts ubiquitär gewordene Gleichsetzung des Terminus *Subjekt* mit dem der *Person*[497] eine gegen Descartes' *Cogito* formulierte Kritik nicht gleichermaßen gegen Hegel oder Schelling tragen kann. Zumal in den Spätschriften Fichtes und Schellings entdeckt er deren eigene Problematisierung der Kantschen Einsetzung eines *transzendentalen Subjekts*, sofern damit ein 'Subjekt-überhaupt' gedacht sein soll, von dem die empirischen Personen als Modifikationen ableitbar erscheinen sollen.[498] Bestimmt ist die Rezeption dieser Erörterungen allerdings in Abhängigkeit von Positionen, die in der konstitutiven Bindung jedes Zugangs zu innerweltlich erfolgsfähiger symbolischer Handlung an empirische Erfahrung deren Endlichkeit zu betonen wußten. Die 'empiristisch' inspirierten Umorientierungen des Historismus, in denen die Einheitsvoraussetzungen in Form eines zu Homogenität führenden subjektiven Grundes kultureller Phänomene problematisiert worden waren, schlagen sich hier in der Sensibilität für die immanenten Auflösungserscheinungen der an ihre Vollendung und den darin liegenden Umschlagpunkt heranarbeitenden Kontrastpositionen des Deutschen Idealismus nieder. Daß dabei Heidegger angeführt wird, verdankt sich dem paraphrasierenden Brückenschlag von Thesen der aktuellen Gegenströmung des 'Nihilismus' zum Terminus *Epoche*, der als ἐποχή in Heideggers Argumentation der Befreiung zu vorintellektueller Empfindsamkeit diente, hier aber etymologisch zurückgebracht wird auf seine Sinnverwandtschaft mit dem Bedeutungsgehalt von *pars*, die in der deutschen Entlehnung aus

---

[497] Erst mit der Bedeutungsvertauschung von „Subjekt" und „Objekt" zwischen Descartes und Leibniz konnte überhaupt eine Annäherung jenes Terminus an den der „Person" möglich werden, wenn auch nicht sofort wirklich. Kant verwendet den Terminus zwar bereits eindeutig für das 'denkende Ich', doch die Idealisten hatten konsequenterweise einen weiteren Begriff. Die heute dominante Identifikation setzte sich im Laufe des 19. Jahrhunderts durch, was im Rückblick als eine „*Vollendung* im Persönlichkeitsgedanken" erscheinen mag. Es ist nicht die erste entelechetische Deutung im Rückblick auf die eigene Geschichte. Cf. *Historisches Wörterbuch der Philosophie*, l. c., t. X, 1998; Eintrag *Subjekt*, cc. 373 sqq. - cit. c. 390.

[498] Cf. *Idee und Grundriß*, l. c., pp. 72 sq., 94-98.

dem Französischen dominiert[499]. Alle Geschichte sei *ihrem innersten Wesen nach epochal*, denn sie sei *diskontinuierlich* und vollziehe sich *in Abbrüchen und periodischem Sinnverlust*.[500] Man kann es in der Knappheit der Ausformung nur als dogmatisches Argument gegen dogmatische Annahmen verstehen, denn die bloße Behauptung der Diskontinuität der kulturellen Zeit, die schließlich auch auf den synchronen Kommunikationsraum übertragen wird[501], entbehrt jeden Bezugs auf eine erhellende Illustration – nimmt man es nicht als bloßen Ausdruck einer für uns wiedererkennbaren, aber darum nicht schon begriffenen Stimmungslage.[502]

Eine zwar unmittelbar folgende, doch trotz der Einordnung Hegels als *letzte und radikalste Konsequenz des deutschen Idealismus von Kant bis Schelling*[503] ganz anders orientierte Argumentation erläutert nun die Auflösung der Kontinuität der *seins*-bestimmenden Medien als eine Konsequenz der intellektuellen Arbeit seit Fichte, die bei der Rückbindung der Wahrheit an die Evidenz des Selbstbewußtseins[504] dazu vorgedrungen sei, *daß der Subjektbegriff zweideutig ist*[505]: man habe bereits bewußtseinsanalytisch zu statuieren, daß ein Gegebenes immer zugleich als Gegenstand ('Ding') und als Bezugnahme auf dieses ('Denkmotiv') konstituiert sei. Daß hier Naivität aufzulösen gewesen sei, habe Fichte zuerst begriffen[506], folgenreich gedeutet worden aber sei es von Schelling. Bei ihm erst erweise sich klar, daß

---

[499] Cf. W. Pfeiffer et al.: *Etymologisches Wörterbuch des Deutschen*, l. c., Eintrag *Epoche*, p. 367.

[500] *Idee und Grundriß*, l. c., p. 45.

[501] „Der Widerspruch ist Ausdruck des partiellen Charakters aller historischen Existenz." ibid.

[502] Daß eine gewissermaßen nicht-partiale Philosophie die Bereitschaft zur Toleranz untergrabe, mutet daher als eine Diagnose an, die einer unangenehmen Fahrlässigkeit im Umgang mit dem Material zu verdanken sein muß, da sie schon jedes Bewußtseins der Distanz systematischer Theorie von Handlungspraxis ermangelt. Daß Hegels Philosophie um der Erfüllung eines erhofften Horizontabschlusses willen konzipiert ist, wie sie ist, kann dieser Kritiker nicht bemerken und spricht ihre simple Denunziation als einer Ursache der physisch gewaltsamen Homogenisierung politischer Orientierungen in Bolschewismus und Faschismus nach (ibid., p. 46), was, wie überall, auch hier jede Überzeugungskraft vermissen läßt. – Zur Funktion des Abschlußdenkens bei Hegel cf. Gerd Irrlitz, *Die wesentliche Täuschung vom Ende*, in: K. Stierling/R. Warning ed., *Das Ende (PH XVI)*, München: Fink, 1996, pp. 330-358; praec. 342-348. – Daß, *en passant*, für Hegel ausgemacht ist, eine Despotie sei *noch nicht einmal* ein Staat, ein System von Gesetzen, kann etwa bei Norberto Bobbio nachgelesen werden: *Hegel und das Recht*, in:

der *konsequent durchgeführte Subjektivismus .. über das Subjekt oder Ich hinaus[führt]*[507]. *Daß dies gelten soll, weil die Subjektivität im Denken auch als die Vielheit des Du, d. h. allgemein und öffentlich (und nicht nur speziell und privat) auftritt*, macht die Wahl der Terminologie an ihrer nicht nur hier und bis heute problematischen Stelle kenntlich: die Kritik des Prinzips der 'Ich-Evidenz' ist als Kritik der 'Subjektphilosophie' angekündigt, doch Subjektivität ist als Mannigfaltigkeit vieler Personen immer noch unterstellt. Hier erweist sich die Differenz zwischen den Argumenten des Descartes und denen Schellings und Hegels, denn in Markierung der eigenen Position neigt Günther dazu, die Subjektivität als empirische Spaltung in *Ich* und *Du*[508] zu denken. Die explikative Kraft der gewählten Begriffe ist damit allerdings kaum zureichend, um eine Distanz zu Schelling kenntlich zu machen, sei doch nach diesem *das Denken .. nicht mein Denken und das Sein nicht mein Sein, da Alles nur Gottes oder des Alls* sei, ebensowenig wie eine zu Hegel, dem zwar der systematische Rekurs auf die Evidenz der privaten Ich-Erfahrung nachzuweisen versucht[509], als dominantes Kennzeichen aber die Deutung der *'Subjektivität-überhaupt' als Gott .. oder das Absolute*[510] zugesprochen wird.

K.-O. Apel/R. Pozzo ed., *Zur Rekonstruktion der praktischen Philosophie*, Stuttgart: Frommann-Holzboog, 1990, pp. 481-506; praec. pp. 500-504.

[503] *Idee und Grundriß*, l. c., p. 47.

[504] p. 49. - Daß die Formulierung des Zweifels an der persönlichen Gründung der *Cogito*-Erfahrung durch Fichte zum ersten Mal philosophiegeschichtlich wirksam wurde, verdeckt auch Günther, wie nahe ihr bereits Lichtenberg in seiner knappen Reflexion gekommen war, man müsse sagen „es denkt", wie man sage „es blitzt, es donnert usf."; cf. Wolfgang Promies ed., *Georg Christoph Lichtenberg. Schriften und Briefe*, München: Hanser, 1971 sqq; t. II, p. 412 (Sudelheft K, N° 76). - Die Umbrüche, die in der Innovation des Descartes wie im Beginn ihrer Aufhebung liegen, material zu diagnostizieren, ist, vermutlich wegen der Fixierung auf formale 'Strukturen', Günthers Sache nicht. Die Einsicht, daß hier Horizontverschiebungen vorliegen, die sich in Änderung von Primärevidenzen auswirken, hätte einen anderen Zugang zum Stoff erfordert.

[505] *Idee und Grundriß*, ibid.

[506] p. 48.

[507] p. 52.

[508] p. 69.

Transformation durch Spiegelung

Wie wenig eindeutig die Abgrenzung von diesem nur ausfallen kann, zeigt sich an der erhellenden Inanspruchnahme einer spekulativen Explikation Schellings, in der *Gott* als dasjenige entwickelt wird, das einem *unvordenklichen Sein* zwar unentrinnbar verhaftet, zugleich aber mit einem Hinausseinkönnen über es begabt sei, so daß es als ein Drittes gedacht werden müsse: *das unzertrennliche Subjekt-Objekt, das unzertrennlich seiner selbst Gegenständliche, sich selbst Besitzende, notwendig bei sich Bleibende, was weder mehr Subjekt noch Objekt allein sein kann*[511]. Daß damit *eine philosophische Deduktion des Du* geleistet sei[512], ist eine der vagierenden Wendungen Günthers, die den Ertrag des Zitats zu beeinträchtigen geeignet ist. Wäre hier etwas deduziert, wie Günther diese Explikation nennt[513], dann eine Deutung Gottes als des Netzes kommunikativer Wechselspiele zwischen Subjekten und Objekten, diese nicht mehr als substantial empirische Teile, sondern Polaritäten eines Verhältnisses gedacht. Daß er hier nicht Klarheit schafft, läßt ihn zwar zitieren, doch als Ausgangspunkt einer möglichen erhellenden Argumentation vergeben, daß Schelling auch notierte: *Die Lebendigkeit besteht eben in der Freiheit, sein eigenes Sein als ein unmittelbar unabhängig von ihm selbst Gesetztes aufheben und es in ein selbst-Gesetztes*

---

[509] p. 68.

[510] p. 63. – Wie wenig diese Ausdrücke zu leisten vermögen, ist hier sichtbar. Wenn *Subjektivität* nicht mehr nur *Ich* sein soll, da zum *Du* ergänzt werden müsse, kann ihre Deutung als *Gott* nicht einfach verworfen werden. Erst die Deutung dieses Terminus entschiede über die Fruchtbarkeit seiner Anwendung, denn daß er fraglos als Hypostase des empirischen *Ich* gedacht sei, unterschlüge die wesentlichen Differenzierungsanstrengungen Fichtes, Schellings und Hegels.

[511] p. 82 – cit. Schelling.

[512] ibid.

[513] Was, selbst wo es dem Sprachgebrauch des Zitierten entspricht, heute irreführend sein muß. Das Material verdiente, hier Sorgfalt walten zu lassen, da, nach dem Erfolg der mathematisierten Naturwissenschaft und Logik im 19. und 20. Jahrhundert, der Sinn, den der Terminus *Deduktion* im späten 18. auch hatte, weithin in Vergessenheit geraten ist. Zwischen dem Deduktionsbegriff der Formalen Logik und einer Methode juridischer Konkretisationen aber liegen gewiß Welten, so daß die Indizien, die etwa Dieter Henrich und Fumiyasu Ishikawa für die Abhängigkeit Kants von juristischer Disputationskultur beizubringen wissen, kaum übergangen werden dürften. Daß im Deutschen Idealismus eher diese statt jener zu suchen ist, wäre die Folgerung aus der Annahme, daß Kant auch

*verwandeln zu können*⁵¹⁴. Mögen die zitierten Stellen im Werk Schellings auch weit auseinanderliegen, so wäre doch zu erwarten, daß ihre Annäherung in Günthers Text einem nicht unfruchtbaren Gedanken zur Geburt verhülfe, der die Aktualität des Zitierten kenntlich machte. Die 'Lebendigkeit' nicht physiologisch, sondern als Akte der kulturellen Kommunikation kennzeichnend zu verstehen, eröffnete, in dieser Spur eines Gedankens, die Bedeutung der sozialen Interaktion für die Realisierung menschlicher Freiheit skizziert zu sehen. Hier wäre ein Ausblick auf die Aufhebung des *unabhängig von ihm selbst* Gesetzten durch das *Ich* vermittels seiner Spiegelung im *Du* zu eröffnen, der biologistische und lebensphilosophische Kurzschlüsse zum Begriff der Freiheit als Positionen falsch gestellter Fragen beiläufig überholte. Das *unzertrennlich seiner selbst Gegenständliche* wäre identifiziert als das *Ich*, zu dessen Konstitution die perpetuierte Erfahrung seines Gespiegeltseins im Anderen gehörte⁵¹⁵ und die Formel, daß es eben darin das *sich selbst Besitzende* sei, betonte erwünschtermaßen, was anders der Aufmerksamkeit leicht verlorenginge: *Ich* ist darin Subjekt, daß es sich in der Objektivierung erst selbst zu *besitzen* vermag – und diese ist nicht zuletzt eine im und durch den Anderen⁵¹⁶. Die Doppeldeutigkeit des Bewußtseins entdeckte sich hier als zwiefacher Objektivierungsmodus der Person, die an der Arbeit mit Sachen eine Steigerung zum Selbstbewußtsein zu

---

hierin für seine unmittelbaren Nachfolger problemprägend war. - Dieter Henrich: *Kant's Notion of a Deduction and the Methodological Background of the First Critique*, in: E. Förster ed., *Kant's Transcendental Deductions*, Standford Univ. Press, 1989; pp. 29-46. - F. Ishikawa: *Kants Denken von einem Dritten*, l. c.; pp. 16 sq., 9 sq.

⁵¹⁴ p. 74. - Cf. F. W. J. Schelling, *Zur Geschichte der neueren Philosophie*, in: *Schellings Werke*, l. c.; 5. Hauptbd., p. 92.

⁵¹⁵ Daß die Beziehung des *Ich* auf das *Du* und auf den *Anderen* für seine Selbstkonstitution unersetzlich ist, spielt, kaum zufällig, eine zunehmend bedeutsame Rolle in den Disputen der Gegenwart. Ihr Umfang und die Ausarbeitung der Positionen ist nun schon derart beschaffen, daß hier nur verwiesen, nicht teilgenommen werden kann. - Cf. etwa Michael Theunissens Kritik an Karl Löwiths Fassung des Problems, in: *Der Andere. Studien zur Sozialontologie der Gegenwart*, Berlin, New York: de Gruyter, ²1977, pp. 431-435; oder Hans Robert Jauß: *Das Problem des Verstehens. Das privilegierte Du und der kontingente Andere*, in: *Das Problem des Verstehens* (R. Warning ed.), Stuttgart: Reclam, 1998.

⁵¹⁶ Vermutlich sucht Günther in der früh gefundenen Formel, nicht das Selbstbewußtsein sei „Grund des Denkens", sondern das Denken der Grund jenes, eben dieser Einsicht systematisch Recht zu verschaffen (*Grundzüge*, l. c., pp. 130, 128, 124). Zwar von Hegel inspiriert, bleibt sie in ihrem intellektualistischen Tenor jedoch problematisch, denn

erfahren imstande ist, die den Mangel an sozialer Anerkennung zu überwinden vermag[517] und die zugleich, wo dies erreicht ist, einen zweiten Schritt der Emanzipation zu gehen instand gesetzt wird, indem sie als *das unzertrennlich sich selbst Gegenständliche* sich befähigte, alles nur-Gegebene, alles 'Faktische' ihrer Existenz, das so heißt, ohne es zu sein, zu verwandeln in ein *selbst-Gesetztes*. Ein jeder, der sich Nietzsches Postulat der erfüllten Existenz aneignete, werden zu wollen, was er sei[518], fände sich unausweichlich auf die Herstellung von Lebensverhältnissen verwiesen, die es erst erlaubten, das *sich selbst Besitzende* durch die Spiegelung in den erarbeiteten Sachen und im Partner gewordenen Anderen sein zu dürfen.

Gebrochene Spiegelung: Horizontöffnung

Die beispielhafte Insistenz Günthers, jeden Rekurs auf vermeintliche und tatsächliche anamnetische Präsuppositionen zu unterbinden, hätte sich hier daran zu beweisen, daß in der Maxime Nietzsches noch immer ein *esse* anstatt eines *posse* zum Ziel der Realisierung erklärt ist. Der Andere sollte aber nicht als derjenige verstanden sein, der einem *Ich* im Spiegel zeigte, was es 'eigentlich' sei, sondern auf Wege führte, die möglich sind und zu gänzlich neuen Ufern leiteten. Hier käme die Begegnung mit den eigenen 'anderen Möglichkeiten' durch die Spiegelung in einem Anderen als empirische Realität zur systematischen Thematisierung, was in der in *science fiction* vorgestellten Fremdheit anderer Zivilisationen und späterer Zivilisationsepochen

---

dieses 'Denken' nicht innerweltlich zu läutern und als das dynamische Spannungsfeld sinnlicher Irritabilität, anthropologischer Bedürftigkeit und darauf ausgeformter menschlicher Kulturpraktiken zu identifizieren, leistet der mystifizierenden Konsequenz Vorschub, das Innere menschlicher Handlungs- und Verständigungsleistungen als quasi-psychische Vorgänge eines 'denkenden Weltwesens' zu unterstellen. In Günthers Altersschriften wird das dann tatsächlich angekündigt, cf. die *Vorworte* zu *Beiträge I* und *III*, l. c. - Rudolf Kaehr hofft, seine Arbeit zur Entwicklung transklassischer Logik eben an solche panpsychistischen und panvitalistischen Prämissen binden zu können; cf. id., *Kompaß*, in: E. Kotzmann ed., *Gotthard Günther - Technik, Logik, Technologie*, l. c.; pp. 81-126, praec. p. 102.

[517] Die Anspielung gilt natürlich der dialektischen Rekonstruktion der Emanzipationsgeschichte des bürgerlichen Individuums in Hegels Darstellung von „Herrschaft und Knechtschaft", die Anerkennung im Anderen als eine höhere Dimension der Bildung des Selbstbewußtseins darstellt, eben damit aber auch zeigt, daß es eine von mehreren ist.

[518] nach Pindar, *Pythische Oden*, 2, 72.

noch narrativ durchgespielt worden war. Die Terminologie Günthers ist auch hier noch nicht trennscharf genug, die tatsächliche Modernität seines Fundes zu bezeichnen, da er an der Unterscheidung von *Ich* und *Du* genug finden zu können glaubt. Eine Konkretisierung der umrißhaften Skizze in seinen Wendungen hätte dagegen zu akzentuieren, daß hier der Durchbruch zu einer Philosophie mit sozialtheoretischem Horizont bewältigt ist, in der die handelnden und leidenden Personen einander nicht entweder nur *Sache*, herrschende Gewalt oder beherrschtes Objekt, oder aber nur *Du*, Bruder und Schwester im Fleische, sind, sondern achtungswürdige Fremde. Erhellend ist die Differenz bisher etwa von H. R. Jauß formuliert worden, der *das privilegierte Du* vom *kontingenten Anderen* unterscheidet[519]. Seine Verteidigung der Hermeneutik als Medium auch alltäglicher Verständigung verdankt sich der Entfaltung einer Gestalt von ihr, die außerhalb jedes unbedingten Rekurses auf Einfühlungsvermögen konzipiert ist, so daß es mit ihr möglich wird, noch an Habermas', eines intimistischen *telos* unverdächtiger Theorie eine systematische Unfertigkeit zu bezeichnen, da dieser die Verständigung an die *solidarische Einfühlung* zu binden sucht, wo doch das Recht des Gegenüber, *für den Anderen ein Fremder zu bleiben*, ein Verstehen voraussetzte, das *dem Einzelnen in seiner Andersheit gerecht* zu werden erlaubte.[520] Daß sich der Kreis der Güntherschen Theorie in

---

[519] 1. sub 515) c.

[520] Vielleicht wird die weitere Diskussion erweisen, daß beide Autoren je eine Facette an einem Problem aufgeschlossen haben, dessen fruchtbare Bewältigung beider bedarf. Habermas diskutiert etwa die Paradoxie des Verstehens, einen Anderen nur dadurch verstehen zu können, daß man in einen Kommunikationsprozeß mit ihm eintrete, wodurch man aber die Konstellation, in der dieser sich bisher bewegte, bereits verändere; daß dies fatalerweise durch die mitgebrachte Kontingenz geschieht, mit der man auf Grund der eigenen Erwartungen und Dispositionen reagiert und Reaktionen hervorruft, ließe sich ergänzen. Darin ist also „der Verstehensprozeß .. auf ungeklärte Weise mit einem Hervorbringungsprozeß rückgekoppelt" (*Theorie des kommunikativen Handelns*, Frf./M.: Suhrkamp, ³1985, t. I, p. 165). Setzt man dies noch immer als gültige Einsicht voraus, wird der Aspekt, der in der vorliegenden Arbeit als der zentrale und bedeutendste innerhalb der theoriebildenden Intentionen Günthers vorgestellt wird, von überraschender Aktualität sein. Daß die Vermittlung disparater Bewußtseinswelten nur dadurch möglich ist, daß beide Gesprächspartner sich verwandeln, den bis eben noch gelebten Horizontbezug transzendieren, würde als die Bedingung der Möglichkeit symmetrischer Verständigung anzuerkennen sein und einer systematisch rekonstruktiven 'Dialektik' für solche Vorgänge einen produktiven Sinn verleihen. Eines der unmittelbar danach eintretenden Folgeprobleme läge auf aktanalytischer Ebene in der Differenz kommunikativer Prozesse

diesem besonderen Aspekt, nicht in der bloßen Differenz von *Ich* und *Du*, schließt, wird durch den Rückblick auf die freigelegte Differenz zwischen seinen Versuchen, intellektuelle Medien zur Erschließung einer vom Exempel der *Ich*-Erfahrung unabhängigen Andersheit nicht als Sache, sondern als möglichen Partner einerseits, und Einfühlungs- oder Analogiekonzepten des Verstehens andererseits deutlich. Daß hier systematische Operationen zum Transzendieren faktischer Horizonte inauguriert werden sollen, macht die transklassische Logik als Instrumentarium der Erschließung von *nova* in den symbolischen Welten der Kultur erkennbar.[521] Wie gegenüber der Sachenwelt wird dann vielleicht auch hier einmal das Fazit gezogen werden können, mit dem Hegel im Kapitel „Kraft und Verstand" der „Phänomenologie des Geistes" die Symbolstruktur der Gegenstandzurichtung mathematischer Naturwissenschaft charakterisieren konnte: *Es zeigt sich, daß hinter dem sogenannten Vorhange, welcher das Innere [der Dinge] verdecken soll, nichts zu sehen ist, wenn wir nicht selbst dahintergehen, ebensosehr, damit gesehen werde, als daß etwas dahinter sei, das gesehen werden kann.*[522] Der im Text folgende Satz befördert die Vermutung, daß aus der Begegnung mit dem endlich konstituierten Inneren, nun nicht der Dinge sondern des Anderen, etwas hervorgehen wird, das dem bei Hegel demonstrativ explizierten *Selbstbewußtsein* an innovativer Potenz nicht nachsteht: *Aber es er-*

---

zwischen Personen, zwischen Person und Kultursediment, dem Werk, und dem zwischen Person und von ihr intentional behandeltem Arbeitsgegenstand. Eine phänomenologische Vorbereitung des Bodens einer systematischen Rekonstruktion würde bereits die Besonderheit dem theoretischen Blick zu entdecken imstande sein, die in der Erfahrung der 'Gespenst-Natur' objektivierter symbolischer Gestaltungen liegt. Der Schauer vor großen Dokumenten der Kunst etwa, der nur scheinbar durch biographische Reduktion aufgehoben werden kann, wird nicht nur aus der Entgrenzungserfahrung in der Horizontöffnung, sondern auch aus dem Eindruck einer 'sich zusprechenden' Impressivkraft ohne identifizierbares personales Gegenüber herrühren. Die Annäherung einer an solchen Erfahrungen ausgebildeten geisteswissenschaftlichen Hermeneutik der unaufhebbaren Fremdheit konvergierte dem Symmetriekonzept der Verständigung Habermas'scher Provenienz mit der Einsicht, daß in beiden Fällen das Interpretieren ein Erzeugen sei. - Das Resultat beließe den Anderen dann in partieller Fremdheit, wenn er sich Residuen zu bewahren imstande bliebe, solche gemeinsam zeugende Arbeit zu verweigern. Bedingung dieser als einer Möglichkeit praktischen Kulturlebens wird eine absolute Friedensgarantie sein, da Unduldsamkeit gegen den fremd bleibenden Anderen aus der Unfähigkeit zu Vertrauen hervorgehen wird.

[521] Mit diesem Einsatz könnte Philosophie sich erneut als eine μαιευτική erweisen, die an der Schwelle einer neuen Kulturepoche ein Bewußtsein über eben in die kommunikative

gibt sich zugleich, daß nicht ohne alle Umstände geradezu dahinter gegangen werden könne; denn dies Wissen, was die Wahrheit der Vorstellung der Erscheinung und ihres Innern ist, ist selbst nur Resultat einer umständlichen Bewegung, .. und es wird sich ergeben, daß das Erkennen dessen, was das Bewußtsein weiß, indem es sich selbst weiß, noch weiterer Umstände bedarf.[523] Was Günther hier wollen kann, um eine nicht-klassische Logik einer gehaltvollen Aufgabe zuzuordnen, wäre die retraktative Destillation von in Alltagskommunikation *in nuce* ausgebildeten 'Verfahren', die dort solche noch nicht sind, zur systematischen Rekonstruktion ihrer wesentlichen Beziehungen. Es wären Verfahren, die weder der zweckmäßigen Zurichtung von Sachen, noch introspektivem, einfühlendem Verstehen von Mir-selbst-Gleichen analog wären, sondern begreifbar zu machen erlaubten, was bisher noch am Rande des Paradoxons zu formulieren ist: Verstehen des Fremden in seiner Andersheit.[524]

Daß bei der Erschließung des radikal Unbekannten aus dem Horizont des Vertrauten eine Reorganisation, Transposition und Transformation der symbolischen Strukturierung der aktualen 'Welt' zu leisten ist, wäre Inhalt der Logik, die Verlaufsformen eines Heran-Wachsens, von Einkapselung oder integrierender Synthese systematisch modellieren könnte. Die mit diesen Stichworten induzierten Assoziationen führen zwanglos zur Bestimmung des Zentrums der mit

---

Praxis eintretende Phänomene mit den Mitteln systematischer Exploration zu schaffen imstande ist. Vorausgesetzt wäre dabei, daß für die Praxis des Umgangs mit dem Anderen schon manches erfahren worden ist, ehe Philosophie einen weiterführenden Ausblick, die Einstimmung auf mögliche neue Erfahrungen, durch die systematische Rekonstruktion dessen hervorbringt, was sich an 'wesentlichen' Zügen gelebter und nicht systematisch, oft noch nicht einmal sprachlich repräsentierter Erfahrung akzentuieren läßt.

[522] l. sub 483) c., p. 102.

[523] Benjamin Nelson akzentuiert prägnant einen möglichen produktiven Sinn der Differenz, auf die hier in Korrektur der Güntherschen Terminologie verwiesen wird. Er entdeckte Thesen Max Webers bei Henry Sumner Maine wieder, die schon Jahrzehnte vor dem Ende des 19. Jahrhunderts formuliert worden waren, und in denen die Beschränkung tribalistischer Moral, brüderliche, sogar im Wortsinne verwandtschaftliche Gleichheit innerhalb der Stämme und Dörfer mit permanentem Kriegszustand zwischen den Stämmen zu verbinden, nur dadurch für aufhebbar erklärt wird, daß in universalistischer Perspektive das *Du* aufgegeben wird, um den *Anderen* wahrzunehmen. „Eine Gesellschaft, die erkennbare Normen für die Menschen im allgemeinen besitzt, ist einer Gesellschaft ethisch überlegen, in der es Privilegien für die Zugehörigen gibt, zeitweilige Zugeständnisse für gute Nachbarn und Freunde und gar keine Verpflichtungen gegenüber entfernten 'Barbaren' .. Besser der verabscheute 'atomisierte Individualismus des bürgerli-

einer Logik zur 'Erschließung des Fremden' intendierten Aufgabe im Terminus *Transzendenz*, und wie nahe dieses Resultat moderner kulturwissenschaftlicher Forschung steht, zeigt die Formel Thomas Luckmanns, der historische Konstellationen durch rhetorische Annäherung an gegenwärtig Vertrautes zu überraschender Durchsichtigkeit zu bringen imstande ist, da er von *kleinen, mittleren und großen Transzendenzen* spricht, und so die Ich-überschreitenden Erfahrungen des persönlichen Gesprächs, des Tanzens, des Streitens, in eine Reihe mit Grenzüberschreitungen aus ästhetischer Erfahrung und mit religiösen Transgressionen zu stellen vermag.[525]

Evolutionsmodell der Bedeutung

Die hier in Skizzen zu einem Grundriß dargestellte Architektur des Theoriekerns erscheint noch immer als Zusammenstellung dreier Teile, deren systematisch fruchtbare Korrespondenz nicht recht deutlich zu werden vermag. Die Abwägung von Optionen und Folgen möglicher Entscheidungen in der Zukunft, die Reform oder Revolution von Begriffsordnungen und die Innovation der kommunikativen Figur des weder intim verschwisterten noch strategisch vernutzten Anderen – was sollten sie als gemeinsames allgemeines Problem aufweisen?

---

chen Liberalismus' als die streitenden 'Blut-und-Boden-Brüderschaften'" (*Der Bruder und der Andere. Ein Epilog*, in: *Der Ursprung der Moderne*, Frf./M.: Suhrkamp, 1986, pp. 180-183; cit. p. 182). – Die sinnvolle Einschränkung dieser Formel auf allgemein politische, wirtschaftliche und sittliche Verhältnisse, die intime Beziehungen als einen jenseitigen Bereich zu achten vermag, kann der zitierte Aufsatz von H. R. Jauß in schöner Deutlichkeit erhellen. Daß Intimbeziehungen durch die Entfaltung der Dimension der Alterität auch gegenüber dem intimen Partner verändert werden, ist nicht bestritten. Zu bestreiten ist nur die Auffassung, die das Kind mit dem Bade ausschüttet: daß die Verallgemeinerung der Perspektive der Andersheit rechtfertige, die intime Verständigung für einen bloßen Rest älterer Kulturepochen anzusehen. In ihr wird sich eher der Versuch einer Entlastung von nicht recht bewältigten, 'wortlos ausgesprochenen' Verpflichtungen aus intimer Vertrautheit anzeigen, als eine gültige Diagnose.

[524] Daß der Weg zur Rekonstruktion der personalen Begegnung füreinander Fremder dem der geisteswissenschaftlichen Arbeit an einer 'Hermeneutik der Alterität' über weite Strecken folgen kann, läßt sich etwa mit den Aussagen des Ägyptologen Jan Assman illustrieren, der einen bereits längere Zeit wirkenden Paradigmenwechsel in den Kulturwissenschaften pointiert ausstellt – *Jan Assmann im Gespräch mit Adalbert Reif*, in: *Lettre international*, H. 43, 1998, Berlin: „In der Tat ist das Ägyptenbild der Wissenschaft von Fremdheit gekennzeichnet. Ich meine aber, daß eben dies die legitime wissenschaftliche

Der letztere der *topoi* verwiese in seiner Eigentümlichkeit, etwas ans Licht des Bewußtseins zu heben, das als der theoretischen Aufmerksamkeit noch nicht Verfügbares dennoch eine in der Ahnung 'sich meldende' Vorgestalt hatte, geradezu auf das Gegenteil der besonderen Pointierung des ersten. Hier hatte jeder Bezug auf Vergangen-Sein abgetrennt werden sollen und eine in ihren Gründen noch gänzlich unerhellte Fähigkeit, Ziele im Vorgriff zu setzen, Zentrum der systematischen Erörterung sein sollen. Daß etwas wurde, was schon 'da' war, jedoch in anderer Form als der nun für möglich zu haltenden Existenzweise, sollte nicht vorausgesetzt werden. Nimmt man jedoch an, daß sich hier die Überbetonung zeigt, die bei den für unumgänglich erachteten Absetzungen von leer laufenden Konventionen meist zu verzeichnen sind, läßt sich der Sinn des in ihr liegenden polemischen Affronts im Versuch finden, eine falsche Kontinuitätsvorstellung aufzulösen, nicht jedoch, den Zusammenhang völlig abzuschneiden. Dann ließ sich der zweite *topos* als Versuch eines Modells für eine Prozeßverlaufsform deuten, der in Absetzung von Modellen linearer Fortpflanzung in der Zeit entwickelt werden soll, und sowohl der Ausgriff auf die unbesetzten Horizonte zukünftiger Möglichkeiten wie die Überschreitung des Bestandes etablierter symbolischer Fixierungen für Sachverhalte, Problemkonstellationen oder Auftragsformulare wären als *reformationes* begriffen. Ob sich innerhalb dieser Orientierung eine 'Evolutionstheorie der Bedeutung' formulieren und, zudem, ein nach dem Muster syllogistischer Algorithmen konzipiertes Modell entwickeln ließe, hätte sich am ausgeführten Versuch zu entscheiden.

Haltung darstellt: daß man nicht die andere Kultur mit einem vorschnellen, aus der Erinnerung gespeisten Verstehen überschreibt, sondern versucht, sie in ihrer Fremdheit und Eigenheit zu analysieren .. Der Historiker, der sich heute mit Ägypten beschäftigt, weiß, daß er es mit einer sehr fremden Kultur zu tun hat, die wir nur in kleinsten Teilen verstehen. Das heißt, weite Bereiche der Überlieferung sind uns hermeneutisch kaum zugänglich. Wir kennen die Grammatik, wir kennen das Vokabular, wir können die Texte in großen Linien übersetzen, aber trotzdem bleibt ein Abstand, der sich nur durch unendliche Bemühungen und immer nur approx verringern läßt .. Im Grunde ist das fast tragisch." - Wie nahe bereits Günthers Lehrer solchen Einsichten sind, läßt sich für Spranger in: *Lebensformen*, l. c., p. 430, erkennen und, natürlich, auch für Spengler in: *Untergang des Abendlandes*, l. c., p. 37.

[525] Aus einem Manuskript zitiert bei H. R. Jauß: *Rückschau auf die Begriffsgeschichte von 'Verstehen'*, in: *Wege des Verstehens*, l. c., pp. 11-29; cit. p. 27.

Die Erinnerung an Hegels Rekapitulation des Transzendierens in der Sachen-Erfahrung inspiriert die Vermutung, daß die Gesetze der verkehrten Welt nicht nur das Vorgehen, sondern auch die Reflexion über es kennzeichneten, so daß es zu einer bloßen Nuance wird, daß Günther nicht vom Transzendieren, sondern, einer Anregung Paul Hofmanns folgend, von *Introszendieren* spricht[526]: die Realität *prima facie* zu überschreiten heißt, die erscheinende Oberfläche zu durchdringen. Daß eine Logik, die diesen Vorgang zu modellieren geeignet sein soll, keineswegs einen dritten Wert jenseits der Wahrheitswerte *wahr* und *falsch* enthalten muß, auch wenn Günther diese Behauptung immer wiederholt, wird nach dem Bisherigen erwartbar und dem Folgenden verständlich sein.

---

[526] Eine Vielzahl von Notierungen im Register zu allen drei Bänden der *Beiträge zur Grundlegung einer operationsfähigen Dialektik*; cf. t. III, l. c., p. 322.

5. Resultate. Operatoren der Transgression

Die Mehrzahl verschiedener Problemtypen, die nach einem in allen durchscheinenden gemeinsamen Muster bewältigt werden sollen, macht zu einer theoriestrategisch nicht unbedeutenden Frage die nach dem, was davon in Begriffen zu erfassen sei. Die einfache Gegenüberstellung von *Ich*-Subjekt und *Sach*-Objekt zu überschreiten auf die Trias von *Ich*, *Anderem* und *Sache*; oder die in Dispositionen, Habitus und Ansprüchen sedimentierten Erfahrungen in Aufmerksamkeit und Aneignungsfertigkeiten für die beispiellosen Möglichkeiten einer *unvorhersehbaren Zukunft* zu transformieren – was könnte hier Gemeinsames sein; zu schweigen von der Revolution wissenschaftlicher *Begriffsysteme* und *Methoden* in der Geschichte; oder der Mannigfaltigkeit im Thema einer *Genetischen Phänomenologie* von Objektbildungsstufen: der fortschreitenden Sedimentierung von Ordnungsfunktionen aus Reizen, aus bildhaften Eindrücken, situativen Wahrnehmungen und *modi* des Umgangs mit Sachen und Anderen bis hin zur Ausbildung von Ordnungen des Umgangs mit solchen Ordnungsfunktionen.

Die Anlehnung an Hegel läßt erwarten, daß der vorläufige Umriß der von Günther gesuchten Transformations- und Transpositionsmodelle aus der Erfahrung einer Hegel-Lektüre hervorgehen könnte und es wird sich tatsächlich erweisen, daß sich an Gängen der „Phänomenologie des Geistes" ein Vorbegriff abheben läßt, mit dem den nicht immer prägnanten und zugriffssicheren Konstruktionen Günthers interpretatorisch geleuchtet werden kann. Wählen wir als Beispiel den Teil der Rekonstruktion einer Erfahrungsgeschichte des Bewußtseins, der unter dem Titel „Das geistige Tierreich und der Betrug, oder die Sache selbst" steht.[527]

Die zu einem Selbstverhältnis disponierte Individualität wird hier als eine anfangs selbstgenügsame modelliert, die, gemäß der *bestimmten ursprünglichen Natur des in ihr frey und ganz bleibenden Bewußtseyns*, sich selbst Zweck sei. Die Vorstellung, damit die ganze Wirklichkeit zu haben, sie gar zu *sein*, werde jedoch sofort überschritten, da die Erinnerung an das Resultat eines vorausgegangenen

---

[527] l. sub 483) c., pp. 216-228.

Zustandes, den Selbstzweck *im Gebrauch der Kräffte* und *im Spiel ihrer Aeußerungen* zu wissen, ein auf die gegenüberstehende Faktizität des *Weltlauffs* gegenständlich gerichtetes Tun als das tatsächlich Intendierte und Vollzogene sichtbar mache.[528] Die sich dann abspielende Erfahrungsgeschichte besteht nun darin, daß der als selbständig Reales mit der eigentlichen Wirklichkeit identifizierte äußere Gegenstand im Arbeiten an ihm seiner ursprünglichen Selbständigkeit beraubt und als Vorwurf zum eigenen, zum angeeigneten *Werk* zurückgelassen werde. Sofort aber sei ein Folgeschritt damit induziert, daß der Abschluß des Werkes es in das Kräfte- und Interessenspiel der *Anderen* sich *im Gebrauch ihrer Kräffte* und *im Spiel ihrer Aeußerungen* realisierenden Personen hineingebe, so daß es aufhöre, das eigene des Schöpfers zu sein, und nur noch ein Moment in der Unendlichkeit der Wirklichkeit *für Andere* und in deren Aneignung ein erneut Fremdes, selbständig Wirkliches für den Urheber werde. In solchem *Verschwinden des Werks* aber erfahre das im Schaffen sich zur Fülle seiner Präsenz steigernde Bewußtsein nicht die völlige Sinnlosigkeit des Handelns, sondern entdecke, daß es sich selbst als reiches Dasein nicht darin habe, sich um sich zu sorgen, sich zu erhalten, sich zu genießen, sich selbst höchster Zweck zu sein – sondern allein in der Gewißheit, einer *Sache* als Werk zur Realität zu verhelfen imstande zu sein. *Auf diese Weise reflectirt sich also das Bewußtseyn in sich aus seinem vergänglichen Werke, und behauptet seinen Begriff und Gewißheit als das Seyende und Bleibende, gegen die Erfahrung von der Zufälligkeit des Thuns.* Es wisse sich dann nicht mehr als sich um ein privates Inneres an Ansprüchen, Wünschen und Strebungen Kümmerndes, sondern trete in eine nicht-intime Distanz zu sich selbst, indem ihm nun *seine Gewißheit von sich selbst gegenständliches Wesen, eine Sache ist; der aus dem Selbstbewußtseyn als der seinige herausgeborne Gegenstand, ohne aufzuhören, freyer eigentlicher Gegenstand zu seyn.*

Die Akzentuierungen in unserer knappen Paraphrase sollen sichtbar machen, auf welche Weise sich der Gang der dialektischen Explikation als demonstrierte Transformation von *Konstellationen* verstehen läßt, in denen bewußte Orientierungen einer Person auf sich, Andere und Sachen in der Welt und daraus hervorgehende Deutungen und

---

[528] p. 214.

5. Resultate. Operatoren der Transgression

Verhältnisunterstellungen einmal sich manifestiert haben, aber durch ihre Eigentümlichkeit, ein Komplex handlungsleitender Verweisungen zu sein, deren Auflösung und die Konstitution einer neuen hervortreiben. Im Hegelschen Text ist, deutlicher noch, zu erkennen, daß es sich um Konstellationen von gewußten Bedeutungen, verfolgten Intentionen und erlittenen Wirksamkeiten handelt, deren perennierende Inkongruenz dazu führt, daß die handelnde Person zwar immer zu wissen meint, in welcher Lage sie sich befinde und mit welchen Anforderungen sie konfrontiert sei, aber die Entdeckung machen muß, daß sie gar nicht wußte, wie verborgene Konsequenzen enthüllte, was sie definitiv zu wissen und wonach sie zweifelsfrei handeln zu können meinte. Auch ist zu erkennen, daß Hegel diese Konstellationen, die dem seine Erfahrung machenden Bewußtsein Existenzweisen sind, als die Geburtsstätte der logischen Elementarkategorien einführt, genauer noch: diese mit jenen identifiziert[529]. Die darin beschlossene Erklärung der Kategorialtypen als Sedimente der Erfahrung kultureller Selbstbewußtseinsformen ist allerdings bis heute kaum so allgemein anerkannt[530], daß sich stillschweigend mit ihr fortsetzen ließe, ohne die, alle bisherige Distinktion von kommunikativen Verhältnissen, psychischen Konstellationen[531] und Typen logischer Geltung überspielende synthetische Anwendung mindestens zu bemerken oder gar in ihren Konsequenzen für die Argumentation und

---

[529] Auf der erreichten Stufe der tatfreudigen Individualität ist diese sich als „die absolute Realität" bewußt geworden, lebt dabei aber noch so, als sei diese Realität nur „die abstracte allgemeine, ohne Erfüllung und Inhalt" (216). Deshalb ist, was sie von ihrem neuen Daseinsmodus weiß, „nur der leere Gedanke dieser Kategorie". Daß die Kategorie zuerst Identifikationsschema eines historisch realisierten *modus existendi* des Menschen ist, wird dann in der Formel bekräftigt, erst die zum Handeln entbundene selbstbewußte Individualität habe „zum Gegenstand ihres Bewußtseins die Kategorie als solche" (214): „den Begriff von sich .., der erst nur der unsrige von ihm war". - Übrigens eine der Stellen, die deutlich die Absicht erkennen lassen, die Genese *in re* als Erfüllung von Vorgriffen der rekonstruierenden Darstellung zu demonstrieren, d. h. mit dem Begriff eines Zustands als Erfassung der Tendenzen seiner immanent angelegten Überschreitung zu operieren.

[530] Wenn auch zu vermuten ist, daß diese revolutionierende Deutung von Ursprung und Funktion logischer Geltungstypen mit der einsetzenden Kritik an den platonisierenden Tendenzen der Analytischen Philosophie, besonders, wo diese vom logischen Positivismus geprägt ist, neue Aufmerksamkeit auf sich ziehen wird. Stekeler-Weithofer hat mit seiner vorläufigen Diagnose der Hegelschen methodischen Einstellung als „radikalempirisch" eben diesen Aspekt betont. Es wird derjenige sein, in dem sich heute hegelsche Motive, Pragmatismus und *ordinary language philosophy* ineinander spiegeln können. Daß er zugleich Indiz für die unter dem Titel 'Relativismus' zu markierenden

philosophische Retraktation durchsichtig zu machen.

Hegel selbst verwendete als dominante Termini die einer Reihe von *Gestaltungen* oder *Gestalten* des Bewußtseins, die hier vorerst vermieden werden, um die transklassische Logik nicht als den Versuch erscheinen zu lassen, Hegels Verfahren treu zu rekonstruieren, das ja nur Anstoß für einen eigenen Entwurf sein sollte. Daß überhaupt erst ein deskriptiver Terminus einzuführen ist, zeigt einen Mangel in Günthers Argumentation, für die sich zwar ein Nachhall der Typusbegriffe Sprangers und Rickerts erschließen läßt und eine verborgene, doch folgenreiche Abhängigkeit von Spenglers biomorphologischem Gestaltbegriff, der jedoch keinen dieser Termini explizit anzuwenden versucht. Die Wahl des Terminus *Konstellation* erscheint geeignet, dem Autor in seinen Bemühungen, seine Sache verständlich zu machen, weit entgegenzukommen, da er etymologisch und pragmatisch von reicher metaphorischer Potenz ist, zugleich eine Ordnung zu assoziieren, wie deren Elemente in dynamischer Spannung zueinander vorstellbar zu machen[532]. Mit diesem Akzent erscheint er geeignet, zu benennen, was Resultat einer hoch abstrakten Verallgemeinerung sein muß, wenn die Formeln der transklassischen Logik kausale Wirkungsnetze[533] ebenso wie kommunikative Verhältnisse und auch symbolische Relationen erfassen sollen. Zugleich soll er helfen, einen Schritt über die Kluft zu machen, die zwischen dem dramatischen Ablauf in der „Phänomenologie des Geistes", in der bei allem Vernunftoptimismus eine unerschrockene Klarheit angesichts der aufreibenden Erfahrungen in Umbruchsperi-

---

Probleme ist, kann das Urteil Cassirers in Erinnerung rufen, der absolute Idealismus Hegels drohe ständig in den „absoluten Empirismus" umzuschlagen (*Das Erkenntnisproblem III*, l. c., p. 369).

[531] Das *Historische Wörterbuch der Philosophie* verweist, außer auf den Ursprung des Terminus in Astrologie und Astronomie, nur noch auf diese im 19. Jahrhundert dominante Verwendung, was so aufschlußreich wie verkürzend ist. - t. 4, l. c., 1976; Eintrag *Konstellation*.

[532] Wie er produktiv für nicht-anschauliche Gruppierungen von Sachverhalten, Aufgaben, Motiven oder Argumenten angewandt werden kann, zeigt sich etwa bei Dieter Henrich, der es versteht, mit den sachlich stimmigen Nachbartermini von „Kraftfeld", „Kraftlinie" und „Wirkung" den plastischen Grundriß eines Forschungsprogramms zum Deutschen Idealismus zu geben. - Cf.: id., *Konstellationen*, Stuttgart: Klett-Cotta, 1991, praec. pp. 10-22.

[533] Beispielhaft dafür der Essay *Die gebrochene Rationalität*, in: *Beiträge I*, l. c., pp. 115-140.

oden dokumentiert ist, und dem höchst unterkühlt anmutenden Entschluß Günthers liegt, die Verwandlungen kultureller Zuständlichkeiten in einem Berechnungsschema zu erfassen.

Eine Menge systematisch geordneter Verfahren zur Beschreibung oder Konstruktion von Transformationen solcher Konstellationen zu suchen, muß, in der Orientierung an der Formalen *Logik*, ein anderer Sinn dieses Terminus zu Grunde liegen, als es nach dem Sprachgebrauch der Fachlogiker zu erwarten ist. Hier ist die Formale Logik diejenige, die Aussageformen zu konstruieren sucht, die bei jeder konsistenten Belegung der Variablen mit Werten den Wahrheitswert *wahr* haben. Um solcherlei Aussageformen kann es aber Günther nicht zu tun sein. Sein Vorbild sind darum weniger diese als nur die an der Algebra orientierte Notation, derentwegen die moderne Logik *symbolische* oder *mathematische* genannt und in der mit Variablen als abkürzende Notation für Gesamtheiten möglicher Wertbelegungen gearbeitet wird.

Stellenwertlogik

Das erste rudimentäre Modell transklassischer Logik, die *Stellenwertlogik,* soll nun in Anlehnung an die Reihe der natürlichen Zahlen konstruiert werden, genauer noch: in Anlehnung an einen bestimmten Notationstypus der Zahlen. Denn die *verschiedenen Bewußtseinsstufen* sollen nicht schlicht abgezählt, sondern als Stellen in einem *Positionssystem* repräsentiert werden. Nun ist zwar die auf einer Grundzahl aufgebaute Konstruktion von Positionssystemen, wie sie etwa im heute dominanten dekadischen vorliegt, dem technischen Zugriff leichter verfügbar zu machen, aber keine systematische Voraussetzung für den Aufbau einer Zahlentheorie.[534] Mochte das altitalische der römischen Antike die *Ausbildung eines bequemen, algorithmisch durchgebildeten Zahlen- und Rechnungssystems behindern*[535] und hat erst das binäre Positionssystem die ökonomisch ef-

---

[534] Richard Courant, Herbert Robbins: *Was ist Mathematik?*, Berlin et al.: Springer, ⁵2000. - Cf. pp. 4-8.
[535] Fritz Jürß et al.: *Geschichte des wissenschaftlichen Denkens im Altertum*, Berlin: Akademie, 1982. - p. 529.

fiziente Konstruktion elektronischer Rechenmaschinen ermöglicht, so bleiben doch alle algebraischen Beziehungen jenseits der Notation dieselben, denn wir haben es hier nur mit einem Problem der Syntaktik, nicht aber der logischen Beziehungen eines Zahlsystems zu tun. Wenn Günther nun hofft, im Positionssystem ein Muster für eine gewissermaßen topologische Konstruktion[536] von Wertbelegungen zu finden, bindet er sich an das Resultat einer systematisch unbedeutenden, historischen Entscheidung für eine Darstellungskonvention. Die Ökonomie und Eleganz eines Positionssystems, in dem ein und dasselbe Zahlzeichen auf verschiedenen Stellen verschiedene Zahlenwerte repräsentieren kann, mögen beeindruckend sein, doch daß man den 'Stellenwert' eines symbolischen Objekts, seinen kontextabhängigen Bedeutungswert, nach einer mathematischen Formel berechnen könnte, wie sie für das Positionssystem der Zahlen angegeben werden kann[537], bleibt vorerst jede Plausibilität schuldig.

Welche prinzipielle Intention hier verfolgt ist, läßt sich illustrieren, nimmt man einmal an, daß die zu transformierenden Konstellationen Namensbedeutungen seien. Dann wird plausibel, daß ein nach Art mathematischer Operationen entworfenes Modell für eines der kommunikativen Grundelemente des Menschen unterlegt ist, das den sprachlichen Zugriff auf Unbekanntes und Unbestimmtes trägt: die Metapher. Nicht in ihrem Funktionssinn, doch in einer Versinnbildlichung ihrer Funktionsweise. Das $\mu\varepsilon\tau\alpha\text{-}\varphi\acute{\varepsilon}\rho\varepsilon\iota\nu$ ist im Modell bildhaft als Positionsverschiebung der Wertzeichen repräsentiert und so, wie der metaphorisch gebrauchte Name zugleich etwas von seiner alten Bedeutung bewahrt und sie verändert, soll die Verschiebung eines Wertzeichens, einer Ziffer, von einer signifikanten Position zu einer anderen ausmachen, daß das Zeichen eine Spur seiner Bedeutung behält, *n-mal* einen Grundwert zu repräsentieren, und zugleich zu ändern, *n-mal-m* das Grundwert-Vielfache des Grundwerts zu bezeichnen. Als Bild für die Metapher genommen, würde die Modellierung der Ziffernverschiebung über Stellen sich aber nicht nur wegen der gegenüber der natürlichen Sprache schwachen

---

[536] Womit hier die nur qualitative, maßfreie Lageordnung in einem definierten intelligiblen 'Raum' benannt werden soll.

[537] Der Wert w_i auf Stelle *i* kann relativ zum Wert w_j auf Stelle *j* bestimmt werden, wenn die Grundzahl *g* eingesetzt wird (etwa 10 für das dekadische Positionssystem), durch: $w_i = w_j * g^{i-j}$.

Explikationskraft mathematischer Darstellungen nicht durchsetzen können[538], sondern vor allem, da sie etwas in Dienst zu nehmen suchte, das es am mathematischen Objekt nicht gibt. Die Stellenwertabhängigkeit der Ziffernbedeutungen – des Zahlwertes – ist nicht Resultat einer generierenden Operation, sondern einer definitorischen Konvention. Der Rückgriff auf das Positionssystem der Zahlen muß daher noch als heuristischer problematisch bleiben, so lange versucht wird, durch ihn etwas zu finden, was doch nur gleich ihm erfunden werden könnte.

Es ist bemerkenswert, daß dieser Theoretiker im Versuch, ein logisches Mittel der Restitution verlorener und der Sicherung gefährdeter Kultureinheit zu konstruieren, den historischen Formenwandel mit einem Mittel darzustellen unternimmt, das solche Eigentümlichkeit aufweist. Sucht man die Opposition der *Idealismus* und *Empirismus* genannten Theorietypen in der Konzentration auf die Frage *Was ist es?* gegenüber der auf die Frage *Wie entsteht es?*, läßt sich hier die Skizze zu einer synthetischen Antwort auf beide erkennen. Die kausalgenetische Antwort wird, auch wenn eine allgemeine Theorie der Emergenz mehr Phänomene erklärt haben wird, als es etwa die Theorie der Hyperzyklen heute schon kann, die erste Frage nie beantworten können. Der Hyperzyklus im Modell Eigens[539] schließt eine Lücke in bis dahin getrennten Phänomenbereichen und ist vielleicht ein Durchbruch, der immer nur wieder in neuer Form vollzogen, 'reformuliert' werden kann, doch nie mehr prinzipell zurückgenommen. Unabhängig von seiner Dauerhaftigkeit aber ist schon heute die ernüchternde Evidenz, mit der die Theorie naturwissenschaftlich erklärt, wie Leben entsteht, wenn bestimmte Bedingungen beim Aufeinandertreffen von Proteinmolekülen erfüllt sind. Versuche, in die Kontingenz des Zusammentreffens geeigneter Bausteine und ge-

---

[538] Davis und Hersh sagen knapp und deutlich, was einer syntaktisch formalen Darstellung fehlen muß: „Alle rein mechanischen Schritte können bei einem gewöhnlichen mathematischen Text weggelassen werden. Es ist ausreichend, den Ausgangspunkt und das Endresultat anzugeben. Die Schritte, die in einem solchen Text wiedergegeben werden, sind jene, die *nicht* rein mechanisch sind - die eine konstruktive Idee einbringen, ein neues Element in die Berechnung einführen." Darum können sie schließen: „Unter Formalisierung versteht man den Prozeß, durch den die Mathematik für die mechanische Verarbeitung vorbereitet wird." - *Erfahrung Mathematik*, l. c., pp. 142, 138.

[539] Manfred Eigen/Peter Schuster: *The Hypercycle: A Principle of Natural Selforganization*, Berlin et al.: Springer, 1979.

eigneter Bedingungen einem *telos* vage vergleichbare Vorzugsdispositionen einzusetzen, sind nur der undurchschaute Versuch, in das Modell, das die Antwort auf eine Frage ist, Elemente einzubringen, die Antwort auf eine andere als die gestellte möglich machen sollen. Die vollständige modellhafte Rekonstruktion einer typischen Situation der Entstehung von belebter organischer Materie kann aber die Frage nicht beantworten, was Leben sei – weil sie eine zu dieser komplementäre beantwortet, sie also sinngemäß ausschließt. Verschärft man die Trennung zwischen beiden Fragetypen auf diese Weise, wird deutlich, welche Leistungskraft eine Konzeption der *absoluten Metapher* hat. Sie bezeichnet die präzise Eingrenzung eines Problems und den Umriß einer orientierenden Antwort. Auf unser Beispiel angewandt, legt sie nahe, nach Aufklärung der wesentlichen Bedingungen für die Entstehung von Leben die Antwort auf die Frage, was dieses sei, nur noch in der Form *Leben ist X* zu erwarten, und für *X* keine referentielle Bezeichnung der Elemente oder ihres Zusammenhangs anzunehmen, die zu den Bedingungen der Entstehung zu zählen waren. Dies wäre nur eine Antwort vom Typus der 'reduktionistischen'. Denken wir uns diese Antwort als die jetzt letztmögliche, jetzt letztgültige, wird begreiflich, daß *X* eine Metapher sein wird. Daß auch Newton innerhalb der einmal für gültig angenommenen Bedingungen rationaler Erklärung keine Bestimmung des *X* im Satz *Gravitation ist X* zu finden vermochte, könnte sich als Indiz dafür erweisen, daß es immer eine absolute Metapher sein muß.

Es bedarf nur eines Seitenblicks auf Hegels Verfahren, mit dem er den Satz *Das Absolute ist X* einsetzt, um dem Rezipienten zu demonstrieren, was man mit dem Prädizieren in einem solchen 'letztmöglichen' Satz auslöst, um zu ahnen, welches theoretische Potential hier erkannt ist. Jede systematisch intendierte Gesamtheit von detaillierten Aussagen ist auf eine 'das Wesentliche' bündelnde hin konstruiert, so daß keine gänzlich beruhigende empiristische Theorie der Verallgemeinerung dem Schicksal entgeht, das logische Resultat des Verallgemeinerns in einem Satz beschlossen zu finden, der das Erfahrene überschreitet, ohne eine nachweisbare Deckung im Seinsbestand zu seinem Rückhalt zu haben. Die sichere Führung durch Empirie versagt in dem Augenblick, in dem die Früchte der Forschung reif geworden sind. Das Fazit aus den Belegen eröffnet einen unabgemessenen Raum unzähliger Beweispflichten.

In Günthers Stellenwertlogik ist etwas wie das logische Skelett dieses in der Zeit ablaufenden Vorgangs skizziert; mit der zusätzlichen Aufmerksamkeit auf den Umstand, daß das X des Prädikats an jedem Umschlagpunkt einer solchen je letztgültigen, d. i. einen Horizont abschließenden und einen neuen eröffnenden, Antwort immer wieder neu eingesetzt werden kann – seine Bedeutung verändert sich unweigerlich mit jeder Horizontüberschreitung. Wie wenig diese Skizze zu einer eigentlichen Antwort auf das interessierende *Wie* des Vorgangs auch beitragen mag, ist sie doch ein Beleg dafür, wie gut dieser sich so oft übereilende Autor vielleicht nicht sein intellektuelles Vorbild, aber dessen Problembewußtsein erfaßt hat. An diesem Punkt wird deutlich, mit welchem Recht man die Untersuchung über die Zulässigkeit *synthetischer Urteile a priori* mit dem Verfahren, das die „Wissenschaft der Logik" *in extenso* demonstriert, in einem Terminus verklammern kann, um von der *transzendental-dialektischen Methode* zu sprechen. Die Unterscheidung semantischer von kausaler Genese bliebe innerhalb dieses Vorschlags einer allgemeinen Evolutionstheorie noch zu leisten.

Daß der Mangel der Stellenwertlogik darin liege, *noch auf die Linearität des Logozentrismus beschränkt* zu sein, wie es Günthers Schüler Rudolf Kaehr formuliert[540], ist eine etwas bemühte Anstrengung, die bildhaften Potenzen der Argumente Derridas mit Günthers Logik-Konzept zu verknüpfen. Wenn 'Logozentrismus' die Dominanz definierter Zeichen-Bedeutungs-Zuordnungen und darauf ruhender mathematisierter Wissenschaftsrationalität ist, wird mit dem Stichwort *Linearität* kaum ein recht verständlicher Inhalt ausgesagt. Die anschauliche Linearität ist in den mit klassischen Methoden schon lange durchführbaren Koordinatentransformationen[541], die etwa lineare Maßskalen auf logarithmische abbilden können oder

---

[540] Sandrina Khaled: *Über Todesstruktur, Maschine und Kenogrammatik. Ein Gespräch mit Rudolf Kaehr*, in: *Spuren in Kunst und Gesellschaft*, H. 38, 1991, l. c., pp. 47-53.

[541] Sie sind derart selbstverständlich, daß sie in Handbüchern für Ingenieure in Formelsammlungen und Berechnungsanweisungen 'technisch' verfügbar gemacht sind. – Cf. das in Ost- und Westeuropa verbreitete *Taschenbuch der Mathematik* von Bronstein/Semendjajew, Leipzig: Teubner, [21]1983, Moskau: Nauka, [24]1989, Thun: Deutsch, [2]1995.

kartesische rechtwinklige Koordinaten auf beliebige modellierbar krummlinige, längst nicht mehr als ein Spezialfall möglicher Koordinatenskalen. Sollte mit Linearität aber vage assoziiert sein, daß nicht Koordinatensysteme, sondern Funktionswertverläufe nichtlinear seien, ist auch dies ein Feld, das seit langem und noch immer mit klassischer Mathematik – Algebra, Analysis, mathematische Topologie – bestellt wird. Lineares oder an Linearität orientiertes Denken zu kritisieren hieße also nicht, Logozentrismus als die Dominanz mathematisierter Verfahren und Modelle zu kritisieren, sondern eher einen Typus von Alltagsbewußtsein, der sich unter dem Einfluß rationalisierter Lebensführung und der Einwanderung von Bildern aus den Naturwissenschaften ausgebildet hat. Avanciertester Logozentrismus, mathematische Naturwissenschaft, denkt mit wahrheits- oder mindestens beweisdefiniter Mathematik schon längst 'nichtlinear'. Daß die Argumente Derridas an die idiosynkratische These gebunden waren, lineares Denken sei das durch Buchstabenschrift geprägte, ist eben im Blick auf die mathematische Darstellungsform als problematisch erkennbar. Die intellektuelle Produktionsweise ist von den, Rezeption ermöglichenden, Mitteln der Darstellung ihrer Resultate nicht eindeutig bestimmt.[542]

Allerdings vermag unsere didaktische Illustration auf den besonderen Aspekt aufmerksam zu machen, den eine nicht-Aristotelische Logik einer gewissermaßen nicht statischen Definitheit von Bedeutungen und Aussagebewertungen zu erfassen hat: soll sie die Dynamik der Bedeutungsverschiebungen zu beschreiben geeignet sein, muß sie die Kontextabhängigkeit von Bedeutungen und Wertzuordnungen modellieren. Die besondere Form, in der Günther hier systematische Mittel zu finden versucht, läßt vermuten, daß der Vorschlag Eduard Sprangers und das Vorbild Heinrich Rickerts[543] bei dem Versuch, einer bestimmten Konstellation oder einem Kontext

---

[542] Daß in Derridas Abweisung der disziplinierten Reihung darstellender Rede emanzipatorische Potenzen liegen, wird damit nicht verneint. Bezweifelt wird, daß die Entfaltung eines neuen, leiblich zentrierten, also räumlichen, daher Gleichzeitigkeit von Signalen wahrnehmenden Präsenzbewußtseins mit Güntherschen Figuren angemessen symbolisiert werden kann.

[543] Spranger, *Lebensformen*, l. c.; praec. pp. 280-287, 312-316, 357 sq., 393-397; Rickert, *Die Erkenntnis der intelligiblen Welt und das Problem der Metaphysik*, t. I in: *Logos*, H. 16, 1927, Tübingen: Mohr, pp. 162-203; t. II in: *Logos*, H. 18, 1929, l. c., pp. 36-82.

einen *geltenden Wert* zuzuordnen, um ein System der kulturellen Teilwelten methodisch geregelt rekonstruieren zu können, bei diesem Schüler beider unmittelbar auf die mit der mathematischen Algebra gegebene Deutung von Variable und Wertbelegung reduziert wird[544]. Daß hier jemals mehr zu leisten wäre als die arithmetische Reihenordnung des Abzählens oder aber die Übersetzung algebraischer Operationen in Lageänderungen, ist dabei allerdings nicht auszumachen.

Es gab andere Versuche, topologische Logiken zu konstruieren, etwa den Nicolas Reschers[545], dessen Bemühen als Dokument einer Problemsensibilität gewürdigt werden kann, pragmatistischen und relativistischen Prämissen innewohnende Tendenzen zu arbiträren Folgerungen zu korrigieren. Ein mit quasi-mathematischen Operationen modellierter Übergang von einer Position auf eine andere sollte hier wohl sichern, daß in verschiedenen Kontexten relativ-wahre Aussagen nach Regeln zueinander in Beziehung gesetzt werden können. Geleistet wird dies aber durch nicht mehr als einen parametrisierten Operator, der den Kontextbezug einer Aussageform durch einen Index syntaktisch repräsentiert[546]. Daß damit mehr zu leisten wäre als eine notationell disziplinierte Schematisierung von zuvor bereits unterstellten Relationengefügen, ist jedoch nicht zu erkennen – und würde, läge es vor, Grund zur Verwunderung sein, denn die Nutzung von Beziehungen zwischen logische Elementen für kalkülartige Disziplinierung setzt immer voraus, daß diese Beziehungen bekannt sind. Mehr als eine in formale Notation umgesetzte Deskription ist hier nicht zu leisten. Daß der eigenen Intellektualpraxis bewußte Mathematiker Klarheit darüber haben können, daß formale Notationen nach der tatsächlichen Arbeit an mathematischen Strukturen einzusetzen und daher nicht mehr als die Vorbereitung zur automatischen Verarbeitung sind, war bereits zitiert. Die Darstellung in Positionssystemen oder durch Indizierung muß daher die Fragestellung völlig verfehlen, denn als die Antwort, wie zu rekonstruieren sei, daß ein menschlicher Intellekt, in der Bewegung innerhalb der

---

[544] So daß dann beliebige Prädikate - *rot, empfindsam, verwerflich* etc. - genau so als Wertbelegungen für Variablen gedacht werden können, wie die der Prädikate *wahr* und *falsch* in der mathematischen Logik verwendet sind.

[545] *Topological Logic*, in: id., *Topics in Philosophical Logic*, Dordrecht: Reidel, 1968. - pp. 229-249.

[546] ibid., p. 229.

Begriffsnetze eines spezifischen symbolischen Feldes geprägt, dennoch imstande ist, in nach anderen Prinzipien von Realitätszurichtung organisierte Felder zu transzendieren, wird die bildliche Darstellung als quasi-topologische Transposition kaum zureichend sein. Sie ist weit eher geeignet, die Frage durch eine Scheinlösung stillzustellen, da sie den Inhalt, nach dessen spezifischer Bestimmtheit gefragt wurde, nur im Medium der Anschaulichkeit wiederholt, ohne einer Erhellung einen Schritt näher zu kommen.

Auch Carl G. Hempel entwarf 1936 eine topologische Logik, mußte aber auf Nachfrage eingestehen, daß er über den möglichen Nutzen keine Aussage zu machen imstande sei[547]. Damit läge hier der wissenschaftlich undankbare Fall vor, eine Antwort gegeben zu haben, zu der die Frage nicht zu identifizieren ist und an ihr auch keine Ausstrahlung auf mögliche fruchtbare, doch unerwartete Anwendungen bemerken zu können. Mathematische Konstruktionsarbeit verläuft wohl zu einem relevanten Teil entlang eines gewissen Tendenzvektors der ihr nötigen Fertigkeiten, so daß kreative Mathematiker in der Überzeugung leben und arbeiten können, sie sei ein Spiel[548]. Für unser, für Günthers Problem der Aufklärung von wirklichen oder möglichen Kommunikations- oder Korrespondenzbeziehungen zwischen kulturellen Konstellationen aber trägt die Modellierung von Verschiebungs-Operationen nichts Erhellendes bei. Sie nährt nur die Ahnung, daß solchen Versuchen die Vermutung zugrundeliege, definierte Relationen und Operationen nach dem Muster der mathematischen stellten Ordnungen dar, welche die zeugende Arbeit des Begriffs beiläufig überholen könnten, da in ihnen immer schon entdeckt sei, was im vage gleitenden Medium von sprachlich explizierbaren systematischen Begriffen nur ungenau zu umspielen wäre. Daß die damit implizit vertretene platonisierende Metaphysik auch nur als heuristische Präsupposition akzeptiert werden könnte, ist durch die

---

[547] *Eine rein topologische Form nichtaristotelischer Logik*, in: *Erkenntnis*, H. 6, 1936, Reprint, Amsterdam: Swets/Zeitlinger, 1967; pp. 436-442. - Ausführliche Fassung: *A purely Topological Form of Non-Aristotelian Logic*, in: *Journal of Symbolic Logic*, H. 2/3, 1937; pp. 37-112.

[548] Davis und Hersh zitieren in *Erfahrung Mathematik*, l. c., p. 85, G. H. Hardy (1877-1947): „Ich habe nie etwas gemacht, das 'nützlich' gewesen wäre .. Ich habe mitgeholfen, andere Mathematiker auszubilden, aber Mathematiker von derselben Art, wie ich einer bin und ihre Arbeit war, zumindest soweit ich sie dabei unterstützt habe, so nutzlos wie meine eigene."

wenig erhellenden Ergebnisse mathematikähnlicher Konstruktion außerhalb der Mathematik bisher nicht recht plausibel gemacht, nicht von Hempel, noch von Rescher – auch nicht von Günther.[549]

Kontextwertlogik

Die Stellenwertlogik macht exemplarisch sichtbar, daß die transklassische Logik nicht nur in ihrem Funktionssinn, sondern auch in ihrer Funktionsweise eine mehr*stellige* Logik[550] sein soll und das Epitheton *mehrwertig* geeignet ist, diesen entscheidenden Aspekt zu verdunkeln. Daß auch die Orientierung ihres Autors hier gestört wird, zeigt sich bei der Konstruktion einer von ihm so genannten *Kontextwertlogik*.[551]

Der erste identifizierbare Entwurf eines solchen Modells folgt der Annahme, daß eine jede identifizierbare Konstellation einen Geltungsrahmen für definite *wahr-falsch*-Unterscheidungen bilde. Innerhalb eines solchen logisch homogenen Plateaus für symbolisch induzierte und orientierte Identifizierungs- und Verständigungshandlungen sei es selbstverständlich, für das empirische Bewußtsein die Überschreitung der zweiwertigen Logik auszuschließen. *Es wäre ein Irrtum anzunehmen, daß eine drei- oder generell n-wertige Erlebnisstruktur sich jemals in einem individuellen Bewußtsein entwickeln*

---

[549] Eine ökonomische und elegante Fassung der Formalisierung des verwandten Problems sog. *intensionaler Kontexte* gaben Wessel und Wuttich, indem sie sich auf die syntaktische Auflösung beschränkten und die *quaternio terminorum*, die an allen der von ihnen diskutierten Beispiele zu diagnostizieren war, durch einfache Indizierung beseitigten. - Horst Wessel: *Wider den Mythos intensionaler Kontexte*, in: G. Meggle, A. Mundt ed., *Analyomen 2*, Berlin, New York: de Gruyter, 1997; vol. I, pp. 163-173. Klaus Wuttich: *Intensional genannte Kontexte*, ibid., pp. 174-182.

[550] Günther bekräftigt das implizit, wenn er später den Terminus *Ortswert* vorschlägt, um seine Argumente vom verbreiteten metaphorischen Gebrauch des Terminus *Stellenwert* absetzen zu können; cf. *Das Janusgesicht der Dialektik*, in: *Beiträge II*, l. c., p. 315, Fn. - Bezeichnend ist auch die Erläuterung, Objekte der Bezugnahme würden 'amphibolisch' und die Dichotomie von *Form* und *Stoff* gelte nicht mehr in n-wertigen Systemen mit Wertzahl $n>2$ (*The Tradition of Logic and the Concept of a Trans-classical Rationality*, in: *Beiträge II*, l. c., pp. 116-122, praec. p. 118.). Grund dafür ist aber nicht die Wertzahl, sondern die systematisch zum Thema gemachte Unendlichkeit möglicher relationaler Perspektiven der Bezugnahme.

[551] *Strukturelle Minimalbedingungen einer Theorie des objektiven Geistes als Einheit der Geschichte*, in: *Beiträge III*, l. c., pp. 136-182. - praec. pp. 171 sqq.

könnte, daß wir es also eines Tages mit logischen Übermenschen zu tun bekämen, für die die zweiwertige Struktur jedes faktischen Denkaktes aufgehoben wäre.[552] Die Beschränkung der die Homogeneität eines symbolischen Handlungsrahmens organisierenden Kriterien auf die wahrheitsdefiniten enthält eine Voraussetzung, die dem Einsatz allerdings manches von seiner Überzeugungskraft nimmt und nicht nur der Vorstellungskraft, sondern auch einem der Pluralität der Organisationsprinzipien symbolischer Rahmen inneseienden Verständnis einiges zumutet. Sollten die Verfahren der transklassischen Logik nicht nur den intellektuellen 'Übergang' von Aussagesystemen, etwa der mathematischen Physik zur mathematischen Linguistik usf. modellieren, wären sie für den Anspruch entworfen, auch den Abstand der wissenschaftlichen von der ästhetischen Objektbildung, beider von der leiblich-physiognomischen der intimen Kommunikation etc. zu überbrücken. Einzig der wissenschaftlichen läßt sich jedoch mit guten Gründen das Kriterium der Wahrheitsdefinitheit von Aussagen als Normativ zuordnen; daß aber Raumgestaltung, Kleidermode und Kunstproduktion, oder die Kommunikation in intimer Partnerschaft durch verallgemeinerungsfähige Ansprüche logischer Geltung konstituiert ist, wird sich kaum plausibel machen lassen.[553] Den Güntherschen Einsatz in der mit seiner Problemsichtigkeit dokumentierten Allgemeinheit anzuerkennen, verlangt daher, die Wendungen, mit denen die transklassische Logik als System verteilter logischer Ebenen oder Kontexte vorgestellt wird, *cum grano salis* zu nehmen und hier die reduzierte Fassung der problemadäquaten Konstruktion zu vermuten, zueinander inkommensurable Organisationsprinzipien von Ordnungsschemata des Wirklichen in systema-

---

[552] *Die aristotelische Logik des Seins und die nicht-aristotelische Logik der Reflexion*, in: *Beiträge I*, p. 174.

[553] Folgerichtig muß bei dem Versuch, die Einheit der Vernunft über den zueinander disparaten symbolischen Sphären nach logisch-grammatischen Kriterien rekonstruieren zu wollen, die in Rezeption und Produktion nach je bestimmten Ordnungsprinzipien erfolgende Wirklichkeitskonstitution durch das Reden über diese Konstitution ersetzt werden; wie z. B. die ästhetische Wirklichkeitskonstitution durch die „ästhetische Kritik" bei Jürgen Habermas, *Theorie des kommunikativen Handelns*, l. c., p. 41 sq. - Er ist dann allerdings auch so konsequent, die friedliche Vermittlung von Konflikten zwischen partialen Wertorientierungen tatsächlich dem „zwanglosen Zwang des besseren Arguments" anzuvertrauen. Aber auch dieses wird eine Aussage über etwas sein, das nicht sie selbst ist.

tische Beziehung zu setzen. Dann wird die Ankündigung durchsichtig, mehrwertige Systeme trügen *dem bisher nicht genügend gewürdigten Umstand Rechnung, daß wir ein und dieselbe zweiwertige Logik auf verschiedenen Bewußtsseinsstufen anwenden können und daß diese verschiedenen Anwendungen nicht isolierte Phänomene sind, sondern in gegenseitiger Abhängigkeit sich befinden. Eine mehrwertige Logik beschreibt ein solches Abhängigkeitssystem der möglichen Stellenwerte, die die klassische Logik in dem Reflexionssystem unseres Bewußtseins einnehmen kann*[554]: Nicht verschiedene intelligible 'Lagen' ein und derselben klassischen Logik, sondern die Vielheit von Typen der Gegenstandsbildung überhaupt ist hier Thema.[555]

Bereits im zitierten Aufsatz zur Stellenwertlogik findet sich eine Variante, bei der jeder Stelle eine aus je zwei möglichen Wertbelegungen zugeordnet werden kann, ohne daß beide auf allen Stellen zugelassen sind.[556] Die erwartbare Fassung wäre, kriterial inkommensurablen Kontexten auch logisch disjunkte Wertemengen zuzuordnen, etwa: $K_1 = \{1,2\}$, $K_2 = \{a,b\}$, $K_3 = \{\gamma, \delta\}$. Daß damit aber nicht mehr gewonnen wäre als eine andere Darstellungsform für das noch immer unbewältigte Problem, inkommensurable Wertunterscheidungen wie *wahr/falsch*, *schön/häßlich*, *effektiv/ineffektiv* syntaktisch formal zu konstruieren, machte diese algebraische Repräsentation überflüssig. Günther muß nach einer anderen Lösung suchen. Er schlägt nun vor, Wertemengen wie $W_1=\{1,2\}$, $W_2=\{2,3\}$, $W_3=\{3,1\}$ einzusetzen.[557] Damit wird aber sogleich die Frage dringlich, was die Verwendung gleicher Zeichen in verschiedenen Kontexten zu bedeuten habe, da die Abbildungsvorschrift des Positionssystems offenkundig ausfällt. Soll, wie Günther nahelegt, dasjenige Zeichen, das im

---

[554] *Die aristotelische Logik des Seins*, ibid.

[555] In dieser Übersetzung wird zugleich deutlich, daß die Gefahr nahe ist, zwar die abstraktallgemeinen Hypostasierungen nach dem Muster einer 'Subjektivität-überhaupt' jenseits aller empirischen abzuweisen, in Gestalt *der* Klassischen Logik jedoch wieder einzuführen - oder aber der Kritik an ersterer den Boden zu entziehen, da erst noch zu beweisen wäre, daß der Terminus für Kant so sehr Name einer Substanz war, wie es 'Klassische Logik' in der eigenen Verwendung nicht ist.

[556] *Die aristotelische Logik des Seins*, l. c., pp. 185-188.

[557] ibid., pp. 186 sq. - *Analog-Prinzip, Digital-Maschine und Mehrwertigkeit*, in: *Beiträge II*, l. c., pp. 123-133; praec. pp. 126 sqq. - *Cognition and Volition*, l. c., pp. 229 sqq.

ersten Kontext *wahr* repräsentiert, im zweiten für *falsch* stehen? Sollten also bei der naheliegenden Interpretation der verschiedenen Kontexte als besonderer Aussagensysteme genau die Aussagen, die im ersten Kontext wahr sind, im zweiten falsch sein? Es wird nicht unmöglich sein, eine solche Konstellation zu konstruieren, aber daß hier mehr als ein exotischer Fall vorläge, den in der empirischen Kulturpraxis auch nur zu finden man sich mühen müßte, wäre kaum plausibel zu machen. Daß mit diesem Modell der Grundriß einer allgemeinen systematischen Rekonstruktion wertkriterialer Pluralität gegeben sein könnte, erweist sich schon hierin als trügerische Hoffnung[558], viel mehr noch, wenn die Voraussetzungen und Konsequenzen der Entscheidung erschlossen werden.

Die Verengung wird durch das Bewußtsein induziert, daß die Beziehungen zwischen kriterial disparaten Kontexten nur dann operational verfügbar gemacht werden können, wenn man eine konstruierende Vorschrift für ihre systematische Erzeugung definiert. Günther entscheidet sich nun, Mehrwertigkeit als *principium* der Konstruktion zu unterstellen, da er meint, diese als einen Teil der Reihe Natürlicher Zahlen deuten zu dürfen. Er merkt ausdrücklich an, daß er schon die 'Folge' logischer Werte einer zweielementigen Booleschen Algebra, etwa *0* und *1*, als Rudiment einer solchen Reihe ansieht.[559] Boole hatte sich aber, als er seine revolutionierenden Vorschläge zur Darstellung logischer Operationen machte, nur an die eingeführte Notation der Arithmetik gehalten. Systematisch bedeutsam war das nicht: da die Wertzeichen frei gewählt sind, wären statt *0* und *1* auch α und β oder beliebig andere geeignet. Entscheidend für ihren Sinn ist allein die Definition der Operationen auf der Trägermenge, die mit ihnen durchgeführt werden sollen. Daß diese je nach Interpretation nicht nur Addition und Subtraktion, sondern auch mengenlogische sein können, zeigt, daß nicht einmal Zahlentheorie zu Grunde liegt, sondern Gruppentheorie[560]. Die möglichen Wertbelegungen von Variablen auf logischen Örtern in einer Vorgänger-Nachfolger-Bezie-

---

[558] Zu ähnlichem Resultat gelangte schon Ernst Kotzmann; cf. *Einige Fragen zum logischen Ansatz Gotthard Günthers*, in: E. Kotzmann ed., *Technik, Logik, Technologie*, l. c., pp. 127-143, praec. p. 138.

[559] E. g. *Many-valued Designations and a Hierarchy of First Order Ontologies*, in: *Beiträge II*, l. c., pp. 149-156; praec. p. 150. - *Cybernetic Ontology and Transjunctional Operations*, in: *Beiträge I*, l. c., pp. 279 sq.

hung nach dem Vorbild der Natürlichen Zahlen zu ordnen, ist so nicht systematisch begründbar. Zudem wäre damit, selbst wenn es gelänge, nur eine Scheinlösung des zentralen Problems präsentiert, denn dann wäre nicht eine Beziehung der verschiedenen *Stellen*, sondern eine von diesen systematisch unabhängige unter ihren möglichen Wertbelegungen konstruiert. Die Entscheidung führt zum Widerspruch mit dem leitenden Gedanken, der den analogisch-heuristischen Gebrauch des Positionssystems der Zahlen begründet hatte. Die Abhängigkeit des durch ein und dieselbe Ziffer repräsentierten Zahlwerts von der Position mit einer Reihenkonstruktion der Natürlichen Zahlen, etwa den Peanoschen Axiomen, zu beschreiben, ist unmöglich[561].

War die Lage in einem Stellensystem nicht durch Indizierung syntaktisch repräsentiert, mußte ein anderes Mittel gefunden werden, zu bezeichnen, wie sich ein Bedeutungswert durch Platzwechsel des Zeichens veränderte. Günther hofft nun, eine Anleihe bei Platons Begriff der αόριστος δυας, der *unbestimmten Zweiheit*, aufnehmen zu können, um die Aufgabe zu lösen. Mit ihm soll sich der Weg öffnen, das doppelte Vorkommen der Zahl *2*, sowohl in *{1,2}* als auch in *{2,3}*, systematisch zu konstruieren: *Hinter dieser Idee verbirgt sich nämlich die Ahnung, daß Zahlen genau wie andere Produkte des Geistes mehrdeutig sein können. Und diese Mehrdeutigkeit beginnt mit der Zahl 2.*[562] Daß der Terminus bei Platon nur maßfreie Grade und Komparationen bezeichnet[563], wird dabei aber unterschlagen: der Rekurs fingiert seinen Bezug. Die Vermutung, daß hier für eine durch unzureichende Problemauflösung entstandene Zweideutigkeit die Berufung auf ein anerkanntes Dokument der Philosophiegeschichte theoretische Deckung verschaffen sollte, ist schwer von der Hand zu

---

[560] Cf. etwa Peter Schreiber, *Grundlagen der Mathematik*, Berlin: Dt. Verl. d. Wiss., 1977. - pp. 217 sq.

[561] Cf. das oben zur Stellenwertlogik Gesagte.

[562] *Selbstdarstellung*, l. c., p. 73. - In *Das Rätsel des Seins* noch ganz pythagoreisch gefaßt: alle Zahlen sind mehrdeutig (sc. wenn sie magisch gedeutet werden); *Beiträge II*, l. c., pp. 171-180, praec. pp. 175 sq.

[563] *sehr warm/wenig warm* bzw. *wärmer/kälter* etc. - *Philebos*, 24 sqq., *Politikos*, 287c sqq.; Gernot Böhme, *Platons theoretische Philosophie*, Stuttgart, Weimar: Metzler, 2000, pp. 13, 153 sq., 153-156; Johannes Hirschberger, *Geschichte der Philosophie I*, l. c., p. 112; Paul Natorp, *Platos Ideenlehre*, Hamburg: Meiner, 1994, pp. 321 sq.

weisen. Dennoch liegt im Terminus ein Bezug auf das echte Problem vor, den die wie immer erregend treffsichere Intuition dieses Autors aufzuspüren geeignet war. Fumiyasu Ishikawa hat gelegentlich seiner Untersuchung zu „Kants Denken von einem Dritten" plausibel machen können, daß *unendliches Urteil* ein Terminus ist, dessen Sinn schon Lambert, Ploucquet und Kant dunkel war – und sein mußte, da er einer Übersetzung der Aristotelischen Prägung ὄνομα ἀόριστον als *nomen infinitum* statt *nomen indefinitum* entstammte.[564] Urteile mit Negativ-Termini wie *Nicht-Mensch* oder *Unsterblichkeit* wurden daher *propositio infinita* genannt und so ins Deutsche übersetzt.

Günthers Hoffnung, mit Platons *terminus technicus* mindestens eine Fixierung des erreichten Standes der Problemaufhellung zu gewinnen, führt daher nicht ohne Sinn zum 'unendlichen' oder *limitativen* Urteil, dessen vielversprechende Nähe zu tentativ erkundenden Behauptungen schon einmal zu untersuchen war.[565] Zugleich ist zu erkennen, daß auch die Kontextwertlogik nur das Problem in schematischer Darstellung zu wiederholen geeignet ist, ohne einem Fortschritt in der Sache näherzukommen. Die formal-syntaktische Darstellung hätte hier zu beschreiben, wie sich der nach und nach limitierende Ausgriff auf ein noch unbestimmt geahntes symbolisches *novum* zu einem kommunikativ identifizierbaren Thema formt: wie aus einer Serie von negativ ausgrenzenden Bestimmungen nach und nach ein positiv bestimmtes Etwas entsteht. Hier aber ist schon gegeben, was erst entdeckt werden sollte: Wert *2* in *{2,3}*.[566]

---

[564] Der Übersetzer war Boethius, wie Ishikawa l. c. nachweist. - pp. 50 sq.

[565] pp. 188 sq. dieser Arbeit.

[566] In Nicolai Hartmanns Erkenntnistheorie ist dieser Weg ebenso knapp skizziert und was an aufklärbaren Vorgängen zu identifizieren wäre, in der kurzen Formel beschlossen, daß sich ein negativ abgegrenztes Etwas *per se* als positiv begreifen lasse. Es mutet wie ein logischer Dezisionismus an, sich bei dem, was nur durch unendliche Reihen von Abdikationen erläutert werden könnte, als etwas schlicht Positivem zu bescheiden, als sei es ein unerheblicher Unterschied, auf die Frage, was etwas sei, nicht eine, sondern viele Antworten zu geben und dabei mit jeder einzelnen nur zu sagen, was es nicht sei. Die Gelassenheit, sich für den Weg, auf dem mit dem logischen Mittel der Negation etwas gesetzt wird, nicht im Detail zu interessieren, wird für Hartmann wohl durch die realistische Ontologie ermöglicht. Hier muß man nicht befürchten, daß der Begriff etwas entdeckt, das bisher noch nicht zum Sein gehörte. - Günthers Insistenz, das *nirvana* in den mentalen Haushalt der Europäer zu importieren, bezeichnet dagegen die konträre Möglichkeit. Daß es mit der Übernahme nicht sein Bewenden haben soll, bezeugt der Aufwand an Theoriebildung. Ihre mit dem antiplatonistischen Gleichnis der *frontier*-Erfahrung populär ausge-

Daß nun für Günther eine Zahl *n* eine *n*-fache Unentschiedenheit *verkörpert*, ist klares Indiz der Hoffnung, man könne mit arithmetischen Zahlen arbeiten, dabei aber zugleich einen qualitativ-magischen Zahlbegriff unterschieben[567] – ein Verfahren, das Bemühungen um eine streng eindeutige Formalisierung prinzipiell zuwiderlaufen muß. Die Behauptung, im Zählen bis *2* sei unentschieden, ob wir innerhalb einer Zahlenreihe fortzählten, oder 'seitwärts' auf eine neue Zahlenreihe wechselten[568], ist ein etwas unbeholfener Versuch, der widersprüchlichen Annahme, im ersten wie im zweiten Kontext sei ein und dasselbe Wertzeichen *2* verwendet und zugleich sei nicht entschieden, ob es dasselbe sei, eine plausible Konsequenz anzumessen. Tatsächlich verbirgt sich hier eine uneingestandene, weil theoriestrategisch unerwünschte Indizierung: *2 in {1,2}* unterschieden von *2 in {2,3}*. Gewiß soll dasselbe Zeichen auf verschiedenen logischen Orten Verschiedenes bedeuten, doch daß es zugleich 'nicht ganz' verschieden sein soll, kann mit dem Bezug auf *αόριστος δυας* nur zu erschleichen versucht werden; zudem inkonsequent, da erkennbar ist, daß nicht nur die Zahl *2* doppelt auftritt, sondern jede der drei verwendeten. Wie lautete das Argument für das zwiefache Auftreten der Zahl *1*, da doch tatsächlich angenommen werden muß, bleibt man dem hier unterstellten Prinzip der Zahldeutung treu, daß diese das *Symbol der Eindeutigkeit* sei?[569] - Es zeigt sich, daß die tatsächlich interessierende intellektuelle Leistung, die das 'Hinausreflektieren' aus einem gegebenen Bedeutungsrahmen und die Modifikation der Bedeutung eines gegebenes Zeichen ermöglicht, jenseits der angestrebten Formalisierung bleibt und nun durch die Hintertür magischer Zahlenspekulation eingeführt werden muß. Der einzig zu rechtfertigende Lösungsweg begänne damit, die unentschlossen angedeuteten Überschneidungen der logischen Orte aufzugeben – wie es die konsequente Entfaltung der im Anschluß an das Positionssystem der Zahlen erkennbaren konstruktiven Intuition auch verlangt hätte – und so den Schein des Zusammenhangs der logischen Werte

---

sprochene Orientierung aber droht hier aus Mangel an konstruktiven Mitteln wirkungslos zu bleiben.
[567] Cf. Ernst Cassirer, *Philosophie der symbolischen Formen II*, l. c., pp. 171 sq.
[568] *Selbstdarstellung*, l. sub 562) c., ibid.
[569] ibid.

als Vorgänger-Nachfolger-Reihe über die Stellen hinweg gänzlich zu beseitigen. Damit träte das Problem des Übergangs von einer Stelle zur anderen, das in der Überschneidung bereits als gelöst unterstellt worden war, erst völlig deutlich zutage – als noch immer unbewältigtes.[570]

So ist der Autor folgerichtig zu einer erneuten Verwandlung des Lösungsansatzes genötigt. Wird eine absolute Lageordnung in einem Stellensystem ebenso ausgeschlossen wie eine relative Unterscheidung mittels herkömmlicher Indizierung, bliebe als Unterscheidungsmerkmal für verschiedene logische Örter noch die unterscheidbare charakteristische Menge möglicher Wertbelegungen. Damit wäre ein Stellensystem konstruierbar, das nicht nach dem Vorbild des Positionssystems der Zahlendarstellung, sondern nach mengenlogischen Differenzkriterien konstituiert wäre. Ungelöst bliebe dabei aber die Aufgabe, eine aktuale Wertbelegung in ihrer stellenabhängigen Wertmodifikation identifizierbar zu machen. Günther hofft offenbar, mit dem vagen Verweis auf den magisch-qualitativen Zahlbegriff diese Aufgabe bereits endgültig gefaßt zu haben, denn er konzentriert sich nun auf kombinatorische Modelle, in der Hoffnung, die Beziehungen zwischen den Mengen möglicher Wertbelegungen als mathematische Abbildung konstruieren zu können. So werden die Wertemengen *{1,2}*, *{2,3}*, *{3,1}* als mathematische Kombinationen aus den Elementen der Menge *{1,2,3}* eingeführt.[571] Dabei tritt allerdings nur eine Variante der verkehrten Lösung zutage, nach der die Reihe der Natürlichen Zahlen eingesetzt war: die Werte, die auf verschiedenen logischen Stellen auftreten können, sind alle Element ein und derselben Menge. Sie sind durch ihre Zugehörigkeit zu einer Menge *M* präzise definiert, was mit einem Prädikat *ist Element von M* ausgesagt wird. Aus einer Menge dreier Elemente $M = \{A,\beta,c\}$ in freier

---

[570] Ernst Kotzmann hat, der Anregung Rudolf Kaehrs folgend, eine *Kontextlogik* konstruiert, in der die Werte als Repräsentanten paarweise disjunkter Mengen ungeordneter Paare definiert sind. Es gelang ihm, sowohl die Negation auf einer Menge als auch die sog. Transjunktionen, die Abildungen aus einer Menge in eine andere, zu konstruieren: mit herkömmlichen mathematischen Mitteln. - Cf. id.: *Zur Formalisierung der Güntherschen Logik*, in: Lars Clausen et al. ed., *Transklassische Logik und neue disziplinäre wie interdisziplinäre Ansätze*, München, Wien: Profil, 1997; pp. 85-99.

[571] *Analog-Prinzip, Digital-Maschine und Mehrwertigkeit*, in: *Beiträge II*, l. c., pp. 123-133; praec. pp. 126 sqq. - *Die aristotelische Logik des Seins und die nicht-Aristotelische Logik der Reflexion*, in: *Beiträge I*, l. c., pp. 141-188; praec. pp. 168-171, 175, 185-188.

Auswahl die Kombinationen $M_1 = \{A,\beta\}$, $M_2 = \{\beta,c\}$ und $M_3 = \{A,c\}$ zu bilden, ändert daran nichts und erbringt auch keine systematisch rekonstruierbare Abbildung etwa von M_1 auf M_3, da das Prädikat *ist Element von M_1* sowohl vom Prädikat *ist Element von M* wie vom Prädikat *ist Element von M_3* logisch unabhängig bliebe. Es gibt keine erzeugende Abbildung von M auf M_1, weil diese durch eine willkürliche Wahl entsteht, keinesfalls durch etwas wie eine semantische Autogenese, die sich mit einer mathematischen Abbildung verwechseln ließe.

Morphogrammatik

Da die Bindung an das Positionssystem oder die Reihe der Natürlichen Zahlen die intendierte Problemlösung, ein allgemeines Modell der Verknüpfung semantisch und syntaktisch inkommensurabler Konstellationen zu entwickeln, verfehlen muß und nichts andere hervorzubringen geeignet ist, als verschiedene graphische Anordnungen syntaktischer Repräsentanten, bleibt eine Unruhe im Zentrum der Konzeption. Sie treibt schließlich Lösungsversuche hervor, die auf bisher undeutlich gebliebene theoriestrategische Antriebe verweisen.

Ein ihm selbst nicht völlig durchsichtiges Gespür scheint Günther das Unzulängliche der ersten Versuche angezeigt zu haben, denn er sucht sich von Zahlordnungen zu lösen, ohne aber klar erläutern zu können, daß dieser Entschluß dem Streben zu verdanken ist, der eisernen Klammer durch und durch klassischer, Aristotelischer Logik zu entkommen, was nicht gelingen kann, so lange an klassischer Arithmetik und Algebra angeknüpft wird. So gibt es einen Neueinsatz, der biographisch nicht als solcher erscheint und auch für Günther nicht als solcher gilt, es aber dennoch ist.[572] Die Darstellung der zweistelligen Operationen der Aussagenlogik in Tabellenform lenkt seine Aufmerksamkeit auf wiederkehrende Muster, die, bei geeigneter Anordnung, etwa die Funktionswertfolgen der Konjunktion

---

[572] Zum folgenden cf. Steffen Heise: *Analyse der Morphogrammatik von Gotthard Günther*, Klagenfurter Beiträge zur Technikdiskussion, ed. Arno Bammé et al., Heft 50, Klagenfurt: Institut für Interdisziplinäre Forschung und Fortbildung, o. J.

$$S_K = (0, 0, 0, 1)$$

und des Konjunktionsnegats

$$S_E = (1, 1, 1, 0)$$

gemeinsam haben[573]. Als gemeinsame Repräsentation solcher figürlich ähnlicher Funktionswertfolgen führt Günther eine Sequenz von sogenannten *Kenogrammen*[574] oder Leerzeichen ein:

$$S_{E/K} = (\blacktriangledown, \blacktriangledown, \blacktriangledown, \blacktriangle),$$

die anschaulich darstellen, was in üblicher algebraischer Notation als

$$S_{E/K} = (a, a, a, b)$$
$$\text{mit } a, b \in \{0, 1\} \text{ und } a \neq b$$

zu formulieren wäre. Er nennt solche Sequenzen *Morphogramme*.[575]

Eine mathematische Deutung ergibt, daß hier Äquivalenzklassen gebildet wurden, deren Elemente die Bedingung $S_E \equiv S_K$ darin erfüllen, Sequenzen mit bestimmten Mustern relativer Unterschiede, 'Binnendifferenzen' auf der Sequenz, zu sein. Es muß auffallen, daß diese Repräsentation nur deshalb unmittelbar sinnvoll zu erscheinen vermag, da sie aus den Funktionswertfolgen aus Wertetabellen gebildet wird.[576] Die Darstellung der Funktionswerte in einem kartesischen Koordinatensystem hätte eine überzeugungskräftige Begründung für dieselbe Äquivalenzklassenbildung erfordert und die algebraische Notation für die ganze Funktion, die Konjunktion als $S_K(a,b) = min(a,b)$ und ihr Negat als $S_E(a,b) = 1 - min(a,b)$, ebenso.[577]

---

[573] Daß die 'geeignete Anordnung' die um die Argumentwertepaare *((0,0), (1,0), (0,1), (1,1))* verkürzte Darstellung ist, wird noch zu erörtern sein.

[574] Cf. *Logik, Zeit, Emanation und Evolution*, l. sub 457) c., p. 109.

[575] ibid. - Zuerst geprägt in *Cybernetic Ontology*, l. c., p. 348, oder *Das metaphysische Problem einer Formalisierung*, l. c., p. 217. - Cf. Heise, *Analyse der Morphogrammatik*, l. c., pp. 34, 41 sqq.

[576] Heise stellt Details ausführlicher dar: *Analyse der Morphogrammatik*, l. c., pp. 29-33, 42-47, 70 sq., 86, 89.

[577] *min(a,b)* - die Funktion, deren Wert der kleinere aus *a-und-b* ist.

Günther legt über die Präferenz der reduzierten Tabellendarstellung keine Rechenschaft ab, so daß die Entscheidung dafür wohl anderen Kriterien als mathematischen zu verdanken sein muß. Daß hier immer zwei Funktionswertfolgen zusammengefaßt sind, deren eine die Negatfunktion der anderen ist, wird nicht zufällig an die Konfundierung von *Isomorphismus* und *Sein-Denken-Symmetrie* nach dem Vorbild Baers erinnern. So läßt sich hier jedes Morphogramm als Repräsentation einer Konstellation erläutern, in der 'Seinsebene' und 'Denkebene' isomorph zueinander konstruiert sein sollen – also nach Günthers Argumentation eine, in der sich die zweiwertige Aristotelische Logik niederschlägt. Dann wäre jedes Morphogramm Ort eines 'Systems' klassischer Logik. Da aber alle derart aus den Tabellen der zweistelligen Operatoren der Aussagenlogik bildbaren Morphogramme Repräsentationen ein und desselben 'Isomorphismus' wären, ohne daß Ortsindizes als distinktive Kriterien zur Verfügung stünden, müßten andere gesucht werden. In den verschiedenen Gestalten der Folgen wäre eines gefunden – und einzig hieran knüpft die weitere Entfaltung des Konzepts einer Morphogrammatik tatsächlich an.[578]

Sie besteht in der Einführung von Voraussetzungen für die eigenwillige These, die klassische Formale Logik sei *morphogrammatisch unvollständig*, da die Funktionswertfolgen der zweistelligen Operationen der Aussagenlogik nur zwei verschiedene Werte auf vier Stellen anordnen könnte. Da diese Behauptung nie begründet wird, muß angenommen werden, daß auch hier wieder die Annahme leitet, es handle sich bei der gesuchten Logik um eine mehrwertige und die Vermehrung der als Kardinalzahlen dargestellten Werte erfolge wie beim Weiterzählen – so daß sich schlicht konstatieren ließe, die gewöhnlichen Wertefolgen seien nur Fragmente *tiefer liegender* Strukturen.[579] Die Tabelle der zweistelligen Operatoren ergibt, als einfache Konsequenz des Umstandes, daß sich zwei Variablen mit je zwei möglichen Wertbelegungen zu vier Paaren kombinieren lassen, Funktionswertfolgen der Länge $l = 4$. Darum erläutert der Autor: *es*

---

[578] Günther spricht es ganz unbefangen aus: „These patterns will be called 'morphograms', since each of them represents an individual structure or 'Gestalt'." - *Cybernetic Ontology*, l. c., p. 348.

[579] *Das metaphysische Problem einer Formalisierung*, in: *Beiträge I*, l. c., p. 92.

ist ohne weiteres ersichtlich, daß eine zweistellige Symbolfolge sich in einem einzigen Morphogramm erschöpft – haben wir aber Raum für vier Symbole, so lassen sich noch weitere Strukturen demonstrieren, die unter Zuhilfenahme von zwei weiteren Symbolen .. für Leerstellen sichtbar gemacht werden können.[580] Die erste Behauptung akzentuiert als ausgezeichnetes Merkmal eines Morphogramms dessen Eignung zur Darstellung intrinsischer Differenzen in endlichen Anordnungen von Elementen: da bei zwei Stellen in einer Anordnung nur der Unterschied beider gegeneinander darzustellen ist, benötigt man ein Zeichen zur Symbolisierung eines *Dieses* und ein weiteres für *nicht-Dieses*. Die zweite Behauptung wird dann als Betonung eben dieses Akzents verständlich: vier Stellen in einer Sequenz können mit vier paarweise verschiedenen Werten belegt werden, wie etwa die Folge *(■, ▲, ●, ▼)*. Daß aber die Möglichkeit zu solch erweiterter Musterbildung eine Unvollständigkeit der Formalen Logik anzeigen könnte, ist aus den gegebenen Hinweisen nicht ableitbar und kann wohl nur als *petitio principii* diagnostiziert werden. Mathematisch gerechtfertigt werden kann die Behauptung nicht, da es wenig sinnvoll wäre, ein allgemeines Postulat zu unterstellen, das für die Variation der Anordnung von z Zeichen auf l Stellen die Erfüllung der Bedingung $l = z$ forderte; vielmehr ist das Verhältnis von l zu z bei der hier gegebenen *Variation mit Wiederholung* frei definierbar.[581]

Die Rechtfertigung der Wertanzahl auf der Funktionswertefolge müßte jedoch auch im Argumentbereich anzuwenden sein, also auch hier vier Werte definiert werden. Dann enthielte die Diagnose der Unvollständigkeit zweiwertiger Formaler Logik die Behauptung, sie sei dies, da sie nicht vierwertig sei. Damit läge die *petitio principii* zutage. Überdies ergäbe, nun alle für zweistellige Operatoren möglichen Kombinationen zu bilden, eine Anzahl, die wiederum größer als *Vier* wäre. Der Umstand, daß die Zahl möglicher Kombinationen, mithin die Länge l der Funktionswertfolgen, aus der angenommenen Zahl z möglicher Argumentwerte für einen k-stelligen Operator nach der Formel $l = z^k$ zu berechnen ist, ergäbe für zweistellige Operato-

---

[580] *Logik, Zeit, Emanation und Evolution*, 1. sub 457) c. - p.104.
[581] Auch *Variation* hier im mathematischen Sinne: eine Gruppierung von Elementen, bei der auch die Anordnung als unterscheidend gilt; im Unterschied zur *Kombination*.

ren immer $l > z$, mehr Stellen als Werte in der Funktionswertfolge. Das bedeutet, daß die Lösung das Problem wiedererzeugt, falls man sich nicht der Inkonsequenz überläßt, den morphogrammatischen Standpunkt allein für die Funktionswerte, nicht aber für die Argumentwerte zu unterstellen.[582]

Mit all diesen problematischen Annahmen und Postulaten kommt Günther seinem Ziel, eine 'mehrwertige' Logik aus vermeinten Mängeln der zweiwertigen als notwendig abzuleiten, nicht nur nicht argumentativ näher, sondern auch nicht ohne dies der Sache nach. Steffen Heise hat zeigen können, daß die Morphogrammatik in durchaus konservativer Weise auf die zweiwertige Formale Logik reduzierbar ist. So ist weder plausibel gemacht, daß diese einer Erweiterung bedürftig, noch, daß jene dazu geeignet sein könnte.[583]

Behauptet Günther nun, *den morphogrammatischen Standpunkt* einzunehmen bedeute, *das Wert- und das Variablenproblem* zu *ignorieren*, ist das eine höchst überraschende Wendung für den Interpreten, der der oben diskutierten Ableitung aus einer Funktionsdarstellung mit wertbelegten Variablen zu folgen versucht[584], doch enthält sie den Schlüssel zum Verständnis. Denn was hier tatsächlich vollzogen wird, ist keine logische oder sinnanalytische Erschließung einer Ergänzung, sondern eine kühne Verschiebung des Aspekts in der Symbolverwendung. Der Terminus *Morphogramm* war gefunden worden, nachdem die *Kontextwertlogik* aufgegeben war und betont, daß sein Sinn ausdrücklich darin bestehe, *Tafeln abstrakter Platzordnungen oder Leerformen* zu bezeichnen, *die allein eine spezifische Gestalt besitzen*, aber keine *Wertfolgen* enthalten.[585] Die Definition durch den Terminus *spezifische Gestalt* ist daher nicht didaktische Vergröberung, sondern bezeugt den systematischen Kern des Determinativums $\mu o \rho \varphi \acute{\eta}$ in der Neubildung: der Gestaltverlauf oder die Figur, welche das Zeichen *anschaulich* gibt, soll diskriminierende Eigenschaft sein. Damit wird die Interpretation der eingeführten

---

[582] Diesen Überlegungen vergleichbar ist Ernst Kotzmanns Zweifel an der Begründbarkeit von Günthers Annahmen zur Morphogrammatik; cf. id.: *Einige Fragen zum logischen Ansatz Gotthard Günthers*, in: id. ed., *Gotthard Günther - Technik, Logik, Technologie*, l. c.; pp. 127-143.

[583] Cf. Kap. 5 in Heises *Analyse der Morphogrammatik*, l. c., pp. 119-137.

[584] *Logik, Zeit, Emanation und Evolution*, in: *Beiträge III*, l. c., pp. 102-105.

[585] *Das metaphysische Problem einer Formalisierung*, in: *Beiträge I*, l. c., p. 91.

Symbole als mathematisch-logischer Zeichen aufgegeben und es wird verstehbar, warum Günthers dennoch unternommene Anstrengungen, ein Alphabet aus Elementargestalten mit Operationen der Transformation und Transposition durch Rekurs auf Zeichen-Bedeutungs-Relationen nach dem Vorbild der Variablen-Wert-Belegung zu definieren, in die Irre führen.[586] Was Günther tatsächlich mit Morphogrammen zu leisten hofft, läßt sich exemplarisch am Aufsatz „Logik, Zeit, Emanation und Evolution"[587] zeigen. Die letzten beiden Termini des Titels bezeichnen die Aufgabe, die sich der Autor bei der Erhellung der *Problemverschlingung von Logik und Zeit*[588] als des grundlegenden Themas *aller Geschichtsmetaphysik* stellt. Der Begriff der Evolution, der hier in Anspruch genommen wird, sei der Herbert Spencers und bezeichne *eine ewig offene* Entwicklung *im Sinne einer immer höheren Differentiation und Erweiterung zukünftiger Möglichkeiten*[589]. Auf überraschende Weise wird dieser Vorstellung eine antike Interpretation der platonischen Ideenlehre beigestellt, die Günther nach der Polemik des Aristoteles gegen Speusippos rekonstruiert. Speusippos *.. interpretierte das platonische ἕν als das Unbestimmte, Unfertige – und damit Unvollkommene -, das nur als Anstoß einer Entwicklung anzusehen sei, die zu fortschreitender Vollkommenheit führe. Aus diesem Motiv hat sich dann das spätere Evolutionssystem ergeben*, lautet eine knappe Behauptung.[590] Gewiß lassen sich vage Ähnlichkeiten zwischen Theoremen, die, in antiker Wendung, *das Erste* als *das Unvollkommene* ansehen[591], und Spencers Vorstellungen einer homogenen Urmaterie finden, die als Anfang einer 'Entwicklung' begriffen wird, bei der *das Unbestimmte zum Bestimmten* wird[592], doch mehr als die ungefähre Gleichheit des Schemas einer gewissermaßen archetypischen Vorstellung in europäischen Kulturen ist damit kaum belegt. So wenig sich eine der Bio-

---

[586] Die Schwierigkeiten, die beim Versuch entstehen, auf den Figurationen wieder logische Beziehungen zu definieren, zeigt Heises *Analyse* sehr klar, cf. l. c., pp. 55-72.

[587] l. sub 584) c., pp. 95-135.

[588] ibid., p. 115.

[589] p. 116.

[590] ibid.

[591] Aristoteles, *Metaphysik* (ed. Bassenge), 1072 b.

[592] Johannes Hirschberger, *Geschichte der Philosophie II*, l. c., p. 533.

logie des 19. Jahrhunderts zu verdankende Evolutions-Metaphysik einem Konzept antiker Naturforschung[593] mit Gewinn für die Erläuterung eines Begriffs von Evolution gleichstellen läßt, so wenig ist dann auch die Zuschreibung des Konzepts der *Emanation* zu Xenokrates, den Nachfolger des Speusippos in der Leitung der Akademie, eine begründete. Daß im Plotinschen Konzept der *emanatio* ältere mythische Vorstellungen eines lichtgleich ausstrahlenden Urwesens mitgehen[594], macht sein Konzept noch nicht zu dem des früheren Platon-Schülers, selbst wenn dieser es war, der die Akademie orientalischen Einflüssen öffnete, für die sich zu dieser Zeit emanatistische Vorstellungen nachweisen lassen[595]. So ist zu vermuten, daß es weniger um identifizierbare Konzeptionen Spencers und Speusippos' oder Xenokrates' und Plotins zu tun ist, als vielmehr um die allgemeine Vergleichung zweier abstrakter Schemata, deren eines eine vage Vorstellung von Prozessen der Epigenese mächtiger Einheiten aus einfacheren, das andere die Skizze eines Ausfließens und Ausdifferenzierens unbestimmt-homogener Fülle zu komplexen Konstellationen geben soll. Man mag hier einen bis aufs handgreifliche Schema herabgekommenen Platonismus erkennen, für den historische Reihenfolge bedeutungslos ist, so lange sich nachweisen läßt, daß es der gleiche Gedanke war, der an verschiedenen Orten gedacht wurde.

Die einfache Gegenüberstellung zweier Muster findet sich in der einfachen Unterscheidung verschiedener Interpretationen von Morphogrammen wieder, für die allein kombinatorische Überlegungen die Grundlage bilden. Die Reihung von Kenogramm-Sequenzen mit schrittweise zunehmender Länge soll einen evolutionären Prozeß darstellen.[596] In der ersten Stufe ein Kenogramm, in der zweiten zwei, der dritten drei usf:

---

[593] Das bekannteste Werk des Speusippos, die Ὅμοια, ist eine Sammlung biologischer Studien. - Cf. dazu etwa Karl Vorländer, *Geschichte der Philosophie*, Leipzig: Meiner, ⁵1919, t. I, p. 118.

[594] Walter Kranz, *Die griechische Philosophie*, Leipzig: Dieterich, ²1986, pp. 322 sq.

[595] Johannes Hirschberger, *Geschichte der Philosophie I*, l. c., p. 152.

[596] Cf. *Logik, Zeit, Emanation*, l. sub 457) c., pp. 122, 127, 112.

1. ▲

2. ▲ ▲

3. ▲ ▲ ▲

4. ▲ ▲ ▲ ▲

. . .

Emanation soll dadurch repräsentiert werden, daß Kenogrammreihen gleicher Länge aufeinanderfolgen, in denen eine kumulierte Variation der Anordnung auftritt[597]:

1. ▲ ▲ ▲ ▲

2. ■ ▲ ▲ ▲

3. ■ ● ▲ ▲

4. ■ ● ▼ ▲

. . .

Über die besondere Festlegung des Typs der Variation ist hier nichts weiter zu sagen, wird doch die Funktion der Morphogramme bereits hinreichend kenntlich. Evolutionäre Differenzierung als Vermehrung von Platzhaltern in einer Zeichenkette darzustellen, dürfte etwas zu schlicht gedacht sein, um allgemeine Verlaufsformen von Entwicklungsprozessen beschreiben zu können. Mehr als die Übersetzung einer vage vorschwebenden Vorstellung in ein anschaubares Schema liegt hier kaum vor.

Die besondere Pointe jedoch ist, daß Günther in dieser Umsetzung einen relevanten Schritt bei der Lösung der selbstgestellten Aufgabe sieht, das Verhältnis von *Logik und Zeit* in 'exakter' Form zu

---

[597] ibid.

beschreiben, um eindeutige Grund-Folge-Beziehungen nach dem Vorbild der mathematischen Logik definieren zu können. Dabei wird die lebensphilosophische Fassung der methodischen Eigentümlichkeit geisteswissenschaftlicher Darstellungsmittel auf eine durchaus originelle Weise in Anspruch genommen. Paul Hofmann hatte gefordert, daß der nicht dingartig habbare Sinn in adäquaten Sinnbildern auszudrücken sein müsse. Wie das Kriterium zu erfüllen sei, war bei ihm nicht näher bestimmt, hier, bei dem Schüler, der nach eben solchen Undeutlichkeiten fragte, wird ein Versuch gewagt. Es wird nicht abwegig sein, den bestimmenden Grund für diese Lösung in der tiefen Skepsis Günthers gegenüber aller tradierten und wie virtuos auch immer kultivierten Auslegekunst zu sehen, der er den Vorwurf zu machen sich genötigt sah, sie lasse mit der Freiheit der Interpretation von Zeichen der Willkür alle Tore offen.[598] Einer solchen Beunruhigung konnte die Vermutung entspringen, man müsse die interpretatorische Verknüpfung von Bedeutung und Zeichen umgehen – und weil man es müsse, könne man es auch. Was dann zu finden war, mußten interpretationsfrei verständliche Zeichen sein: gewissermaßen *piktographische*. Zeigte ein Zeichen 'an sich selbst', was es bedeutete, weil es in seiner Gestalt ein Sinnbild, oder, drastischer, eine Bild der Bedeutung war, für die es stand, konnte auf unsichere Interpretationen verzichtet werden.[599] So soll die Abfolge von in der Länge zunehmenden Elementverkettungen die Vorstellung eines an Merkmalsdifferenzen reicher und damit an Merkmalsanzahl größer werdenden Prozesses evozieren; die in ihrer bildhaften Prägnanz weniger deutliche Umordnung und Rekombination solcher Elemente dann den Prozeß einer Variation gegebener Merkmalsdichte.

Ein Seitenblick auf Heinrich Rickert, den Günther in Heidelberg bereits früh gehört hatte[600], ergibt ein Indiz für die Quellen dieser pik-

---

[598] Cf. *Strukturelle Minimalbedingungen einer Theorie des objektiven Geistes*, l. sub 551) c., pp. 163 sq. und *Identität, Gegenidentität und Negativsprache*, in: Wilhelm R. Beyer ed., Hegel-Jahrbuch 1979, Köln: Pahl-Rugenstein, 1980, pp. 22-88; - p. 23.

[599] Rudolf Kaehr und Joseph Ditterich sprechen schon früh und bewußt von *Pikto- oder Ideographie*. Cf. id: *Einübung in eine andere Lektüre: Diagramm einer Rekonstruktion der Güntherschen Theorie der Negativsprachen*, in: *Phil. Jahrb.*, H. 86, 1979, Freiburg, München: Alber, 1979, pp. 385-408. - cit. p. 388, Fn. 21.

[600] Während der ersten Semester des dann abgebrochenen Studiums in Heidelberg, 1921/22. - Cf. Arno Bammé, *Entfesselte Logik*, l. c., p. 15.

tographischen Quasi-Mathematik. Im *Logos*-Aufsatz von 1927/29 war zu lesen, daß Rickert die Erkenntnis der *Sinnwelt* von der *Sinnenwelt* damit methodisch sicher trennen zu können hoffte, daß er den Aufbau der ersteren, die aus Ausdruckscharakteren bestehen sollte, auf *zuständliche Elemente* zurückführte[601]. An einem Beispiel erläutert er, daß die Möglichkeit, ein und denselben Namen in verschiedenen Kontexten so zu verwenden, daß die verschiedenen Bedeutungen unvereinbar seien, auf einen gemeinsamen Kern hinweise, das zuständliche Element. Die astronomische Aussage etwa verwende den Namen *Mond* in einer Weise, daß seine Bedeutung mit der in lyrischer Rede unvereinbar, dennoch aber eine Kernidentität beider Gegenstände gegeben sei.[602] Hier ist Bewußtsein für das Problem zu bemerken, wie eine der Erfahrung kontextuell statt atomistisch bedingter Bedeutung von Worten und Handlungen angemessene theoretische Fassung von Elementen der kommunikativen Welt auszubilden ist. Der Zirkel, daß durch wechselseitige Beziehung aufeinander die Elemente einer Struktur als die bestimmt sind, die sie sind, und zugleich die Totalität der Ordnung nur als Resultat des Bezogenseins der Elemente gedacht werden soll, läßt sich hier damit auflösen, daß die Elemente Vorbedeutungen haben, die aus anderen Zusammenhängen überkommen sind und jetzt modifiziert werden. Die scharfe Trennung von zuständlicher und gegenständlicher Bedeutung führt dabei leicht in die Irre. Die konsequente Anwendung des leitenden Gedankens auf diese Mittel seiner Entfaltung hätte schließlich zu ergeben, daß es eine zuständliche Bedeutung neben allen möglichen gegenständlichen nicht gibt. Doch ist bei Rickert angedeutet, daß die metaphysische Konzeption des Allgemeinen vermieden werden soll, denn die verfolgte Frage ist nicht die nach dem Status der zuständlichen Bedeutung, sondern die nach der Regel, in der die gegenständlichen durchlaufen werden.[603]

---

[601] l. sub 543) c., t. II, pp. 50 sqq.

[602] ibid., p. 57.

[603] Die Entscheidung über den Charakter der zuständlichen Leerelemente ergäbe erst die erkenntnistheoretischen Prämissen zu dieser Logik: folgte man Rickerts Ausdrucksmetaphysik, notierte sie die Wechselwirkung der substantial gedachten Qualia des 'Weltstoffs', orientierte man sich an der Deutung von Qualitäten als 'Erscheinungen', als Resultat eines rezeptiv-produktiven Umgangs mit der Zumutung der Wirklichkeit, konzipierte man in ihr ein 'Rechensystem' für die Mannigfaltigkeit von Qualifikationsakten in

Von diesem Vorläufer her läßt sich Günthers Terminus *Stellenwert* jenseits aller aus Wortzerlegung entstehenden Hypotheken verständlich machen. Er soll die 'Lage' eines Elements in einer Ordnung *A* als analog zu der in einer Ordnung *B* bezeichnen. Die Morphogrammatik ist eben darin als Weiterentwicklung der Stellenwertlogik erkennbar, daß die stellenabhängigen Wertausprägungen nun als kontextabhängige Verhältnisse intrinsicher Differenzierung anschaulich dargestellt sind. Die Anwendung auf die Konzepte *Evolution* und *Emanation* verschleiert diese Herkunft, da sie die Assoziation herausfordern, einzelne Kenogrammfolgen repräsentierten Prozeßzustände in der beobachtbaren Welt. Die bereits in der Parallelisierung einer Abstraktion aus empirischer Forschung und eines mythisch-spekulativen Konzepts erkennbare Vermengung von Zustandsfolgen eines Prozesses mit Bedeutungsebenen ist der Anlaß für diese Verstellung – die allerdings für ihren Autor keine ist. Die Form der Vermittlung zueinander inkommensurabler 'Strukturen' ist nach Analogie der mathematischen Abbildung antizipiert, da alles Insistieren auf die Schaffung eines Kalküls bedeuten muß, nach eindeutigen, formal beschreibbaren und so 'mechanisierbaren' Beziehungen zu suchen, wie sie die Definition einer mathematischen Abbildung bezeichnet. Bei der Anwendung eines morphogrammatischen Alphabets auf die Modellierung von Zustandsfolgen in der Zeit spricht Günther nun explizit aus, welche Identifikationen die Brücke von der Vermittlung disparater symbolischer Ordnungen zur Zustandsfolge bilden. Die Zeichenketten, die hier konstruiert werden, sollen *lediglich das Schema des .. Zusammenhangs zwischen .. Symbolfolgen .. anschaulich darstellen*[604]. Daß der argumentative Aufwand weit mehr gilt als nur einer didaktischen Hilfestellung, wird mindestens damit deutlich, daß die Ordnung einer Vorgänger-Nachfolger-Beziehung als eine *Abbildung* bezeichnet wird. Eingangs ist knapp und eindeutig postuliert: *Der philosophische Grundbegriff, auf dem dieser Zusammenhang ruht, ist der der Repräsentation (Leibniz) oder Abbildung*[605]. Daß es nicht um bloße Musterordnungen zu tun ist, sondern Sachverhalte repräsentiert werden sollen, zeigt nicht nur die saloppe Beistellung eines vermeint-

---

symbolischer Strukturierung.

[604] *Logik, Zeit, Emanation*, l. sub 457) c., p. 125.

[605] ibid.

lich Leibniz'schen Konzepts, sondern deutlicher die vorbereitenden und begründenden Erörterungen. Es sei ausgeschlossen, heißt es etwa, *daß der Mensch die Temporalität der Welt, in der er sich befindet, nur unter dem evolutiven oder (exklusiv) dem emanativen Gesichtspunkt betrachten kann. Die zeitliche Dimension des Seins, soweit wir sie uns irgendwie als Entwicklung vorstellen, zeigt eine diffizile Struktur, die aber aus zwei logisch wohl unterscheidbaren Komponenten besteht, die formal sehr gut auseinander gehalten werden können und deren Zusammenwirken in exakter rechnerischer Form darstellbar ist.*[606] Bekräftigt wird mit dem vorläufigen Fazit, *daß die kenogrammatische Strukturtheorie der Logik der Ausgangspunkt für alle künftigen Bemühungen sein muß, die sich die Inkorporation des Zeitproblems in die Logik zur Aufgabe machen*[607]. Die in ganz anschaulich bildhafter Weise aus Komponenten zusammengesetzte Zeit ist übersetzt in eine Folge von Zeichengruppen, die als Abbildung zu verstehen sei. Am Grunde liegt, als bekannte Voraussetzung, die Identifikation mathematischer, semantischer[608] und zeitlicher Relationen: das Urbild sei früher als das Abbild.[609] Sie bedeutet hier schließlich nichts anderes, als den mathematischen Abbildungsbegriff in die platonische μέθεξις umzudeuten, diese dann in neuplatonischer Akzentuierung als *emanatio* zu fassen und hier wiederum Zeit als Bedeutungsnuance einzuschieben – als die Erstreckung der als Flußphänomen gedachten Ausbildung der 'Differenzvertiefungen'.[610] Damit läßt sich dann die Hoffnung nähren, man

---

[606] p. 123.

[607] p. 124.

[608] Im Sinne von C. W. Morris, die Beziehung von Zeichen und Designat.

[609] *Logik, Zeit, Emanation*, l. sub 457) c., pp. 109 sq.

[610] So ist in den Begriff eingeführt, wogegen er bei Plotin Front machte: Evolution in der Zeit. Die *Teilhabe* des spezifisch Differenzierten am Allgemeinen, die in der 'Explikation' jenes aus diesem erhalten ist, wird in eine kausalgenetische Beziehung verwandelt. Man kann bemerken, daß Platons Konzeption am Verständnis schöpferischen Handelns ein heuristisches Gleichnis gewinnt, um die Beziehung des konkret einzelnen Gegenstands auf das Abstraktum dessen, was er sei, darstellbar zu machen. Man kann aber ebenso bemerken, daß die ungefähre Übernahme als eine Identität mit verständlicher Direktheit auf durch und durch traditionelle Theoreme führt, die Dinge entweder als Schöpfungen göttlichen Verstandes aus ihm einwohnenden Ideen oder, vermeintlich 'empirisch', als Entstehen in der Entelechie eines Wesens-Allgemeinen nach Aristoteles. Die abstrakt schematisierende Beschreibung reicht nicht zu, eine neue Antwort auf eine alte Frage zu initiieren. Daß die materialen Voraussetzungen des Modells revidiert werden müßten, wird

könne das mit der Windelbandschen Unterscheidung bezeichnete Problem auflösen, indem nun der höchstmögliche Differenzierungsgrad im Muster eine Figur ergebe, die es endlich erlaube, Singularitäten systematisch zu erfassen. *Individuum est ineffabile* scheint nun nicht mehr das letzte Urteil sein zu müssen, da man es als vermeintlich singuläre Konfiguration zeichnen kann.[611] Der methodologische Terminus *ideographisch* ist hier als Name für empirisch Anschauliches übersetzt.

Mit dieser These läßt sich erklären, welche Voraussetzungen zu den konstruktiven Schwächen in der Durchführung des Theorieprogramms führen. Die von Ernst Kotzmann und Steffen Heise aufgewiesenen Unzulänglichkeiten, die, als widersinnige Innovation oder reformulierte Trivialität, entscheidende Fehlstellen ausmachen, lenken die Aufmerksamkeit des Interpreten mit Nachdruck auf die Frage zurück, welche Beziehungen hier tatsächlich, nicht nur der erklärten Absicht nach, formal dargestellt werden.

Die *Morphogrammatik* zeugt nicht allein in ihrem Erscheinungsbild und der erschließbaren Intention, einen Kalkül zur geregelten Verkettung und Umbildung abstrakter Figuren zu schaffen, von der Imprägnierung des sie schöpfenden Intellekts durch eine moderne Entwicklung in Mathematik und Logik, die zum produktiven Resultat eine mathematische Variante des *methodischen Operationalismus*[612] hat, wie sie beispielhaft etwa in Paul Lorenzens Konzept einer *operativen Begründung* der Mathematik vorliegt[613]. Hier wurde eine methodische Haltung präferiert, aus deren Perspektive *Intuitionismus* und *Formalismus* keine wesentliche Differenz mehr aufweisen, da der in beiden vorhandene Aspekt explizit zum systematischen Prius gemacht wird. In weit verallgemeinernder Formulierung ließ sich damit

---

nur deutlicher. - Zu Plotins Begriff cf. *Historisches Wörterbuch der Philosophie*, l. c., t. II, Eintrag *Emanation*, cc. 445-448; zu Platons cf. Gernot Böhme, *Platons theoretische Philosophie*, l. c., p. 182.

[611] *Die Metamorphose der Zahl*, l. c., p. 474. - *Logik, Zeit, Emanation*, l. c., p. 113: „Die kenogrammatische Struktur verfolgt unter anderem den Zweck, die klassische Konzeption des Universalienproblems mit der Unterscheidung von Gattung, Art und Individuum auf eine reine Strukturtheorie zu übertragen".

[612] Cf. Samual Ichiyé Hayakawa: *Semantik und verwandte Disziplinen*, in: G. Schwarz ed., *Wort und Wirklichkeit. Beiträge zur Allgemeinen Semantik*, Darmstadt: Darmstädter Blätter, 1968. - praec. pp. 31 sqq.

[613] Paul Lorenzen: *Metamathematik*, l. c., pp. 15 sqq.

definieren, daß allgemeinster Gegenstand mathematischer Konstruktionsarbeit der Aufbau von Mengen ist, deren Elemente *in endlich vielen Schritten aus endlich vielen 'Grundformeln' nach endlich vielen 'Kalkülregeln'* so hergestellt werden können, daß festgelegte Bedingungen immer erfüllt sind[614]. In einer *Protologik* hatte Lorenzen elementare Figuren und ihre Verkettungen als Mittel zur Darstellung *schematischen Operierens* eingeführt[615], die durch nichts anderes zu unterscheiden sind, als durch verschiedene Konfigurationen auf der Darstellungsfläche. Bis hierher ließe sich Günthers Morphogrammatik als ebensolcher allgemeiner Kalkül des Operierens deuten, bliebe dabei nicht die wesentliche Frage unbeantwortet, welche Beziehungen und Beziehungsklassen hier höchst allgemein zusammengefaßt seien. Die systematische Konstruktion Lorenzens erweckt zwar den Anschein, als ließe sich die Mathematik von einfacher schematischer Symbolisierung über die Kalkülisierung und nachfolgende Spezifikation durch besondere mathematische Operationen in einer Schrittfolge aufbauen, bei welcher der vorangehende vom nachfolgenden Schritt unabhängig sei. Faktisch ist dies jedoch nicht der Fall. Es lassen sich willkürlich Muster antizipieren, die mit frei definierbaren Verkettungs- und Umwandlungsoperationen aus Schema-Elementen aufzubauen sind, ohne daß die Garantie gegeben werden könnte, sie alle als Teil mathematischer Kalküloperationen spezifizieren zu können. Bei Lorenzen fällt als eine nie durchbrochene Beschränkung daher nicht zufällig auf, daß alle Zeichenverkettungen linear aufgebaut sind, während eine voraussetzungsfreie Musterbildung durch Elementkombination zu jeder beliebigen Konfiguration in einer Ebene führen können müßte. An dieser Beschränkung zeigt sich, daß die abstrakt-schematische Protologik unter implizitem Vorgriff auf Symboloperationen formaler Mathematik hin konzipiert ist. Nur die systematische Rekonstruktion im Gang von abstrakt-allgemeinen Symbolverkettungen bis zu mathematischen Spezifikationen als algebraische oder topologische Operationen erweckt den Anschein, man habe es mit einer Genese der besonderen Fälle aus abstrakt allgemeinen Grundlagen zu tun; tat-

---

[614] ibid., pp. 9-11.

[615] Paul Lorenzen: *Einführung in die operative Logik und Mathematik*, Berlin et al.: Springer, ²1969. - pp. 3-15.

sächlich jedoch setzt der Anfang die Kenntnis der besonderen Fälle systematisch voraus und bedeutet nicht mehr als ihre allgemeine Zusammenfassung in Form einer um besondere Merkmale verkürzten Operationsvorschrift. Was hier die Voraussetzung besonderer mathematischer Beziehungen für ihre systematisch geordnete Rekonstruktion in allgemeinen Operationsschemata gibt, gab in den Umbruchszeiten der Mathematik sehr oft die Konzeption besonderer Beziehungen in außermathematischen Gegenstandsbereichen, die einer Mathematisierung erst noch unterworfen werden sollten[616]. In der modernen Physik war es daher manches Mal nötig, daß Experten für physikalische Forschung die Mathematik weiterentwickelten, wie Newton die Differentialrechnung, um die ihrer gegenständlichen Problemintuition angemessene mathematische Strukturierung und Quantifizierung leisten zu können. Auch der Hilbertsche Formalismus, den Lorenzen, unelegant und genau, *Axiomatizismus* nennt, konnte nur systematische Rekomposition verallgemeinerter Züge bekannter Fälle in einer Rekonstruktionsvorschrift sein, nicht deren Ursprung. Unterstellt man nicht, daß Günther bei der Begründung einer neuen, nichtklassischen 'Mathematik' eben diesem Irrtum erlegen ist, muß man annehmen, daß seine Konstruktion quasi-mathematischer Formalisierungen ebenfalls in Orientierung an der Struktur im Anwendungsbereich gebildet wurden, die eine Theorie über diesen konstatierte.

Daß dabei die Rekonstruktion von kulturellen Konstellationen als Darstellung in anschaulichen Schemata vorauslag, sollten die gegebenen Erörterungen plausibel und die folgende Diskussion der von Günther als *Proömialrelation* eingeführten Operation überzeugend zu machen geeignet sein.

Proömialrelation

In einem für das Verständnis von Anspruch und Leistungsfähigkeit der transklassischen Logik bedeutenden Text, der seinen Titel,

---

[616] „.. die bereitliegende Auswahl an [mathematischen] Strukturen ist .. zumeist genetisch mitbestimmt .. Die erforderlichen Instrumente entwickeln sich in zeitlicher und logischer Abhängigkeit von den zu lösenden Lebens- und Erkenntnisproblemen." - Hans Lenk: *Pragmatische Vernunft*, Stuttgart: Reclam, 1979; p. 30.

„Cognition and Volition"⁶¹⁷, dem Ziel verdankt, nicht nur einen neuen Operator zu konstruieren, sondern mit ihm zugleich ein wesentliches Problem philosophischer Theoriebildung formal und 'exakt' zu modellieren⁶¹⁸, wird diese als eine Operation zum geregelten Wechsel eingeführt: *Der Austausch, den die Proömialrelation (R^{pr}) bewirkt, ist einer zwischen höherer und niederer relationaler Ordnung. Wir können, zum Beispiel, ein Atom als eine Relation zwischen elementareren Partikeln ansehen, wobei die letzteren dann die Relata sind. Aber wir können genauso sagen, daß ein Atom ein Relatum in einer komplexeren Ordnung ist, die wir Molekül nennen.*⁶¹⁹

Erkennbar ist, daß dieser 'Austausch' einer verschiedener analytischer Perspektiven oder Kontexte der Thematisierung ist. Damit enthält er eine methodologische und eine logische Probemstellung, die hier offenbar in Einem bewältigt werden sollen. Methodologisch interessant wäre die Untersuchung der Konsequenzen, die sich aus der analytischen Isolierung eines Moments aus einem Beziehungsgefüge ergeben könnten. Kant hatte in einer Ätiologie der Monadenlehre⁶²⁰ plausibel machen können, wie die intellektuelle Isolierung von Sachverhalten, die phänomenal nur Schnittpunkte von Wirkungen sind, die Versuchung enthält, selbständig wirkbegabte Substanzen zu vermuten, da Wirkbeziehungen dem analytischen Blick durch ideelle Fokussierungen abgeschnitten wurden. Das zweite, logische Problem ist dadurch in der Proömialrelation gefaßt, daß der analytische 'Blick' entweder die intrinsische Gliederung einer Ganzheit oder aber sie als eine Einheit erfaßt, als ein mögliches Element in übergreifenden Zusammenhängen: das in sich geschlossene Atom wird als homogenes Partikel in einem Molekül sichtbar.⁶²¹ Die merkwürdige Wendung,

---

⁶¹⁷ in: *Beiträge II*, l. c., pp. 203-240. Den Namen der Relation erläutert Günther in einer Fußnote als nach dem Wort für das Vorspiel im attischen Theater gebildet: "proemial relationship (Greek: prooimion = prelude)" heißt es hier p. 240.

⁶¹⁸ Das didaktisch ungeeignet ist, den Funktionssinn der „Proömialrelation" vorzustellen, wie sich zeigen wird.

⁶¹⁹ *Cognition and Volition*, l. c., p. 227. - Übers. von uns.

⁶²⁰ *Kritik der reinen Vernunft*, B 321 sq.

⁶²¹ Für die Erörterung der *Proömialrelation* wird an das etwas simpel schematisierte Beispiel aus Günthers Text nicht gerührt, selbst wenn bekannt ist, daß moderne Chemie, insbesondere Quantenchemie, Moleküle nicht als Konglomerate kompakter Partikel auffassen kann.

ein Atom sei eine Relation *zwischen elementareren Partikeln*, die aussagte, es sei die Beziehung zwischen den subatomaren Teilchen, deren Gesamtheit es ist, erscheint als Lapsus, den die fortgesetzte Erläuterung aufheben könnte. Allein, ein näherer Blick auf die Details der Konstruktion erweist, daß hier eine systematisch in Anspruch genommene Theorieentscheidung zugrunde liegt. Daß sie problematische Konsequenzen hat, wird zu erwarten sein.

Günther sucht die Proömialrelation gar nicht als Beziehung analytischer Perspektiven einzuführen, die oben identifiziert wurden, sondern führt die subatomaren Partikel als Relata ein und erläutert, sie seien *the entities which are connected by a relationship, the relator* und ergänzt, *the total of a relationship and the relata forms a relation. The latter consequently includes both, a relator and the relata.*[622] Damit wird aber nun die Beziehung zwischen Elementen einer Konstellation zu einem zusätzlichen Element gemacht. Die präzise Definition der Proömialrelation zeigt an, warum sich der Theoretiker auf diesen unbegehbaren Weg macht, denn daß die analytische Perspektive auf innere Gliederung mit der auf die gesamte Einheit vertauscht werden kann, faßt er in die Wendung: *The relator may become a relatum and vice versa the relatum may become a relator. We shall call this connection between relator and relatum the proemial relation.*[623] Anders als Rudolf Kaehr, der die Proömialrelation als vierstellige mathematische Relation zu deuten sucht[624], können wir hier nur eine zweistellige Relation erkennen, die allerdings eine Merkwürdigkeit aufweist – sie ist zweistellige Relation zwischen einer (z. B. zweistelligen) Relation und einem selbständigen Element[625]. Selbst wenn man eine mathematische Darstellung versuchte, erhielte man nur eine zweistellige Relation, wenn auch als Menge geordneter Paare *(x, y)*, deren eines Element dann selbst ein Paar wäre, $x = (x_i, x_j)$, die durch die Relation Relator 'verknüpften' Partikel[626]:

---

[622] *Cognition and Volition*, l. c., p. 224. – Die vielversprechende subtile Distinktion von *relationship, relation* und *relator* war nicht durch eine Übersetzung zu überholen, sondern im folgenden zu erörtern.

[623] ibid., p. 226.

[624] *Materialien zur Formalisierung der Morphogrammatik*, Anhang zur 2. Auflage von *Idee und Grundriß*, l. c., 1978.

[625] Das man als den Grenzfall der 'einstelligen Relation' einführen könnte.

[626] *Cognition and Volition*, l. c., p. 226.

$$R^{pr} : M_1 \times M_1 \rightarrow M_2 := \{ ((x_i, x_j), y) : x_i, x_j, \in M_1, y \in M_2 \} \quad (1a)$$

Da zugleich *vice versa* gelten soll, was hier formal dargestellt ist, definierte die Proömialrelation natürlich auch:

$$R^{pr} : M_2 \rightarrow M_1 \times M_1 := \{ (y, (x_i, x_j)) : x_i, x_j, \in M_1, y \in M_2 \} \quad (1b)$$

Es liegt also eine symmetrische Relation vor:

$$R^{pr} : M \times N := \{ (x, y), (y, x) : x \in M, y \in N \} \quad (2)$$

Günther aber insistiert darauf, daß die Proömialrelation sowohl eine *symmetrische* als auch eine *Ordnungsrelation* sei[627]. Das ist nun logisch unmöglich, da die Ordnungsrelation *per definitionem* nichtsymmetrisch ist. Was hier gemeint sein könnte, wäre vielleicht die antisymmetrische Relation, für die $x=y$ folgt, sobald $R(x, y)$ und zugleich $R(y, x)$ gelten. Sollte aber das Antezedens für alle Fälle gelten – die Proömialrelation wäre symmetrisch – gälte auch immer das Konsequens: sie wäre eine Äquivalenzrelation. Tatsächlich kommt Günther folgerichtig, wenn auch ungewollt, dazu, die Proömialrelation als eine solche darzustellen:[628]

$$\square \, R \, \square \quad (3)$$

Wollen kann er dies nicht, weil es doch eben darum ging, qualitativ Verschiedenes, also logisch Unterscheidbares, in Relation zu beschreiben. Es soll also nicht (1b) sondern

$$R^{pr} : M_2 \rightarrow M_3 \times M_3 := \{(y, (z_i, z_j)) : y \in M_2, z_i, z_j, \in M_3 \} \quad (1b')$$
mit $x. \neq z.$ weil M_1, M_3 *elementefremd*

gelten. Damit wäre nun aber die Symmetrieforderung nicht erfüllbar.

---

[627] Ausdrücklich betont ibid. p. 227.

[628] ibid.

Daß Günther die Argumentzeichen in *(3)* als Kenogramme verstanden wissen will, die mit beliebigen, nicht notwendig gleichen Instanzen besetzt werden können, ist ein wenig fruchtbarer Versuch, das entstandene Dilemma aufzulösen, denn was eine unbestimmte Relation zwischen *irgend-Etwas* und *noch-Etwas* sein könnte, bedürfte einiger Erläuterung, bevor es als Theorievorschlag akzeptabel würde.

Vermutlich ist es kein Zufall, daß die Einführung des *Relators* die Proömialrelation als eine Beziehung zwischen logisch komplementären Begriffen[629] und zugleich als Beziehung benachbarter Hierarchiestufen denkbar sein läßt. Wir können annehmen, daß die Abweichung von der Modellierung des vorgestellten Problems durch die eines anderen darin gründet, daß die Differenz von Einheit und Vielheit in der Mathematik nie ein Problem war – eine Menge ist immer identisch mit der Gesamtheit ihrer Elemente. Was als ein traditionelle Mathematik herausforderndes Problem, zumal für Nicht-Mathematiker, erscheinen konnte, war hingegen die Russellsche Antinomie. Man mußte allerdings außerhalb der Mathematik stehen, um zu übersehen, daß das Problem durch eine höchst konservative Anwendung üblicher syntaktischer Mittel der klassischen Mathematik zu bewältigen war. David Hilbert definierte Mengen als *Elemente von Klassen*[630], Russell schlug mit der *Typentheorie* eine Indizierung vor[631] und in der *axiomatischen Mengenlehre* bewältigte man mit dem *Aussonderungsaxiom*[632] von Zermelo und Fraenkel oder dem durch John von Neumann eingeführten *Fundierungsaxiom*[633] das Problem, das entstanden war, da man auf die völlig freie Bildung mengenkonstruierender Prädikate nach den Kriterien eines unscharfen Alltagssprachgebrauchs vertraut hatte[634].

---

[629] Der *Relator* wird *Relatum* und umgekehrt: ein logischer Rollentausch.

[630] N. I. Kondakow: *Wörterbuch der Logik*, l. c., Eintrag *Menge VI*, p. 329.

[631] J. Naas/H. L. Schmid: *Mathematisches Wörterbuch*, Berlin: Akademie et al., 1972. - Eintrag *Axiomatischer Aufbau der Mengenlehre*, t. I, pp. 138 sq.

[632] ibid.

[633] ibid. - Cf. auch Kondakow, l. c., Eintrag *Fundierungsaxiom*, p. 171.

[634] Genauer gesagt, ist nicht ein absolut defizienter *modus* des Sprachgebrauchs Ursache der entstandenen Probleme, sondern eine Unfertigkeit der Transposition der in natürlicher Sprache gegebenen Definition in eine nach dem Vorbild der Algebra gebildete formale Syntax. Cantors lange Zeit als naiv qualifizierte Definition der Menge, als einer

Wer aber, außerhalb des Kreises der aktiven Mathematiker stehend, am Bestand des Problems festhalten wollte, mußte es darin erkennen, daß die 'Logik', nach der die Bedeutungsveränderung eines Zeichens M beim Wechsel zwischen den formalen Ausdrücken

$$x \in M, \; M \in P$$

vor sich geht, noch immer nicht in explizite Operationen gefaßt war. Im ersten Ausdruck ist M eine Menge, in der zweiten ein Element – und hier haben wir ein Problem eben des Typs, den Günther in der Gegenüberstellung von *Relator* und *Relatum* zu thematisieren suchte. Wollte man jenes in einem Schema anschaulich geben, sollte es wohl ein solches sein:

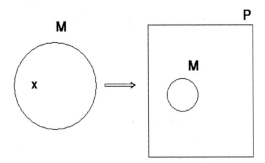

Der Pfeil repräsentiert die gesuchte Abbildung; gewissermaßen eine Hälfte der Proömialrelation.

Wollte man die von Günther behandelte Umsetzung *the relator may become a relatum* darstellen, käme man etwa auf dieses:

„Zusammenfassung wohlunterschiedener Objekte, die wir Elemente dieser Menge nennen", bestimmt mit vollkommener Präzision das Verhältnis von Menge und Element und sagt dabei implizit die Unmöglichkeit aus, daß je eine Menge 'sich selbst' enthalten könnte. Das Verbalsubstantiv müßte erst als Bezeichner eines dingartig kompakten Gegenstands unterstellt werden, ehe man vermuten könnte, eine *Zusammenfassung* von Etwas könnte zusammen mit diesem auch noch sich selbst unter sich befassen. Der scheinbar naive Appell an die Anschauung enthält bereits die unzweideutige Definition der semantischen Korrelativität von „Element" und „Menge", die dann etwa mit der Typentheorie explizit wieder eingeholt wurde. Die um der Eindeutigkeit willen gewählten assoziativ sterilen Buchstabenzeichen der Algebra und Logik fördern dagegen die Neigung zu einer Namentheorie der Bedeutung: ein Zeichen zeige auf ein *Ding*.

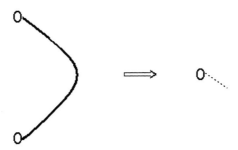

Das Resultat dieser Erwägungen führt bei der Probe an Günthers Text zu der überraschenden Folge, nun eine Schematisierung des titelgebenden Problems deuten zu können, die andernfalls grob willkürlich, beinahe unbegreifbar, erscheinen müßte.

Eingangs des Textes hatte der Autor die handelnde Person analytisch in ein *volitives* und ein *kognitives System* zerlegt und das Resultat in zwei Schemata versinnbildlicht:[635]

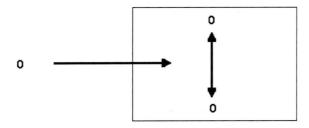

(a) Die Umwelt wirkt auf ein anschauendes Bewußtsein ein und es werden Wahrnehmungsunterscheidungen ausgebildet.

---

[635] *Cognition and Volition*, l. c., p. 215.

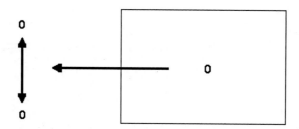

(b) Eine Person greift in die Umwelt ein und scheidet, was kontinuierlich zusammenhängend, 'undifferenziert' ist.

Hier schließt nun der Gedanke an, daß, da man doch nur eine Person-Umwelt-Unterscheidung unterstellte, die beiden Konstellationen wieder miteinander verknüpft werden müssen und die auf dieses Präludium folgende Erörterung präsentiert als das gesuchte Mittel die Proömialrelation, die zum einen die differenzierte Innenwelt in (a) mit der punktförmig quellhaften in (b) vermittelt und zum anderen die punktartig wirkursächliche Umwelt in (a) mit der in handelnder Einwirkung wie Halme eines Kornfeldes auseinandergelegten in (b). Daß die senkrechten Pfeile einmal ein *pattern of thought* oder *reception*, ein andermal die *determination* der Umwelt *in the form of decisions* symbolisiert[636], bezeugt, daß hier ein naiv schematisches Modellieren vorliegt, in dem intellektuelle Distinktionen, Unterschiede der Wahrnehmung oder Umgestaltungen von Situationen, die durch logische, durch Bedeutungsunterschiede zu rekonstruieren wären, als figürliche Unterschiede in einem Schema dargestellt sind. Das anschaulich-schematische Verallgemeinern, das die Rezeption der Texte oft empfindlich behindert, erweist sich als Teil eines hartnäckig ausgeführten methodischen Programms und alle Interpretationen, die das Unzulängliche an Günthers Kalkülkonstruktionen aufdecken, stoßen auf die Resultate des Versuchs, statt logischer Diskriminationen anschauliche Gestaltunterschiede figürlicher Schemata einzuführen – aber diese, einmal gewonnen, als logische Distinktionen zu verwenden. So

---

[636] ibid.

wird denn auch eine schematisch-räumliche Zuordnung von Figurelementen in eine mathematisierbare Relation umgedacht.⁶³⁷

Das Verfahren fixiert eine Eigentümlichkeit der mathematischen Darstellungsform absolut. Man ist hier an unmittelbar anschauliche Figuren gebunden, so sehr, daß für die Erfüllung ihrer Funktion auf die Verlautbarung verzichtet werden kann. Darin ist sie die extreme Steigerung der Eigenheit wissenschaftlicher Darstellungsmittel, alle jene Funktionspotenzen der natürlichen Sprache abzuscheiden, die allein durch die Lautlichkeit der Sprache ausgedrückt werden können, wie die Modulation der Stimme in Tonhöhe, Tonfolge, Rhythmus und Akzent. Der Zweck nüchterner Registratur von Sachverhalten durch Produzenten für Rezipienten ist hier rein realisiert. Die Isolierung der Eigenschaften des nun ausschließlich nötigen Mediums, der γράμμα auf einer Oberfläche, kann allerdings den Zweck aus dem Blick geraten lassen. Dann wird nicht mehr der Vereinbarungscharakter der Formelzeichen als Bedingung ihrer definiten Bedeutung erkannt, sondern ihre Lage und Gestalt auf der Oberfläche. Innerhalb einer Theorie des Zeichens, die den, in natürlichen Sprachen gewachsenen, interpretationsbedürftigen, Bezug von Zeichen auf Bedeutungen mit prinzipieller Ausschaltung zu bewältigen sucht, kann sich eben die Eigentümlichkeit der empirischen Eigenschaften des Mittels zum 'Zeigen' als das gesuchte Vehikel der Konstruktion anbieten. Es wäre dies aber eine ähnliche Reduktion wie der Versuch, etwa die Darstellungsfunktion der Sprache allein durch die Lauteigenschaften bestimmen lassen zu wollen, also in Tonhöhe und -schwankungen etc. die diskriminierenden Merkmale finden zu wollen, um zu bestimmen, ob der ausgesagte Sachverhalt dem Alltagsgespräch, einer politischen Rede oder einer wissenschaftlichen Beschreibung zugehörte. In diesem Sinne ist Rudolf Kaehr der treueste Schüler Gotthard Günthers, wenn er davon spricht, man müsse erkennen, daß eine Bedeutungslehre 'nach dem klassischen Logozentrismus' die diskriminierende Potenz der Zeichengestalt zu nutzen habe.⁶³⁸ Daß der originäre Pythagoreismus von hier aus wie ein über-

---

⁶³⁷ Eines unter vielen anderen Beispielen zeigt etwa, wie auf diesem Wege ein Quadrupel, die bloße *Reihung* von vier Ziffern, in eine vierstellige Zahl umgedeutet wird. - Cf. *Martin Heidegger und die Weltgeschichte des Nichts*, in: *Beiträge III*, l. c., p. 280.

⁶³⁸ Sandrina Khaled: *Über Todesstruktur, Maschine und Kenogrammatik. Ein Gespräch mit Rudolf Kaehr*, in: *Spuren in Kunst und Gesellschaft*, l. sub 540) c., p. 48. - Einige Ver-

raschend aktuelles Problembewußtsein erscheint, ist nicht erstaunlich. Waren dort die Sinnbeziehungen noch nicht voll emanzipiert von den anschaulich räumlichen Verhältnissen der Objekte, an denen sie abgezogen wurden[639], soll die Dimension des Erlebbaren, Anschaubaren nun hier als der wahre Quell der Bedeutung rekonstruiert werden. Autoren wie Rudolf Kaehr oder Joachim Castella, die Günther auf dem eingeschlagenen Weg zu folgen bestrebt sind, erfassen mit intuitiver Konsequenz eben diesen Aspekt, wenn sie die Brücke zu den „Laws of Form" von George Spencer-Brown[640] zu schlagen versuchen, der Hoffnungen nährt, es ließe sich eine operative Grundlegung mathematischer und logischer Verfahren mit einem 'Kalkül' geben, dessen Zeichen Bilder von Handlungsanweisungen sind, wie die Güntherschen Morphogramme Bilder für nicht-anschauliche Konstellationen. So ist eine Operation, die Spencer-Brown *the form of cancellation* nennt[641], dargestellt als:

Das Gleichheitszeichen ist explizit als solches eingeführt, *sign of equivalence*, und es ist erkennbar, daß hier nicht, wie etwa bei Paul Lorenzen, mit konventionalen Symbolen gearbeitet wird, sondern mit 'sprechenden' Bildern für Vorstellungen. Der leere Platz rechts vom Gleichheitszeichen macht den ganzen Ausdruck zu einem nicht-mathematischen: Hier wird unter der unerkannten Voraussetzung, einen im Lesen mathematischer Notationsformen elementar geübten Leser anzusprechen, aus der erprobten, doch nun ins Leere laufenden Erwartung, das Gleichheitszeichen einer Formel als Verknüpfung von Resultatgröße und Operationsvorschrift verstehen zu dürfen, die

---

weise mehr auf die Herkunft dieser Theoriestrategie aus Derridas Konzept einer vorsprachlichen Grammatologie findet man in der *Einübung in eine andere Lektüre*, l. sub 599) c.

[639] Ernst Cassirer: *Die Philosophie der Griechen von den Anfängen bis Platon*, in: Max Dessoir ed., *Die Geschichte der Philosophie*, Wiesbaden: Fourier, o. J., pp. 7-139. - Cf. pp. 31 sq.

[640] London: Allen and Unwin, 1969.

[641] ibid., p. 5.

außerlogische, ästhetisch-phänomenale Wahrnehmung eines Spannungsabfalls induziert, an der erspürt wird, was bedeutet werden soll: Auslassung, Beseitigung, Verschwinden – *cancellation*. Die Anregung visueller Wahrnehmung durch Gestalten kann hier mit den erspürten Spannungspotentialen arbeiten, die durch graphische Gliederung der Fläche erzeugt werden[642] und so die Bewegungssuggestion der figürlichen Gestalt für die Darstellung logischen Operierens unterschieben. Der Vollzug einer intellektuellen Operation wird vermeintlich als erspürbare Rhythmuserfahrung erschlossen. Auch bei Spencer-Brown ist erkennbar, daß mit diesem Typus von Konstruktion eine vermeintlich tiefere Grundlegung für logisch-semantische Distinktionen gegeben werden soll und bei ihm ist klar erkennbar, daß Vorbild für sein Verfahren die anschaulichen Gestaltunterscheidungen einer biologischen Morphologie sind[643]. In den ersten drei Sätzen seiner Einleitung wird der theoretische Kurzschluß deutlich ausgesprochen: *The theme of this book is that a universe comes into being when a space is severed or taken apart. The skin of a living organism cuts off an outside from an inside. So does the circumference of a circle in a plane.*[644] Der unvermittelte Sprung von der anschaulichen Organismus-Umwelt-Unterscheidung zur geometrischen Figur wird auch nicht nachträglich auf den Weg geführt, auf dem in der europäischen Wissenschaftsgeschichte *auch* sichtbare Größen- und Lageverhältnisse arithmetisch und algebraisch berechenbar gemacht wurden, sondern nur zur Modellierung der Erzeugung und Wandlung figürlicher Unterschiede mit graphischen Operationen.

Der Impuls solcher Bemühungen ist dem Streben zu verdanken, dem einen der beiden für die Philosophie bedeutendsten Probleme, wie aus intuitiven innovativen Vorgriffen definite semantische Distinktionen und Darstellungsformen hervorgehen, wie gewissermaßen

---

[642] Cf. etwa die phänomenologische Rekonstruktion der ästhetischen Erfahrung figürlich gegliederter Flächen bei Georg Picht, *Kunst und Mythos*, Stuttgart: Klett-Cotta, ⁵1996; pp. 310-313, *Die Fläche als Spannungsfeld*.

[643] Wir haben es hier also mit einem Verfahren zu tun, bei dem logische Differenzen als morphologische Konturunterscheidungen vorgestellt, dann aber ästhetisch aufgefaßt werden, womit eine 'sich zusprechende' Bedeutsamkeit eingeführt ist, die anrührende Ausdrucksqualität, die der taxonomische Blick des Biologen oder Geologen nicht kennt.

[644] l. c., p. V.

der Weg von der Konjektur zur Idee und zur kulturell wirksamen Realisierung beschaffen ist, eine angemessene Darstellung zu verschaffen. An welch fruchtbarem Gegenstand hier gearbeitet wird, läßt sich mit einem Seitenblick auf Blumenbergs Rechtfertigung *absoluter Metaphern* erinnern. Deren Aufgabe, Darstellungen zu ermöglichen, wo ein Zusammenhang besteht, der ein logischer nicht sein kann, ist an dem Ort kultureller Praxis, an dem das Gegebene auf sein Gegenteil hin überschritten wird, exemplarisch gestellt. Das antiplatonistische Program findet sein theoretisches Zentrum in einer genetischen *Logik der Phantasie*.[645] Sie als die den Bestand überschreitende Handlung darzustellen, führt darum nicht auf eine Kritik oder Ergänzung der Formalen Logik, sondern auf ein neues Feld und auch Günther findet mit *Codex von Handlungsvollzügen* einen Titel, der diese Distanz andeutet.[646] In einem entscheidenden Punkt reichen aber die Konnotationen dieser Formel noch immer nicht aus, das Programm durchführbar erscheinen zu lassen. Kein Kodex kann mehr als *wenn-dann*-Regeln festschreiben, so daß die entscheidende Bedingung für eine routinierte Anwendung der Regel in der Feststellung ihrer Anwendbarkeit zuvor gegeben sein muß. Zu erkennen, daß der Fall x einer Regel X eingetreten sei, verlangt noch immer produktive Einbildungskraft jenseits demonstrierbarer Regeln. Was fehlt, bezeichnet Rudolf Kaehr implizit, wenn er die axiomatische Konstruktion der Reihe der Natürlichen Zahlen darin für unzureichend ansieht, daß der sinnvollen Formulierung der Peanoschen Axiome die Intuition über das Resultat der in ihr gefaßten Anweisungen bereits vorher gegeben sein müsse.[647] Weil hier die Forderung enthalten ist, einen Typus konstruktiver Algorithmen zu entwickeln, der dieses Vorgriffs nicht bedarf, entsteht nicht zufällig der Versuch, nicht Zeichensysteme und Operationen zur expliziten Notation schon begriffener, wenn auch noch präzisierbarer Sinnbeziehungen zu schaffen, sondern auf den Entwurf von Zeichen zu setzen, die den Sinn mitbringen, an sich tragen. Die Einheit von Zeichengestalt und Bedeutung ist jedoch nur auf der elementaren Ebene mimischer und gestischer Qualitäten gege-

---

[645] Hans Blumenberg: *Paradigmen zu einer Metaphorologie*, Frf./M.: Suhrkamp, ²1999; pp. 7-13.

[646] *Martin Heidegger und die Weltgeschichte des Nichts*, in: *Beiträge III*, l. c., p. 294.

[647] Sandrina Khaled: *Gespräch mit Rudolf Kaehr*, l. c., p. 52.

ben. Daß der Charakter solcher Zeichen dazu verleitet, ihnen aus der Erfahrung ihrer impressiven Wirkung eine substantiale Selbständigkeit zuzuschreiben, öffnet mit der durchgehaltenen Orientierung an der Ausdrucksqualität den Weg zu einem magischen Zeichenkonzept.[648] In der Unmittelbarkeit der Anschauung erscheint das Zeichen für den Vorgang als Realpräsenz von dessen Vollzug.[649] Die vermeintlich erfahrene Selbsttätigkeit des Zeichens kann dann für eine semantische Entelechie angesehen werden, die sich einem biomorphologischen Konzept der Bedeutung überraschend gut einpaßt – und die Genese von Bedeutung durch hermeneutische Arbeit oder explizierende Durchführung und Konkretisation, geleitet von Intuition, ist als biotischer Wachstumsprozeß gedeutet.

Nicht übersehen werden soll dabei, daß die problematische Antwort von genauem Verständnis der Frage zeugt: wie etwas innerhalb der Unendlichkeit möglichen, konstruktiv hervorrufbaren Seins entsteht. Wo die anamnetische Exemplarität idealer Wesen über den einzuschlagenden Weg nichts mehr auszumachen erlaubte, da die Übermacht realer Umbrucherfahrungen[650] deren Evidenz aufgelöst hatte, wurde die Frage, wohin in einem marasmischen Urwald an Möglichkeiten gegangen werden sollte, dringlich. Die von Marx konzipierte Lösung, die dominante Tendenz kultureller Evolution in der Befreiung aller Individuen zur Entfaltung aller Dimensionen produktiver und konsumtiver Möglichkeiten zu bestimmen, konnte nur in der Beschränkung auf die Bedürfnisbefriedigung Muster für eine historisch folgenreiche Handlungsanleitung werden. Die bei ihm selbst schon ausgesprochene Unbestimmtheit, *alle Springquellen gesellschaftlichen Reichtums* zu öffnen, mußte dominant werden, wo der Druck bekannter Bedürftigkeiten sich auflöste. Der knappste Ausdruck für die entstandene Bewußtseinslage der kulturellen Bewegungen, die sich innerhalb dieses Horizonts orientierten, ist der Titel

---

[648] Cf. zum Begriff des magischen Zeichens: Ernst Cassirer, *Philosophie der symbolischen Formen II*, l. c., p. 284.

[649] Cf. ibid. p. 52.

[650] Und wohl auch: die Ahnung, daß diese Umbrüche nicht verhindert werden konnten, sie also mindestens fahrlässig zugelassene waren, passiv gewollte.

eines Textes aus dem Jahre 1991: *Und jetzt wohin?*[651] Dem Universum der Zeichen in solcher Lage die Kraft zuzuschreiben, dem Bewußtsein der Zeichenverwender ihre orientierenden Wünsche, Hoffnungen und Strebungen zu *erzeugen*, macht jedoch das Mittel der Objektivierung zum Grund des Antriebs der Objektbildung: das Symbol anstelle des Symbolisierten. Die Interessiertheit fände sich nicht in der Suche nach Ausdruck, sondern entdeckte sich als Qualität an Ausdrucksmitteln. Es wäre der Versuch, einen Zustand vollendeter Ratlosigkeit über das, was man tun wolle, damit zu bewältigen, daß man sich bei einem in der Schwerkraft überlieferter Dispositionen und okkasioneller Auslösungen vollzogenen Handeln selbst zusähe und die Handlungsformen daraufhin durchsichtig machte, was das gesuchte Erwünschte denn sei. Als Einsatz einer methodologischen Präzisierung dessen, was die reflektierenden Wissenschaften zum Gegenstand haben, war dies schon zu würdigen. Auf die Frage, wie von diesem Aufspüren intentionaler Tendenzen an den mimischen und gestischen Qualitäten kultureller Akte und ihrer Verkörperungsformen dann zur Handlungs*anweisung* übergegangen werde, bleibt die Theorie die Antwort schuldig. Günther selbst hat der im Kern magischen Zeichenkonzeption der transklassischen Logik zwar weniger die impressive Eigenkraft von Ausdrucksqualitäten abzugewinnen versucht, als vielmehr die Einheit von Zuständlichkeit und Bedeutung, die in der Vereinigung von Repräsentant und Repräsentiertem zur unmittelbaren Präsenz des Bedeuteten liegt. Aber auf diesem Wege gelangt er zur Identität von Modell und Realgeschehen, nach der etwa das auf einem Computer implementierte, algorithmische Modell eines Prozesses für diesen Prozeß selbst gehalten werden muß. Bedenkt man die fruchtbare Intuition des theoretischen Einsatzes, wird man zur Vermutung geführt, daß eine schwere Hypothek Ursache für ein solch auffälliges Verfehlen sein muß.

---

[651] André Gorz, Berlin: Rotbuch, 1991.

6. Ausblick. Organisch-technische Metaphysik

Ziel

Symbolische Formen als Medium, nicht Repräsentation

Das magische Zeichenkonzept, in dem nur aus konventionellen Gründen der Verständlichkeit eigentlich von *Zeichen* zu reden ist, läßt sich hier als der Versuch entschlüsseln, einem systematischen Problem gerecht zu werden, das mit der Auflösung der in der rationalistischen Metaphysik des 18. Jahrhunderts kulminierten repräsentativen Rationalitätsform entstand.

Die in mehreren historischen Schüben nach und nach ins Bewußtsein tretende Einsicht[652], daß der Mensch in der Natur das skandalöse Wesen sei, dessen Möglichkeitshorizonte von dieser nur eingerahmt, nicht präformiert sind, hatte mit der durch Kant entbundenen radikalen Irritation bei den berühmteren Nachfolgern noch Konzeptionen hervorgetrieben, die im Versuch, die Folgen theoretisch einzufangen, mit ihrem Rückgriff auf mythische Elemente[653] als Versicherungen durch Rückschritt erscheinen mochten. Aber die Unternehmen Fichtes, Schellings und Hegels, die Gemeinschaft von Natur und Kultur in der mythisch inspirierten Erzählung von der Genese dieser aus jener, genauer noch: dieser nur durch jene, als eines vorläufigen Stadiums einer immer schon angelegten Entelechie, hindurch, hatten doch als noch unabgegoltenen Entwurf die Reifung von aufklärerischen Theoremen zu einer Theorie der Geschichtlichkeit der Vernunft erbracht.[654] Günther erfaßt in seiner Kritik einer statisch und substantial

---

[652] Hans Blumenberg zeigt in einem kleinen Aufsatz, daß zwar schon jahrhundertelang das Bewußtsein von Schöpfertum wuchs, außerhalb der Philosophie die explizite Anerkennung der metaphysischen Beispiellosigkeit des Menschen in der Welt aber erst der Kunst des 20. Jahrhunderts gelang. - Cf. *'Nachahmung der Natur'*, in: id., *Wirklichkeiten, in denen wir leben*, l. c., pp. 55-103, praec. pp. 92-94.

[653] Cf. Hans Blumenberg zu Fichte, in: *Arbeit am Mythos*, l. c., pp. 294 sq., und Ernst Cassirer zu Schelling und Hegel, in: *Das Erkenntnisproblem III*, l. c., pp. 276 sq. und pp. 373-375.

[654] Zum Ursprung dieses *topos* bei Fontenelle cf. Hans Blumenbergs Darstellung *Die Vernunft bekommt eine Geschichte* in *Lebenszeit und Weltzeit*, l. c. - Nach dem Deutschen Idealismus als reiche Entfaltung in einer Sozialtheorie konkretisiert schließlich durch Marx, cf. dazu etwa: Gerd Irrlitz, *Karl Marx - Aufhebung der Subjektphilosophie und der*

gedachten Differenz von *Sein* und *Denken* die Erosion des theoretischen Sediments einer Konzeption der Kultur, in der repräsentative Symbolisierungsformen wie Kristallisationen über unvergänglichem Sein schwebend gedacht waren. Seine Rekurse, die den Rekonstruktionen einer dynamischen Ideenwelt bei Schelling und Hegel, auch dem antiidealistischen Einwand von Marx[655] und schließlich noch dem *actus*-Bewußtsein des Pragmatismus gelten[656], nähren Hoffnungen auf eine Konzeption, in der die erscheinende substantiale Dichotomie eines kompakten Seins gegenüber einem gefügten Denken aufgelöst wird, um sie als Korrelation zu rekonstruieren.[657] War einmal angenommen, daß eine allgemeine Frage nach *dem* Sein nicht allgemein zu beantworten war, da jede Frage bereits eine besondere Perspektive induzierte, die den Horizont möglicher Antworten präformierte, war aus der Unendlichkeit möglicher Perspektiven auf Seiendes statt der überbietenden Perspektive die reflexive zu wählen, die nun sichtbar zu machen hätte, was es hieß, eine *Perspektive* auf Seiendes in eine Frage münden und in die Genese einer ganzen neuen Wirklichkeit ausgehen zu lassen. Der bei Hegel noch als Hierarchie und historische Phasenfolge konzipierten Ordnung der Mannigfaltigkeit symbolischer Formenwelten ließ sich dann ein Unterschied nach methodischen Aspekten anmessen und die historisch verschiedenen Reifezustände, die wechselseitige Beeinflussung in genetischen Schüben und die funktionale Koexistenz der Rechts-, Religions-, Kunst-, Industrie- und Wissenschaftssphäre etc. systematisch getrennt erschließen. Das Material, das dabei erzeugt würde, wäre die Voraussetzung einer Theorie der Genese und Funktionsweise von Objektivationsformen überhaupt, nicht als genetisches Prius der in der Zeit ablaufenden Realgenese, sondern als 'Zusammenfassung der allgemeinsten Resultate'. Beschlossen darin wäre die Aufmerksamkeit für den je feldspezifischen Typus der symbolischen Form, konnte sich doch nur hieran zeigen, Sein welcher Art jeweils verfügbar gemacht war.

---

idealistischen Handlungstheorie, in: V. Gerhardt ed., *Eine angeschlagene These*, Berlin: Akademie, 1996, pp. 33-64; - praec. pp. 38-44.

[655] *Idee und Grundriß*, l. c., pp. 22, 316; *Vorwort* zu *Beiträge III*, l. c., pp. XVI-XVII; *Idee, Zeit und Materie*, ibid., p. 251.

[656] Cf. *Idee und Grundriß*, l. c., pp. 71-73.

[657] Cf. die Darstellung bei Gerd Irrlitz, *Karl Marx*, l. c., pp. 39 sq.

Ziel

In der Auflösung des repräsentativen Typs symbolischer Formenwelten wäre nun zugleich die klare Differenz von Repräsentation und Präsenz verschwunden, denn wenn jede Seinsart nur in der sie verfügbar machenden symbolischen Form zu vergegenwärtigen war, wurde diese das Medium der Realpräsenz jener. Ein magisches Zeichenkonzept realisierte dies aber gewissermaßen naiv, unmittelbar, indem die imaginativ vergegenwärtigende Bedeutung nun als die empirische, ja physische Gegenwart des Bedeuteten verstanden wurde. Was etwas bedeutete, war nur es; was etwas war, bedeutete es schon. In der Morphogrammatik wird man die am reichsten entfaltete Stufe einer Lösung erkennen müssen, mit der Günther eine ursprünglich produktive Aufgabenstellung zu bewältigen suchte. Deutlicher noch als die Schema-Verknüpfung durch die Proömialrelation bezeugt ihr Charakter als Kalkül aus 'sprechenden' Figuren eine Herkunft aus lebensphilosophischer Metaphysik, der die impressive Wirkerfahrung von Ausdrucksqualitäten Resultat einer quasi-lebendigen Aktivität war und die daher hoffen konnte, ein System physiognomischer Figuren zur Darstellung der Beziehungen von als Lebenseinheiten gedachten kulturellen Konstellationen zu schaffen. Es ist im Kern nicht nur Lebensphilosophie überhaupt, die sich hier niederschlägt, sondern Spenglersche im besonderen. Die Verwandtschaft der Intentionen ist prägnant kenntlich, wenn Spengler schreibt, ihm schwebe die systematische Rekonstruktion kulturgeschichtlicher Phänomene als *Gruppen morphologischer Verwandtschaften* nach der entfernt vergleichbaren Art mathematischer *Transformationsgruppen* vor. Im unmittelbar folgenden Absatz ist dann die Rede davon, mit diesem Einsatz die *biographische* Notwendigkeit umfassender Umwälzungen *innerhalb eines großen historischen Organismus* endlich begreifen zu können.[658]

---

[658] *Der Untergang des Abendlandes*, l. c., pp. 66 sq. - Auch die unmittelbare Analogisierung der mathematischen *Transformationsgruppen* mit dem musikalischen *Thema mit Variationen*, ibid. p. 115, bezeugt die allgemeine Intention, empirisch erfahrbare variierende Reorganisationen als elementaren Grundriß der gesuchten 'Entwicklungslogik' zu erproben. Daß der Wandel historischer Konstellationen als Umwandlung empirisch überhaupt nicht erfahrbar ist, wird nur der Reflexion kenntlich, die den Aufwand bemerkt, den Erinnerungskultur – Darstellung – benötigt, um die Einheit der Erfahrung über Brüche hinweg zu sichern. Das reine Erlebnis kennt keinen geschichtlichen Wandel.

Organismisches Funktionsmodell

Für die methodische Fokussierung des Gegenstandes wird hier der physiognomische Blick eingesetzt, der dem *nur systematischen* der mathematischen Naturwissenschaften entgegengesetzt wird[659] und als derjenige gilt, dem allein es gegeben sei, kulturgeschichtliche Konstellationen und Wandlungen *echt* und *tief zu schauen*[660]. Nicht nur die Terminologie, auch die Gegenüberstellung von Descartes-Kant-Newton und Homer-„Edda"-Goethe ruft nachdrücklich in Erinnerung, daß hier eine ästhetisch-anschauende Wahrnehmung eingesetzt werden soll, den Gegenstand aufzuschließen. Die Reihe so gewonnener physiognomischer Porträts ergäbe dann etwas wie eine *Biographie*.[661] In undurchschauter Weise ist aber der impressiv sensible Blick des Porträtisten zugleich als der deskriptive eines beobachtenden Naturforschers verstanden, der Entwicklungsphasen an Wachstumsvorgängen zu unterscheiden und zu klassifizieren sucht. Die bis heute nur in der Weigerung, überhaupt Geschichtsphilosophie zu treiben, abgewehrte Versuchung, den Prozeß der Kulturgeschichte als Wachstumsvorgang nach dem Vorbild von Organismen zu deuten, ist von Spengler mit entschlossener Konsequenz als fruchtbare Lösungsidee angenommen und durchgeführt worden; ungeachtet der Unentschiedenheit, ob nun der taxonomisch-deskriptive oder der ästhetisch-imaginative Blick eingesetzt werden soll, um eine Darstellung zu erhalten. Es heißt wie unproblematisch: *Kulturen sind Organismen. Weltgeschichte ist ihre Gesamtbiographie.*[662]

Daß schon die immer situativ gebundene physiognomische Schau, will sie wiederkehrende Muster finden, zu einer Typisierung und Schematisierung fortschreiten muß, die in methodologisch reflektierter Blickwendung ein neues Problem kulturwissenschaftlicher Allgemeinbegriffe mitbringt, ist hier nicht bedacht, obwohl doch mehr geleistet werden soll als nur die Darstellung dessen, was geschehen ist: Ziel des Unternehmens ist es, die innere Notwendigkeit

---

[659] Das zweite Kapitel wird von einem methodologischen Abschnitt zu „Physiognomik und Systematik" eingeleitet.

[660] ibid., p. 129.

[661] pp. 127, 132, 136.

[662] p. 140.

in der Abfolge von 'Gestalten' kulturgeschichtlich realisierter Zustände zu erfassen.[663] Die einfache Gegenüberstellung von *Gestalt* und *Gesetz* aber ist offenkundig ungeeignet, kenntlich zu machen, wie dies geschehen soll. Wie ließe sich eine innere Notwendigkeit rekonstruieren, gar vorhersagen, die nicht in Form eines Gesetzes zu beschreiben wäre? Daß an anderer Stelle dem Gesetz ausdrücklich *das Schicksal* entgegengesetzt wird[664], macht kenntlich, daß dem thematisierten Leben eine aktuellem Belieben entzogene Determination zugeschrieben wird, die nicht so verfügbar gemacht werden könne, wie die Kausalbeziehungen der naturwissenschaftlichen Gesetzesaussagen. Die ästhetischen Termini zeigen aber, daß für dieses Schicksal auch Vorstellungen von dramatischer Komposition unterlegt sind, die, bestärkt und ausgedrückt in Rückgriffen auf die Vorstellung biotisch entelechetischer Prozesse, einen eisernen Determinismus der Kulturbewegung ergeben, dem jede Modifikation durch reflexive Selbstbemächtigung der in diesem Leben Handelnden ermangelt. Wie alle radikale Skepsis muß auch diese immer in dem Widerspruch befangen bleiben, in den Behauptungen zu dementieren, was mit der Tatsache des Behauptens vorausgesetzt ist. Die intellektuelle Arbeit war es, die zur Einsicht in die Notwendigkeit führte; wenn diese aber im Letzten nichts Anderes ergeben sollte als den Sieg der Macht *des Blutes*, war noch nicht bedacht, wie sich der Gang des Geschehens an und durch diejenigen vollzog, die zu einem Bewußtsein über es gekommen waren – da doch ihr Handeln es war, das hier geschah.

Zum Produktiven des umkreisten Einsatzes gehört die Annahme, daß im Geschichtsverlauf jenseits aller erlebten Brüche Kontinuität gedacht werden muß, da die in den bewußten und vorbewußten Schichten des leiblich-psychischen Substrats der Akteure sedimentierten Erfahrungen und Prägungen die Vergangenheit mit der Gegenwart unauflöslich verbinden[665]; genauer: nicht anfangs Ge-

---

[663] pp. 9, 21, 35 et al.

[664] pp. 152 sqq.

[665] Weniger sichtbar, da unproblematisch, bei denen, die Avantgarde in kulturellen Umbrüchen sind: Sie können dies sein, da sie aus ihrer Vergangenheit die Potentiale mitbrachten, Neues zu etablieren. Die Geschichte derer, die aus Gründen der Fesselung in traditionalen, mentalen und sozialen Bindungen nicht in der Front kultureller Umwälzung leben können, bezeugt tragische Abhängigkeiten vom Vergehenden. Bekannt ist das Wort von Marx, die toten Geschlechter lasteten „wie ein Alp auf den Gehirnen der Lebenden"; es

trenntes nachfolgend verbinden, sondern der Geschehensstrang sind, der sich nur analytisch, unterscheidend und wertend, also nur imaginär zerteilen läßt. Zugleich ist im organismischen Modell sowohl mit der Vorstellung einer Homöostase die Sensibilität für die instabile Existenz aller Institutionen, Verkehrsformen und Übereinkünfte gedacht, wie in der Vorstellung eines funktionalen Struktur die überpersonale Determiniertheit der empirisch begrenzten Person erfaßt, die sowohl den ideologischen Dogmatismus, der vorhandene Institutionen der Kultur als endlich erreichte und verbriefte Errungenschaften anzusehen sucht, wie auch die Übersteigerung der ökonomischen und juristischen Stellung der Person in der bürgerlichen Gesellschaft zu einem anthropologischen Solipsismus abweist.

Nur muß zugleich zugegeben werden, daß die Form, die diese Konzeption von ihren methodischen und systematischen Prämissen her gewinnt, nicht nur nicht zu rechtfertigen ist[666], sondern in ihren Ergebnissen fragwürdig bleibt. Zum einen wird der Anspruch, tiefe Wahrheiten statt bloßer Richtigkeiten[667] zu erfassen, schon im Einsatz unterlaufen, da die absolute Relativität aller Bedeutung, die aus deren Konzeption als situativer Ausdruck abzuleiten ist, nur dazu führen könne, eine *Weltanschauung* zu begründen, die *Ausdruck und Spiegelung nur der abendländischen Seele* sein dürfe und wolle[668]. Wie dennoch zu hoffen sei, mit der Perspektive, der solche Hypothesen eigen sind, den *wahren Stil der Geschichte* bloßzulegen[669],

---

ist das Urteil, das den Verlieren kultureller Umwälzungen zukommt. Ausführlich erschlossen Romane des frühen 20. Jahrhunderts dieses Thema; exemplarisch etwa William Faulkner, der zudem seinen Stoff genau zu bezeichnen wußte, als er in seiner Nobelpreis-Rede von der lebendigen Gegenwart des Vergangenen sprach. - Daß in der Folge der Generationen revolutionäre habituelle Wandlungen von wunderbarer Seltenheit sind, bezeugen die Erwartungen realistischer Politiker. Wie sehr etwa die Außenpolitik Stalins von Prämissen, Fixierungen und Befürchtungen hundertjähriger großrussischer Geschichte geprägt war, läßt sich sehr gut in dem aufschlußreichen Text Gabriel Gorodetzkys über *Die große Täuschung* erfahren; Berlin: Siedler, 2001; cf. praec. Kap. 5, *Schlußgedanken*.

[666] Die heuristisch-analogische Nutzung der anschaulichen Vorstellung von Wachstums- und Stoffwechselvorgängen mag so lange unproblematisch sein, wie nicht versucht wird, die Metaphern wörtlich zu nehmen. Spenglers Formel, Kulturen *seien* Organismen, überschreitet die Grenze.

[667] *Untergang*, l. c., p. 129.

[668] p. 64.

[669] p. 66.

muß dann rätselhaft bleiben. In der Vermutung, sie sei *Symptom und Ausdruck* der seinerzeitigen Lage der westeuropäischen Kultur[670], wäre ein Finalismus unterstellt, der Relativität nur den vorausgegangenen Phasen der Kulturentwicklung und der in ihnen ausgebildeten methodischen Instrumentarien der Reflexion zuschriebe. Wie dies aber mit der Forderung vereinbar sein könnte, noch die Gegenwart in eine sachlich distanzierte Objektivität zu bringen[671], in der die geglaubte Bedeutsamkeit von Entwicklungslinien, Traditionen und historischen Aufträgen auszublenden wäre, um jede historische Phase als gleichermaßen wert- und sinnvoll wie eine beliebige andere erkennen zu können, muß so unerörtert bleiben. Der methodische Ansatz ist nicht geeignet, das auch den zum radikalen Historismus entschlossenen Geschichtstheoretiker berührende Problem aufzulösen, wie sich die dezidiert wertfreie Rekonstruktion kulturgeschichtlicher Phänomene mit seiner unvermeidlich in wertender Stellungnahme gebundenen Teilhabe an der Kultur vermitteln läßt.[672]

Bezeichnet Kultur im Plural die wirkungsreichsten und lange existierenden großen Zivilisationskreise, die Hochkulturen, wird zudem erklärungsbedürftig, wie, wenn bereits sie geschlossene Organismen sind[673], noch neben ihnen – oder gar: durch sie hindurch – andere Akteure den Fortgang des weltgeschichtlichen Geschehens bestimmen: *das Recht, die Maschine, das Geld, das Blut*.[674] Hier sind Allgemeinbegriffe oder Metaphern für bestimmte, analytisch unterscheidbare kulturelle Funktionsmedien zu handlungsbegabten Wesen gemacht, die, in einer Gigantomachie verfangen, die besonderen Prozeßkon-

---

[670] p. 64.

[671] pp. 125-127.

[672] Die Andeutung, zwar sei relative Weltanschauung, was man präsentiere, doch auf einem ausgezeichneten Standort in der Geschichte, erinnert nicht zufällig an das methodologische Problem, für eine wissenschaftsfähige Rekonstruktion der in perspektivenabhängige Deutungen zerteilten Reflexion einen absolut ausgezeichneten methodischen Standort zu finden. Hegel nutzt dafür das „Ende der Geschichte", ein finales Einschwingen in einen Kreislauf, Marx die armutsmystisch inspirierte Konstruktion einer anthropologisch 'reinen' Existenzform menschlicher Akteure, aus deren Perspektive die adäquate Einsicht in geschichtliche Aufgabenstellungen zu gewinnen wäre. – Cf. Jörn Rüsen: *Geschichte und Norm – Wahrheitskriterien der historischen Erkenntnis*, in: Willi Oelmüller ed., *Normen und Geschichte*, Paderborn: Schöningh, 1979, pp. 110-139.

[673] pp. 140 sqq.

[674] Cf. pp. 1190-1195 et al.

stellationen im Verlauf der Kulturgeschichte als Resultat ihrer Auseinandersetzung erzeugen. So wird erkennbar, wie der ästhetisch-impressive Blick, einmal zur Typenbildung gelangt, zum Rückgriff auf mythisch-magische Weltbilder verleitet, da er die aus sozialer Interaktion resultierenden Kohärenzphänomene massenhaft gleichsinnig gerichteten Handelns vieler Akteuere in der Separation vom Realvorgang zu verselbständigen erlaubt, wenn darauf beharrt wird, daß das Allgemeine der Funktionsbindung vieler willensbegabter Akteure organismisch zu modellieren sei. Sich selbst stabilisierende und reproduzierende Konstellationen von Normen, Erwartungen und Forderungen, die kommunikative Verhaftung einander affiner Sensibilitäten, schießen dann zu etwas wie lebendigen Individuen höherer Stufe zusammen.

Auch Ernst Cassirer hat den Kern dieses Vorgehens in der methodischen Inkonsequenz gesehen, *überpersönliche Bedeutungs-Einheiten .. nach dem Modell und Schema persönlicher Einheiten zu konzipieren*[675] und zu zeigen versucht, daß Grund dafür die Beharrung auf einem Gegenstandsbegriff ist, der auch die frühen Stadien der Naturwissenschaften kennzeichne. Statt von anschaulich erfaßten und gegliederten Dingen und Zuständen in das 'überdingliche' Reich rein logischer Beziehungen einzutreten, wie es die mathematische Naturwissenschaft vollziehen muß, sei hier der Versuch unternommen, 'unterdinglich' zu denken, Elemente von Ausdruckswahrnehmungen zu isolieren und in Beziehung zu bringen. Tatsächlich führt Spengler im einleitenden Kapitel seine Leittermini unter Berufung auf Evidenzen ein, die dem elementaren Wahrnehmungsbewußtsein zugehören: *Werden-Gewordenes, Eigenes-Fremdes, Seele-Welt*. Die basale Stufe, auf der solche eingelebten Unterscheidungen mit Selbstverständlichkeit zur Verfügung stehen, wird, phänomenologisch genau, das Wachsein genannt, doch alternativlos mit Bewußtsein gleichgesetzt.[676] So, wie die ältere qualitative Physik *heiß-kalt, feucht-trocken, hart-weich* etc. als Elemente einer systematisch rekonstruktiven

---

[675] *Nachgelassene Manuskripte und Texte I*, l. c., pp. 243 sq.

[676] *Der Untergang*, l. c., pp. 71 sq. – Müßte man sich nicht durch den Kontext der biologischen Metaphern motivieren lassen, hier an die Differenz von Zuständen im empirischen Sinne zu denken, ließe sich eine Deutung entfalten, die in den Aktualismus des Pragmatizismus führte: Bewußtsein als die perennierende Aktualität des Habens eines Etwas, in equilibristischer Spannung wie auf dem Scheitel einer „stehenden Welle".

Beschreibung einzusetzen suchte, muß, folgt man der Diagnose Cassirers, das analoge Vorgehen in den historischen Kulturwissenschaften dazu führen, daß isolierte charakteristische Züge aus Physiognomien nun in Beziehung gesetzt werden: das Kämpferische, das Beutegierige, das Herrschaftswillige, das Ehrgeizige – etc. Die Schilderung des Endkampfes der Weltgeschichte im letzten Abschnitt des Spenglerschen Buches ist erkennbar davon geprägt: erlebnishaft qualifizierte Dispositionen und Intentionen sind handelnde Akteure geworden.[677]

Unter Bewahrung der Hoffnung, ein den mathematischen Transformationsgruppen ähnliches Instrumentarium zur Modellierung zu gewinnen, hat sich Günther von der konsequent physiognomischen Charakterologie gelöst, doch nur so weit, nun anschauliche Schematisierungen logisch-systematischer Gegenstandsdifferenzierungen als Alphabet eines Kalküls zu unterstellen, für den Transformationsoperationen gefunden werden sollen. Ernst Cassirer hat dem Anspruch Spenglers, auf der Basis einer *chronologischen Zahl* ein an Mathematik orientiertes Instrument zur definitiven Verfügung über zukünftige kulturelle Entwicklungen zu schaffen, die Frage entgegengehalten, wie sich die antizipierte *rechnende Physiognomik* denn solle denken lassen[678]. Günthers Werk erinnert in manchem an den Versuch einer Durchführung eben dieses Programms. In die Ebene anschaulicher Gegenstandschematisierung ist unvermittelt ein Gerüst avancierter methodischer Rationalität eingesenkt. Aus diesem Grunde waren die abstrakten Begriffe von *Evolution* und *Emanation* als figürliche Darstellung einer Epigenese von Vielfalt aus Einfalt und einer Verwandlung monotoner Mannigfaltigkeit in eine polyphone dargestellt. Nicht gedachter Sinn, sondern anschauliche Gestalt ist das Medium des Intellekts geworden und die disparaten kulturellen Welten, deren Kommunikation rekonstruiert werden soll, werden in einer Gestaltsymbolik beschrieben, die reale Transformationen als Gestaltumwandlungen, im engeren Sinne als Umformung, Variation und Verkettung von Zeichenfolgen zu beschreiben hat, so daß die angekündigte *Ma-*

---

[677] Ausgedrückt in Wendungen wie: „Das Geld .. hat jede Art von Handwerk geschäftlich umgedacht; es dringt heute in die Industrie ein, um .. Beute zu machen." - ibid., p. 1193.

[678] *Nachgelassene Manuskripte und Texte I*, l. c., p. 106.

*thematik der Qualitäten*⁶⁷⁹ als eine magische Piktogrammatik begründet wird.

In der Identifikation von Zeichen und Bezeichnetem läßt sich der Glaube nähren, im Zusammenfall von Zeichenfigur und Bedeutetem nun den letzten Grund aller Bedeutung aufgefunden zu haben. Hier endlich scheint der unendliche Weg beendet, der vom Zeichensystem immer auf die Gebrauchsweise der Zeichen, ihre kulturelle Funktion, führte und von dieser immer wieder nur auf andere Zeichensysteme. Wo das Zeichen auf nichts als sich selbst verweist, endet die Kette. Der Preis dafür ist ein Konzept von Zeichen, die tatsächlich keine sind, aber umgedeutet werden können in einen Quellgrund von Energie für die selbsttätige Erzeugung von Zeichen.

Kultur als System von Aufgaben

Sollte die Distanz zwischen bedeutendem Symbol und bedeutetem Sein aber nicht aufgegeben werden, mußte die Unterscheidung nach Repräsentation oder Präsenz als inadäquat gewordene aufgegeben werden. Hier böte sich dann die Unterscheidung von imaginär erschlossener Potenz und realisiertem Akt an, ebenfalls nicht substantialistisch, sondern korrelativ, so daß, was in einer Perspektive Potential für den ihr korrelativen Akt war, in reflektierter Perspektive nach den ihr eigenen Aktqualitäten erfaßt werden konnte⁶⁸⁰. Mit diesem Einsatz ließen sich die in symbolischen Formenwelten gefaßten Bedeutungen als Bündel möglicher Aktanweisungen konzipieren. Die in der unerläuterten Erwähnung mehr ahnungsvoll umspielte als bewußt erörterbar gemachte Parallelisierung von *Du*, *Pegasus* und *Gravitation* wird davon genährt sein⁶⁸¹, denn der Rekurs auf Schellings Konzept einer *offenen Person*⁶⁸² weckte die Aufmerksam-

---

⁶⁷⁹ Günther, *Selbstdarstellung*, l. c., p. 73.

⁶⁸⁰ Dies dann der Sinn von *Reflexion* auf rein imaginäre symbolische Operationen.

⁶⁸¹ *Idee und Grundriß*, l. c., p. 103. - Cf. oben, p. 187 sq.

⁶⁸² *Idee und Grundriß*, l. c., pp. 54 sq., cit. Arnold Gehlen: „Schelling wollte .. einen völlig neuen Anfang der Philosophie vollziehen und mußte natürlich jene Subjektivität .. in der Kartesisch-Fichteschen Form verwerfen, in der *Reflexion* (Selbstbewußtsein) und *Evidenz* zusammenfallen. Das ist nun in der Tat von überwältigenden Folgen, denn es bedeutet zuletzt die Leugnung der Selbständigkeit der Person .." - Gehlens Formel gäbe mehr Stoff zur Deutung, als hier aufgenommen wird, denn allein die Spaltung von persönlich

keit für ein Moment in dessen Theorieentwicklung, das hier schon einmal zu berühren war. Schellings späte Versuche, einen Begriff Gottes spekulativ auf die Mannigfaltigkeit sozialer Akte zu wenden, hatten einen prägnanten programmatischen Vorläufer im „System des transzendentalen Idealismus" gehabt, in dem mit einer gleichfalls spekulativen Deduktion unter Einsatz der traditionell metaphysischen Prämisse einer Gleichrangigkeit von Ursache und Wirkung 'bewiesen' worden war, daß der frei erscheinende Willensakt als Resultat von Einwirkungen gedacht werden mußte, die ebenfalls freie Willensakte waren. *Die Handlung soll .. erklärbar sein aus etwas, das ein Produzieren und doch auch kein Produzieren der Intelligenz ist. - Dieser Widerspruch ist auf keine andere Art als auf folgende zu vermitteln: jenes Etwas, was den Grund der freien Selbstbestimmung enthält, muß ein Produzieren der Intelligenz sein, die negative Bedingung dieses Produzierens aber außer ihr liegen .. Ein solches Verhältnis ist nur denkbar durch eine prästabilierte Harmonie .. Aber eine solche ist nur denkbar zwischen Subjekten von gleicher Realität, also müßte jenes Handeln ausgehen von einem Subjekt, welchem ganz dieselbe Realität zukäme wie der Intelligenz selbst, d. h., es müßte ausgehen von einer Intelligenz außer ihr, und so sehen wir uns durch den oben bemerkten Widerspruch auf einen neuen Satz geführt .. Der Akt der Selbstbestimmung oder das freie Handeln der Intelligenz auf sich selbst ist nur erklärbar aus dem bestimmten Handeln einer Intelligenz außer ihr.*[683] Daß die spekulativ deduzierte Harmonie mit der Voraussetzung je individuell mitgeborener Talente dann ein ideali-

---

empirischer Evidenz und Wahrheit, die Hegel zum Problem wurde, wäre sofort verständlich; den Ausfall der Evidenz-Erfahrung für den persönlichen Horizont zu behaupten, stellt dagegen eine durchaus erklärungsbedürftige These dar. Vermuten läßt sich, hier sei die konstitutive Dominanz nicht-intimer - oder, prägnanter, wenn auch nicht richtiger: *entfremdeter* - Selbstzuschreibungen, wie etwa in einem sozialen Rollenkonzept, antizipiert. - Es liegt nahe, im Inhalt des Zitats zu finden, was Günther als selbstverständlich vorauszusetzen sucht: daß transklassisches Denken heiße, von mit Evidenzerlebnis begleitetem Einsehen zu einem 'Begreifen' überzugehen, das ohne diese Begleitung auskommt. Daß aber dies nicht notwendig ein 'Berechnen' ist, liegt auf der Hand. Mindestens einer muß begriffen haben können, welche Beziehungen eine nach Berechnungsvorschrift anwendbare Formel realisiert, andernfalls gäbe es diese nicht. Mit dieser Erinnerung verschiebt sich die Bedeutung dessen, was angekündigt wird: das gesuchte System von Verfahren muß nicht jenseits subjektiv begreifbarer Medien gesucht werden, sondern zu einem Mittel führen, das man erfolgreich einsetzen kann, ohne zu verstehen, wie es denn leisten könne, was es leistet. 'Technik' ist ein verständliches Stichwort dafür.

[683] *System des transzendentalen Idealismus*, in: *Schellings Werke*, l. c., 2. Hbd., pp. 540 sq.

stisches ὕστερον πρότερον in der Zeit formulierte, machte die Grenzen des Schellingschen Einsatzes aus, denn mit ihm war eine tatsächlich harmonische Sozialität konstruiert, in der jeder Mangel einer natürlichen Person sein Komplement in der individuellen Begabung einer anderen hatte.[684] Was damit dennoch transportiert wird, ist von Brisanz für das unter dem Namen Gottes gegebene Problem. Die erklärungsbedürftigen Handlungen von Personen wurden kenntlich als Reaktionen auf Handlungen von Personen – diesen Terminus mit der Weite des spekulativen Einsatzes gefaßt: als Reaktion auf Erwartungen, Wünsche, Forderungen, Anweisungen.[685]

Werden alle Anweisungscharaktere, nicht nur diejenigen, die 'zeigen', wie die Erfahrungen eines Gegenüber virtuell miterfahren oder nachvollziehbar gedacht werden können, als in objektivierenden Symbolen sedimentiert begriffen, ist der Weg zu einer Theorie der symbolischen Objekte als Potentiale kultureller Handlungsanweisungen möglich gemacht. Ernst Cassirer war von Thesen Simmels, der aus der methodisch unaufgelösten Bindung an den privaten Erlebnishorizont bei der Erörterung überpersonaler Phänomene folgerichtig zum tragischen Pessimismus gelangte,[686] inspiriert worden, eben diesen Charakter kultureller Objektivgestalten zu betonen: was entäußert worden war, stellte keine erdrückende Masse für ein einsam um Originalität ringendes Individuum dar, sondern die *Zusammen-*

---

[684] „Es wird also behauptet: unmittelbar durch die individuelle Beschränktheit jeder Intelligenz, unmittelbar durch die Negation einer gewissen Tätigkeit in ihr sei diese Tätigkeit gesetzt als die Tätigkeit einer Intelligenz außer ihr, welches also eine prästabilierte Harmonie negativer Art ist." - Es ist „Bedingung des Selbstbewußtseins .., daß meine Tätigkeit sich auf ein bestimmtes Objekt richte. Aber eben diese Richtung meiner Tätigkeit ist etwas, was durch die Synthesis meiner Individualität schon gesetzt und prädeterminiert ist. Also sind auch durch dieselbe Synthesis schon andere Intelligenzen, durch welche ich mich in meinem freien Handeln eingeschränkt anschaue, also auch bestimmte Handlungen dieser Intelligenzen, *für mich gesetzt, ohne daß es noch einer besonderen Einwirkung derselben auf mich bedürfte*." - ibid., pp. 547 (kursiv K. L.)

[685] Daß hier und bei dem in Verfolg des gleichen Programms unvergleichlich reicheren Hegel Prämissen einer 'Bewußtseinsphilosophie' zu diagnostizieren wären, die das Handeln konkreter Personen als Resultat ihrer intellektuellen Welterzeugung behaupten, wäre höchst erstaunlich. Daß es dennoch geschieht, zeigt im drastischen Widerstreit mit dem Wortlaut der interpretierten Texte, daß manche Autoren für überholt erklärt werden nicht als Resultat einer kritischen Lektüre, sondern als Begründung für deren Unterlassung. Vermutlich zieht darum auch das Kantsche Konzept der Autonomie der moralischen Person viel mehr Aufmerksamkeit auf sich als die realistische Nüchternheit schon Schellings, dem die Partikularität der Person kein unproblematischer Aus-

ballung gewaltiger potentieller Energien, die nur auf den Augenblick harren, in welchem sie wieder hervortreten und sich in neuen Wirkungen bekunden sollen. Ihr Sinn bestand schließlich auch nicht in ihrer Vollendung als *das Werk, in dessen beharrender Existenz der schöpferische Prozeß erstarrt*, sondern im Brückenschlag zu einem Gegenüber, dem *anderen Subjekt, das dieses Werk empfängt, um es in sein eigenes Leben einzubeziehen und es damit wieder in das Medium zurückzuverwandeln, dem es ursprünglich entstammt.*[687] Der *Pegasus* konnte als ein Symbol begriffen werden, das gar nicht für ein Ding zu stehen hatte, sondern als ein Zündpunkt für ausstrahlende Wirkungen, die bei einem Rezipienten eine ganze Konstellation 'sicht'-erschließender Verweisungen, mindestens *diminuendo*, zu induzieren hatte. Daß der Begriff der *Gravitation* in der Physik eben dafür steht, nicht ein Ding, gar erfüllt in Anschauung, zu nennen, sondern sich als Bündel von gerichteten Auslösern für intellektuelle Handlungen zu bewähren hat, wäre damit einer theoretischen Rekonstruktion der Funktionsweise von Termini, die nicht Namen von dinglichen Substanzen und doch nötig sind, dienstbar gemacht.

Dachte man die erfahrbare Wirksamkeit der kulturellen Symbole als *System* ineinandergreifender Verweisungen, mochte man den Zugang zu den strukturalistischen oder auch nur ästhetisch-rezeptiven Konzeptionen finden, für die es etwa *die Sprache selbst* sein konnte, die sprach. Daß die in zeugender Arbeit entäußerten kulturellen Objektivationen ein den privaten Horizont der Person übergreifenden Eigensinn besaßen, der in diesen Horizont immer wieder hineinwirkte und alle zeugenden Akte erst auslöste und präformierte, mußte dann nicht zu einem Fatalimus verabsolutierter Rezeptionshaltung führen, wenn aufgeklärt werden konnte, nach welchen rekonstruierbaren Gesetzen diese Wirkungen sich gruppierten und fortpflanzten, so daß am Ende eine Theorie der Kultur möglich würde, die deren Dynamik

---

gangspunkt, sondern Quell einer theoretischen Schwierigkeit ist: „Wie sich aber jene ursprüngliche Beschränktheit selbst in Ansehung moralischer Handlungen, vermöge welcher es z. B. unmöglich ist, daß ein Mensch sein ganzes Leben hindurch einen gewissen Grad von Vortrefflichkeit erreiche oder daß er der Vormundschaft anderer entwachse, mit der Freiheit selbst sich reimen lasse", bleibe auch „in der Transzendental-Philosophie" unbewältigt. - ibid., p. 554.

[686] Georg Simmel: *Der Begriff und die Tragödie der Kultur*, in: *Logos*, H. 2, 1912, Tübingen: Mohr, 1912; id.: *Philosophische Kultur*, Leipzig: Klinkhardt, 1911.

[687] *Zur Logik der Kulturwissenschaften*, l. c., pp. 112 sq., 110.

nicht in einem Quellpunkt und absoluten Anfang suchte, sondern in der bewirkten Auslösung von Wirkungen, die sich zu einem Kreis, zu vielen verflochtenen Kreisen schlossen.

Person im Spannungsfeld

Was hier, nach Schelling, im Blick auf die Selbstwahrnehmung in der Begegnung mit der anderen Person formuliert wird, ist dann als Exempel einer veränderten Existenzerfahrung kenntlich gemacht, der, mindestens in der rekonstruierenden Reflexion, die Substantialität in der Erscheinung endlich verlorenging. Es bliebe nur zu wünschen, daß die Differenz zwischen dem Feld theoretischer Distinktionen und dem verantwortlichen Handelns nicht überspielt wird, um sich nicht in den unfruchtbaren Extremen falscher Resubstantialisierungen im Theoretischen oder falscher Proteus-Spiele der Unzurechnungsfähigkeit im Praktischen zu überlassen. Sowohl die Suche nach der letzten Wahrheit etwa in der vermeinten Evidenz gefühlshaften Ergriffenseins[688] als auch die spielerische Entsolidarisierung vom bedürftigen Anderen führten hier nach nirgendwo[689]. Da auch dann noch immer genug zu erfahren sein wird, um eine vergangenen Epochen unvorhersehbare Verwandlung unserer psychischen Konstitution zu erwarten, mag verständlich sein, daß Gotthard Günther unter der Leitintuition seiner theoretischen Arbeit auch einen 'trans-Aristotelischen' Menschentypus antizipieren zu können hofft. Daß nicht nur eine neue Theorie, sondern ein sich in Theorie niederschlagendes Bewußtsein der Existenz ohne erlebnishaften Grund entdeckt ist, spricht er als den *Übergang zu einem neuen Weltbild* aus. Er sei dies *un-*

---

[688] Auf das Regiment dieses Prinzips in der Erkenntniskonzeption Heideggers kann Hermann Schmitz plausibel zurückführen, daß Heidegger unwillentlich ein Konzept der „Plakatwahrheit" vertreten habe, in dem die 'einschlagende' Evidenz des überwältigend prägnanten sinnlichen *Leiteindrucks* Kriterium für Wahrheit sei. Cf. id.: *Husserl und Heidegger*, Bonn: Bouvier, 1996, pp. 473 sqq.; praec. p. 478. - Daß die Distanz zur wissenschaftlichen Wahrheit polemisch ausgespielt werden kann, bezeugt, daß sie inkongruent sind, noch nicht, daß diese sich in jener auflösen läßt.

[689] „Die kulturelle Paradoxie der Gegenwart besteht in Gefährdung der Solidarität mit steigender materialer Produktivität und Rationalisierung der Sozialisierungsakte. Das Phänomen ist die Entsolidarisierung als alltäglich normaler, unmerklicher Vorgang .. Die Maxime vernunftgemäßen Lebens .. könnte [heute] lauten: Ergreife den Balken, ehe der andere sich an ihn klammert. Aber das wäre das Bild allgemeinen Schiffbruchs". - G. Irrlitz: *Über die Struktur philosophischer Theorien*, l. c., p. 6.

glaublich schwer, da ein menschliches Opfer verlangt werde, zu dem die Menschheit als Ganzes wohl nie bereit sein wird .. Der Übergang zum Nicht-Aristotelischen schließt eine Selbstentthronung des Menschen ein. Sie impliziert, daß der Mensch keineswegs die spirituelle Krone der Schöpfung ist und daß jenseits seiner Existenz noch ungeahnte Entwicklungsmöglichkeiten jenes rätselhaften Phänomens liegen, das wir Leben nennen .. Schärfer gefaßt, besteht die Dethronisierung des menschlichen Bewußtseins darin, zu begreifen, daß das System der menschlichen Rationalität keineswegs das System der Rationalität des Universums ist. Es liefert nur einen infinitesimalen Bruchteil des letzteren. ... Es geht gegen alle Instinkte, einzusehen, daß die Geistesgeschichte nicht mit dem Menschen beginnt – er ist nur das vorläufig allerletzte Reflexionsphänomen –, sie beginnt vielmehr in jenem Urereignis, in dem Leben aus dem Toten zu sprossen begann. Darum scheidet auch der heute noch sehr unterschätzte Schelling zwischen einer Urgeschichte und dem, was unser Vordergrundinteresse Geschichte nennt. Und solange nicht etwas von jener Urgeschichte begriffen wird, ist alles, was wir über unsere eigene Geschichte zu sagen haben auch in den seltenen Fällen, wo die Aussage geglückt ist, geniale, aber unzuverlässige Intuition – wissenschaftlich betrachtet, aber besseres oder schlechteres Gerede. Das wird nicht anders werden, solange das Denken nicht von dem Eindruck der metaphysischen Irrelevanz des Menschen erschüttert ist.[690] Die auch alltagspraktisch sichtbare Erfahrung des Eingewobenseins in wirkmächtige Medien im Konzept eines höheren *Lebens*prozesses zu fassen, der den Menschen aufhebt, scheint jedoch ein ratloser Theorievorschlag. Er ist *signum* der organologischen Prämissen, die an ihm in ihren Konsequenzen durchsichtig werden: die allgegenwärtige Auflösung von Bedingungen der Möglichkeit, sich noch als solipsistisch geschlossene Person zu deuten, wird in falsifizierter Form, als das Verschwinden des Menschen, ausgesprochen, da das Gewebe sozialer Akte endlich selbst zu einem Organismus, zum neuen Gefäß des unvordenklichen Lebens werde.

Es wäre kaum unfruchtbar gewesen, die mediale Einbettung der einzelnen Person als ein prinzipielles Merkmal menschlicher Existenz anzuerkennen, denn dann wäre die Umbrucherfahrung darin diagno-

---

[690] *Vorwort* zu *Beiträge I*, l. c., p. XV.

stizierbar geworden, daß die immer gegebene Einbettung nur erst auffällig geworden war, seit nicht mehr nur ein oder zwei dominante Medien Handlungsanweisungen durch die lebendige Person hindurch realisierten, sondern viele widerstreitende, und damit handlungslähmende Konflikte oder Orientierungsausfälle dauernd aufdringlich wurden[691]. Diese Einsicht hätte mehr als nur vorläufige Einsatzstelle für die Entfaltung der These sein können, in der menschlichen Geschichte vollziehe sich eine *metaphysische Differenzierung*[692], denn ungeachtet der noch zu erklärenden Differenzierung der medialen Sphären ließe sich immerhin eine vielversprechende Rekonstruktion der Genese neuzeitlicher Persönlichkeit unternehmen. Sie wäre als die Entstehung der gesuchten Instanz zur Vermittlung disparater Wirklichkeiten kenntlich und zugleich in ihrer Abhängigkeit von überpersönlichen Institutionen[693] begreifbar zu machen.

Für die Deutung einer folgenreichen Entscheidung in der Theorieentfaltung muß die Unterstellung erprobt werden, Günther habe die Auflösung des Scheins, einer kompakten Welt stehe eine zu anschauender Wahrnehmung und konstruktiver Distinktion begabte natürliche Person gegenüber, in der Einsicht gefunden, daß nunmehr keine Existenzweise ohne spezifische symbolisch formierte Modulation konstatiert werden könnte und die Erfahrung von intellektueller Strukturierung, Entschluß und Handlung deren Charakter als individuale und situative Aktualisierung und Modifikation von kulturell allgemeinen Potentialen aufzunehmen hätte. Den Schein des Gegenteils, den zur Produktivität unbegabten 'Massenmenschen', ebenso als Falsifikation abzuweisen, nötigte zur expliziten Annahme einer zirku-

---

[691] Die Prägnanz dieser Erfahrung läßt heute in Rückspiegelung auf vergangene Epochen auch die Akzentuierung möglich werden, im mittelalterlichen Europa habe die Koexistenz von kirchlicher und weltlicher Macht „zur Entstehung 'pluralistischer' Gesellschaften bei[getragen], in denen der einzelne die unterschiedlichen Ansprüche an seine Untertanentreue ausgleichen mußte." Auch die erwartbare Fortsetzung, ganz im Sinne Max Webers, liegt dann nahe: „Hier liegen die entfernteren Wurzeln des modernen Individualismus." - Norman Stone ed., *Knaurs Historischer Weltatlas*, München: Droemer/Knaur, ³1990, p. 122.

[692] *Idee und Grundriß*, l. c., p. 10. - Cf. pp. 153 sqq. dieser Arbeit.

[693] Einer Bildungskultur zum Erwerb von Reflexions- und Urteilskompetenz, eines Rechtssystems zur Sicherung einer Friedensordnung, die Verhärtungen universellen Verteidigungszustandes verhinderte, einer Industrie, die materiale Entlastung von Nötigungen zur Sicherung physischer Existenz gewährte und einer Kooperationskultur, die Falsifikationen von Wettkampf entkommen wäre, usf.

lären Struktur in der Beziehung von Individuum und Genus, da im Allgemeinen nichts existierte, als die zu Potentialen verkapselten Resultate individueller Akte und diese nicht ohne ihren Grund im allgemein Möglichen sein konnten. Daß eben diese Intuition die Theoriebildung Günthers berührt hat, läßt sich wiederholt bemerken, zugleich aber, daß die Entscheidung für Gestaltmorphologie zu theoretischen Gewaltsamkeiten führt, durch die ein möglicher produktiver Gedanke in Reduktion auf eine modellfähige Variante um den erwarteten Ertrag gebracht wird.

Der Autor vermag nicht, seine höchst produktive Intuition zur Fruchtbarkeit der methodologischen Entdeckungen Kants, Fichtes, Schellings und Hegels in einer konstruktiven Durchführung seines daran orientierten Neuansatzes zur Entfaltung zu bringen. Die Konzeption einer im Disput, im Verhalten und in der historischen Verschiebung von überpersönlichen Orientierungsrahmen in der Zeit erfolgenden Entzweiung und Wiedervereinigung von Bedeutungs-gefügen verlangte zur theoretischen Begründung, wollte man tatsächlich Hegels Konzept des hier wirkenden Weltgeistes 'säkularisieren', eine Theorie der Bedeutung, die diese als Verweisungscharaktere rekonstruierte, nach denen Akteure nicht nur Arbeitshandlungen und Verhalten ausrichteten, sondern auch intellektuelle Handlungen. Mit einer solchen Begründung wäre erklärbar, wie die symbolischen Kämpfe nicht nur zur Separation und Entzweiung führen, sondern woher, einmal so weit gediehen, dem Prozeß die Energie zur Wiedervereinigung entspringt und welche tiefe Einsicht Hegel in einer mystifizierenden Fassung formuliert hatte, als er Begriffen, mithin besonderen, hier den intellektualistisch ausgezeichneten, Anweisungsfunktionen eine $\mathring{\varepsilon}\nu\tau\varepsilon\lambda\acute{\varepsilon}\chi\varepsilon\iota\alpha$ zur Spaltung und nachfolgenden Wiederversöhnung abzulesen suchte. Hier war in verdeckter Form die Einsicht ausgesprochen, daß sich in der Verwandlung, Separation und Reintegration von Symbolsystemen die Wandlung, Differenzierung und Vermittlung in Handlungsgemeinschaften niederschlug. Daß dies so sein konnte, wäre mit einer anthropologischen Annahme zu erklären, die den instinktentbundenen *homo sapiens* als ein Wesen begreift, das Mittel zur aufgabenadäquaten und Handlungskonkludenz verbürgenden Regulierung seines Verhaltens in Form symbolischer Medien zu erfinden vermag. Der

Schlüssel zu einer Theorie der Bedeutungen als 'Anweisungspotentiale' hätte so nicht nur dem Rezipienten, sondern auch dem Autor selbst aufschließen können, mit welchem systematischen Recht die gedankliche Figur der Entzweiung und Wiedervereinigung hätte eingesetzt und ausgeführt werden können – worin also der tiefere, fortwirkende Sinn seines besonderen Anschlusses an Hegel tatsächlich bestand. Dieser Einsicht hätte sich der Sinn eines historischen Ganges entdecken können: von Kants Bestreitung einfacher substantialer Kongruenz der Sachen und Begriffe über Fichtes Konzeption absoluter Setzung symbolischer Verweisungscharaktere zur von Hegel *in extenso* ausgeführten Umbildung zu einer relativen Setzung, in Form einer genetischen Theorie des Aufbaus von Partialsystemen symbolischer Aktanweisungen. Das Bewußtsein der Anknüpfung an diese Linie der Theoriebildung hätte den Rückfall hinter das kritizistische Programm unterbunden.

Mittel

Kybernetisches Feldmodell

Die mathematische Modellierung von Prozeßsteuerung, als *Kybernetik* begründet, als mathematische System- und Automatentheorie etabliert, welche Phänomene systematisch zu rekonstruieren erlaubt, bei denen Resultate von Prozessen auf die Bedingungen ihrer Erzeugung so zurückgelenkt sind, daß Veränderungen von Resultatgrößen die Veränderung von Bedingungsgrößen und so ihrer durch 'sich selbst'[694] bewirken, hat Günthers Theoriebildung deutlich geprägt. Hier waren zum ersten Mal konstruktive Mittel gefunden, die Flußstabilität dynamischer Prozesse nicht allein nach dem spekulativen Postulat einer Harmonie der Wirkungen in der Totalität der Natur überhaupt erklären zu können, sondern prozeßstabile Binnenharmonie in der naturforschenden Beobachtung zugänglichen, end-

---

[694] Eine Kritik der Falsifikationen, die aus der noch naheliegenden Deutung dieser Metaphern als deskriptive Termini hervorgehen kann, etwa bei Spyridon A. Koutroufinis, *Selbstorganisation ohne Selbst*, Berlin: Pharus, 1996.

lich großen Bereichen erscheinender Umwelt zu rekonstruieren[695]. Daß Günther der Theorie selbststeuernder Prozeßabläufe Aufmerksamkeit schenken mußte, blieb er konsequent auf dem eingeschlagenen Weg, läßt, im Rückblick, schon eine der frühen Präparationen der Problemstellung erkennen, in der, wenn auch in charakteristischer Weise substantialistisch-anschaulich verstellt, eine zirkuläre Abhängigkeit von prägender Vergangenheit, zukünftig gerichteten Orientierungen und gegenwärtigen Entscheidungen diagnostiziert war[696]. Die Identifikation von intelligibler Bedeutung und sensitiver Wirkung im magischen Zeichenkonzept konnte hier als das adäquate Mittel erscheinen, die bio-morphologische Kulturkonzeption durchzuführen[697], in der die Zeichen als Organe physischer Wirkungen unterstellt werden müssen, bleibt man in der Entfaltung konsequent. Dann ließ sich etwa die Vermutung plausibel finden, die imaginäre Präsenz der Vergangenheit in den vorbewußten Schichten der Handelnden, welche die Resultate des Tuns präformiert, und die Erscheinung dieser als Entelechie des Vorangegangenen, welche die Deutungen der Vergangenheit beeinflußt, ließen sich in ihrer Verflechtung als ein Regelkreis nach dem Muster kybernetischer Prozeßmodelle rekonstruieren. Übersehen ist dabei, daß hier an Stelle einer genetischen Theorie des Zusammenspiels von Rezeption und Produktion intelligibler Deutungskomplexe die mathematische Modellierung von kreiskausalen Prozessen[698] getreten ist. Übersehen

---

[695] Die fruchtbarste systematische Innovation am Beginn des Paradigmenwechsels, dem auch die Kybernetik entsprang, lag in Ludwig von Bertalanffys Anwendung des physikalischen Begriffs des „offenen Systems" für die Begründung eines Konzepts des „Fließgleichgewichts" biotischer Organismen. - Cf. etwa: id., *Vom Molekül zur Organismenwelt*, Potsdam: Athenaion, ²1949, praec. t. II, *Geschehen*. Hier findet man zugleich ein Beispiel für die Beanspruchung älterer metaphysischer Spekulation als mögliche Deutung neuerer naturwissenschaftlicher Konzepte, etwa die der *coincidentia oppositorum* für das Verstehen spannungsvoller Polarisationen intraorganismischer Prozeßverläufe. - Allgemeineres zum Paradigma: id., *General System Theory. Foundations, Development, Applications*, New York 1969.

[696] *Wahrheit, Wirklichkeit und Zeit, die transzendentalen Bedingungen einer Metaphysik der Geschichte*, in: *Beiträge I*, l. c., pp 1-7. - Cf. pp. 132 sq. der vorliegenden Arbeit.

[697] In der physische Stoff- und Energieströme wie selbstverständlich mit den distinktiven Akten in symbolischer Strukturierung gleichgesetzt sind. Oswald Spengler formuliert es ohne Umweg: „kritisch scheidend" ist „dasselbe" wie „kausal zerlegend"; *Der Untergang des Abendlandes*, l. c., p. 1183.

[698] Der Terminus ist wohl zuerst bei Heinz von Foerster nachweisbar.

ist auch, daß, was als heuristische Analogie fruchtbar war, dadurch vergeben wird, daß modellfähig nur Prozesse sind, die mit einem definiten Instrumentarium beschrieben werden können. Wo sich die Menge der zustandsbeschreibenden Elemente[699] nicht definieren läßt, da unvorhersehbare Zustands*qualitäten*, also Zustände innerhalb inkommensurabler Maßsysteme, unterstellt werden, ist das unmöglich. Günther ist durchaus konsequent, reagiert er auf dieses Dilemma mit der Forderung nach einer *Mathematik der Qualitäten*, die im Kern nicht mehr zu sein hat als eine konstruktiv bestimmte Menge von Qualifikationselementen, die symbolische Konstellationen systematisch beschreibbar machten. Nur wäre die Einlösung allein als die operationale Konstruktionsvorschrift für alle möglichen kulturellen Konstellationen zu geben: als 'die Weltformel' der menschlichen Kultur, in der für jeden vergangenen und jeden zukünftig möglichen kulturellen Akt, seine Rückwirkung auf die Konstellation, der er entspringt, und die Änderung der Bedingungen für die nächsten, etwas wie eine Berechnung gegeben werden könnte. Der Schein der Lösbarkeit dieser Aufgabe kann mit der Unterstellung entstehen, die interpretierten Konstellationen seien gestalthafte Formen, die sich klassifizieren, zählen und geometrisch-kombinatorisch konstruieren ließen. Die im Fortgang der Theorieentwicklung zunehmende Insistenz auf dem *Leerstellen*-Konzept der Kenogrammatik bezeugte eben diese Hoffnung. Eine Menge bedeutungsfreier konstruktiver Elemente, die zu unterscheidbaren Gruppierungen verknüpft werden können, erinnert zwar an das Instrumentarium zur operativen Begründung der Mathematik und Logik in der Schule des Erlanger Konstruktivismus und wir sehen Günther hier an einer aktuellen Entwicklung moderner wissenschaftlicher Verfahrensrationalität partizipieren. Doch er versucht, sie in einem Theorieprogramm zu beerben, das die wesentliche Eigenheit mathematischer Konstruktion, nicht für die anschauliche Repräsentation von Bedeutungskonstellationen verwendbar zu sein, als vermeinten Mangel überholen soll, damit aber nur einbekennt, daß die Begründung einer physiognomischen Mathematik nicht zu geben ist, ohne zu tun, was nicht angekündigt

---

[699] Die in der mathematischen System- und Automatentheorie nach den Üblichkeiten der Mengenlehre und Algebra ein „Alphabet" genannt werden.

und zu behaupten, was nicht eingelöst wird.⁷⁰⁰

Handlung als 'Wiederholung'

Das magische Zeichenkonzept deckt mit der Indifferenz von Zeichen und Sachverhalt noch einen zweiten Einsatz kybernetischer Modellvorstellungen, der neben dem ersten steht. Da die Identifikation zur Gleichsetzung von Modell und Realprozeß führt, erscheinen alle kybernetisch modellierbaren Prozesse real identisch. Damit wird für Günther aus der Antizipation, hirnphysiologische Abläufe kybernetisch zu modellieren⁷⁰¹, eine abenteuerliche These ableitbar. Die kommunikative Überbrückung *jener primordialen Kluft, die das Identitätsdifferential zwischen Ich und Du aufreißt und die die mit sich selbst identische Subjektivität für alle Ewigkeit auf zwei metaphysische Wurzeln verteilt*, soll darin zu leisten sein, *daß die zwei verschiedenen Iche .. in gemeinsamer Handlung das Bild der Subjektivität aus sich heraussetzen und im Objektiven technisch konstruieren*⁷⁰². Die Bemühungen der ersten technischen Kybernetiker, ein neurophysiologisches Modell mit einer Theorie selbststeuernder Automaten zu entfalten, werden als vermeintliche Rekonstruktion intellektuellen Operierens behandelt, womit die *quaternio terminorum* eingeführt ist, Denken einmal als hirnphysiologische Prozeßabläufe

---

⁷⁰⁰ Ein Beispiel ist das häufig wiederholte und nie eingelöste Versprechen, die Leerstellen seien als Platzhalter für Werte konzipiert. Eben dies sind sie nicht; hier liegt die entscheidende Differenz zum Verfahren operativer Begründung in der Metamathematik und zu Verfahren herkömmlicher Mathematik überhaupt vor. Die Behauptung, sie seien doch solche, machte mit ihrer Einlösung das gesamte Programm der nicht-traditionellen Mathematik zunichte, denn dann fehlte jede spezifische Differenz zum üblichen Konzept der *Variablen* in Mathematik und Logik. Die dysfunktionale Ergänzung durch eine als signifikant behauptete geometrische Anordnung der wertbelegten Variablen wäre dann nur der undurchschaute Versuch, aus der traditionellen Mathematik durch den inkonsistenten Zusatz von 'Bedeutungsgestalten' etwas anderes zu machen. Es ist nicht verwunderlich, daß Günther damit entweder nicht über klassische Kombinatorik hinausgelangt oder aber diese willkürlich und inkonsistent umzudeuten versucht. - Cf. Ernst Kotzmann, *Einige Fragen zum logischen Ansatz Gotthard Günthers*, l. c., pp. 129-132.

⁷⁰¹ Nicht nur Günthers Kollege Warren McCulloch suchte nach einem Modell selbststeuernder Prozesse für die Rekonstruktion *neurophysiologischer* Abläufe, sondern auch Norbert Wiener, mit dessen mathematisierter Variante der Terminus *Kybernetik* populär wurde. - Cf. etwa A. Rosenblueth/N. Wiener/J. Bigelow, *Verhalten, Zweck und Teleologie*, in: *Beiheft* zu *Grundlagenstudien aus Kybernetik und Geisteswissenschaft*, H. 8, 1967, Paderborn: Quickborn. - Warren S. McCulloch/Walter H. Pitts, *A Logical Calculus of the*

und ein andermal im Sinne eines symbolischen Operierens zu verstehen – und zudem wird dieses als den Funktionsabläufen realisierter Institute analog gesetzt.[703] Daß hier tatsächlich ein Vorgang bezeichnet sei, *in dem der Mensch sein Ich, soweit es objektiv verstehbar sein soll, in einem gegenständlichen Modell zu konstruieren versucht*[704], macht die beiläufige Wendung von der *gemeinsamen Handlung* zu einem Zufall statt zu einem systematischen Bezug auf die oben erinnerte Eigentümlichkeit Kommunikation realisierender Objektivationen, in gemeinsamer Arbeit erst erzeugt worden zu sein.[705] Der Zugriff auf Theoriebruchstücke der Kybernetik und Automatentheorie führt hier nur dazu, schließlich alle Objektivierungsleistung in der Schaffung von Apparaten und Maschinen aufgehen zu lassen. Kunstwerke, religiöse Riten, kommunikative Stereotype, Sprechakte etc. wären damit als nur unvollkommene Vorläufer der *Selbstabbildung* des Menschen durch Entäußerung seiner Innerlichkeit bestimmt.

Die Kybernetik .. zeigt das Ende der klassischen Utopie an. In ihrer These, daß das Phänomen des informativen Kommunikationsprozesses nicht als Austausch einer ich-haft privaten, aber überall gleichen Subjektivität zu interpretieren sei, lehrt sie implizit, daß der Weg zu einer ontologisch adäquaten Verständigung von Ich und Du nur über ein objektives, allen individuellen Ichs sowohl in gleicher Weise bekanntes als auch in gleicher Weise fremdes Modell der Subjektivität führen kann. In der Introspektion findet immer eine Bevorzugung der eigenen Innerlichkeit statt; das fremde Ich wird aus ihr nur sekundär erschlossen. Das gleiche gilt für die Methode der Einfühlung in das Seelenleben des anderen. Primäre Basis ist auch hier das eigene Gefühl. Solcherart gewonnene Ergebnisse mögen wertvoll für die eigene Einsicht und das eigene Verhalten sein, objektiv ontologische Verbindlichkeit haben sie in dieser Gestalt nicht. Sie

---

Ideas Immanent in Nervous Activity, in: *Bulletin of Mathematical Biophysics*, H. 5, 1943, pp. 115-133.

[702] *Das Bewußtsein der Maschinen*, l. c., p. 43.

[703] Mit gleichem Recht ließe sich allerdings ein kybernetisches Modell der biomechanischen und elektrophysiologischen Prozeßverläufe im Beinmuskel als Mittel zur Rekonstruktion eines Tanzstils mißverstehen und die Vorführung des Modells als vollzogener Tanz.

[704] ibid.

[705] Cf. pp. 106 sqq. dieser Arbeit.

bleiben, wie Hegel richtig bemerkt, subjektiver Geist, und ihre Transformation in den Strukturzusammenhang des objektiven Geistes bleibt problematisch.

Der Weg zum Selbstverständnis des Menschen führt also über das allen gemeinsame Nicht-Ich, d. h. die Dimension der Objektivität. Hier zeigt es sich, wie auch ferner unsere echte klassische Tradition mit ihrer thematischen Orientierung an der Idee der Objektivität grundlegend bleiben wird. Die neue Revolution der Denkart, die mit dem transzendentalen Idealismus begonnen hat und die heute eine technische Interpretation in der Kybernetik erfährt, .. unterwirft .. die bisherige Idee der Subjektivität einer unbarmherzigen Analyse und ist im Begriff, sie aufzulösen.[706]

In solchen Wendungen tritt zutage, daß die Emanzipation von der Analogietheorie des Verstehens die methodischen Prämissen anschaulich schematisierender Gegenstandsrekonstruktion, denen jene entsprang, nicht aufgibt. In der Bindung an das anschauliche Gegenstandskonzept werden die zu vermittelnden Partialwelten dinglich gefaßt und wo zwei von ihnen nicht kongruent sind, haben sie nun in einem Abdruck der ihnen noch gemeinsamen 'Strukturen' in der Umwelt ihre Vermittlung zu finden. Daß damit ein theoretisch überflüssiges Element eingebracht ist, da die als schon vorhanden, wenn auch noch nicht 'herausgesetzt' begriffenen partiellen Kongruenzen der beiden 'Bewußtseinsstrukturen' die Verständigung nicht wesentlich anders vermitteln könnten als ihre Abspiegelung in einem maschinell instituierten Rückkopplungskreis, wird nicht bemerkt. Nur so kann dann das Differenzkriterium beider Zustände für sinnvoll erachtet werden: eine anschaulich vorgestellte *Wiederholung* einer Innenwelt in der Außenwelt nachweisen zu können. Die *bisherige Idee*, die dahinter steht, ist aber nichts anderes als die Fassung der Subjektivität als identisch mit der Person – und die vermeinte *neue Revolution der Denkart* der Entschluß, sie nun in einer in symbolischen Medien ausgebreiteten, kulturellen Existenz zu begreifen. Die Mittel der theoretischen Entfaltung verbergen das gehaltvolle Problem gerade damit, daß eine technische Konstruktion skizziert wird, während es darum zu tun ist, mit einer philosophischen Darstellung neue Denkmöglichkeiten zu konstituieren.

---

[706] *Das Bewußtsein der Maschinen*, l. c., pp. 44 sq.

Günther tritt dabei das Erbe der Auffassung von Technik als *Organprojektion* an, wie sie von Ernst Kapp zuerst definiert wurde[707]. Die Formel, bei der Konstruktion mechanischer Apparate werde ein Teil der *Bewegungsschematik* von Tieren oder Menschen *auf die Maschine übertragen*[708], weist es aus. Daß damit etwas behauptet ist, das kaum unzweideutig ausgesagt werden kann, zeigt die Bemerkung, *daß man das Voreinandersetzen der Füße mechanisch in eine rotierende Bewegung von unendlicher Kontinuität umsetzen könne*[709]. Die Formulierung selbst spricht explizit aus, daß hier nichts umgesetzt wird, sondern ein Ziel, die Bewegung im Raum, mit inkommensurablen Mitteln erreicht. Daß dies nicht bemerkt wird, erzeugt die Mystifikation des tatsächlichen Verhältnisses[710]. Mit der Vorstellung, Technik sei Organprojektion, ist dann die Analogietheorie des Verstehens durch eine allgemeine Analogietheorie der Objektivation ersetzt.

Handlungsfolgen als Algorithmen

Was hier für Günther gewonnen scheint, zeigt die Entwicklung des Gedankens in wenig später veröffentlichten Aufsätzen[711]. Das Programm der transklassischen Logik nährte die Vermutung, im Letzten sei eine Schematisierung von Operationen einer *ars inveniendi* beab-

---

[707] *Grundlinien einer Philosophie der Technik*, Braunschweig: Westermann, 1877.

[708] *Das Bewußtsein der Maschinen*, l. c., p. 200.

[709] ibid.

[710] Schon Ernst Kapp selbst geriet auf diesem Weg in eine erklärende Theorie, die Flugzeug, Explosionsmotor und Elektromagneten nicht erklären kann, als er behauptete, der Mensch habe „in die ursprünglichen Werkzeuge die Formen seiner Organe verlegt oder projiziert" (l. c., p. 45). Das Epitheton konnte dabei nur der Deckung einer theoretischen Unentschiedenheit dienen, die dann etwa bei Ableitung des Bohrers sowohl aus dem „gesteiften Zeigefinger" (p. 43) als auch „aus dem Reibfeuerzeug der Urzeit" (p. 51) wieder zutage trat. Einmal war die anschauliche Gestalt analogisch in Anspruch genommen, das andere Mal eine Verwendungsweise - deren Ursprung nicht als Organprojektion erklärt werden kann. Eine verbesserte Fassung ergäbe sich, wenn *Projektion* weder die der Gestalt noch die der Funktionsweise, sondern des Funktions*sinns* wäre, doch gerettet wäre damit nicht genug: welches Körperorgan leistete etwas wie das Schneiden mit einer Schere oder die Rotation eines Rades?

[711] *Logik, Zeit, Emanation und Evolution*, in: *Beiträge III*, l. c., pp. 95-135. - *The Logical Structure of Evolution and Emanation*, in: *Annals of the New York Academy of Sciences*, vol. 138, New York, 1967; pp. 847 sqq. - *Das metaphysische Problem einer*

sichtigt, um die Genese objektivierender Symbolwelten nicht nur aufzuklären, sondern auch zu beherrschen, und dem fehlte noch immer die theoretische Lösung. Die Linie, die vom transzendentalen Idealismus zur Kybernetik gezogen war, bekommt einen kräftigeren Strich, wenn nun mit einer Erinnerung an eine Formel Fichtes, *Ich erscheine immer habend und seiend ein Bild*, der Kern der kybernetischen Modellverfahren, berechenbare Ereignisfolgen zu konstruieren, systematisch genutzt werden soll.[712] *Bildhaben* soll hier ein Erkennen sein, das auf ein Erkanntes bezogen sei; dieses die Sache, von der man sich ein Bild mache. Mit der einer vermeintlichen Selbstverständlichkeit angemessenen Knappheit heißt es dann: *Das Bild fällt unter die metaphysische Kategorie der Wiederholung.*[713] Daß das Prädikat jedoch nicht im erwartbaren Sinne als Bestimmung eines Art-Gattungs-Verhältnisses gelesen werden kann, wird zuerst an der Wendung kenntlich, die Kybernetik kündige *die partielle Wiederholbarkeit, resp. Abbildbarkeit, der Subjektivität* an, zudem wieder als die These erläutert, *daß der Mensch sich nur soweit wirklich verstehen lernt, als er sich technisch wiederholt.*[714] Innerhalb der fragwürdigen Behauptung ist dies die ausgesprochene Identifikation von 'Wiederholung' und Abbildung, zudem noch mit dem dinglich-gegenständlichen Produkt. Die gleichfalls gegebene Formel, daß *die ontologische Kategorie der Wiederholung .. Bild- und Subjektivitätsproblematik involviert*, erscheint ebenso nur als Versprechen einer echten Inklusion und gehört doch zur Behauptung einer Äquivalenz, denn die darauffolgenden Überlegungen ergeben nur unter dieser Voraussetzung eine verständliche Behauptung. *Das Thema der klassischen Logik*, heißt es, *ist reflexionsloses Sein, das unfähig ist, sich ein Bild von sich selber zu machen. Damit aber ist aus dieser Logik das Problem der Zeit grundsätzlich ausgeschlossen, denn die Relation zwischen Urbild und Abbild ist – ontologisch betrachtet – temporal.*[715]

Formalisierung der transzendental-dialektischen Logik, in: Beiträge I, l. c., pp. 189-248.

[712] *Das metaphysische Problem*, l. c., p. 96. - Cit.: J. G. Fichte, *Thatsachen des Bewußtseins*, in: I. H. Fichte ed., *Fichtes Werke*, Bonn, 1834; *Nachgelassene Werke I*, p. 426.

[713] *Logik, Zeit, Emanation und Evolution*, l. c., p. 109 sq.

[714] ibid., p. 106.

[715] p. 109. - Der hier ausgesagte Schluß, „Keine zeitliche Folgerelation wird von der Formalen Logik beschrieben", kann nicht aus den Prämissen „Keine Selbstabbildung wird von

Der Akt der Objektivation wird damit so gedeutet, als sei $\mu\acute{\varepsilon}\theta\varepsilon\xi\iota\varsigma$ die Leistung einer Entäußerung urbildlicher Ideen zu realisierten Produkten, gleich einem Ausdruck eines Inneren. Der Begriff *Wiederholung*, der in seiner Nobilitierung zu einer *metaphysischen Kategorie* als systematischer ausgezeichnet wird, entspricht ganz dem Verfahren, in dem die Subjektivität ihr Bild aus sich heraussetzen können sollte. Die begriffliche Amalgamierung von logischer Folge, Bedeutungsbeziehung und zeitlicher Folge wird nun um den Begriff des Akts einer Realisierung unter handlungsleitenden ideellen Entwürfen ergänzt. Das Resultat ist eine Hybride, die dann die *Einsetzung der Subjektivität in das wissenschaftliche Weltbild* zugleich mit der *Formalisierung des Zeitproblems*[716] soll leisten können. Die organprojektive *Abbildung der Subjektivität des Ichs* in das *Universum* erfolgt als Einbilden in dieses durch – die Zeit.[717]

Von theoretischer Brisanz wäre die These, das kulturelle Zeitmaß werde von den Akten der Objektivation konstituiert, die man den gezwungenen Konstruktionen mit *Wiederholung, Abbildung, Zeit* abzulesen vermöchte.[718] Kulturelle Beschleunigung wäre dann nicht als Resultat der Verkürzung von Wegen zu Zielen, sondern als akzelerierte Multiplikation 'skandalöser' Akte, d. h. derjenigen, die sanktionierte Geltungsrahmen aufsprengen, denkbar. Hier ließe sich eine Theorie wagen, mit der die Bedrängnisse durch Schrumpfung

---

der Formalen Logik beschrieben" und „Alle Selbstabbildungsrelationen sind zeitliche Folgerelationen", abgeleitet werden, da der *terminus medius* fehlt. Gültig würde er, als Fall des Modus *Celarent*, ersetzte man die zweite Prämisse durch: „Alle Zeitrelationen sind Selbstabbildungsrelationen". Daß hier kein Versehen vorliegt, bezeugt der Umstand, eine ähnliche Argumentation mit gleichem Resultat und gleichem Schlußschema zwei Seiten zuvor demonstriert zu sehen. Dort lautet der 'Schluß': Da Zeit eine subjektive Komponente hat, ist das Subjekt in einem Modell nicht enthalten, solange die Zeit in diesem Modell nicht enthalten ist. Die Umkehrung der ersten Behauptung würde einen gültigen Schluß ergeben, wie hilfreich die erreichte Formel für eine sachhaltige Erörterung auch immer wäre. Die zitierten Argumente ergeben nur eine, offenbar gesuchte, Identifikation von Subjektivität und Zeitlichkeit: die setzende Subjektivität ist zeitlich, indem sie sich 'wiederholt'.

[716] pp. 105-107.

[717] p. 106.

[718] *Dauern* wäre dann als Homogeneität einer Erstreckung zwischen Gegenwärtigkeit als reiner Aktualität und Antizipation als Potenz (Erwartung, Forderung, Ahnung, Vermutung) erklärbar. So hätte 'keine Zeit', wer sich nicht auf Bestimmtes hin zu orientieren imstande ist. Hayakawa erläutert in diesem Sinne die Funktion kultureller Symbole, die oben als Potentiale erläutert wurden, mit Alfred Korzybski als „Zeitbinder"; Samuel I.

orientierender Zeithorizonte in der Gegenwart als Resultat der Auflösung traditionaler, daher repetitiver Lebensformen erklärbar wären, was den Wunsch nach Entschleunigung als Streben nach Wiedergewinn von Routine erkennbar machte. Deren Sinn ließe sich als Sicherung einer Protentionsstabilität erklären und ihr Widerstand gegen die Drift von Bedeutungsrahmen als Beitrag zu Bedingungen für Handlungskonkludenz.[719] Dann wäre die Formalisierung, die hier angestrebt ist, als der Versuch lesbar, unter Bedingungen perpetuierter Aufhebung von Horizonten einen nach Regeln fortgezeugten Gang zu gewinnen, innerhalb dessen die Ausbildung und Überschreitung von Identifikationsrahmen für Sachverhalte, Handlungen und Ereignisse sich vollziehen soll. In *Rejektion* und *Transjunktion* wären seine erzeugenden Operatoren zu definieren, Elementarfunktionen einer neuen einheitlichen Rationalitätsform zur Entschlüsselung der verborgenen Konkludenz aller kulturellen Akte. Die bisher offenbarte Unzulänglichkeit der konstruktiven Mittel macht es mehr als zweifelhaft, hier fortsetzen zu können.

Aber auch dabei ist nachzutragen, was man der für untauglich befundenen Konstruktion als ihren intendierten Sinn ablesen kann, da sich an dem, was sie sein sollte, anders als an dem, was sie ist, die Genauigkeit der Problemintuition ihres Schöpfers würdigen läßt.

Die erhoffte Verwandtschaft von Wiederholung und mathematischer Abbildung wird in der Vermengung mit der Leibnizschen *repraesentatio* als das Element philosophischen Denkens kenntlich, das

---

Hayakawa: *Das Ziel und die Aufgaben der Allgemeinen Semantik*, in: id., *Vom Umgang mit sich und anderen*, Darmstadt: Darmstädter Blätter, 1969; pp. 217-241. - Zeitlichkeit hieran zu bestimmen, ergäbe natürlich Nähe zu Heidggers Versuchen, den Sinn von *Zeit* mit etymologischer Beihilfe aus dem deutschen Verb *zeitigen* zu erhellen, aus dem Vorgang des In-Existenz-Tretens, Realisierens von Etwas.

[719] Zur möglichen Bedeutung eines solchen Ausblicks cf. Richard Sennett, *Der flexible Mensch*, l. c, praec. Kap. 8, in dem eine durch 'zivilisierten Konflikt' konstituierte Gemeinschaft skizziert wird. Hier nicht ausgeführt, aber ermöglicht ist der Gedanke, daß es die Zivilisierung wäre, d. h. Übereinkünfte über Verfahren, welche erst die erweiterten Zeithorizonte schüfe, deren Menschen zur Reproduktion ihrer Sozialität bedürfen. Bannung der Zeit nicht durch Unterdrückung kreativer Akte sondern ihre Moderation. - Man kann die Aktualität eines scheinbar Überholten entdecken, erkennt man in der hier soziologisch antizipierten Praxis, was anderswo *savoir-vivre* genannt wurde. Daß Leben etwas ist, das man bewältigt, ohne zuvor dafür geprobt zu haben, deutet schon dem praktisch klugen Alltagsverstand auf die Notwendigkeit, etwas können zu müssen, das man nicht kann – in dem Konflikte darum zu erwarten sind.

Immanuel Kant als die Analogie des Symbolischen einführte.[720] Wo Symbole oder, wie Hans Blumenberg hier fortzusetzen vorzieht, *Metaphern*[721], eine analogische Übertragung der *Regel der Reflexion* von einem erprobten auf ein einen nicht erprobten Fall enthalten, läßt sich etwas erkennen, das *Wiederholung* genannt werden kann. Blumenbergs Anschluß an Kant diente ausdrücklich der Vorbereitung einer Konzeption, in der geistige Akte als Entwürfe in kulturelles Niemandsland gedacht werden können.[722] In dieser erkennt man den Entwurf einer Antwort, die auch der Leitfrage Günthers korrespondierte: wie der Gewinn von theoretischen Rekonstruktionen über Objekten absoluter Unbekanntheit begriffen werden könne. Wiederholend wie an der Metapher wäre die Inanspruchnahme einer Analogie, überschreitend die *translatio* in einen neuen Kontext. Der Schluß, die damit skizzierte Genese von Neuem, ist auch in Blumenbergs einleitenden Bemerkungen gezogen, da dort von einem Geist gesprochen wird, der im Setzen der Metapher seine Geschichte entwerfe. Die Voraussetzung, die damit gemacht ist, bestünde auch hier darin, daß die Ausbildung neuer Ordnungen konkludenten Handelns ebenso wie Kants Symbol in der Restitution analoger Ordnungselemente auf neuer Stufe gedacht werden. Es ist die Lösung, dem historistischen Relativismus die Autonomie der Epochen zuzugestehen und zugleich, mit der Sicherung eines übergreifend Allgemeinen, die Einheit der Geschichte theoretisch fassen zu können. Die *analogia entis* wäre ergänzt um eine, der Erfahrung fragmentierter kultureller Zeit abgewonnene *analogia aetatis*. Blumenberg hat eine solche Konzeption zur Voraussetzung gemacht, die autonome 'Legitimität der Neuzeit' zu begründen. Nicht zuletzt dieses Unternehmen erinnert an Hegels Verfahren, die Schichten von intellektuellen Handlungstypen, von medialen Sphären der Kultur und Epochen ihrer Geschichte als eine Abfolge je für sich geschlossener Kreise von Sinnbeziehungen zu konstruieren. Ob auch Blumenberg einer sublimierten Variante der 'Bewußtseinsphilosophie' folgt, in der ein Element empirischer Verständigung das Muster der Ähnlichkeit

---

[720] *Kritik der Urteilskraft*, §59, B255, cf. etwa in *Werke in zehn Bänden*, ed. Wilhelm Weischedel, Darmstadt: Wiss. Buchges., 1957/1983, t. 8, p. 459.
[721] *Paradigmen zu einer Metaphorologie*, l. sub 645) c.; p. 11.
[722] p. 13.

disparater Handlungssysteme über die Zeit abgibt, wird hier nicht entschieden. Daß es bei Günther die Hegelsche Lösung war, die eine mathematische Darstellung finden sollte, ist explizit. Unsere Kritik am anschaulich schematisierenden Vorgehen betrifft aber auch hier nur die Mittel, noch nicht das Ziel des Versuchs.

Automatische Kultur

Daß dem Bewußtsein des Geltungsverlustes von Tradition, Offenbarungsglauben und theoretischer Evidenz als neue Selbstverständlichkeit die Funktionssicherheit maschinell instituierter Algorithmen geboten wird, verweist in den Mystifikationen, mit denen es vorgetragen wird, auf undurchschaute Herkunft. Zum vermeintlich neuen Wesenszusammenhang eines biologisch konzipierten Universums wird die algorithmische Folgesicherheit nicht nur wegen der prägenden Abkunft aus lebensphilosophischen Diskussionslagen, sondern aus dem zur Lösung nicht durchstoßenden Drang, eine mächtige, alltäglich verstetigte Erfahrung theoretisch zu verdichten. Es bedarf einer noch immer unselbstverständlichen Blickwendung, zu verstehen, was die heute schon beinahe intermundienlose Technisierung aller Lebensfelder für ein mit ihr imprägniertes Bewußtsein bedeutet, gerade weil diesem das Bewußtsein von ihr fehlt. Die Ubiquität des Technischen ist alltäglich dadurch verborgen, daß es nur in seinen Funktionsausfällen und störenden Nebenfolgen aufdringlich und empirisch wird[723], in der Fraglosigkeit aber, mit der durch den Druck auf einen Knopf ein gewünschter Effekt instantan ausgelöst wird, es eben nichts ist, was sich 'zeigte', was zum bemerklichen Phänomen würde.

Der Mangel an Einsicht in die Prädisposition von Erwartungen, Forderungen und bestimmten Evidenzunterstellungen, der hier seinen Grund hat, verschafft sich auch bei dem Theoretiker Günther Geltung in der Falsifikation, die seit der bewußten Reflexion auf die Funktion von *Aufklärung* immer wieder aufgedeckt, doch immer wieder erzeugt wird: der Diagnostiker sucht in einem außerempirischen Jenseits Evidenzen, deren rationaler Kern die von kultureller Praxis, mit-

---

[723] Und manchem Beobachter in Zeiten verkürzter 'Innovationszyklen', wie sich an der Wende von 20. zum 21. Jahrhundert versteht.

hin vom empirischen Menschen, erst hervorgebrachten Konkludenzen und institutionellen Bindungen sind. Schon die Intention, *Subjektivität in algorithmischer Struktur* darzustellen[724], war der übers Ziel schießende Versuch, das, was Resultat des kulturellen Handelns in lang dauerndem historischem Prozeß ist, als Ursprung einzusetzen: die realisierten Institute, die einem Prozeß der Versachlichung entstammen, in dem nach und nach Geschehensfolgeketten aufgebaut werden, die intendierte Ereignisse idealerweise durch Zwangsfolgen von Operationen erzeugen, also auf vorhersehbare Weise. Auf diese Weise bildet sich, was Institution genannt wird, als ein System technischer Verfahrensabläufe, als ein System fixierter *Wie*-Entscheidungen, das tendentiell die Notwendigkeit aufhebt, das dem Fall angemessene Verfahren erst zu bestimmen, da das System für Klassen von Fällen bereits diese Bestimmung als eindeutige Zuordnung in Form von Operationsauslösungen oder Handlungsanweisungen ist. Damit sind Institutionen im allgemeinsten Sinne Systeme von Zuordungen, die Umwege ersparen oder, mit der durch Isolierung und Delegierung von Teiloperationen erreichten Effizienz, manche Handlungen und Verfahren überhaupt erst ermöglichen. Beispiel für letzteres sind die Institutionen, welche Technik im engeren Sinne ausmachen, nicht Verfahren, sondern Resultate: Apparate und Maschinen. Die Eigenheit technischer Verfahren, Abweichungen auf dem Wege zur Erreichung eines Ziels zu vermeiden, sind allerdings nichts, was ihnen eignet, weil sie technisch sind, sondern umgekehrt ist nur technisch, was diesen Kriterien genügt.

Der Mangel an Durchsicht an dieser Stelle verweist auf eine scheinbar private Voraussetzung der Theoriebildung. Dem Glauben, technische Abläufe seien ebenso 'von selbst' stabil wie das, was es der alltäglichen Erfahrung schon immer ist, *Natur,* hängen immer nur jene an, die von Technik 'nichts verstehen'. Die Bedingung der Technisierung des Lebens ist das Handeln assoziierter Produzenten, da die Konstruktion einer möglichen Prozeßstruktur und der Entwurf von Apparaten nach dieser wenigstens einen erfordert, der von der

---

[724] In *Grundzüge einer neuen Theorie des Denkens*, l. c. p. 224, war angekündigt, daß „das subjektivistische Thema" axiomatisch rekonstruiert werden müsse, um „die logische Struktur der Vermittlung", als das Thema der Hegelschen Logik, systematisch aufzuschließen. Ibid. p. 22 war gesagt, daß diese dann „in logistischer Darstellung" auszuführen sei.

Sorge um unmittelbar drängende Bedürfnisse freigestellt ist und sie durch die Arbeit andrer erfüllt bekommt. Das Resultat seiner Arbeit ist die Materialisierung einer säkularen *providentia*, die als Ergebnis menschlicher Handlung in unmenschlicher Gestalt erscheint. Dem der Leistung Fähigen kann heute kaum noch die Fähigkeit, ganz sicher nicht das Resultat, Anlaß zur Vermutung sein, hier geschehe etwas außerhalb menschlichen Eingriffs. Einzig der Laie ist noch dieser fähig, genährt von der Erfahrung, daß der Apparat *seines* Eingriffs nicht bedarf, um zu fungieren. Eben dieses Verständnis von Technik hatte sich schon darin angekündigt, wie Günther formale Operationen einzusetzen suchte. Das Mißverstehen dessen, was eine formalisierte Handlungsvorschrift sei, bestimmte schon das Mißverstehen der 'technischen' Elemente der Mathematik.[725]

Das unentschiedene Changieren zwischen dem Verständnis des Terminus als Gesamtheit entweder von Resultaten oder aber von Verfahren hilft, die Falsifikation zu verbergen. Bei dem Wort Technik zuerst an Maschinen und Apparate zu denken, selbst wenn damit τεχνή als Gesamtheit gehegter Verfahrens- und Umgangsformen gemeint ist, gibt alle nötigen Assoziationen, die Verselbständigung der Formen gegenüber den Inhalten, von denen jene nur analytisch abgehoben sind, in der Vorstellung anschaulich selbständig erscheinender Existenz maschinell instituierter Vorgänge zu verdecken. Es führt schließlich dazu, daß die zur Erhellung neuer Regularien menschlicher Handlungsvollzüge begründete Theorie einen Automatismus von geregelten Abläufen antizipiert, der empirisch selbständig neben dem menschlichen Lebensvollzug steht.[726] Die Philosophie, deren theoretisches Ziel deliktfreie Handlungs- und Kommunikationsformen menschlicher Lebenswirklichkeit sind, findet ihr

---

[725] Cf. p. 87 (Fn. 231) und p. 213 (Fn. 538) der vorliegenden Arbeit.

[726] Eine sublime, daher unauffällige Konfusion liegt darin, daß, was hier als maschinenartig zu denken vorgeschlagen wird, die eben entstehende 'Symbiose' von Mensch und Maschine ist. Erstes Anzeichen dieser Konsequenz war noch die Antizipation einer Koexistenz gewesen: der *ethische Roboter*. Aber schon mit ihm ist der Garant vollendeter Konkludenz des Handelns jenseits menschlichen Lebens gedacht. - Die These wurde im Anschluß an Warren St. McCulloch vertreten, cf. *Cognition and Volition*, in: *Beiträge II*, l. c., p. 204, nachdem sie zwanzig Jahre zuvor implizit dementiert worden war, da ein Roboter eigentlich doch kein Selbstbewußtsein haben könne, cf. *Die 'zweite Maschine'*, in: *Das Bewußtsein der Maschinen*, Anhang IV, l. c., pp. 188 sq. oder *Beiträge I*, l. c., p. 98.

telos einzig nach der empirischen Aufhebung des Menschen praktisch einlösbar.

Die mystifizierende Lösung bezeugt den elementaren Mangel der an realistische Prämissen gefesselten Theoriebildung. Auf dem vielversprechenden Wege, die monotheistische Hypostase einer Institution aller Institutionen zu überschreiten, die selbst wiederum die als Nicht-Institution, als immer gegebenen und nie zu verantwortenden Umstand vorausgesetzte Einbettung in den Kosmos der griechischen Antike abgelöst hatte, wird schließlich einer realistischen Substantialisierung des Absoluten Hegels gefolgt, die bessere Möglichkeiten verschließt. Daß die dialektische Figur der Einheit von Verbindung und Entzweiung nicht zu dem gesuchten denkbaren Konstrukt einer Selbststabilisierung der Kultur führt, welche die ästhetische Harmonie eines Kosmos und die moralische im Handeln vor einem Adressaten hinter sich zu lassen vermag, entspringt wohl den Vorstellungen eines sich in Institutionen als in Sedimenten niederschlagenden eigentlichen Stromes von Lebensenergie. Die analytisch zu erschliessende Polarität von realer und imaginärer Möglichkeit wird in der Differenz von sozialer Institution und personalem Andersseinkönnen nicht entdeckt, da jene als Gehäuse vorgestellt werden, statt als nur intelligible Rahmen aus fixierten Erwartungen gedacht zu sein. Hier hätte die gedankliche Figur entfaltet werden müssen, die voreilig zu einer Antwort auf die Frage nach dem Charakter des *Weltgeistes* gebracht wurde. In der Spaltung von thematischem Bezugspol der Handlung und deren Darstellung, in der Inkongruenz verschiedener Dimensionen von Darstellbarkeit, in der Diskrepanz zwischen überlieferten Aufträgen und aktuellen Möglichkeitshorizonten wäre das Zentrum der Selbst- und Weltvergewisserung zu suchen gewesen. Die dem Bewußtsein des Schwebens mögliche Antwort auf nicht aufhebbare Fragen wurde damit nicht in der perpetuierten Antwortfähigkeit gefunden, deren konkretisierbare Form die intellektuelle Vorzeichnung von Bedingungen der Ausbildung perennierender Urteilskraft hätte sein können. Ein in seiner Zwangsläufigkeit wie mechanisch ablaufender Prozeß unendlicher Kristallisation und Überkristallisation von stählernen Gehäusen der Hörigkeit blieb übrig, wo das Bewußtsein existentiellen Ausgesetztseins die unabschließbare Ausbildung von Fertigkeiten der Aufmerksamkeitsbildung, des Urteilens und der Entscheidungsklugheit ins Zentrum der Theoriebildung hätte bringen können.

Geschichte als lebendiger Automatismus

Die Verkleidung der Selbststabilisierung der Kultur als Operationsablauf einer Maschine macht verständlich, welche systematische Rolle die Anlehnung an die organologische Metaphysik auch hier hat[727]. Die Einsicht in die bloße Kulturabkünftigkeit der erfahrbaren Stabilisierungsleistungen hätte der Unruhe Raum gelassen, welche Garantie es denn außerhalb der Kultursphäre für sie geben konnte. Mochte Kultur nach immanenten Regeln stimmig und stabil entfaltet werden, verbarg sich doch noch immer das Gespenst der Kontingenz hinter einer solchen rein immanenten Lösung, so lange kulturelle Übereinkünfte nicht mehr sein sollten als solche, Konventionen eben. Die Einführung eines Prinzips, das nicht erst mit menschlicher Kultur gesetzt wurde, sondern von dem sie abhängig war – die Einsetzung eines Grundes, der nicht sie selbst sein durfte –, versprach, die Organisation und Stabilisierung der Kultur, die ein unablässiger Prozeß der Definition von Verfahren ist, sowohl mit der empirischen Erfahrung wie mit den Forderungen einer anderes als empirische Faktizität und phänomenale Kontingenz suchenden theoretischen Diagnostik in Einklang zu bringen. Hier, in theorieimmanenten Zwängen, liegt die Begründung der nicht nur phantastischen, sondern auch für eine Philosophie als Medium der Emanzipation destruktiven Annahme, die Regelmäßigkeiten und wiederholbaren Abläufe, die eine transklassische Logik zu rekonstruieren habe, seien im Wesentlichen etwas wie ein Lebensprozeß 'höherer Ordnung'. Was Kant noch

---

[727] Was oben als Einsetzung der These von der Technik als *Organprojektion* erläutert wurde, hat bei Günther seine Wurzel in der Identifikation von Technik und entelechetischen Prozeßabläufen nach dem Vorbild Oswald Spenglers; cf. *Der Untergang des Abendlandes*, l. c., p. 1183. Hier waren schon die funktionsstabilen Bewegungsabläufe eines Tieres 'Technik'. Zusammen mit der Deutung aller kulturellen Objektivationsakte als Abspiegelung solcher 'Technik' in Technik ist dann die Gleichsetzung von Kultur und organismischem Prozeß bekräftigt. Alles Fungieren ist 'technisch', weil alles organisch ist – und umgekehrt. Das Muster, dem solches Denken folgt, hat Hans Blumenberg als die „Verwechslung von hilfsweiser Beschreibung und abrufbarer Erklärung" genau bestimmt und den Zirkel, der damit gesetzt wird, bemerkt: *Begriffe in Geschichten*, Frf./M.: Suhrkamp, 1998; pp. 85 sq.

als unbehandelbares Thema abgewiesen hatte, wird unter folgerichtiger Berufung auf Schellings Natursubjekt, die schlafende Intelligenz der Welt, als die Antwort gegeben, daß es jenseits des empirischen oder 'zweiwertigen' menschlichen Lebens eine Dimension transhumanen Lebens gebe, wie es diesseits ein prähumanes in Gestalt von Pflanzen und Tieren gibt. Die revolutionäre Umdeutung der prästabilierten Harmonie, die das „System des transzendentalen Idealismus" enthielt, ist hier um einer biologistischen Entelechievorstellung willen, die organismische Abläufe in ihrer Stabilität erklärt, aufgegeben worden. Die göttliche Güte und die Vorsehung, welche die älteren Garantiemächte gewesen waren, sind, als anthropomorphe, ausgefallen und das Fließgleichgewicht biotischer Systemzustände ist in wenig bearbeiteter Form an ihre Stelle getreten. Resultat dieser gewaltsamen Operation ist aber die Entbehrlichkeit nicht nur der als Leiter bis zu dieser These aufgebauten Theorie, sondern die aller kritischen Theorie überhaupt. Was nun noch möglich wäre, ist eine rein deskriptive Theorie; eine Philosophie aber, die Aufgabenstellungen zu erkunden suchte, ein intellektuelles Instrumentarium, das menschliche Existenz nicht als in übermenschlichen Funktionen teleonom fungibel unterstellte, sondern auf dem unendlichen Wege zu einem unausschöpfbaren Ziel, verliert vor diesem Panorama ihren Sinn.

Vorläufiges Resümee

Die Günther ursprünglich prägende Form, Erfahrungen intellektuell zu verarbeiten, hatte ihr besonderes Potential darin, auf ein aktuelles Methodenbewußtsein in Fachwissenschaften zu führen. Die Nähe des Spenglerschen Denkens zur anschaulich angeeigneten Biologie ermöglichte eine Affinität zu den Verfahren der Gegenstandsrekonstruktion, wie sie durch Bertalanffy, Haldane und andere folgenreich begründet worden waren. So sind die Zeichen der Verwandtschaft mit Theorien der *Autopoiesis*, der *Selbstorganisation* und *Synergetik* Charakteristika der Teilhabe an einem zeitgenössischen wissenschaftlichen Paradigma, dem Haldane den Namen *Holismus* gegeben hatte. In Spenglers Assimilation der Kulturtheorie an biologische Konzeptfragmente lag schon der Zweifel an der Orientierbarkeit des Handelns durch Einsicht zu Grunde, der die durch die Tatsache der Geschichte bewiesene Selbständigkeit des Handelns vor aller Theorie als Thema ermöglichte. Dieser Primat der Praxis sollte nun systematisch denkbar gemacht werden, indem die immanente Stabilität der Handlungssphäre nach dem Vorbild von Wirkungskreisen gedacht wurde, deren Reproduktion durch dynamische Kräftegleichgewichte, eine Homöostase, garantiert war, nicht durch finalursächliche Determination. Suchte man ein philosophisches Paradigma, das dieses Themenfeld in der Bildung eines adäquaten 'Weltbegriffs' aufnahm, lag der Versuch Hegels, die Verlaufsform des $\delta\iota\alpha\lambda\acute{\varepsilon}\gamma\varepsilon\sigma\theta\alpha\acute{\iota}$ als Grundform der Konkludenz einander wechselseitig sollizitierender Akte zu konstruieren, nicht in exotischer Entfernung. In der "Phänomenologie des Geistes" war der Durchbruch zu einer Darstellungsform gegeben, die zwar dem Namen nach an die Form kunstfertiger Unterredung anschloß, doch den Vorgang des Disputierens nur noch als populäres Sinnbild für den rekonstruierten Typus von Abläufen nehmen konnte. Tatsächlich hatte sich im Übergang zur frühen Industriegesellschaft die bewußtseinsprägende Macht der Erfahrung handwerklicher, privat zweckerfüllender Tätigkeit bereits so weit aufgelöst, daß Hegel als Urbild des neuen Rationalitätsbegriffs den sich an Resultaten von Handlungen immer modifizierenden Vollzug von Handlungen entfalten konnte. Nicht die lineare Schrittfolge vom gegebenen Material zum bezweckten Produkt war hier als Folge konkludenter Akte unterstellt, sondern die Bewegung, die den in einem Produkt realisierten Zweck wieder als Ausgangspunkt einer neuen Realisierung zurückgespiegelt aufnahm und mit 'Demselben im Anderen' fortzulaufen hatte.

Wollte man im Anschluß an dieses Konzept den theoriestrategisch wichtigen Aspekt abweisen, die Geschichte des Menschen laufe teleologisch auf die Deckung von Weltbedingungen und Menschenwürdigem dadurch zu, daß jene identisch mit dem würden, was durch menschliches Handeln konstituiert wird, war eine Einsetzung nötig, die den perennierenden Vorgang der Weltbildung als nicht beliebig möglichen denkbar machte. Weicht man der neueren Reprise Hobbesscher Theorie aus und rekonstruiert Handlungen und Verhaltensdispositionen nicht unter der systematischen Annahme, Subjektivität sei Leistung der Selbsterhaltung, würde eine Antwort nötig, die den Sinn kulturellen Handelns nach anderen als utilitaristischen Kriterien bestimmte. Andernfalls wäre jede empirisch erfolgreiche Handlung gerade recht, da Kriterien für Angemessenheit über deren Horizont hinaus nicht begründbar wären. Doch in dieser Tendenz bleibt die Antwort der Güntherschen Theorie verfangen, da zwar die Handlung des Einzelnen von naturalistischer Selbstbehauptung unabhängig konzipiert werden konnte, doch nun die Selbsterhaltung der Gattung als letzter Zweck zu denken wäre: Sinn der kulturellen Reproduktion wäre ihre Fortsetzung. Den trans-Aristotelischen Menschen als Organ eines 'transhumanen' Lebensprozesses zu skizzieren, entspricht mit vollkommener Konsequenz dieser Vorzeichnung. Der Gedanke wäre als biologischer allerdings nur in der Paradoxie einlösbar, daß die Natur eine Gattung hervorgebracht habe, die sich allein im Kampf gegen die Natur zu bewahren vermöchte. Die Aufmerksamkeit wanderte dann von selbst zu der schwächeren Fassung, es sei eine Gattung entstanden, die die Reproduktion ihrer Existenzbedingungen nur durch eigene Anstrengungen zu leisten vermöchte. Wo aber bliebe dabei die dramatische Pointe der 'Selbstbehauptung'? Müßte nicht zugleich gedacht werden, daß das sich selbst behauptende Naturwesen von Natur aus durch eben die Fähigkeiten konstuituiert würde, die diese Reproduktion sicherten? Es könnte darum allenfalls der Schatten des Gedankens gedacht sein, der Mensch sei ein Abfall von dem, was die in sich harmonisch zirkulierende Natur 'von sich aus' immer wieder herstelle. Dann aber wäre Natur weniger der Feind, gegen den es zu kämpfen gälte, als die Minimalausstattung, deren Möglichkeiten nicht mehr geachtet werden und Selbstbehauptung Erfordernis des Schutzes einer über das Gegebene hinausführenden Neugier und Wunschbestimmung vor der magnetischen Kraft der Sicherheit in bewährten Beständen. Vielleicht liegt in der Wendung, den Menschen als bloßes Organ eines kosmischen Metabolismus zu denken, dem Überschreitung der 'natürlichen Natur' als sein *proprium* zugesprochen wird, seine Anerkennung als eines Wesens, das sich selbst nur zu reproduzieren vermag, wenn es seine Möglichkeiten potenziert – gewissermaßen als *animal potentiale*. Dann müßte die Rede von der 'Rationalität des Universums' erst recht als Metapher aufgeschlossen werden, wollte man dem pyrrhonischen Fatalismus entgehen, daß die Essenz des zu Behauptenden mit seiner Existenz schon gegeben sei

Vorläufiges Resümee

und man sich darum auf die Wirkung einer ihr einwohnenden Entelechie verlassen könne, wenn man immer nur das Nächstliegende täte. Gegen den freudigen Fatalismus als letztes Resultat skeptischer Reserve bezüglich der menschlichen Fähigkeit, unverschuldete Unmündigkeit aufzuheben, bliebe dann tatsächlich nichts als unphilosophischer 'Pragmatismus'. Daß damit erneut das Recht der vom Kulturprozeß mit Gleichgültigkeit gegen ihre Erfüllungsbedürfnisse Verbrauchten gesetzt ist, diese naturähnliche Harmonie mit Gewalt zu stören, vielleicht sogar zu zerstören, wenn ihnen nicht Kompensation geboten wird, liegt auf der Hand.

Die Fixierung der kosmischen Genese neuer Rationalitätsformen an einem nicht-traditionellen Zeichensystem deutet an, daß hier ein tieferer Gedanke immerhin gewirkt haben mag, da als Mittel, diesem Lebewesen die Reproduktion zu sichern, die Erzeugung und Wirkung von Symbolen mindestens gedanklich umspielt worden war. Die adäquate Entfaltung wäre dann schon mit der Setzung des methodischen Ideals verhindert worden. Der Aufbau mathematikartiger Kalküle in der Formalen Logik hatte mit dem logizistischen Programm nicht zufällig den Versuch hervorgebracht, die Stringenz mathematischer Konstruktionen als Fall des aller willkürlichen Setzung entzogenen Zusammenhangs des Logischen zu denken. So, wie hier geglaubt worden war, die Konkludenz mathematischer Handlungsfolgen, der Algorithmen, lasse sich auf die Konsequenz ableitbarer Sätze zurückführen, hoffte Gotthard Günther umgekehrt, jedem konstruierbaren Algorithmus ein willkürfreies *consequor* ablesen zu können. Seine eigenen Versuche sind Indiz für die Unerfüllbarkeit dieser systematischen Prätension, denn das über Jahrzehnte mit der Geduld des Handwerkers geübte 'Pröbeln'[728] an Kalkülentwürfen zeigt, daß ein Algorithmus nur das Problem aufzulösen hilft, für das er konstruiert wurde. Vor der Konstruktion, die keine Folge logischer Konsequenzen, sondern eine willkürlich definierte Kette von Operationen ist[729],

---

[728] So wurde das bis ins 19. Jahrhundert angewandte iterativ probierende Verfahren zum Feinschliff optischer Linsen mit erwünschten Brechungswinkeln genannt. Erst der Physiker Ernst Abbe und der Chemiker Otto Schott fanden die Verfahren, Material und Form gezielt im Voraus zu bestimmen.

[729] Logische *Folgerungen* erschließen hier nur einschränkende Bedingungen: eine Operation Z, die auf einer Größe x ausgeführt werden soll, kann erst nach einer Operation Y erfolgen, *wenn nur diese* den Wert von x ergibt. Aber daß x in Y berechnet wurde, macht

muß das Problem, dem er angemessen wird, identifiziert und analytisch erschlossen sein. Einen Algorithmus konstruieren zu wollen, der ein Problem löst, das wir noch nicht einmal zu denken vermögen, ist eine *contradictio in adiecto*.

Das nicht zu bemerken, ist Bedingung der Hoffnung, nicht finalursächlich konstituierte, sondern aus einem unerkannten Kraftquell wirkursächlich angetriebene Handlungsketten ließen sich in einem Algorithmus modellieren. Da aber dessen Begriff das erstrebte Mittel nicht hergibt, muß der konstruktive Gedanke ausweichen und ein Substitut finden. Die Maschine, ist sie einmal als organischer Prozeßablauf gedacht, füllt hier die leere Stelle im Algorithmenmodell scheinbar vollkommen aus. So macht sich dann ein Aristotelismus geltend, der bei einem Theoretiker, der die Kontingenz der Fälle und die Relativität der Regelapplikation anerkennt, um sie prinzipiell anders als die Tradition zu bewältigen, seltsam anmutete, wenn er nicht als Zeichen verständlichen Ungenügens vor der Größe der selbstgestellten Aufgabe erkennbar wäre. Die Umformung der platonischen Ideen in die Wesen, die sich in den Erscheinungen entelechetisch selbst realisierten, war die Antwort des Aristoteles auf die Frage, wie das Theoretische und das Faktische in Kongruenz gedacht werden könnten – und sie ist es auch hier. Anders als die aristotelische Antwort aber bedeutet die Orientierung auf einen Algorithmus, der Berechenbarkeit der Kulturentwicklung in den nächsten *hundert, zweihundert oder auch dreitausend Jahren* garantierte[730], daß das der Natur nach Frühere nicht mehr das für uns Spätere wäre, sondern in den Formeln, deren Resultate für bestimmte Zeitpunkte berechnet werden könnten, hier und jetzt verfügbar. Damit, daß mathematische Formeln garantierter Berechnungssicherheit nur für zyklische Vorgänge möglich sind, korrespondiert, daß ein solches Konzept vollständiger Berechenbarkeit für nachfolgende Generationen ausschließt, noch irgend eine neue Erfahrung machen zu können und das Charakeristikum der absolut neuen Epoche der Menschheitsgeschichte würde: *semper idem*. Hier führt das Mißtrauen in die Funktion der Intelligenz, die theoretische Dimension der allgemeinen

---

nicht logisch notwendig, daß Z folgt. Algorithmen sind finaldeterminierte Folgen, könnte man sagen.

[730] *Martin Heidegger und die Weltgeschichte des Nichts*, in: *Beiträge III*, l. c., p. 260.

Regeln als bloßen Rahmen möglicher Entscheidungen über die Identität von Fällen anzuwenden, auf einen Typus der Genese von Fakten aus Theorie, die in Berufung auf den technischen Automaten eine ermutigende Evidenz zu haben scheint. Voraussetzung dafür ist jedoch, daß der ahnungsvoll umspielte Strukturalismus in diesem Entwurf einer Theorie der Unterscheidungsmöglichkeiten die organismische Ganzheit nicht mehr als Hilfsmittel der Verdeutlichung, sondern als Erklärungsgrund nimmt. Erst dann reproduziert sich das allgemeine Gesetz durch die wechselseitige Sollizitation der Fälle nicht mehr *wie* ein Organismus durch die Wechselwirkung der Organe, sondern es *ist* einer und die Fälle konstituieren sich durch kausale Einwirkung aufeinander.

Die Verführung zum organologischen Denken hat nicht zuletzt darin ihre Kraft, daß der Organismus als ein mit der Evidenz der Anschaulichkeit beglaubigtes Faktum erscheint. Es bedarf einer Besinnung, um festzustellen, daß der vermeintlich anschaubar gegebene Organismus nicht beobachtet werden kann, sondern ein Gedachtes ist. Beobachten lassen sich nur einzelne Phänomene an lebendem Gewebe oder der Körper im Raum, nicht aber das homöostatisch sich einspielende Zusammenwirken verschiedener Kraftwirkungen. Daß diese nur gedacht werden können, suggeriert zugleich die Identität des Organischen mit jedem, das als strukturell Organisiertes konzipiert wird. Vergessen wäre dabei, daß Organismus als ein Gleichgewicht physischer Kräfte zu denken ist, was der Struktur einer Theorie oder einer Sprache kaum aufschlußreich zuschreibbar ist. Setzte man einen psychologischen Naturalismus ein, die identifizierten Fälle einer Regel mit Zuständen, etwa des Großhirns, zu parallelisieren, um den Beziehungen der Fälle zueinander und zu ihrer Gesamtheit das Modell kausaler Wechselwirkung von Zuständen und deren Gesamtheit, der organismischen Kreiskausalität, zu substituieren, käme man ebensowenig über die Tradition hinaus, denn damit wäre die Diskurskonstellation nach Descartes wiederhergestellt – mit einem kybernetischen Hirnmodell an Stelle des Uhrwerks. Hier wird die Leerheit der Antworten vom Typus der 'Selbstorganisation des Universums' für ein Wesen deutlich, das Theorie unter der Voraussetzung betreibt, aus ihr seine Handlungen bestimmen zu können. Die historische Verschiebung und Umformung der Möglichkeitsrahmen für das, was der Fall sein kann, erfolgte hier nach einem immanenten Automatismus. Die Entscheidung über Angemessenheit einer Regel, ihre Erweiterung, ihre Ersetzung durch neue wäre der Willkür dadurch entzogen gedacht, daß sie als ein Naturschicksal konzipiert ist, das sich durch individuelle Akte der Intelligenz hindurch selbst erfüllte. Der Spielraum, in dem Gelingen und Mißlingen möglich wären, verblaßte zum Schein. Der Druck, den die Gesellschaft auf die bedürftigen Individuen ausübt, mit 'Erfolgen' Beweise ihrer Glückswürdigkeit zu erbringen, drängte dann wie selbstverständlich zur Haltung des Desperados, im besseren Falle: des stoischen Weisen, der nicht nur gegen die Bedürfnisse anderer, sondern auch gegen die eigenen Geringschätzung demonstrierte, denn über seine Ausstattung mit Begabung und die Möglichkeit ihrer Realisierung entschiede er nicht durch willentlichen Entschluß. Sein Halt müßte das Restvertrauen in ein *fatum* sein, das den Sinn persönlichen Verzichts in der Förderung einer überpersönlichen Größe verbürgte.

Daß nach einem solchen Theorieresultat auch gesucht wurde, bekräftigten die tentativen Äußerungen, Automaten der Verständigung, Maschinen der Interpretation und Roboter der Entscheidung antizipieren zu wollen. Der Übertritt in die organologische Metaphysik, die sich nur als die andere Seite der technologisch-algorithmischen erwies, macht explizit, daß in dieser Theorie die Aufhebung der kulturellen Funktion von Theorie tatsächlich gedacht ist. Es wäre als realisierter Zustand immerhin der der Erlösung, denn die unausweichlich in Realisierung tretende Verlaufsgesetzlichkeit der Kulturentwicklung höbe alle Schuldigkeit des Menschen gegenüber seinesgleichen und den nicht von ihm geschaffenen Bedingungen seiner Existenz auf. Vollzugsorgane des *fati* bedürften keiner Rechfertigung ihres Handelns und Verhaltens, und was als Unterlassung oder Scheitern erschiene, wäre Teil einer nicht durch willkürlich gesetzte Akte zu korrigierenden Ökonomie technisch-funktionaler Notwendigkeiten. Damit wäre hier jedoch behauptet, daß die Besetzung von Funktionsstellen in der Kultur gemäß den Bedingungen von deren Selbstreproduktion identisch wäre mit der Bewältigung menschlicher Unfähigkeit, Phantasie für Urteilskraft zu entfalten.

Dieser verriegelnden Tendenz entgegen steht der Doppelsinn interpretationsfrei verständlicher Suggestivcharaktere. Hier ist ein Mittel angedeutet, die Fähigkeit der Intelligenz zu rekonstruieren, Ereignisse als Fakt zwar keiner bekannten Regel zu identifizieren, aber doch als Initiale einer neuen, noch zu konstruierenden. Die Qualifikation durch den Wahrnehmungseindruck wäre hier als Substrat anhebender symbolischer Konstitution von Wirklichkeit eingeführt. Die Durchführung einer Theorie ihrer Stellung in der Bildung von Unterscheidungsmöglichkeiten theoretischer und praktischer Handlungen wäre aber erst noch zu geben. Die Spannweite möglicher Entfaltungen ist durch die von Hegel sarkastisch bemerkte Verschwommenheit des 'vielsagenden Eindrucks', der eben allerlei, doch nichts zweifelsfrei Bestimmtes sage, und den Optimismus der Neuen Phänomenologie nach Heidegger, die das Vielsagende als reiche Sammlung von Möglichkeiten der durch es prädeterminierten Präzisierbarkeit zu konzipieren sucht, gekennzeichnet. Eine Theorie, die beide Pole zu relativieren geeignet wäre, sowohl die absolute Setzung einer Identifikation durch die Intelligenz wie auch die absolute Autorität impressiver Evidenz von Phänomenen, enthielte Potentiale, die Einheit der Kultur in der Dynamik komplementärer Formen von Wirklichkeitskonstitution zu denken – sowohl in der Einheit des individuellen Lebens, das sich zwischen rational geleiteter Emanzipation und sinnlicher Irritation zerrissen erfährt, wie auch in der Gesamtheit verschiedener sozialer Gruppen, von denen die einen mit der, Vitalität aushöhlenden, absoluten Kultivierung intellektueller Setzungen und die anderen, mit der Gefahr zerstörender Regressionen, in der absoluten Orientierung auf die scheinbare Eindeutigkeit impressiver Evidenzen leben.

Es wäre dies keine Theorie des Automatismus dieses Ausgleichs, sondern eine, die dessen Vollzug so verstehbar machte, daß ihr Rezipient mit Bewußtsein zum Produzenten des geteilten Lebens werden könnte. Er hätte Wissen vom Vollziehen einer Entscheidung ohne das Diktat einer bestimmten. Darum lieferte sie auch kein *Organon*, sondern nur ein erwünschtes *Kathartikon des gemeinen Verstandes*. So könnte sie, wie die maßgebenden Philosophien vor ihr, als zugleich Theorie und Praxis der Erzeugung von Unterscheidungsmöglichkeiten fungieren, nicht aber als Plan eines subjektfreien Automaten.

Sie wäre darin nicht die Identifikation eines Bestandes, sondern die Demonstration einer möglichen Haltung als Antwort auf die Frage, was es heiße, ein Mensch zu sein.

Interview mit Heinz von Foerster

Kai Lorenz,
Gernot Grube
(Berlin-Brandenburgische Akademie der Wissenschaften)

Berlin, 23. Januar 1997
Hotel Hilton am Gendarmenmarkt

- I -

Heinz von Foerster: .. Was macht Ihnen denn Spaß?

Kai Lorenz: Mit machte es außerordentlich viel Spaß, wenn wir anfingen, zu plaudern -

Aha! Nun gut, dann erzähle ich Ihnen, wie ich Gotthard Günther kennengelernt habe.
Nun, mein *background* bestand ja darin, daß ich ein Labor gegründet hatte, das *Biological Computer Lab* an der *University of Illinois* – da sind sehr viele *freaks* gewesen, also Leute, die nicht so denken wie alle anderen. Die haben bei mir alle ein Rettungsnetz gefunden, die kamen alle heruntergeflogen vom *high trapeze*, vom *flying trapeze* und das *BCL*, das *Biological Computer Lab*, hat die aufgefangen. Natürlich waren wir ein sehr interessantes, kreatives Laboratorium, Leute von der ganzen Welt sind gekommen, Humberto Maturana[731] war für zwei Jahre bei uns, Lars Löfgren[732] – also die Lo-

---

[731] Humberto Maturana, der Begründer des Konzepts der *Autopoiesis*. Veröffentlichte z. B. zusammen mit Franciso Varela *Der Baum der Erkenntnis*, Bern et al.: Goldmann, 1987.

[732] Lars Löfgren, heute (2000) Prof. em. am *Lund Institute of Technology*, Schweden, erstrebt „eine holistische, komplementaristische Konzeption von Sprache, die spezielle Arten wie genetische Sprache, Programmiersprachen, formelle Sprachen, zerebrale Sprachen und externe Kommunikationssprachen einschließen kann" (http://kultur.aec.at/festival/1992/lofg.html). – Veröffentlichte u. a. *Automata of high complexity and methods of increasing their reliability by redundancy*, in: *Information and Control*, vol. 1, nr. 2, May 1958, Orlando: Academic Press; pp. 127-147.

giker, die die unübliche Logik gemacht haben, die Lehrer, die unmögliche Erziehung gemacht haben, die Schüler .. - Da war ein junges Mädchen, es ist zu mir gekommen mit Tränen in den Augen und sagt: *Ich wollte Astronomie studieren!* Ich hab gesagt: *Ja und warum studierst du nicht Astronomie? - Ich bin zum Dekan gegangen und hab ihm gesagt, ich würde gern Astronomie studieren. Da hat er gesagt: 'Was genau wollen sie studieren?' - Ich möchte gern einen Sternenkatalog auf dem Computer implementieren, wo man sofort weiß: wo sind die Nebel, die mehr so und so ein Spektrogramm haben, wo sind die pulsare stars, wo diese Sterne sind, wo jene Sterne sind – ein computerized project, wo man einfach nur hineintastet, was man will und kriegt die Antwort. Da sagt er: 'Liebe junge Dame, sie sind im falschen Department!' - Ja wieso? - 'Schaun's her, wir haben hier: Fernrohre, Teleskope – und nicht: Computer!'* Die kam dann zu mir, nicht. Diese junge Dame ist heute in Chicago, hat die größte Maschine, die alle Bilder speichert, die in Chicago in den Ausstellungen, in den Museen und in den Galerien vorhanden sind und kann sie sofort lokalisieren. Malerei, Maler, Stil etcetera, etcetera – einen Expertenkatalog.

KL: Sie hat ihre Idee des Expertensystems verwirklicht, nur nicht ..

.. nur nicht in der Astronomie, was sie gerne gemacht hätte, weil: sie liebte Sterne .. naja, jetzt liebt sie halt Bilder.

Mein wirklicher Schutzheiliger vom *Biologischen Computer Lab* war ein, wie er sich selber nannte, ein *Neurophilosoph* oder wie er sich auch nannte, ein *experimental epistemologist*, ein experimenteller Erkenntnistheoretiker. Das war Warren McCulloch[733]. Warren McCulloch war der Vorstand von der Neuropsychiatrie an der *Universität von Illinois* in Chicago, später am *M.I.T.*, wurde eingeladen dort am *Electronic Research Lab* mitzuarbeiten, obwohl er ja ein Neurologe war. Aber das war dort so breit gefächert, daß man gewußt hat, man kann nicht auf einem Steckenpferd nur herumreiten. Dieser Warren McCulloch – ein Genie, unwahrscheinlich! Ein

---

[733] Warren Sturgis McCulloch (1898-1972), Mediziner, arbeitete als Neurophysiologe an der *Yale University*, als Psychiater an der *State University of Illinois*, schließlich am *Research Laboratory for Electronics* des *M.I.T.* - Veröffentlichte u. a. *Embodiments of Mind*, 1965, dt. als *Verkörperungen des Geistes*, Wien, New York: Springer, 1988.

sprachliches Genie, ein intellektuelles, der hat die Logik gekonnt, der hat die Physiologie gekonnt, der hat ganz wichtige, grundlegende Papiere geschreiben, so 1943/44, über das Nervensystem. Ein Papier zum Beispiel: *A Logical Calculus of Ideas Immanent in Nervous Activity*, also *Ein logischer Kalkül von Ideen, immanent in den Nervenaktivitäten* – so sehen Sie schon, was da los war! Unglaublich! Er hat den ganzen logischen Apparat benützt, von Hilbert und dann später die Carnap-, die Wiener Carnap-Schreibweise – ein unerhörtes Papier! John von Neumann, der Rechenmaschinen-Revolutionär und Erfinder in ganz neuen Entwicklungsrichtungen, der hat dieses Papier von McCulloch und Pitts[734] als das für den Beginn des 20. Jahrhunderts wesentliche Papier zum Verständnis des Computer-Rechnens überall propagiert. Na jedenfalls, der McCulloch war mein Schutzpatron und eines Tages – nein, nein: eines Nachts, er hat nie am Tag angerufen! –, eines Nachts um zwei ruft er mich an in Illinois – wann war das wohl? das muß so um '60 herum gewesen sein, '59 oder '61, das weiß ich jetzt nicht mehr genau – er ruft mich an, sagt: *Heinz, ich bin hier in Richmond, Georgia, ich hab hier einen Mann getroffen, den kein Mensch versteht, außer du, und warum ladest du den nicht ein?* Und da hab' ich gesagt: *Ja, was ist das für ein Mensch? - Ja, ein Logiker, der heißt Gotthard Günther, und lad' ihn doch ein zu deinem Seminar, oder was immer du hast!* - Naja, wenn der Warren McCulloch mir sagt, ich soll ihn einladen, lad' ich diesen Gotthard Günther ein! Und wie der Warren schon angekündigt hat, den versteht kein Mensch – aber ich, Heinz, werde ihn wohl verstehen. So kam der Gotthard Günther. Wie sich herausstellt, der war an der Universität in Halle[735] von den Nazis verfolgt worden, mußte fliehen. Er hat diese wunderschöne Story erzählt, er mußte den *Loyalty Oath*, also den Glaubenseid leisten ..

KL: .. auf den 'Führer' ..

---

[734] Walter H. Pitts, (geb. 1924), Beiträge zur mathematischen Theorie Neuronaler Netze, Mitarbeit an Nicolas Rashevskys Forschungsgruppe *Mathematical Biophysics* an der *University of Chicago*, 1947 am *M.I.T.* Zusammenarbeit mit Nobert Wiener (cf. http://artsci.wustl.edu/~philos/MindDict/pitts.html).

[735] Gemeint ist wahrscheinlich Leipzig, wo Günther 1934-1936 Assistent am Philosophischen Seminar war.

.. auf den 'Führer', auf die neue Politik. Also, hat er wohl dort gesagt, ich unterschreibe das Papier mit dem größten Vergnügen, aber das Deutsch ist so schlecht, das kann ich nicht. Dann ist er eingeladen gewesen zur Uni in Mailand und wollte wieder zurückkommen, da haben ihn Freunde angerufen und gesagt: *Lieber Gotthard, die glauben dir nicht, deine Sache mit dem schlechten Deutsch, besser, kommst nicht wieder zurück nach Halle!* Und da war er in Italien, unter Mussolini – die wollten ihn wieder zurückschicken nach Deutschland. Da ist es ihm dann gelungen – seine Frau hatte Verwandte in Südafrika –, über Nacht, mit nichts, nur einem kleinen Koffer, nach Südafrika auszuwandern. Dort blieben sie, er hat da unterrichtet, in Stellenbosch, einer südafrikanischen Universität[736], und da erzählte er immer – es gab schon in Wien den schönen Witz, wie nach den Nazis die Russen gekommen sind: *Von dem einen Paradies in das andere Paradies ..* - und das hat der Gotthard auch bezüglich Stellenbosch gesagt: *Von dem einen 'Paradies' in das andere 'Paradies'.* So, und da war er eine Zeit lang, und sie hatte, glaub' ich, auch Verwandte in Amerika gehabt[737], und nach vier Jahren oder länger sind sie dann nach Amerika ausgewandert. Sie hat eine Stelle als Volksschullehrerin in einer Negerschule gehabt, es war in den Südstaaten, mit schwarzen kleinen Mädel und Buben, die hat sie unterrichtet. Und er hat nach mühsamer Anstrengung ein Stipendium bekommen von der *Bollingen Foundation*, die ihm tausend Dollar oder vielleicht sogar zweitausend für Studien der nicht-Aristotelischen Logik gegeben hat. In dieser Stellung hat er den McCulloch kennengelernt, McCulloch hat einen Vortrag gehalten, wie er mir erzählt hat: *Dann am Ende des Vortrags kam so ein Mensch mit Brille und so komisch verzwickt, und der hat mich die besten Sachen gefragt, die ich je gefragt worden bin. Und da hab ich gefragt: 'Was machen Sie?' Da hat er gesagt: 'Ich mach etwas Licht ..'* - *und da hab ich dich angerufen, Heinz: Mach was für den Menschen!*

Also kam Gotthard. Das *Biological Computer Lab* hat ein wöchentliches Seminar gehabt, Freitag nachmittag um drei. Gotthard hält also seinen Vortrag, die Leute freuen sich, finden's sehr lustig – haben aber kein Wort verstanden. Doch ich hab sofort gesehen, warum der

---

[736] Universität von Kapstadt-Stellenbosch.
[737] Konnte von mir nicht näher erforscht werden. - K.L.

Warren McCulloch sagt, der Gotthard soll bei uns arbeiten oder überhaupt kommen – das war sofort klar. Wir haben uns ja für die biologische Problematik interessiert. Die ist z.B. wunderbar ausgedrückt in dem Vortrag, den die Akademie mir vorgeschlagen hat, hier als erstes zu halten[738]. Und der Titel von dem Vortrag war: „Systeme beobachten" – also was tut es, beobachten wir Systeme oder sind es Systeme, die beobachten, also diese Doppelzüngigkeit, und die fassen Sie nicht in der normalen Logik. Also wenn Sie in ganz normaler zweiwertiger Logik diesen einfachen Satz aufschreiben wollen, geht's nicht, können Sie nicht. Und daher haben wir uns ununterbrochen umgeschaut nach Logikern, die heraustreten aus der *Ja/Nein-Wahr/Falsch*-Logik und eine allgemeinere Logik bauen können, so, daß der Logiker 'drinnen' in der Logik ist, nicht, das ist das Problem. Wir tun immer so, als ob das da draußen wäre, und über mich kann ich nichts sagen, aber das Problem ist ja, der Beobachter muß ja über sich was sagen können, denn er ist ein Beobachter, er muß die Verantwortung anerkennen – wenn er die Verantwortung nicht hat, dann geht ja alles sehr einfach, nicht. Aber wenn er sagt, der lügt oder der spricht die Wahrheit, dann ist das der Beobachter, der sagt, der lügt, und nicht der, der beurteilt wird – das ist ja uninteressant, ob *der* die Wahrheit spricht oder lügt: *dieser* Mensch behauptet es! So haben wir uns umgeschaut nach Logikern, die diese Mehrwertigkeit eher verstehen können. Wir haben sehr viel mit Tarski[739], dem polnischen Logiker, Kontakt gehabt, dann haben wir oft am Institut von Illinois einen ganz wichtigen Menschen gehabt, Turquette[740], mehrwertige Logik betreibt der, die mehrwertige Logik genau wie zweiwertige Logik, nur daß er einmal *1-2*, einmal *2-3* oder *1-3* verwendet – also nicht die übliche Sache. Wie der Gotthard mit mir gesprochen hat .. Mensch, der weiß um was es sich handelt!!

Und so hab ich gefragt, was er macht – da hab ich von diesem schrecklichen Zustand gehört, seine Existenz oder besser Nicht-

---

[738] Öffentlicher Vortrag auf Einladung der Berlin-Brandenburgischen Akademie der Wissenschaften, Berlin, 22. Januar 1997.

[739] Alfred Tarski (1902-1983), Mathematiker; wichtige Anstöße für die Diskussion um die Grundlagen der Mathematik im 20. Jahrhundert.

[740] Atwell R. Turquette veröffentlichte mit J. Barkley Rosser 1952 *Many-valued Logics*, von dem Siegfried Gottwald urteilt, es sei „für lange Zeit das Standardwerk" gewesen (*Mehrwertige Logik*, l. c., p. 5).

Existenz in Amerika kennengelernt und hab ihn gefragt, ob er mit nach Illinois kommen würde und bei uns arbeiten würde – das hat er natürlich mit Begeisterung angenommen. Mein Problem war ja immer, diese *odds*, also die nicht-funktionierenden Leute, bei mir ins Labor zu bringen. Mein Labor war in einem *department of Electrical Engineering*, also einem *department* für Elektronik, oder für elektrisches Ingenieurwesen – dort war mein Labor. Jetzt kommt man zu dem Dekan von dem Lehrgebiet Elektrotechnik und sagt, man möchte gern einen Hegel-Philosophen haben. Sagt der: *Hegel, was ist das, how do you spell it?* - Oder, der Gotthard war ja auch Philosoph für fernöstliche Philosophie, ja? Jetzt kommen Sie zu einem Dekan von einer Lehrkanzel für Elektrotechnik und sagen, Sie wollen einen Menschen haben, der für fernöstliche Philosophie der Fachmann ist. Sagt der: *Ja lieber Heinz, warum schickst Du den nicht ins department für Philosophie?* - und so weiter. Aber es ist mir gelungen, ihn zu überreden und ich hab dem Gotthard ein Gehalt angeboten, das dem eines amerikanischen Professors von seinem Status entsprach. Also nach 1000 Dollar im Jahr hat der plötzlich 25000 Dollar im Jahr bekommen, Sie können sich vorstellen, was für einen Sprung der gemacht hat. Der ist mit seiner Frau Mike[741] gekommen und war im siebten Himmel. Er hatte nichts anderes zu tun gehabt, als mit jungen Studenten zu diskutieren, zu argumentieren und von Zeit zu Zeit, wenn er Lust hatte, einen Vortrag zu halten – also der war im Paradies, wirklich im Paradies.

> GG: .. diese Herausforderung, die in dieser Logik bestand, anzunehmen .. - im Grunde genommen: aus dem Rahmen herauszuspringen .. Ist es denn so, daß Günther das geschafft hat?

Das hat er absolut geschafft, ja, das hat er durchaus geschafft, das kann man sagen. Und zwar, ich kann ja ein paar Beispiele geben, das ist einfach so *obvious*, nicht, also, der wesentliche Schritt ist eine Erweiterung, ist nicht ein Rezept für's Rechnen, sondern die Idee der 'Ablehnung', im Englischen war der Terminus *rejection*. Also, wenn es sich um ein Argument handelt, *Ja* oder *Nein*, sagt der Gotthard: *Um dieses Argument überhaupt zu behandeln, muß ich einen Platz*

---

[741] ['Mi:ke] - Gotthard Günthers Kosename für seine Frau Marie.

haben, in dem ich das Ja oder Nein sage! - also eine sogenannte *place-value logic*. Ich muß einen Platz haben, für den ich die Proposition ausdrücke – das ist, was die meisten Logiker nicht verstanden haben. Die haben nämlich geglaubt, ich muß nur was behaupten, und dann sag ich *Ja, Nein* oder *Mehr* oder *Weniger* oder so etwas.

GG: Also die Aussage fällt vom Himmel ..

.. ja, die ist schon da – da brauch ich nicht zu diskutieren. Nur der Gotthard sagt: *Nein, nein, so ist das nicht! Die Aussage muß einen Platz haben, um aufzutauchen, und dann kann ich darüber sprechen, ob sie wahr oder falsch ist.-* Und diese Einsetzung, ob sie erlaubt oder nicht erlaubt ist, hat er *rejection value* genannt. Das heißt, die Proposition selber wird manchmal nicht akzeptiert, abgelehnt. Nicht falsch gemacht, sondern nur abgelehnt. Es gibt diesen schönen Satz im *Tractatus* von Wittgenstein, daß eine Proposition p und ihre Verneinung über dasselbe sprechen. Es ist nun ganz wichtig, daß man das versteht. Das ist das, was die Revolutionäre nicht verstehen: sie sagen *Nieder mit dem König! -Danke,* wird der sagen, *sehr lieb, daß Ihr wieder von mir gesprochen habt! Jawohl, da haben Sie wieder fünf Schilling.* Nicht? Das haben Revolutionen eben: indem du *Nein* sagst, bestätigst du das *Ja*. Oder wenn du das *Ja* bestätigst, erzeugst du sofort das *Nein*. Also hat Günther gesagt, lassen wir das mit dem König weg, ja?

GG: Eine Frage dazu: Also wenn ich jetzt diese *rejection* nehme, als Haltung oder Umgang oder wie auch immer, und es in Verbindung bringe mit der Typentheorie von Russell – könnte ich behaupten, daß Russells Herangehensweise eine solche *rejection* ist?

Nein, das glaube ich nicht, das würde ich nicht sagen ..

GG: .. also daß sein Verbot, sozusagen, ..

.. ja, ich verstehe. - Nein, denn ich kann ja erlauben und nicht erlauben. Das ist bei Russell nicht der Fall, Russell erlaubt überhaupt nicht, daß Selbstreferenz gesagt wird. Es ist die Selbstreferenz, die der Russell nicht haben will, ..

GG: .. und die schließt Gotthard Günther nicht vollkommen aus ..

Überhaupt nicht! Also ich gebe Ihnen ein Beispiel, wenn Sie Lust haben, wie ich diese Sache wirklich erlebt habe. Und das war kurz nachdem der Gotthard da war, da war ich in Moskau, und zwar war da eine große internationale anthropologische Konferenz, ich war zu der Zeit Präsident einer sehr großen anthropologischen Stiftung in Amerika, *Wenner Gren Foundation*. Also ich kam dann nach Moskau, hab gesagt, natürlich, ich muß doch auf den Roten Platz gehen und muß doch Lenins *tomb* sehen, also ich komm dorthin, dummerweise war es gerade zwischen zwölf und eins, und aus irgend 'nem Grund ist das *tomb* zwischen zwölf und eins nicht zugänglich. - Eine Sache, die mir schon Spaß gemacht hat, ich hab mir gesagt, die sind gut, die wissen, was los ist: diese riesige Marmortür, die diese *tomb* zusperrt, wo man dann hinuntergeht, die ist so dick, zwanzig Zentimeter, die wird aber nicht ganz zugemacht, die wird nur so zugemacht, daß ein kleiner Spalt übrigbleibt, so daß ich als Außenstehender immer noch eine Verbindung mit Lenin haben kann. Es wird also nicht geschlossen, es wird offengelassen .. - Na, also, leider kann nicht hinein, so gehe ich herum, schau mir diese Sache außen an. Was sehe ich? Hinten ist ein kleiner Park, mit den großen russischen Feldherren, die stehen alle auf Säulen – Worubroff, Winibroff, die ganzen Brüder – einer nach dem anderen, mit wild rauschenden Bärten. Ich will Ihnen noch dazusagen, es war die Zeit, wo man den Stalin abgesägt gehabt hat. Ich komme also dahin und seh' mir die Säulen an und plötzlich sehe ich eine Säule, da ist nichts drauf. Ja wieso ist da nichts drauf? - Da gehörte der Stalin hin! Wieso haben sie nicht die Säule auch weggenommen? - Ja wenn sie die Säule wegnehmen, dann kann man nicht *Nein* zum Stalin sagen, dann ist ja überhaupt kein Stalin da. Daher muß man den Säulenplatz, den *place* haben, damit man zeigen kann: *Nein* zu Stalin. Wenn man die Säule wegnimmt, ist da kein *place* und ich weiß gar nicht mehr, von was die Leute reden. Nein, die Säule muß bleiben. Darum – das war eine völlig konsistente politische Aktion -, wenn Sie in ein Büro gekommen sind, in ein Büro in Moskau, war auf der Tapete so ein dunkler Fleck, der nicht gebleicht war von der Sonne. Jeder hat gewußt, wer dort gehangen ist. - *Das*, das war die Günthersche Idee, die sich da in dieser Weise realisiert hat.

Na, hat Günther also wunderbar bei uns mitgearbeitet, jeden Morgen ist er zu mir gekommen – er hat sich die *Schmeißfliege* genannt, weil er immer schon da war, bevor ich noch irgendwas, meine Büroarbeit und so, machen konnte: *Die Schmeißfliege ist wieder da!* Er hat ja irgendwelche Gesprächspartner gebraucht .. und wir haben ihm ja sehr viele Sachen errechnet. Ich habe ihm ausgezeichnete Leute gegeben, da war ein junger Mann, Alex Andrew, sie sind sehr gute Freunde geworden, Alex hat ihm diese ganzen *Stirling numbers of the second kind* berechnet, das sind Anzahlen von logischen Formeln, die wir gefunden haben. Wenn man da eine Tabelle hat, dann kann man konkret mit diesen Ideen arbeiten, und die Leute haben gesagt, der Gotthard hatte schon gute Ideen! *Na sag schon: wieviel Kenogramme können sie mit so und so viel Dingen bilden, Stirling numbers of the second kind, fünftausend: 22 Millionen, 364 Tausend, 212!* - So hat der also sozusagen Grund unter seine Füße bekommen mit Hilfe von z. B. dieser jungen Dame, die also wirklich hervorragend war, und dann war eine Chinesin, mit der er gearbeitet hat, Chi, dann eben dieser Alex Andrew, ein englischer Mathematiker, Computerfachmann, der sehr links orientiert war und mit dem der Günther wirklich wunderbar verbissen war, nicht, auf links orientiert, Alex Andrew ganz links orientiert, er ist dann nach Rußland gefahren, hat vorher hier gearbeitet, ihm hat es also Riesenspaß gemacht .. während meine Universitätsleute nie das Wort *L* sagen wollten, nicht wahr, nicht links orientiert. Nein, nein, die sind Philosophen ..

GG: Da war also Günther dort erfolgreich.

Ja. Also da hat er wirklich funktioniert. Und, eine andere sehr nette Sache, muß ich sagen, gab es. Ich war ja leider ein sehr teures Laboratorium, da waren also 30, 40 Leute immer drin, Studenten, die ihre Doktorarbeit geschrieben haben, also *research assistants*, die haben ihre Position gehabt, haben ein paar tausend Dollar im Jahr bekommen, dann also ein paar Stars, wie Gotthard, Löfgren, Ashby[742], Pask[743] – also das ist ja teuer. Und da bin ich von vielen Stiftungen abhängig gewesen, ob die mir noch für meine verrückten Arbeiten bezahlen. Und den guten Gotthard Günther einer Stiftung zu verkaufen mit seiner Idee war nicht leicht! Na jedenfalls hat sich eine Frau gekümmert, die im *Air Force Office of Scientific Research* gearbeitet hat, eine Rowena Swanson, die uns auch geholfen hat – den Ernst von Glasersfeld[744] zum Beispiel hat die Rowena Swanson unterstützt, weil die auch etwas unorthodoxe Arbeit geleistet hat, nicht im Chomskyschen Sinn, sondern ganz praktisch. Rowena Swanson, die hat einen Sinn für interessante und etwas *oddy* Leute gehabt, und hat meine Arbeit unterstützt. – Und die hat sich in den Gotthard Günther verliebt, also ich meine nicht erotisch, sondern: *Gott sei Dank, da ist einer, der redet solche Sachen, die kein Mensch versteht!*, also so etwa. Und, nachdem sie selber jüdisch war und das Problem kannte, nicht wahr, von Gotthard in Deutschland undsoweiter, war sie ein eiserner *supporter* vom Gotthard Günther. Also wie sie sich des Gotthards angenommen hat, war ein großer Stein von meinem Herzen gefallen. Die hat sich wirklich um den gekümmert. Sie hat immer gesehen, daß er ein richtiges Gehalt hat, daß der *state* das Geld bekommt, nicht, der *state* nimmt ja immer 30 Prozent von den Geldern weg, deswegen haben sie mich immer so gern gehabt, sie haben nicht gern gehabt, was ich tue, aber haben gern gehabt das Geld, das her-

---

[742] William Ross Ashby (1903-1972), versuchte, analog dem Konzept des „Schwarzen Körpers" in der Physik ein Konzept einer „Homöostatischen Maschine" für die Kybernetik zu begründen (http://www.hfni.gsehd.gwu.edu/~asc/biographies/ashby/ashby.html). - Veröffentlichte u. a. *An Introduction to Cybernetics,* London: Chapman & Hall, 1956, und *Design for a Brain,* ibid., 1952.

[743] Andrew Gordon Speedie-Pask (1928-1996), arbeitete über „anpassungsfähige Mensch-Maschinensysteme, Konversationstheorie und eine Protologik bzw. -sprache (Lp) zur dynamischen Darstellung von geteilten Begriffen und des Prozesses der Wissenserlangung" (cf. http://kultur.aec.at/festi-val/1992/pask.html, http://www.venus.co.uk/gordonpask od. http://www.hfni.gsehd.gwu.edu/~asc/biographies/Pask/bio.html). - Veröffentlichte u. a. *The Cybernetics of Human Learning and Performance,* London: Hutchinson, 1975. - Cf. auch Heinz von Foerster, *On Gordon Pask,* in: *Systems Research 10* (1993), Nr. 3, pp. 35-42.

[744] Ernst von Glasersfeld, Psychologe, Prof. em. der *University of Georgia,* versucht, „das Selbst" als geschlossenen Kreis im Sinne der Kybernetik zu rekonstruieren (cf. http://www.oikos.org/vonen.htm). - Veröffentlichte u. a. *Radical Constructivism. A Way of Knowing and Learning,* London, Washington: Falmer, 1995.

einkam.

Ich habe denen ja ungefähr 10 Millionen Dollar gebracht, davon 30 Prozent ist zur *state* gegangen – immerhin 3 Millionen Dollar habe ich da hineingepumpt.

KL: Und deswegen stehen bei einigen Aufsätzen von Gotthard Günther, die sich mit sehr esoterischen Themen, etwa Hegel, befassen, ab und zu einmal Vermerke darunter, daß diese *paper* mit einem Stipendium der *U. S. Air Force* gefördert wurden. Das liest sich sehr kurios.

Genau. Jaja. Da ist ein bissel was Merkwürdiges, wo ich noch nicht drauf gekommen bin, da ist etwas passiert, ja, also wie Gotthard hätte eigentlich schon in Pension gehen müssen, nach den Regeln vom Staat von Illinois, wie er 65 Jahre alt war – aber er war 70, 71 und die Rowena Swanson hat ihn dann gehalten, nicht, die hat gesagt, ich zahl' dem noch, auch wenn er schon im Pensionsalter ist. Und die Universität hat gesagt, na wenn das so ist – das Geld werden wir uns nicht entgehen lassen, da modifizieren wir unsere Regeln der Pensionierung, wenn der Gotthard Günther uns das Geld bringt. Dann ist er ..

GG: Und das konnte man machen ohne weiteres?

Naja, ohne weiteres!? Alles hat geredet, jongliert, überredet undsoweiter, undsoweiter ..

GG: Das ist ja unheimlich anstrengend.

Jaja, und wenn der Gotthard mal bezahlt war, dann war damit verbunden, Geld für das Institut zu bekommen und das Institut der Universität zu verkaufen. Und dann war diese rührende Geste von der Universität von Hamburg, nicht, die deutschen Universitäten, wenn ich das richtig verstehe, nicht, ich kann es nur so sagen, wie ich es verstanden habe, die deutschen Universitäten haben, um diese Zeit herum, sich entschlossen, Professoren, die in der Hitlerzeit herausgeschmissen worden sind, wieder zu übernehmen, entweder als Pensionisten, oder als Menschen, die an der Universität weiterarbeiten können – und so haben die, glaube ich, eine Art Liste gemacht, wer geht wohin, und da hat Hamburg Gotthard eingeladen. Und da hat er die Einladung angenommen, er wollte wieder zurück, nicht, er war ja auch bissel privat involviert, nicht, und ist nach Hamburg gezogen. Und da haben wir natürlich unsere Verbindung aufrechterhalten. Aber aus irgend einem Grund ist plötzlich der Gotthard ganz böse auf mich geworden, also ich weiß nicht warum. Ich muß irgendeinen *faux pas* gemacht haben – ich weiß es nicht. Jedenfalls in seiner Autobiographie komme ich nicht nur nicht vor, sondern ich habe überhaupt nichts für ihn gemacht. Das *department*, also die Lehrkanzel für Elektrotechnik hat ihn eingeladen, dort zu arbeiten. Daß ich weiß Gott was alles getan habe, also das Gehalt, die Stellung, den Raum, das *Biological Computer Lab*, die Gespräche, die *Schmeißfliege* jeden Morgen von 9 oder von 10 oder von 11 bis 12 – kam nicht mehr vor!

KL: Ihr Name kommt vor, aber sehr flüchtig: einmal. Er erzählt dort, in seiner Autobiographie, daß er durch Vermittlung eines Dr. Ford mit Warren Sturgis McCulloch bekannt wurde, und McCulloch letzten Endes seinen Vortrag am *BCL* ermöglicht hat, nachdem er, wie Sie berichtet haben, mit ihm gesprochen hatte, und daß er nach diesem Vortrag zwei Angebote bekommen hat – er hatte noch an einer anderen Universität einen Vortrag gehalten und sich dann für das *BCL* entschieden.

Um Himmels Willen, so ein Schmäh! Also kein Mensch hat ihm doch irgend etwas angeboten, nicht?

KL: .. und er spricht in seiner Autobiographie noch sehr engagiert von William Ross Ashby, auf den er schon aufmerksam geworden sei durch dessen Buch .. ich hab mir den Titel mal aufgeschrieben ..

Jaja, das ist entweder *Introduction to Cybernetics* oder *Design for a Brain* ..

KL: Ja, *Design for a Brain* war das! Das, sagte er, kannte er schon vorher, und das war also für ihn ein ganz wichtiger fachlicher Bezug am *BCL*. Inwieweit er mit Ihnen dort zusammengearbeitet hat, das verrät er in seiner Autobiographie nicht.

Er sagt auch gar nicht – also wirklich! – daß ich ihm dieses Auffangnetz bereitet habe! Also diese lustige Idee, daß er da geschwankt hat zwischen A oder B, kommt überhaupt nicht in Frage! Kein Mensch hat ihm irgendwas angeboten!

GG: Haben Sie eine Vermutung, was das sein könnte, warum er da plötzlich .. ?

Es war eine .. es war irgendeine Verstimmung. Es war auch .. – ich könnt' .. ich hab eine Hypothese: ich war in Deutschland, bei irgendeinem Vortrag, und das ist ja gewöhnlich so, ich fliege hin, mach' meinen Vortrag, nicht, morgens, und nachts geht es wieder zurück. Ich habe bei dieser Gelegenheit mich nicht bei Gotthard gemeldet, und der hat mir dann – er oder die Mike – hat mir da einen ganz bösen Brief geschrieben: *Der reinste Verrat! Du bist nach Deutschland gekommen und hast dich nicht um uns gekümmert!* - etc. etc. .. Und ich hab zurückgeantwortet und hab gesagt: *Um Himmels Willen, warum ein Verrat? Hast Du eine Idee, wie schnell ich da hin und herfliegen muß, damit ich das machen kann, das machen kann .. ?* - Und seither hab ich keine Verbindung mehr gehabt!

KL: Ich kann mir sehr gut vorstellen, daß es sehr viel weniger mit Ihnen zu tun hatte als mit seiner Situation in Deutschland ..

Ach!

KL: Ich weiß einiges aus seinen Briefen, sein Nachlaß befindet sich hier in Berlin, an der Staatsbibliothek, und ich habe einige seiner Briefe gelesen, z. B. einen Briefwechsel aus den 60er Jahren mit Helmut Schelsky, der unter anderem Fürsprache für die Stelle in Hamburg geleistet hat, an der Hamburger Universität ..

.. Ja. Ja. Diese Seite kenne ich überhaupt nicht ..

KL: .. und da schreibt er auch, daß er, obwohl er sich in Amerika sehr wohlgefühlt hat, und sich dort geistig ja auch zu Hause gefühlt hat, letzten Endes doch wieder zurück will nach Europa, insbesondere nach Deutschland, denn er verstehe sich nicht als Techniker, sondern als Philosoph und Humanist, und er hat große Hoffnungen gehabt, daß noch etwas von dem alten, humanistischen Bildungsgeist innerhalb der deutschen Philosophie lebt und er dort wieder Gesprächspartner findet, die ihm helfen, seine logischen Diskussionen in die alte, traditionelle, geisteswissenschaftliche Philosophie einzubeziehen. Er mußte aber erleben, daß er in Deutschland vollkommen ignoriert wurde. Es gibt ganz bitterböse Briefe; er schreibt an einen ostdeutschen Philosophen, Manfred Buhr, und beschwert sich sehr, sehr bitter über die Ignoranz, die er in der westdeutschen akademischen Philosophenwelt findet. Ich könnte mir nun sehr gut vorstellen, daß er sich dann sehr isoliert gefühlt hat in Deutschland, ..

.. und wie ich ihn da nicht einmal ..

KL: .. da ihn dort niemand mehr diskutiert hat ..
GG: Natürlich, das kommt ja dann genau zusammen!
KL: .. und dann sind Sie gekommen und haben sich nicht mal um ihn gekümmert – da war er wahrscheinlich enttäuscht, ..

Das .. also das ist eine große Befreiung .. ! Wirklich, eine große Befreiung für mich ..
Er hat es ja sogar nur indirekt erfahren, ich hab ihn nicht einmal angerufen, nicht. Ich hab ja nicht einmal angerufen, wie ich da war. Ich war nicht in Hamburg, ich weiß nicht, wo ich war, ich war in München, oder Frankfurt, was weiß ich, wo ich da war.

KL: [Berichtet kurz vom Inhalt eines Briefes Günthers an Manfred Buhr.]

Ja, ich weiß, daß er sich in Hamburg sauwohl gefühlt hat! Solange wir noch kommuniziert haben, hat er immer erzählt. Zum Beispiel: da gab's doch schon diese Studentenrevolution – und er hat gesagt, diese revolutionierten Studenten sind alle zu mir in die Klasse gekommen, die haben sich bei mir wohlgefühlt – naja, da hatte er doch einen guten Start, eine gute Basis, er fühlt sich wohl, die Kinder, die jungen Leutchen mit ihm .. das ist alles, was man wirklich braucht, nicht? Ob die großen Professoren, ob die mit einem .. - wenn die Studenten dabei sind, das ist doch schön! Aber das ist scheinbar nicht genug ..

KL: Aber er hat immer darauf gehofft, daß die hermeneutisch orientierte Schule der Hegelinterpretation doch einmal versucht, die Brücke zu schlagen zu seinem Ansatz – weil ihm das wichtig war: der Bezug zur Geistesgeschichte der europäischen Philosophie.

Ja genau, genau. Das hat er ja auch richtig gut gekonnt, richtig gut gekonnt. Das war ja ein reines Vergnügen, also ich muß sagen, seine Vorlesungen, ob gesonderte Geschichte der Philosophie, wenn er da durchs Mittelalter durchgaloppierte – also das war ein reines Vergnügen!

KL: Das merkt man auch an seinen Schriften .. dieser Spagat, riesige Bögen ..

.. na wunderbar!

KL: .. von den Kirchenvätern ..

.. Genau!

KL: .. über den Ikonoklasmusstreit ..

.. ja, ja, genau ..

KL: .. und über die Zahlenmystik Plotins und der Neupythagoräer spannte er einen riesengroßen Bogen bis ins 20. Jahrhundert – bis zu seiner Theorie, das ist schon spannend zu lesen.

Ich habe ihn sehr gern als einen Vortragenden akzeptiert.

KL: Wie ist es eigentlich dazu gekommen, daß er bei Ihnen am Institut dann sein eigenes Forschungsprogramm bekommen hat, für *Morphogrammatik*, wie er es genannt hat?

Ja, das ist, naja, weil es sein Steckenpferd war, nicht. Ich habe ja immer die Leute ihre Steckenpferde reiten lassen, denn da sind die ja am besten, nicht. - Naja, *anyway*, und diese Rowena Swanson, ja, die eben gesagt hat, dieser Mensch, der macht diese ganzen außerordentlichen Sachen, die Rowena hat ja auch einen großen Teil vom *Air Force Office of Scientific Research* dem *Biological Computer Lab* zuführen lassen – ich war so eine Art Star, ja, ich konnte immer die Ideen verkaufen, hab lustige Vorträge gehalten auf Konferenzen: *Heinz von Foerster – Wow!!* undsoweiter – das ist natürlich gut, wenn man so ein Aushängeschild hat, nicht. Und mit dem Gotthard, für den sie eine unerhörte Sympathie, besonders eben schon wegen der Geschichte und der Schwierigkeiten, gehabt hat .. Sagt sie, *Heinz, was sollen wir mit dem Gotthard machen? - Hör ihm zu, und mach das, was er will*, sag ich. Und er hat eben diese morphogrammatischen Studien etcetera gemacht. Und wir haben geholfen, soviel wie wir konnten.

KL: Das heißt, es war auch durch die Struktur des Instituts und durch die unorthodoxe Auswahl der Mitarbeiter bedingt ..

Ja, genau..

KL: .. eigentlich mehr so ein *pool* von ziemlich kreativen Leuten, die doch jeder mehr oder weniger eine eigene Intention verfolgten, aber in beständiger Kommunikation standen. Es war nicht so, daß es ein organisiertes Forschungsprogramm, wo mehrere dran gearbeitet haben, gegeben hat.

Oh ja, da gab es natürlich Sektionen, in der Richtung auch, nicht, das waren ja vierzig Leute. Nicht, da gab's die Koryphäen, ich habe ja immer gehofft, daß der Lars Löfgren – der hatte eine unerhörte Logik gehabt, der hat diese *Autologie* erfunden, nicht wahr, die selbstreferentiellen logischen Formeln – und ich habe immer gehofft, daß die zwei irgendwie miteinander spielen können, aber die haben zwei zu verschiedene, wie soll ich sagen, Persönlichkeiten gehabt, oder .. ja: Lebens-, Sprechstile, sehr verschiedene Sprechstile. Und so kamen die zwei nicht wirklich zusammen. Und der Löfgren erwähnt den Gotthard von Zeit zu Zeit, aber der Gotthard erwähnt den Löfgren nicht.

KL: Ja, das stimmt. Löfgren taucht dann eher bei einem sehr auf die logische Problematik konzentrierten Schüler von Gotthard Günther auf, dem Rudolf Kaehr, der bezieht sich auch auf ..

.. ja, genau, ja, .. der Kaehr – die sind ganz gut. Kaehr und noch ein Mitarbeiter, ich weiß jetzt den Namen nicht, zwei Leute, die da miteinander arbeiteten. Zu meiner großen Freude taucht in letzter Zeit, seit einem Jahr oder zwei, der Heinz von Foerster als eine wirkliche Hilfe für Gotthard Günther in den Papieren auf. Da war ich ganz gerührt. Nehmen sie mein *Orgon*: da haben die Leute ja bemerkt, daß der Heinz da irgendwie dem Gotthard einen Fußboden bereitet hat.

GG: Das wird jetzt in Deiner Dissertation offenbar auch auftreten!

KL: Es gibt inzwischen ein kleines Büchlein .. ich hab das sogar mit .. Da gibt es einen Schülerkreis von Gotthard Günther ..

Ah, ja, ja! Ja wunderbar, wunderbar!

KL: .. Schüler- und Fankreis von Gotthard Günther, das sind, also nach den wissenschaftlichen Sparten auch sehr unorthodox gemischt, da sind Mathematiker, Soziologen ..

[HvF hat das Suhrkamp-Bändchen von Kurt Klagenfurt[745] in den Händen:] .. das ist doch was der Siegfried Schmidt macht, ist das nicht die Siegfried-Schmidt-Serie?

KL: Nein, das ist was anderes ..

Ah, das ist was anderes, ja. Das ist eine andere .. - schaut nur so ähnlich aus.

KL: Aber Schmidt ist in der gleichen Reihe erschienen, bei Suhrkamp – in der Reihe „Taschenbuch Wissenschaft". - Da gibt es also einen Kreis von Soziologen, Mathematikern, Biologen, Ingenieuren natürlich, auch Logikern und Philosophen ..

Kurt Klagenfurt hab ich noch nie gehört, den Namen ..

KL: Das ist auch ein Kunstname.

Ach, das ist ein Kunstname!

KL: Es gab auch die ..

---

[745] Kurt Klagenfurt: *Technologische Zivilisation und transklassische Logik*, l. c.

GG: Carl Auer!

Ach, das gleiche wie „Carl Auer". Ja, ja, ich sehe.

KL: .. ja, oder die *Bourbaki*-Gruppe, das war das Modell. Einer der Mathematiker in Klagenfurt, Ernst Kotzmann, der an einem interdisziplinären Institut der Universitäten Wien und Klagenfurt arbeitet, hat in diesem Arbeitskreis die Idee aufgebracht: Wir nennen uns für Veröffentlichungen, so wie die *Bourbaki*-Gruppe in der Mathematik sich benannt hat, halt *Kurt Klagenfurt*! - das ist hinten im Büchlein auch erklärt. Sie haben das Büchlein als Einführung in Gotthard Günthers Theorie verfaßt. Und unter anderem versuchen sie, Bezüge zu anschlußfähigen Theorien herzustellen – auch zu Humberto Maturana ..

Ah ja!

KL: .. und wenn es einmal so weit gediehen ist, dann dürfte es nicht mehr lange dauern, bis die Spurensuche bis zu Heinz von Foerster vordringt!

[betrachtet das Buch näher:] Ah, das ist ja wunderbar, das ist ja außerordentlich. Das muß ich mir doch gleich beschaffen

- II -

KL: Falls es Ihnen recht ist und Sie nicht zu müde sind nach der Tortur vom heutigen Morgen ..

.. nein, nein, im Gegenteil, ich brauch die Erfrischung!

KL: Sie haben schon einige Namen von den Leuten genannt, die am Institut länger – auch dauerhaft – beschäftigt waren und die mit Gotthard Günther kommuniziert haben – gab es denn welche, die häufiger zu Gast waren und mit Gotthard Günther diskutiert haben.

Da muß ich ein bissel nachdenken ..

KL: John von Neumann, vielleicht?

John von Neumann war zwar auch oft bei mir, aber er hat nichts mit Gotthard zu tun gehabt. Der hat sich sehr für unsere parallelen Rechner interessiert, nicht, wir haben ja .. die erste Entwicklung der parallelen Maschinen hat ja bei uns stattgefunden .. kein Mensch hat uns verstanden – nur der Neumann, natürlich, der versteht ja alles sofort! - Und ich hab doch vorhin von dieser Numerik gesprochen, und der Neumann hat einen Spaß mit dieser Maschine gehabt, der wollte sie immer hineinlegen. Die Maschine hat also Objekte gezählt, also eigentlich nicht gezählt, sondern 'gesehen', mit 'einem Blick', was da oben draufliegt, nicht, also wie eins-zwei-drei-vier, und dann hat man auf einen Knopf gedrückt, und dann: *Vier!* Und der Neumann hat sich gesagt, also hole ich mir eine Brezel, ja, und legt sie drauf: Eins!, *richtig!* - und jetzt steck ich was in die Brezel, und sofort: Zwei!, *wow!!* - Noch eins hinein, in die andere Brezel, auch: Drei! - Also er war völlig hingerissen: *Das ist eine Zählmaschine, so wie ich sie gerne hab: daß die Topologie die Maschine nicht verwirrt!* - Und wir haben uns natürlich gefreut, daß der sich so freut!

KL: Sind Sie denn, nachdem Sie einmal Kontakt zu Gotthard Günther hatten, noch weiter auf der Suche nach Logikern geblieben, die diese speziellen Logikprobleme, die mit der Selbstreferenz auftreten, ..

Oh ja, da waren doch noch ein paar Schüler ..

KL: Sie haben zusammen mit Gotthard Günther, glaub ich, einmal einen Aufsatz verfaßt.

Oh ja!

KL: Über *The Logical Structure of Emanation and Evolution*. Wie ist es zu diesem Aufsatz gekommen?

Genau, ja. Das ist folgendermaßen gekommen: Gotthard hat natürlich sehr viele Verehrer gehabt, die ihn auch eben durch mich kennengelernt haben. Und einer davon hat eine ganz große Konferenz mit der *New York Academy of Science* gemacht, über die Zeit. Und er hat mich natürlich gefragt: *Heinz, hast Du jemanden, der über die*

Zeit sprechen kann? - Natürlich, hab ich gesagt, *der perfekte Mann ist der Gotthard Günther!* - So hat er den Gotthard Günther eingeladen, über die Zeit zu sprechen. Gotthard hat dort einen wunderschönen Vortrag über die Zeit gehalten, ja, und, wie erwartet, kein Mensch hat's verstanden – oder gewußt, was er redet, ja! Nun, da hat sich herumgesprochen, der Gotthard, der ist vom Heinz da hineingeschoben worden, werden wir den Heinz einmal fragen: *Von was hat der hier gesprochen? - Und*, hab ich gesagt, *okay, das ist kein Problem, das kann ich erzählen*, etcetera, etcetera. Darauf haben sie mich in den Appendix zu den *papers* dieses Programms hineingeschoben. Und ich habe jetzt versucht, den Gotthard zu erklären. Und das ist diese Kombination, ja: der Heinz von Foerster erklärt den Gotthard Günther, der vorher gesprochen hat. Und da hieß es sehr schnell denken, denn ich kann ja den Gotthard nicht mit Gotthardscher Nomenklatur verteidigen – ich muß etwas erfinden, daß eine Nomenklatur, die allen Leuten geläufig ist, auf den Gotthard angewandt werden kann. Und da hab ich dann schnellstens erfunden, daß seine kenogrammatische Struktur die Invers-Funktion von einer normalen logischen Operation sei. Also, also wenn man sagt: *y ist f(x)*, ja, sagt man jetzt, was ist *x als f'(y)*? Also, wenn die Umdrehung stattfindet. Die übliche logische Formulierung ist: *Operator – logische Resultate. Logische Resultate zurück – Operator* ist dann die inverse Funktion der logischen Operatoren. Und dann: *.. das ist interessant .. ja, doch! .. hmm! .. da ist was Neues, ja! ..* - und da haben sie mitgespielt, ja, bei *invers* hat man's verstanden. Aber *Kenogrammatik* hat man nicht verstanden, nicht. *Kenogrammatik*, hat man gedacht, hat mit einem Hund zu tun.

KL: Mit einem Hund??

Oh ja. Ja. Irgendwie .. Hunde heißen *Keno-* oder ..

KL: *Kynogrammatik* hat man vielleicht darunter verstanden! - *kyon, kynos* ist der Hund, auf griechisch.

Ja, genau, genau!

KL: Da haben alle gedacht, es geht um Hunde ..

.. es handelt sich um eine hundische Logik, ja. - Ja, aber das *paper* ist ganz lustig, ich weiß nicht, ob Sie das kennen: die Heinz-von-Foerstersche Interpretation hundischer Logik, für Physiker und Mathematiker und Astronomen.

KL: Ich hab noch nicht alles lesen können, es gibt ja noch so sehr viel im Nachlaß von Gotthard Günther, noch sehr, sehr viel .

Oh ja, wenn Sie wollen, kann ich das schicken. Aber das haben Sie auch, diese Bücher.

KL: Das ist veröffentlicht?

Ja, natürlich, in dem riesigen, *report* über diese Zeit-Konferenz.

KL: Ach ja richtig! Zum einen dort und zum anderen auch in den gesammelten Aufsätzen von Gotthard Günther.

Oh, da ist auch was, ja.

KL: Von '76 bis '80 hatte Gotthard Günther das Glück, noch zu erleben, daß in drei Bänden, bei Felix Meiner in Hamburg ..

Ah, der *Meiner*-Verlag. Da ist das auch drin? Das ist ja toll!

KL: .. daß ein Großteil seiner Aufsätze gesammelt erscheinen konnte. Ja. Unter dem Titel *Beiträge zur Grundlegung einer operationsfähigen Dialektik*.

Genau, genau, ja, so ist es, jawohl.

KL: Da hatte er drei Bände versammelt, die ..

.. da ist auch seine Kybernetik-Ontologie drinnen ..

KL: Ja, *Cybernetic Ontology and Transjunctional Operators* ..

.. das ist das erste große Papier, was ich lanciert hab, daß der Gotthard nach Chicago kommen kann und das halten kann .. hab ich gesagt, den müssen wir einladen. Da haben sie den eingeladen und auf meine Anregung auch den Menger, den Karl Menger[746]. Da hat der über Funktoren gesprochen, logische Funktoren. Durch diese beiden Logiker habe ich diese .. – das war die Marine, nicht die *Air Force* – das *Office of Naval Research* hat diese Konferenz gemacht .. Das war die zweite, ich hab sie überredet, die erste Konferenz zu halten, das ist *Selbstorganisation, self-organizing systems*, und das war ein solcher Erfolg, daß sie danach eine zweite Konferenz gemacht haben. Und in beiden Fällen hab ich ihnen geholfen, das zu publizieren, und in beiden Fällen waren die *publishers* sehr dankbar, daß ich sie mit dem *Office of Naval Research* zusammengebracht habe. Das sind sehr wichtige Bände geworden. Die ersten Bände über die *Selbstorganisation*, über die gesprochen worden ist. Und der Gotthard hat bei der zweiten Konferenz gesprochen. Bei der ersten war er wahrscheinlich da, hat aber noch nicht vorgetragen ..

KL: Gotthard Günther hatte ja das Bestreben – das kam auch im Titel dieser Sammelbände zum Ausdruck – operationsfähige dialektische Logik aufzubauen.. es war immer sein Bestreben, ein Kalkül zu schaffen, der diese mehrstellige Logik darzustellen hat, wobei die Kenogrammatik ..

Ja. Genau. Ich denke das war die Rolle der *Schmeißfliege*. Da kam er immer wieder herein und sagt, *Heinz, Du kannst mir den Kalkül schreiben.*

KL: Haben Sie denn seine formalen Apparate für Ihre eigenen formalen Beschreibungen nutzen können?

Nein, leider nicht!

KL: Das ist also noch nicht synthetisiert.

---

[746] Karl Menger (1902-1985), Mathematiker, arbeitete über Geometrie, Algebra, Mengentheorie, Spieltheorie (cf. http://www.iit.edu/~am/Menger/menger.html). - Veröffentlichte u. a. *Morality, Decision and Social Organization. Toward a Logic of Ethics*, in: Henk L. Mulder ed., *Vienna Circle Collection VI*, Dordrecht, Boston: Reidel, o. J.; pp. 115 sqq.

Nein, nein, nein, noch nicht synthetisiert. Der Günther war eher *foersterisiert*, nicht!

GG: Ich würde jetzt einen kleinen Vorschlag machen .. es ist schon zwölf, und das Essen steht langsam an, nicht?

Ja, gehen wir halt ..

- III -

.. Ich hab mich ja mit dem Gotthard später einmal unterhalten über die Zeit, wie wir beide noch in Deutschland waren. Und ich war da einmal Skilaufen, mit einer Freundin, in den Alpen, am *Piz Palü*. Und da war auch die Leni Riefenstahl, die hat in einem Film mitgespielt vom Louis Trenker, ich glaub' der hieß *Die weiße Hölle vom Piz Palü*. Wir waren da auch auf einer Hütte, auf der *Diavorezza*-Hütte und dort haben wir die ganzen Leute vom Film getroffen, die waren da auch. Und vom Gotthard hab ich dann erfahren, daß er damals auch dort gewesen ist! Er hat ja das Skifahren so geliebt und er hat dort, das muß so um 1932 gewesen sein, als ein Träger mitgearbeitet, nicht, er hat denen das Gepäck und die Filmausrüstung auf Skiern hinaufgefahren – anders konnte man ja nicht hinauf! - und so muß er damals, wie ich auch da war, mit all den anderen in dieser Hütte gesessen sein, stellen Sie sich das einmal vor!

KL: Da kommt eine ganze Menge zusammen, wenn man zurückschaut. Verschlungene Pfade .. flüchtige Begegnungen .. Wiederbegegnungen, von denen man gar nicht weiß, daß es Wiederbegegnungen sind – die man für Erstbegegnungen hält ..

GG: Ich muß unbedingt mal ein gewisses Buch lesen .. : da gibt es diesen Bergführer, der hat glaube ich so eine Art Besteigungsbericht verfaßt, und Sie waren damals mit dabei – können Sie sich noch daran erinnern? Da gab es einen Absturz. Ich weiß nicht mehr, um welchen Bergführer es sich handelt ..

Ah ja! Es gibt einen österreichischen Bergjournalisten, Kurt Neitz, der hat einen sehr hübschen Artikel geschrieben, zur *Diavorezza*-

Hütte, in der Schweiz, am *Piz Palü*. Da ist nämlich seine sportliche Seite, die wird da wiedergegeben. - Die *University of Illinois* hat ja einen eigenen Flughafen gehabt, eine eigene Flugschule, hat ja eigene Flugzeuge gehabt, nicht. Die *university* hat ein *Institute of Aviation* gehabt, da konnte man Führerscheine, Fliegerscheine machen und Pilotenscheine und all diese Sachen. Ich bin sehr viel mit den Studenten der Universität von Illinois geflogen. Wann immer ich irgendwo in Chicago oder Indiana oder in benachbarten Städten Vorträge gehalten hab, habe ich mich immer fliegen lassen, nicht. Das war so bequem – da ist man raus zum Flughafen, die Studenten haben wieder zwei Stunden Fliegen buchen können, nicht, die müssen ja hundert Stunden oder zweihundert Stunden fliegen – jeder, der mit denen fliegt, da sind sie ja natürlich unendlich dankbar. - Das war ja unglaublich, ja zauberhaft, über diese ländlichen Ebenen von Illinois zu fliegen. Das ist ja unglaublich, nach einer Stunde ist man dort, wo man sonst zweieinhalb oder drei fahren würde und dann noch zwei, drei. Da hab ich unglaubliche Sachen gelernt. Diese riesigen Ebenen sind durchzogen mit solchen parallelen Straßen, die alle eine Meile voneinander entfernt sind, und alle diese Vierecke heißen *sections*, und die haben Nummern, so 16/41, oder 42 oder 43, und von Zeit zu Zeit ist so eine *section* kein Quadrat, sondern so ein kleiner Streifen, mal hier und mal dort, und da frag ich den jungen Menschen, was ist das: plötzlich ist da so eine Unregelmäßigkeit mit diesen Streifen, ja was ist da los? - Sagt er, ja, wissen Sie das nicht? Sie können kein Quadratmuster auf eine Kugel legen, sondern da müssen Sie von Zeit zu Zeit korrigieren – das sind die Korrektionen, die es erlauben, auf die Erdkugel diese Quadrate draufzuzeichnen. Das ist doch schön .. Solche und ähnliche Sachen lernt man da.

GG. .. wenn man auf dem Weg zum Vortrag ist ..

KL: Da hat der Gotthard Günther wohl in Illinois seine Motorflugscheine gemacht, von denen er begeistert berichtet? Mit 73 Jahren schreibt er in der Autobiographie, daß er drei Segelflugscheine und zwei Motorflugscheine hat. Er muß doch schon über 60 gewesen sein – da hat er noch Motorflugscheine gemacht![747]

---

[747] Eberhard von Goldammer und Joachim Paul berichten im *Vorwort* zur Neuauflage von *Das Bewußtsein der Maschinen*, daß Günther den Motorflugschein im Alter von 52 Jahren erworben hat.

Jaja!

KL: Dabei muß man wissen: der Mann war auf dem linken Auge blind, der hatte kein räumliches Sehvermögen.
GG: Tatsächlich??
KL: Ja, und ist begeisterter Skifahrer und Flieger.
GG: Ja, Skifahren kann ich mir noch vorstellen .. !
KL: .. unglaublich .. er war von Geburt an auf dem linken Auge blind ..

Ja, genau so.

Transkription: Imke A. Simon, Kai Lorenz
Bearbeitung: Kai Lorenz

Literaturverzeichnis

1. Gotthard Günther
1.1 Primärtexte

- Die Liste der Druckschriften Gotthard Günthers im Band III der *Beiträge zur Grundlegung einer operationsfähigen Dialektik* (Hamburg: Meiner, 1980) weist 89 Positionen aus, wobei Mehrfachveröffentlichungen und Neuauflagen auch mehrfach gezählt wurden.

- Nicht aufgeführt in dieser Liste ist der Aufsatz *Unverständige Philosophie*, der in *Bücherkunde. Organ des Amtes Schriftumspflege bei dem Beauftragten des Führers für die gesamte geistige und weltanschauliche Erziehung der NSDAP*, August 1938, pp. 415f., erschienen ist.

- Hinzu kommen zwei posthum, in der dritten Auflage von *Idee und Grundriß einer nicht-Aristotelischen Logik* (Hamburg: Meiner, 1991) als Anhang veröffentlichte Manuskripte: *Die Metamorphose der Zahl* und *Das Phänomen der Orthogonalität* (dieses auch in: *Semiosis*, Bd. 36, H. 4, 1984 und Bde. 37/38, H. 1/2, 1985).

- Aus dem Nachlaß wurde inzwischen ein weiteres Manuskript veröffentlicht: Kurt Klagenfurt ed., *Die amerikanische Apokalypse*, München, Wien: Profil, 2000.

- Bernhard Mitterauer und Klaus Sander haben Tonaufzeichnungen aus Günthers Vorlesungen und Seminaren an der Universität Hamburg ediert: *Lebenslinien der Subjektivität. Kybernetische Reflexionen*, Audio-CD, Köln: supposé, 2000.

- *Das Bewußtsein der Maschinen* ist 2003 in dritter Auflage von Eberhard von Goldammer und Joachim Paul, mit einem neuen

Vorwort, wieder im *Agis*-Verlag, Krefeld u. Baden-Baden, herausgegeben worden.

- einige ungedruckte Texte und Briefe sind unter den web-URLs http://userpage.fu-berlin.de/~gerbrehm/GG_Seite.htm und http://www.vordenker.de/index/g_authors.htm#Gotthard_Günther dokumentiert

1.2 Rezensionen

1. zu: *Idee und Grundriß einer nicht-Aristotelischen Logik*, Hamburg: Meiner,
   a) 1. Auflage (1959) – Becker, Oskar: *Hegel-Studien*, Bd. 2, 1963; pp. 322 sqq. – Bense, Max: *Merkur*, Bd. 149, H. 14, 1960; pp. 687 sqq. – Flach, Werner: *Philosophischer Literaturanzeiger*, XIV, 2, 1961; pp. 53 sqq. – Frank, Helmar: *Zeitschr. f. phil. Forschung*, Bd. 17, 1963; pp. 724 sqq. – Ludwig, Karl-Heinz: *Pegasus oder Reflexionsrest?*, in: *Phil. Jahrb.*, Bd. 85, H. 1, 1978; pp. 22 sqq. – Röder von Diersburg, Egenolf: *Archiv für Philosophie*, Bd. 10, 1960; pp. 335 sqq. – Schmitz, Hermann: *Phil. Rundschau*, Heft 4, 1962; pp. 283 sqq.
   b) 2. Auflage, mit einem Anhang von Rudolf Kaehr (1978) – Dittrich, Joseph: *Das Argument*, Heft 114, 1979; pp. 267 sqq. – Grieder, A. in: *History and Philosophy of Logic*, vol. 3, no. 1, 1982; pp. 103 sqq. – Lütterfelds, Wilhelm: *Wiener Jahrb. f. Phil.*, Bd. 16, 1984; pp. 257 sqq.

2. zu: *Das Bewußtsein der Maschinen*, Krefeld und Baden-Baden: Agis, [1]1957, [2]1963, [3]2003 – Campbell, John W.: *Analog*, vol. LXXI, no. 6, 1963; pp. 92 sqq. – Gölz, Walter: *Philosophisches Problembewußtsein und kybernetische Theorie*, in: *Zeitschr. f. phil. Forschung*, Bd. 24, 1970; pp. 253 sqq. – Krehbiel, Christian: *Phil. Rundschau*, Bd. 15, 1968; pp. 66 sqq. – Rohrer, Wolf: *Civitas*, 10/11, Juli 1968; pp. 807 sqq. – Werntgen, Cai: *Telepolis*, http://www.heise.de/tp/deutsch/inhalt/co/14598/1.html

3. zu: *Beiträge zur Grundlegung einer operationsfähigen Dialektik,*
   a) Bd. I, Hamburg: Meiner, 1976 – Marotzki, Winfried: *Phil. Literaturanzeiger,* Juli-Sept. 1978; pp. 248 sqq.
   b) alle 3 Bände, l. c., 1976, '78 und '80 – Petersen, Uwe: *Zeitschr. für phil. Forschung,* Bd. 37, 1983; pp. 724 sqq.

4. zu: *Grundzüge einer neuen Theorie des Denkens in Hegels Logik,*
   a) 1. Auflage, Leipzig: Meiner, 1933 – Marcuse, Herbert; Paul Honigsheim: *Zeitschr. f. Sozialforschung,* Bd. 3, 1934; pp. 421f. – Kylstra, C. Sypkens: *Die Tatwelt,* 3, 1938 (XIV); pp. 147 sqq. – Hofmann, Paul: *Deutsche Literaturzeitung,* 27, 1936 (56); pp. 1148 sqq.
   b) 2., mit neuem Vorwort erweiterte Auflage, Hamburg: Meiner, 1978 – Ruben, Peter: *Deutsche Literaturzeitung,* Heft 7/8 1979; pp. 410 sqq. – id.: *Deutsche Literaturzeitung,* Heft 11/12 1979; pp. 708 sqq.

5. zu: *Das Problem einer Formalisierung der transzendentaldialektischen Logik unter besonderer Berücksichtigung der Logik Hegels,* in: *Hegel-Studien,* Beiheft 1, 1962; pp. 65-123 – Lorenzen, Paul: *Hegel-Studien,* Beiheft 1, 1964; pp. 125 sqq.

6. zu: *Die philosophische Idee einer nicht-Aristotelischen Logik,* in: *Actes du Xième Congrès International de Philosophie,* Bruxelles 1953, vol. V; pp. 44 sqq. – Turquette, Atwell R.: *Journal of Symbolic Logic,* vol. XIX, 1954; pp. 131 sqq.

7. zu: *Many-valued Designations and a Hierarchy of First Order Ontologies,* in: *Akten des XIV. Kongresses für Philosophie,* Wien, 1968. Bd. III; pp. 37 sqq. – Lehr, E.: *Dt. Zeitschr. f. Phil.,* 11, 1968; pp. 1396 sqq.

8. zu: *Die historische Kategorie des Neuen,* in: *Hegel-Jahrbuch 1970,* Meisenheim a. G.: Anton Hain, 1970; pp. 34-61 – Redlich, D.: *Hegel-Studien,* Bd. 8, 1973; pp. 300f.

9. zu: *Die amerikanische Apokalypse*, München, Wien: Profil, 2000 – Werntgen, Cai: *Lettre International* 55/2001, pp. 12 sq. – Reisegger, Gerhoch: http://www.staatsbriefe.de/1994/2003/guenther1.htm

1.3 Interpretation, Kritik, Fortsetzung

Bammé, Arno; Peter Baumgartner, Wilhelm Berger, Ernst Kotzmann ed.: *Technologische Zivilisation*. München, Wien: Profil, 1987.
Bammé, Arno; Ernst Kotzmann; Ulrike Oberheber: *Basic Questions about Metaphysics of Technology: Spangler, Heidegger, Gunther*, in: *Journal of Speculative Phil.*, vol. 7, n. 2, 1993; pp. 143-158.
Bartels, Hans-Peter: *Logik und Weltbild*. Opladen: Leske u. Budrich, 1992.
Bense, Max: *Transzendentale und mathematische Logik*, in: *Zeitschr. f. phil. Forschung*, Bd. 4, 1949; pp. 556 sqq.
Castella, Joachim: *Konstruktion oder Modell des Geistes*, in: *Spuren in Kunst und Gesellschaft*, H. 39, 1992; pp. 31-33.
Castella, Joachim: *Kreise, Unterschiede, Negativität*, in: *Spuren in Kunst und Gesellschaft*, H. 41, 1993; pp. 57-60.
Castella, Joachim: *Der Gang an der Grenze*, o. J.: http://www.cnlpa.de/presse/grenzgang.html.
Clausen, Lars et al. ed.: *Transklassische Logik und neue disziplinäre wie interdisziplinäre Ansätze*, München, Wien: Profil, 1997.
Clausen, Lars: *Die Jagd um die Mauer: Ein Trojaner-Problem. Gotthard Guenther zum 80. Geburtstag gewidmet*. Kiel: Institut für Soziologie der Universität Kiel, 1980.
Capurro, Rafael: *Information. Ein Beitrag zur etymologischen und ideengeschichtlichen Begründung des Informationsbegriffs*. München et al.: K.G. Saur, 1978; Abschn. 5.3.2.
Ditterich, Joseph; Gerhard Helletsberger; Rudolf Matzka: *Organisatorische Vermittlung verteilter Systeme*, München, 1985 (hektogr.).
Dittrich, Joseph; Rudolf Kaehr: *Einübung in eine andere Lektüre. Diagramm einer Rekonstruktion der Güntherschen Theorie der Negativsprachen*, in: *Phil. Jahrbuch*, Bd. 86, H. 2, 1979; pp. 385-408.
Gauthier, Yvon: *Logique hegelienne et le formalisation*, in: *Dia-*

logue. Revue canadienne de philosophie, vol. 6, n. 1, 1967; pp. 151-165.

Geenen, Elke: *Soziologie des Fremden.* Opladen: Leske u. Budrich, 2002. Cf. http://www.ante.de/dr_geenen/fremde_3.htm .

Goldammer, Eberhard von; Rudolf Kaehr: *Polycontexturality*, in: E. Kotzmann ed.: *Gotthard Günther – Technik, Logik, Technologie.* München, Wien: Profil, 1994; pp. 205-250.

Gotthard Günther und die Folgen (Klausurtagung *Polykontexturale Logik*, Diez 1988), Klagenfurt: IFF, 1988.

Goppold, Andreas: *Goethe, Meta-Morphology, and the Polycontexturality of Gotthard Guenther*, 1998: http://www.uni-ulm.de/uni/intgruppen/memosys/poly.htm.

Härle, Clemens-Carl: *Über den Begriff der transklassischen Maschine*, in: *Basler Magazin*, Nr. 17, 23.04.1988; pp. 6f.

Heise, Steffen: *Analyse der Morphogrammatik von Gotthard Günther*, Klagenfurter Beiträge zur Technikdiskussion, Heft 50, A. Bammé et al. ed., Klagenfurt: IFF, o. J.

Holling, Eggert; Peter Kempin: *Identität, Geist und Maschine – Auf dem Weg zur technologischen Zivilisation*, Reinbek: Rowohlt, 1989.

Holz, Hans Heinz: *Leibniz, Hegel und die Kybernetik*, unveröffentl. Manuskript, in: *Nachlaß 196 (Gotthard Günther)*, Staatsbibliothek Berlin der Stiftung Preußischer Kulturbesitz, Haus II, Handschriften-Lesesaal.

Kaehr, Rudolf: *Kompaß. Expositionen und programmatische Hinweise zur weiteren Lektüre der Schriften Gotthard Günthers*, in: E. Kotzmann ed.: *Gotthard Günther – Technik, Logik, Technologie*, München, Wien: Profil, 1994; pp. 81-125.

Kaehr, Rudolf: *Materialien zur Formalisierung der dialektischen Logik und der Morphogrammatik 1973-1975*, in: Gotthard Günther, *Idee und Grundriß einer nicht-Aristotelischen Logik*, 2. Auflage, Hamburg: Meiner, 1978.

Kaehr, Rudolf; Sandrina Khaled: *Über Todesstruktur, Maschine und Kenogrammatik*, in: *Spuren in Kunst und Gesellschaft*, H. 38, 1991, Hamburg; pp. 47-53.

Kaehr, Rudolf: *Spaltungen in der Wiederholung*, in: *Spuren in Kunst und Gesellschaft*, H. 40, 1992; pp. 44-47

Kaehr, Rudolf; Thomas Mahler: *Morphogrammatik*, Klagenfurt: IFF, 1993.
Kaesler, Dirk: *Antagonismus und Zweiwertigkeit bei der gegenwärtigen soziologischen Bestimmung des Politischen*, in: Dirk Berg-Schlosser et al. ed., *Politikwissenschaftliche Spiegelungen*, Opladen: Westdt. Verl., 1998; pp. 174-189.
Klagenfurt, Kurt: *Technologische Zivilisation und transklassische Logik*, Frf./M.: Suhrkamp, 1996.
Kotzmann, Ernst ed.: *Gotthard Günther – Technik, Logik, Technologie*, München, Wien: Profil, 1994.
Matzka, Rudolf: *Semiotic Abstractions in the Theories of Gotthard Günther and George Spencer Brown*, in: *Acta Analytica*, vol. 8, n. 10, 1993.
Meyer, Eva: *Die Ähnlichkeit der Maschine*, in: *Spuren in Kunst und Gesellschaft*, H. 39, 1992; pp. 27-30.
Meyer, Eva: *Universum/Pluriversum*, in: *die tageszeitung*, Nr. 1569, 25.3.1985; pp. 10f.
Mitterauer, Bernhard: *Machbarkeit und Verwerfung. Kybernetik in der Tradition von Warren S. Mc Culloch und Gotthard Günther*, in: *Grundlagenstudien aus Kybernetik und Geisteswissenschaft*, Bd. 42, H. 2, Paderborn: Institut für Kybernetik, 2001; pp. 72-80.
Moser, Simon: *Zur philosophischen Diskussion der Kybernetik in der Gegenwart*, in: *Zeitschr. f. phil. Forschung*, Bd. 21, 1967; pp. 64 sqq.
Neuhaus, Wolfgang: *Die kalte Rationalität der Herrschaft*, http://www.uni-klu.ac.at/iff/guenther/neu_01bt.htm, 1999.
Neuhaus, Wolfgang: *Das Raumschiff zerstört die klassische Lebensform*, in: Jeschke, W. ed., *Das Science Fiction Jahr 2001*, München: Heyne 2001.
Pusch, Fred: *Entfaltung der sozialwissenschaftlichen Rationalität durch eine transklassische Logik*, Dortmund: Projekt, 1992.
Schischkoff, Georgi: *Philosophie und Kybernetik. Zur Kritik am kybernetischen Positivismus*, in: *Zeitschr. f. phil. Forschung*, Bd. 19, 1965; pp. 248 sqq.
Ziemke, Axel: *Biologie der Kognition und transklassische Logik*, Klagenfurter Beiträge zur Technikdiskussion, H. 45, Klagenfurt: IFF, 1991.

Literaturverzeichnis

1.4 Aktuelle Texte und Diskussionen

Bibliographie zur Theorie der 'Polykontexturalität': Kotzmann, Ernst ed., *Gotthard Günther – Technik, Logik, Technologie*, München, Wien: Profil, 1994; pp. 117-125.
Gotthard-Günther-Forschungsstelle des IFF in Klagenfurt, Österreich: http://guenther.uni-klu.ac.at
Polycontextural Computing Lab: http://www.loveparade.net/pkl/ .
technik-sozialwissenschaftliches forschungsinstitut: http://www.tesof.de/forschung.htm
Webforum für Innovatives in Wissenschaft, Wirtschaft und Kultur: http://www.vordenker.de/ggphilosophy/ggphilo.htm.

1.5 Zur Person

Baldus, Claus: *Phaidros und das Segelflugzeug, Aus Gesprächen mit Gotthard Günther,* in: *Das Abenteuer der Ideen. Internationale Bauaustellung 1987*, Berlin: Frölich u. Kaufmann, 1984; pp. 69-83. Cf. http://www.vordenker.de/ggphilosophy/ggphilo.htm.
Bammé, Arno: *Entfesselte Logik*, in: E. Kotzmann ed.: *Gotthard Günther – Technik, Logik, Technologie*, München, Wien: Profil, 1994; pp. 11-31.
Bammé, Arno: *Negativsprache zur Erfassung der Welt?*, in: *Die Zeit*, Nr. 25/1980; p. 47.
Günther, Gotthard: *Selbstdarstellung im Spiegel Amerikas*, in: L. J. Pongratz ed., *Philosophie in Selbstdarstellungen*, t. II, Hamburg: Meiner, 1975; pp. 1-76.
Hochkeppel, Willi: *Grenzgänger des Denkens. Radioessay zum 80. Geburtstag von Gotthard Günther*, gesendet im zweiten Programm des Bayerischen Rundfunks am 1. Juli 1980; Kopie des Typoskripts im *Nachlaß 196 (Gotthard Günther)*, Staatsbibliothek Berlin der Stiftung Preußischer Kulturbesitz, Haus II, Handschriften-Lesesaal.

Der Autor ist Herrn Dr. Lothar Busch, Berlin, zu großem Dank verpflichtet. Die Listen unter *1.2*, *1.3* und *1.5* sind fast ausschließlich Resultat seiner Arbeit.

2. Philosophiegeschichtliche Quellen
2.1 Günthers zeitgenössische Quellen

Bloch, Ernst: *Geist der Utopie*, Frf./M.: Suhrkamp, 1985.
Gehlen, Arnold: *Theorie der Willensfreiheit*, Berlin: Junker u. Dünnhaupt, 1933.
Hartmann, Nicolai: *Grundzüge einer Metaphysik der Erkenntnis*, Berlin: de Gruyter, ²1925.
Heim, Karl: *Das Weltbild der Zukunft*, Berlin, 1904.
Hofmann, Paul: *Metaphysik oder verstehende Sinnwissenschaft*, Kant-Studien, EH. 64, Berlin: Pan, 1929.
Hofmann, Paul: *Das Verstehen von Sinn und seine Allgemeingültigkeit*; Berlin: Pan, 1927.
Hofmann, Paul: *Sinnphilosophie*, in: Hans Hartmann ed., *Denkendes Europa*, Berlin: Batschai, 1936.
Hofmann, Paul: *Sinn und Geschichte*, München, 1937.
Rickert, Heinrich: *Die Erkenntnis der intelligiblen Welt und das Problem der Metaphysik*, Teil I in: *Logos*, H. 16, 1927; pp. 162-203 - Teil II in: *Logos*, H. 18, 1929, l. c; pp. 36-82.
Scholz, Heinrich: *Metaphysik als strenge Wissenschaft*, Darmstadt: Wiss. Buchges., 1965.
Spengler, Oswald: *Der Untergang des Abendlandes*, München: dtv, ⁵1979.
Spengler, Oswald: *Der Mensch und die Technik*, München: C. H. Beck, 1931.
Spranger, Eduard: *Lebensformen*, Halle: Niemeyer, ⁵1925

2.2 Deutscher Idealismus, Kant, Marx

Engels, Friedrich: *Briefe*, in: Karl Marx, Friedrich Engels, *Werke*, tt. 37, 42, Berlin: Dietz, 1967, 1983.
Hegel, Georg Wilhelm Friedrich: *Enzyklopädie der philosophischen Wissenschaften im Grundrisse*, in: *Gesammelte Werke*, Hamburg: Meiner, t. XX, ed. Wolfgang Bonsiepen et al., 1992.
Hegel, Georg Wilhelm Friedrich: *Logik, Metaphysik, Naturphilosophie*, in: l. c., t. VII, ed. R.-P. Horstmann, J. H. Trede, 1971.

Hegel, Georg Wilhelm Friedrich: *Phänomenologie des Geistes* in: l. c., t. IX, ed. Wolfgang Bonsiepen, Reinhard Heede, 1980.
Hegel, Georg Wilhelm Friedrich: *Wissenschaft der Logik*, in: l. c., tt. XXI, XI, ed. Friedrich Hogemann, Walter Jaeschke, 1984, 1978.
Kant, Immanuel: *Kritik der reinen Vernunft*, in: Wilhelm Weischedel ed., *Werke in zehn Bänden*, Darmstadt: Wiss. Buchges., 1983, tt. III, IV.
Kant, Immanuel: *Kritik der Urteilskraft*, in: l. c., t. VIII.
Marx, Karl: *Einleitung zu den Grundrissen der Kritik der Politischen Ökonomie*, in: Karl Marx, Friedrich Engels, *Werke*, t. 42, Berlin: Dietz, 1983.
Schelling, Friedrich Wilhelm Joseph: *System des transzendentalen Idealismus*, in: M. Schröter ed., *Schellings Werke*, München: Beck und Oldenburg, 1927 sqq.; 2. Hauptbd.
Schelling, Friedrich Wilhelm Joseph: *Vorlesungen zur Methode des akademischen Studiums*, l. c.; 3. Hauptbd.
Schelling, Friedrich Wilhelm Joseph: *Zur Geschichte der neueren Philosophie*, l. c.; 5. Hauptbd.

Althaus, Horst: *Hegel und die heroischen Jahre der Philosophie*, München, Wien: Hanser, 1992.
Arndt, Andreas: *Dialektik und Reflexion*. Hamburg: Meiner, 1994.
Baer, Reinhold: *Hegel und die Mathematik*, in: *Verhandlungen des zweiten Hegelkongresses*, Tübingen: Mohr/Haarlem: Willink u. Sohn, 1932; pp. 104-120.
Bloch, Ernst: *Subjekt-Objekt. Erläuterungen zu Hegel*, Frf./M.: Suhrkamp, 1985.
Bobbio, Norberto: *Hegel und das Recht*, in: K.-O. Apel, R. Pozzo ed., *Zur Rekonstruktion der praktischen Philosophie*, Stuttgart: Frommann-Holzboog, 1990; pp. 481-506
Colletti, Lucio: *Marxismus und Dialektik*, Frf./M. et al.: Ullstein, 1977.
Comoth, Katharina: *Hegels 'Logik' und die spekulative Mystik*, in: *Hegel-Studien*, H. 19, 1984, Bonn: Bouvier; pp. 65-93.
Essler, Wilhelm Karl: *Zur Topologie der Arten dialektischer Logik bei Hegel*, in: Dieter Henrich, *Hegels Wissenschaft der Logik*, Klett-Cotta, 1986; pp. 198-208.

Fulda, Hans-Friedrich: *Unzulängliche Bemerkungen zur Dialektik*, in: Rolf-Peter Horstmann ed., *Dialektik in der Philosophie Hegels*, Frf./M.: Suhrkamp, ²1989; pp. 33-69.
Hartmann, Klaus: *Hegels Logik*, Berlin: de Gruyter, 1999.
Hartmann, Nicolai: *Aristoteles und Hegel*, in: *Kleinere Schriften II*, Berlin: de Gruyter, 1957; pp. 214-251.
Henrich, Dieter: *Die Beweisstruktur in Kants transzendentaler Deduktion der Kategorien*, in: G. Prauss ed., *Kants Lehre vom Erkennen und Handeln*, Köln: Kiepenheuer u. Witsch, 1973; pp. 90-104.
Henrich, Dieter: *Formen der Negation in Hegels Logik*, in: R.-P. Horstmann ed., *Dialektik in der Philosophie Hegels*, Frf./M.: Suhrkamp, ²1989; pp. 213-229.
Henrich, Dieter: *Kant's Notion of a Deduction and the Methodological Background of the First Critique*, in: E. Förster ed., *Kant's Transcendental Deductions*, Standford Univ. Press, 1989; pp. 29-46.
Henrich, Dieter: *Konstellationen*, Stuttgart: Klett-Cotta, 1991.
Hösle, Vittorio: *Hegels System*. Hamburg: Meiner, ²1991.
Irrlitz, Gerd: *Karl Marx – Aufhebung der Subjektphilosophie und der idealistischen Handlungstheorie*, in: Volker Gerhardt ed., *Eine angeschlagene These*, Berlin: Akademie, 1996; pp. 33-64.
Ishikawa, Fumiyasu: *Kants Denken von einem Dritten*, Frf./M. et al.: Lang, 1990.
Pöggeler, Otto: Hegels Idee einer Phänomenologie des Geistes, Freiburg, München: Alber, ²1993.
Schmitz, Hermann: *Hegels Logik*, Bonn: Bouvier, 1992.
Semm, Markus: *Der springende Punkt in Hegels System*, Boer, 1994.
Stekeler-Weithofer, Pirmin: *Hegels Analytische Philosophie*, Paderborn et al.: Schöningh, 1992.
Stekeler-Weithofer, Pirmin: *Vernunft als sinnkritische Präsuppositionsanalyse*, in: V. Caysa, K.-D. Eichler, *Praxis – Vernunft – Gemeinschaft*, Weinheim: Beltz Athenäum, 1994; pp. 234-255.
Wieland, Wolfgang: *Bemerkungen zum Anfang von Hegels Logik*; in: R.-P. Horstmann ed., *Dialektik in der Philosophie Hegels*, Frf./M.: Suhrkamp, ²1989; pp. 194-212.

2.3 Antike

Aristoteles: *Metaphysik*, ed. Bassenge, Berlin: Akademie, 1990.
Aristoteles: *Philosophische Schriften*, tr. Rolfes, Hamburg: Meiner, 1995.
Platon: *Werke*, ed. Schleiermacher, Berlin: Akademie, 1988.

Böhme, Gernot: *Platons theoretische Philosophie*, Stuttgart, Weimar: Metzler, 2000.
Jürß, Fritz et al.: *Geschichte des wissenschaftlichen Denkens im Altertum*, Berlin: Akademie, 1982.
Kranz, Walter: *Die griechische Philosophie*, Leipzig: Dieterich, ²1986.
Natorp, Paul: *Platos Ideenlehre*, Hamburg: Meiner, 1994.

3. Formale Logik

Ajdukiewicz, Kazimierz: *Abriß der Logik*, Berlin: Aufbau, 1958.
Barwise, Jon: *The Situation in Logic*, Stanford: CSLI Publ., 1989.
Brendel, Elke: *Die Wahrheit über den Lügner*, Berlin, New York: de Gruyter, 1992.
Elster, Jon: *Logik und Gesellschaft*, Frf./M.: Suhrkamp, 1981.
Gödel, Kurt: *Über formal unentscheidbare Sätze der Principia mathematica und verwandter Systeme I*, in: *Monatshefte für Mathematik und Physik*, H. 38, 1931, Leipzig, Wiesbaden: Akad. Verlagsges. 1932.
Gottwald, Siegfried: *Mehrwertige Logik*, Berlin: Akademie, 1989.
Hempel, Carl G.: *Eine rein topologische Form nichtaristotelischer Logik*, in: *Erkenntnis*, H. 6, 1936, Reprint, Amsterdam: Swets/Zeitlinger, 1967; pp. 436-442.
Hempel, Carl G.: *A purely Topological Form of Non-Aristotelian Logic*, in: *Journal of Symbolic Logic*, vol. 2, nr. 3, 1937; pp. 37-112.
Heydrich, Wolfgang: *Relevanzlogik und Situationssemantik*, Berlin, New York: de Gruyter, 1995.
Kondakow, Nikolai I.: *Wörterbuch der Logik*, Leipzig: Bibl. Inst., ²1983.

Kreiser, Lothar: *Nichtklassische Logik*, Berlin: Akademie, ²1990.
Łukasiewicz, Jan: *Philosophische Bemerkungen zu mehrwertigen Systemen des Aussagenkalküls*, in: *Comptes rendus de séances de la Société des Sciences et de Lettres de Varsovie*, Cl. III, XXIII, 1930; pp. 51-77.
Łukasiewicz, Jan: *Two-valued Logic*, in: *Selected Works*, ed. Borkowski, Amsterdam, London: North-Holland Publ. Co., 1970.
Menne, Albert: *Das unendliche Urteil Kants*, in: *Philosophia Naturalis*, XIX, 1982; pp. 151-162.
Menne, Albert, *Einführung in die Logik*, Tübingen: Francke, ⁴1986.
Patzig, Günther: *Aristoteles, Łukasiewicz und die Ursprünge der mehrwertigen Logik*, in: id., *Gesammelte Schriften III*, Göttingen: Wallstein, 1996.
Rescher, Nicolas: *Topics in Philosophical Logic*, Dordrecht: Reidel, 1968.
Rosser, J. Barkley; Atwell R. Turquette: *Many-valued Logics*, Amsterdam: North-Holland, 1952.
Scholz, Heinrich: *Abriß der Geschichte der Logik*, Freiburg: Alber, ³1967.
Seebohm, Thomas: *Philosophie der Logik*, Freiburg, München: Karl Alber, 1984.
Spencer-Brown, George: *Laws of Form*, London: Allen and Unwin, 1969.
Stekeler-Weithofer, Pirmin: *Grundprobleme der Logik*, Berlin et al.: de Gruyter, 1986.
Tarski, Alfred: *Der Wahrheitsbegriff in den formalisierten Sprachen*, in: Berka, Karl; Lothar Kreiser ed.: *Logik-Texte*, Berlin: Akademie, 1971 u. Darmstadt: Wiss. Buchges., 1983.
Wessel, Horst: *Logik*, Berlin: Dt. Verlag der Wiss., ¹1989.
Wessel, Horst: *Wider den Mythos intensionaler Kontexte*, in: G. Meggle, A. Mundt ed., *Analyomen 2*, Berlin, New York: de Gruyter, 1997; vol. I; pp. 163-173.
Wiegand, Olav K.: *Interpretationen der Modallogik*, Dordrecht et al.: Kluwer, 1998.
Wuttich, Klaus: *Intensional genannte Kontexte*, in: G. Meggle, A. Mundt ed., *Analyomen 2*, Berlin, New York: de Gruyter, 1997; vol. I; pp. 174-182.

4. Mathematik und Naturwissenschaften

Courant, Richard; Harold Robbins: *Was ist Mathematik*, Berlin et al.: Springer, ⁵2000.
Davis, Philip J.; Reuben Hersh: *Erfahrung Mathematik*, Basel et al.: Birkhäuser, ²1994.
Ekeland, Ivar: *Das Berechenbare und das Unberechenbare*, München: Harnack, 1984.
Feynman, Richard P.: *Vom Wesen physikalischer Gesetze*, München: Piper, ³1997.
Heisenberg, Werner: *Prinzipielle Fragen der modernen Physik* (Vortrag, Wien 1936), in: id., *Wandlungen in den Grundlagen der Naturwissenschaften*, Stuttgart: Hirzel, ¹¹1980; pp. 62-76.
Lorenzen, Paul: *Einführung in die operative Logik und Mathematik*, Berlin et al.: Springer, ²1969.
Lorenzen, Paul: *Metamathematik*, Mannheim: Bibl. Inst., 1962.
Russell, Bertrand: *Einführung in die mathematische Philosophie*, Wiesbaden: Löwit, o. J.
Rydnik, W. I.: *Vom Äther zum Feld*, Moskau: MIR und Leipzig: Fachbuchverlag, 1979.
Schreiber, Peter: *Grundlagen der Mathematik*, Berlin: Dt. Verl. d. Wiss., 1977.
Weyl, Hermann: *Über die neue Grundlagenkrise der Mathematik*, in: *Mathemat. Zeitschrift*, H. 10, 1921, Berlin, Heidelberg: Springer; pp. 53 sqq.
Wittgenstein, Ludwig: *Bemerkungen über die Grundlagen der Mathematik*, in: id., *Werkausgabe*, t. 6, ed. G. Anscombe et al., Frf./M.: Suhrkamp, ³1989.

5. Synergetik, Selbstorganisation, Kybernetik

Bertalanffy, Ludwig von: *Vom Molekül zur Organismenwelt*, Potsdam: Athenaion, ²1949
Bertalanffy, Ludwig von: *General System Theory. Foundations, Development, Applications*, New York 1969.

Eigen, Manfred: *Das Urgen*, Nova Acta Leopoldina 243 n. F., t. 52, Halle: Barth, 1987.
Eigen, Manfred; Peter Schuster: *The Hypercycle: A Principle of Natural Selforganization*, Berlin et al.: Springer, 1979.
Gleick, James: *Chaos*, München: Droemer-Knaur, 1988.
Koutroufinis, Spyridon A.: *Selbstorganisation ohne Selbst*, Berlin: Pharus, 1996.
Maturana, Humberto; Francisco Varela: *Der Baum der Erkenntnis*, Bern et al.: Goldmann, 1987.
Mayr, Ernst: *Eine neue Philosophie der Biologie*, München: Piper, 1991.
McCulloch, Warren S.; Walter H. Pitts: *A Logical Calculus of the Ideas Immanent in Nervous Activity*, in: *Bulletin of Mathematical Biophysics 5*, 1943; pp. 115-133.
Peschel, Manfred; Werner Mende: *Leben wir in einer Volterra-Welt? Ein ökologischer Zugang zur angewandten Systemanalyse*, Berlin: Akademie, 1983.
Rosenblueth, A.; N. Wiener; J. Bigelow: *Verhalten, Zweck und Teleologie*, in: Beiheft zu *Grundlagenstudien aus Kybernetik und Geisteswissenschaft 8*, 1967, Paderborn: Quickborn.
Wiener, Norbert: *Mensch und Menschmaschine*, Bonn: Athenäum, [3]1966.

6. Sozialwissenschaften

Dahrendorf, Ralf: *Pfade aus Utopia*, München: Piper, 1986.
Engler, Wolfgang: *Die Ostdeutschen*, Berlin: Aufbau, [3]1999.
Gorz, André: *Und jetzt wohin?*, Berlin: Rotbuch, 1991.
Habermas, Jürgen: *Theorie des kommunikativen Handelns*, Frf./M.: Suhrkamp, [3]1985.
Honneth, Axel: *Desintegration – Bruchstücke einer soziologischen Zeitdiagnose*. Frf./M.: Fischer, 1994.
Luhmann, Niklas: *Soziale Systeme*, Frf./M.: Suhrkamp, [4]1991.
Luhmann, Niklas: *Die Wissenschaft der Gesellschaft*, Frf./M.: Suhrkamp, 1992.

Nelson, Benjamin: *Der Bruder und der Andere. Ein Epilog*, in: *Der Ursprung der Moderne*, Frf./M.: Suhrkamp, 1986; pp. 180-183.
Merton, Robert K.: *Die Eigendynamik gesellschaftlicher Voraussagen*, in: E. Topitsch ed., *Logik der Sozialwissenschaften*, Köln, Berlin: Kiepenheuer u. Witsch, 1971; pp. 144-164.
Sennett, Richard: *Der flexible Mensch*. Berlin: Siedler ³2000.
Theunissen, Michael: *Der Andere. Studien zur Sozialontologie der Gegenwart*, Berlin, New York: de Gruyter, ²1977.
Weber, Max: *Wissenschaft als Beruf*, in: *Gesammelte Aufsätze zur Wissenschaftslehre*, Tübingen: Mohr, 1968.

7. *Hermeneutik*

Jan Assmann im Gespräch mit Adalbert Reif, in: *Lettre international*, H. 43, 1998, Berlin.
Batkin, Leonid M.: *Die historische Gesamtheit der italienischen Renaissance*, Dresden: Kunst, 1979.
Gadamer, Hans Georg: *Vom Zirkel des Verstehens*, in: *Kleine Schriften IV*, Tübingen: Mohr, 1977.
Gadamer, Hans Georg: *Wahrheit und Methode*, Tübingen: Mohr, ⁴1975.
Jauß, Hans Robert: *Anmerkungen zum idealen Gespräch*, in: *Das Gespräch* (PH XI), München: Fink, 1984; pp. 467-472.
Jauß, Hans Robert: *Das Problem des Verstehens. Das privilegierte Du und der kontingente Andere*, in: id., *Das Problem des Verstehens*, ed. R. Warning, Stuttgart: Reclam, 1998.
Jauß, Hans Robert: *Ästhetischer und soziologischer Rollenbegriff*, in: *Identität* (PH VIII), München: Fink, 1979; pp. 599-607.
Jauß, Hans Robert: *Wege des Verstehens*, München: Fink, 1994.

8. *Methodologie und Erkenntnistheorie*

Boisits, B.; S. Rinofner-Kreidl ed.: *Einheit und Vielheit. Organologische Denkmodelle in der Moderne*, Wien: Passagen-Verlag, 2000.

Habermas, Jürgen: *Analytische Wissenschaftstheorie und Dialektik*, in: E. Topitsch ed., *Logik der Sozialwissenschaften*, Köln, Berlin: Kiepenheuer u. Witsch, 1971; pp. 291-311.
Hacking, Ian: *Lakatos' Philosophy of Science*, in: id. ed., *Scientific Revolutions*, Oxford Univ. Press, 1981.
Heinrich, Klaus: *Tertium Datur. Religionsphilosophische Einführung in die Logik*, Basel: Stroemfeld u. Frf./M.: Roter Stern, 1981.
Hilbert, David: *Axiomatisches Denken*, in: *Gesammelte Abhandlungen III*, Berlin: Springer, 1935.
Knorr-Cetina, Karin: *Die Fabrikation von Erkenntnis*, Frf./M.: Suhrkamp, [1]1984.
Lakatos, Imre: *Proofs and Refutations (PhD thesis)*, in: *Philosophical Papers*, ed. J. Worrall, G. Currie, Cambridge Univ. Press, 1978.
Larvor, Brendon: *Lakatos. An Introduction*, London, New York: Routledge, 1998.
Lenk, Hans: *Pragmatische Vernunft*, Stuttgart: Reclam, 1979.
Riegl, Alois: *Stilfragen. Grundlegungen zu einer Geschichte der Ornamentik*. Berlin: Siemens, 1893.
Rothacker, Erich: *Logik und Systematik der Geisteswissenschaften*, München, Berlin: Oldenbourg, 1926.
Schmidt, Franz: *Kleine Logik der Geisteswissenschaften*, München: Reinhardt, 1938.
Schmidt, P. Wilhelm: *Die Sprachfamilien und Sprachenkreise der Erde*, Hamburg: Buske, 1926, 1977.
Weber, Max: *Die 'Objektivität' sozialwissenschaftlicher und sozialpolitischer Erkenntnis,* in: *Gesammelte Aufsätze zur Wissenschaftslehre*, Tübingen, 1922.
Weyl, Hermann: *Philosophie der Mathematik und Naturwissenschaft*, München: Leibniz, 1948.
Wundt, Wilhelm: *Logik der Geisteswissenschaften*, Stuttgart: Enke, 1908.

9. Sprache, allgemein

Blumenberg, Hans: *Begriffe in Geschichten*, Frf./M.: Suhrkamp, 1998.
Hayakawa, Samual Ichiyé: *Semantik und verwandte Disziplinen*, in: G. Schwarz ed., *Wort und Wirklichkeit. Beiträge zur Allgemeinen Semantik*, Darmstadt: Schwarz, 1968.
Kraus, Karl: *Die Sprache*, Frf./M.: Suhrkamp, 1987.

10. Technikphilosophie

Blumenberg, Hans: *Lebenswelt und Technisierung unter Aspekten der Phänomenologie*, in: *Wirklichkeiten, in denen wir leben*, Stuttgart: Reclam, 1981.
Kapp, Ernst: *Grundlinien einer Philosophie der Technik*, Braunschweig: Westermann, 1877.

11. Philosophie, allgemein

Bartels, Andreas: *Grundprobleme moderne Naturphilosophie*, Paderborn et al.: Schöningh 1996.
Bloch, Ernst: *Über Tod, Unsterblichkeit, Fortdauer*, in: *Tendenz – Latenz – Utopie*, Frf./M.: Suhrkamp, 1978; pp. 308-336.
Bloch, Ernst: *Tübinger Einleitung in die Philosophie*, Frf./M.: Suhrkamp, 1985.
Blumenberg, Hans: *Arbeit am Mythos*, Frf./M.: Suhrkamp, 1996 (^{5}1990).
Blumenberg, Hans: *Lebenszeit und Weltzeit*, Frf./M.: Suhrkamp, ^{3}1986.
Blumenberg, Hans: *Wirklichkeiten in denen wir leben*, Frf./M.: Suhrkamp, 1981.
Boeder, Heribert: *Topologie der Metaphysik*, Freiburg, München: Alber, 1980.

Cassirer, Ernst: *Nachgelassene Manuskripte und Texte*, ed. O. Schwemmer, J. M. Krois, Hamburg: Meiner, t. I, 1995.
Cassirer, Ernst: *Philosophie der symbolischen Formen*, Darmstadt: Wiss. Buchges., ^{10}1993.
Cassirer, Ernst: *Substanzbegriff und Funktionsbegriff.* Darmstadt: Wiss. Buchges., ^{7}1994.
Cassirer, Ernst: *Wesen und Wirkung des Symbolbegriffs*, Darmstadt: Wiss. Buchges., ^{8}1994.
Heidegger, Martin: *Sein und Zeit*, Tübingen: Niemeyer, ^{7}1953.
Husserl, Edmund: *Formale und Transzendentale Logik*, in: *Husserliana*, Den Haag 1950 sqq., t. XVII.
Irrlitz, Gerd: *Die wesentliche Täuschung vom Ende*, in: K. Stierling, R. Warning ed., *Das Ende* (PH XVI), München: Fink, 1996; pp. 330-358.
Irrlitz, Gerd: *Postmoderne-Philosophie, ein ästhetisches Konzept*, in: R. Weimann, H.-U. Gumbrecht ed.: *Postmoderne – globale Differenz*, Frf./M: Suhrkamp, 1991; pp. 133-165.
Irrlitz, Gerd: *Über die Struktur philosophischer Theorien,* in: *Dt. Zeitschr. f. Phil.*, Berlin: Akademie, H. 1, 1996; pp. 8-17.
Jaspers, Karl: *Von der Wahrheit*, München: Piper, 1991.
Lessing, Gotthold Ephraim: *Die Erziehung des Menschengeschlechts*, in: *Sämtliche Schriften*, Leipzig 1897, t. XIII.
Lichtenberg, Georg Christoph: *Sudelbücher*, in: Wolfgang Promies ed., *Schriften und Briefe*, München: Hanser, 1971 u. Frf./M.: Zweitausendeins, 1994 sqq; tt. I, II.
Lukács, Georg: *Zur Ontologie des gesellschaftlichen Seins*, in: *Werke*, t. XIII-1, Luchterhand, 1984.
Mounier, Emmanuel: *Einführung in die Existenzphilosophie*, Düsseldorf, 1949.
Picht, Georg: *Kunst und Mythos*, Stuttgart: Klett-Cotta, ^{5}1996.
Weischedel, Wilhelm: *Der Gott der Philosophen*, München: dtv, 1979.

12. Philosophiegeschichte

Bloch, Ernst: *Leipziger Vorlesungen zur Geschichte der Philosophie*, Frf./M.: Suhrkamp, 1985.
Cassirer, Ernst: *Geschichte des Erkenntnisproblems in Philosophie und Wissenschaften der neueren Zeit*, Darmstadt: Wiss. Buchges., [7]1993.
Falckenberg, Richard: *Geschichte der neueren Philosophie*, Berlin, Leipzig: de Gruyter, [8]1921.
Habermas, Jürgen: *Nachmetaphysisches Denken*, Frf./M.: Suhrkamp, [2]1988.
Habermas, Jürgen: *Der philosophische Diskurs der Moderne*, Frf./M.: Suhrkamp, 1988.
Habermas, Jürgen: *Philosophisch-politische Profile*, Frf./M.: Suhrkamp, 1981.
Heinemann, Fritz: *Neue Wege der Philosophie*, Leipzig: Quelle u. Meyer, 1929.
Hirschberger, Johannes: *Geschichte der Philosophie*. Freiburg et al.: Herder, [14]1976.
Jaspers, Karl: *Zu Nietzsches Bedeutung in der Philosophie*, in: Hans Saner ed., *Aneignung und Polemik*, München: Piper, 1968; pp. 389-401.
Schmitz, Hermann: *Husserl und Heidegger*, Bonn: Bouvier, 1996.
Schnädelbach, Herbert: *Philosophie in Deutschland 1831-1933*, Frf./M.: Suhrkamp, [4]1991.
Vorländer, Karl: *Geschichte der Philosophie*, Leipzig: Meiner, [5]1919, t. I.

13. Kulturgeschichte

Haffner, Sebastian: *Geschichte eines Deutschen*, Stuttgart, München: DVA, [1]2000.
Krysmanski, Hans-Jürgen: *Die utopische Methode,* Köln, Opladen: Westdt. Verl., 1963.

Meier, Christian: *Die politische Kunst der griechischen Tragödie*, Dresden: Kunst, 1988.
Plessner, Helmut: *Die verspätete Nation*, Frf./M.: Suhrkamp, [4]1992.
Schwonke, Martin: *Vom Staatsroman zur Science Fiction*, Stuttgart: Enke, 1957.
Turner, Frederick Jackson: *Die Grenze. Ihre Bedeutung in der amerikanischen Geschichte*, Bremen: Dorn, 1947.
Weber, Alfred: *Abschied von der bisherigen Geschichte*, Leiden: Sijthoff's, 1935.

14. Zeitgeschichte

Arendt, Hannah: *Eichmann in Jerusalem*, Leipzig: Reclam, 1990.
Fest, Joachim: *Hitler. Eine Biographie*, Berlin: Ullstein, [4]1993.
Hobsbawm, Eric: *Das Zeitalter der Extreme*, München: dtv, 1998.
Höhne, Heinz: *Der Orden unter dem Totenkopf*, München: Botzum KG, o. J.
Rosenberg, Arthur: *Geschichte der Weimarer Republik.* Frf./M.: EVA, [16]1974.
Stone, Norman ed.: *Knaurs Historischer Weltatlas*, München: Droemer, Knaur, [3]1990.
Weber, Marianne: *Max Weber.* München: Piper, 1989.
Wehler, Hans-Ulrich: *Deutsche Gesellschaftsgeschichte*, München: Beck, t. III, 1995.

15. Nachschlagewerke

Biographisch-Bibliographisches Kirchenlexikon, http://www.bautz.de/bbkl.
Pfeiffer, Werner et al.: *Etymologisches Wörterbuch des Deutschen*, Berlin: Akademie, 1989.
Historisches Wörterbuch der Philosophie, Stuttgart, Basel: Schwabe.
Oxford Advanced Learners Dictionary, Oxford: University Press, 1989.

Naas, J.; H. L. Schmid: *Mathematisches Wörterbuch*, Berlin: Akademie et al., 1972.
Roget's Thesaurus, London: Ramboro, 1988.

Namenverzeichnis

Andrew, Alex	307
Arendt, H.	344
Aristoteles	55, 70, 80, 88, 157, 193, 232, 292, 334ff.
Ashby, William R.	308, 310
Bammé, Arno	328f., 331
Barwise, Jon	335
Batkin, Leonid M.	339
Bauch, Bruno	51
Bense, Max	326, 328
Bertalanffy, L. v.	288, 337
Bloch, E.	10, 44f., 53, 333, 341
Blumenberg, H.	19, 43, 182, 252, 282, 341
Brendel, Elke	335
Buhr, Manfred	312
Campbell, John W.	53, 326
Carnap, R.	50, 301
Cassirer, E.	10, 29, 32, 43, 55, 61, 97f., 262f., 266, 342f.
Castella, Joachim	250, 328
Clausen, Lars	328
Clausius, R.	82
Colletti, Lucio	333
Cusanus	193
Davis, Philip J.	337
Descartes	70, 127, 195, 197, 258, 293
Dilthey	26, 63, 76, 88f.
Duerr, Hans-Peter	41
Eckhart	129
Elster, Jon	335
Falckenberg, Richard	76, 343
Fest, Joachim	24, 344
Fichte	95, 129, 175, 195f., 271f., 279
Foerster, H. v.	55ff., 299, 314ff.

Fulda, Hans Friedrich	161, 334
Gadamer, H.-G.	339
Gehlen, A.	49, 51, 332
Gödel, K.	50, 335
Goethe	62, 137, 258, 329
Goldammer, Eberhard v.	325, 329
Habermas	78, 201, 338, 340, 343
Haldane, J. B. S.	288
Hartmann, Hans	150, 332
Hartmann, Klaus	167, 334
Hartmann, N.	48, 118ff., 188f., 332, 334
Hauptmann, Carl	40
Hauptmann, G.	40
Hegel	13f., 35, 48, 50f., 56f., 59f., 75, 78f., 86ff., 95, 100, 102f., 105ff., 109f., 112, 121ff., 129, 131, 133f., 140, 142, 155, 161f., 164ff., 173f., 176f., 187f., 194ff., 202, 206f., 209f., 214, 255f., 271f., 277, 282f., 286, 289, 295, 304, 309, 312, 326f., 329, 332ff.
Heidegger	10, 25, 88f., 137, 147, 195, 295, 328, 342f.
Heim, Karl	45f., 332
Heinemann, Fritz	19f., 27, 343
Heinrich, Klaus	11, 340
Heisenberg	49, 185, 337
Hempel, Carl G.	218, 335
Herder	343
Hersh, Reuben	337
Hilbert, D.	82, 241, 245, 301, 340
Hirschberger, Johannes	343
Hobsbawm, E.	171, 344
Hochkeppel, Willy	331
Hofmann, Paul	84, 88ff., 104, 113ff., 150, 187, 206, 235, 327, 332

Höhne, Heinz	344
Honneth, Axel	22, 338
Husserl	29, 31, 85, 89, 342f.
Irrlitz, Gerd	334, 342
Jaspers, K.	342f.
Jauß, H.-R.	16, 174, 201, 339
Jordan, Pascual	49
Kaehr, Rudolf	215, 243, 249f., 252, 314f., 326, 328ff.
Kant	41, 43, 45, 47, 50, 68, 70ff., 86ff., 94, 99ff., 105f., 114, 118, 127f., 141, 151f., 162, 174, 193, 195f., 224, 242, 255, 258, 271f., 282, 287, 332ff., 336
Kapp, Ernst	278, 341
Klagenfurt, Kurt	315f., 325, 329ff.
Kotzmann, Ernst	239, 316, 328ff.
Krysmanski, Hans-Jürgen	343
Kuhn, T. S.	174
Lakatos, I.	174, 340
Leibniz	182, 193, 195, 237f.
Lessing	342
Locke	193
Löfgren, Lars	299, 308, 314
Lorenzen, Paul	239ff., 250, 337
Luckmann, Thomas	204
Luhmann, N.	338
Mahler, Thomas	330
Marx	133, 253, 256, 332ff.
Maturana, H.	299, 316, 338
McCulloch, Warren St.	54, 300ff., 310, 338
Menger, Karl	320
Menne, Albert	336
Meyer, Eva	330, 343
Mitterauer, Bernhard	58, 325, 330
Morgenstern, Oskar	81f.
Mounier, Emmanuel	27, 342

Neitz, Kurt	322
Neumann, J. v.	245, 301, 317
Newton	82, 176, 214, 241, 258
Nietzsche	11, 145, 200, 343
Oehler, Klaus	58
Pask, Andrew Gordon Speedie-	308
Paul, Joachim	54, 124, 323, 325
Pitts, Walter H.	301, 338
Plato	15, 70, 88, 126, 147, 193, 223f., 233, 335
Plessner, H.	19, 21f., 24, 43, 344
Plotin	233, 313
Post, Emil	53
Ranke, L. v.	43
Rausch, Jürgen	17, 49, 124f.
Rescher, Nicolas	217, 219, 336
Rickert, H.	210, 216, 235f., 332
Riefenstahl, Leni	321
Russell, B.	33, 245, 305f., 337
Schelling	95, 106ff., 129, 149, 175, 195ff., 255f., 264ff., 268f., 271, 288, 333
Schelsky, Helmut	49, 51, 57, 311
Schmidt, Siegfried	315, 340
Schmitz, H.	153, 159, 163, 169, 186, 268, 326, 334, 343
Schopenhauer	71f.
Spencer-Brown, George	250f., 336
Spengler, O.	44, 46, 60ff., 76f., 83, 122, 210, 257f., 262f., 288, 332
Spranger, E.	14, 48, 75ff., 79, 96, 216, 332
Stalin	306
Stekeler-Weithofer, Pirmin	80, 334, 336
Swanson, Rowena	308f., 313
Tarski, A.	50, 303, 336
Trenker, Luis	321

Weber, Alfred	138, 344
Weber, Marianne	62, 344
Weber, Max	23, 25, 62, 78, 96f., 109, 339f.
Weizsäcker, C.-F. v.	49, 57
Wessel, Horst	81, 219, 336
Wiener, N.	54, 301, 326, 338
Wittgenstein	15, 305, 337
Wuttich, Klaus	219, 336